グローバル・サプライチェーンロジスティクス

黒須誠治・岩間正春 [編著]

✚ 早稲田大学ネオ・ロジスティクス共同研究会

GLOBAL
SUPPLY
CHAIN
LOGISTICS

東京　白桃書房　神田

本書を読まれる皆様に

　日本において声高にグローバル化が叫ばれ始めてから40年以上が経っている。この「グローバル化」や「グローバリゼーション」と呼ばれるものは一体何であったのだろうか。それまでの「インターナショナル（国際化）」を「2国間のやり取り」とすれば，グローバル化はまさに「全地球的なやり取り」で，ここでもたらされたものは「ヒト・モノ・カネ・情報の全地球的規模での流動化と均一化」であり，「均一化」に対して「多様化」も浮き彫りにされるようになった。

　さて，わが国においてこの「グローバル化」に絡んで活動している製造業はどれだけあるのだろうか。内閣府発表によれば，2013年10月1日時点における日本製造業の生産額に占める海外生産比率は1987年の調査開始以来最高の20.6％にまで達したとされる。また，東京証券取引所と名古屋証券取引所が2014年1月にそれぞれの証券取引所に上場している製造業にアンケート調査を実施したところ，2013年度において海外で生産している企業は70.7％に達し，はじめて7割を超えたとの結果が出た。製造業を含む日系企業の海外拠点数（支社・営業所などを含む）は6万3777社となっており，このうちのほぼ70.13％にあたる4万4729社がアジアに集中している。

　これに対して，短期滞在者も含めた海外在留日本人は世界全体で125万8263人おり，このうちの約28.8％にあたる36万2878人がアジア滞在者となっている。アジアにおいて拠点数の割に滞在者が少ないのは，企業の多くはアジア拠点に主管者と主管者をサポートする数名のスタッフのみを派遣し，あとは現地採用の労働者を雇用して会社経営や工場運営を任せているものと推測される。

　ある製造業者がアジアに進出したとすると，派遣された主管者は当面「工場を回す」（本社と練った計画に基づき，生産数を軌道に乗せる）ことに汲々としてしまう。この段階ではサプライチェーンもロジスティクスも考えられないというのが実情であろう。しかし，時を経て，工場運営が順調に回り出

i

すと，海外主管者はもっと効率的な生産性向上を求めるようになる。そこで
やっと，サプライチェーンやロジスティクスの重要性に気が付くのである。
「派遣前に本社においてサプライチェーンやロジスティクスといったものを
少しでも教育してもらえれば助かったのに……」という言葉をよく耳にする。
そして，今でも「独学でサプライチェーンやロジスティクスを速習できる良
書はないか」と問う方々が多くいる。大抵の人はまずノウハウ本に飛びつ
く。しかし，やがてノウハウ本だけでは経営層というポジションにいる方々
は物足りなさを感じるようになる。筋の通った論理的な思考に基づく経営を
目指したくなるからである。数多ある研究書の中にはこうした内容にまで踏
み込んだものもあるが，専門的すぎてなかなか一般的ではない。企業人が研
究書を読むのは荷が重い。そうした中でノウハウ本と研究書の中間に立ち，
すでに経営層におられる方々のみならず，これから経営層を目指す方々にも
グローバルな視点で「サプライチェーンロジスティクスの構築を志向する本」
の出現が望まれるようになった。

　海外駐在員はもとより将来海外に出掛け，企業，なかんずく製造業の経営
層で腕をふるう方々のために本書は編まれたのである。そして，本書はアジ
アを中心にグローバルに展開しつつあるサプライチェーンロジスティクスを
対象にした。

　「早稲田大学ネオ・ロジスティクス共同研究会」は今から 20 年前に「斬新
な（ネオ）ロジスティクスを思考する会員制の産学共同研究会」として産声
をあげた。20 年経った今でも，この方向性に変わりはないが，当時と大き
く違うのは冒頭に述べた「グローバル化の進展」である。会員の中からも「海
外でのサプライチェーン構築にあたってロジスティクスが貢献できるものを
的確に示して欲しい」という意見が出るようになった。研究会が 20 周年を
迎えたのを記して，その要望に真剣に応えてみようと思い立った。痒いとこ
ろにまで手が届くことを心掛けたつもりであるが，なにせ初めての試みであ
る。今後，様々なご意見を頂戴し，2 版，3 版と改良版に繋がっていくこと
を望む次第である。

本書の構成は「第1部　グローバル・サプライチェーンロジスティクスの全体像」,「第2部　グローバル・サプライチェーンロジスティクスを構築するための必須知識」,「第3部「これからの」グローバル・サプライチェーンロジスティクス構築上の留意点」という3部立てになっている。各部をさらに各章に分け，夫々の課題にふさわしい方々に執筆をお願いした。

　ここで工夫したのは，本論を構成する章末に，これらをより身近に理解していただくために専門家による「補講」を加えたことである。補講は，本論を補う意味で本章の内容に沿い，それをより掘り下げた具体的な事例をあげて，特定業種や特定分野そして個人的に体験したロジスティクス関連活動について述べて頂いた。本章と補講を噛み合わせ，生の声が読者に届くように配慮したつもりである。執筆者とはネオ・ロジスティクス共同研究会の月例会において様々な意見を交わしてきた。

　その上で，本書はロジスティクスの広い範囲を扱う必要があったため，多くの執筆者への依頼となった。それゆえ，全体の整合性を維持するために内容の重複を調整したり，表現を統一することを編者の判断で行った。また，原稿は2015年秋から2016年5月までに書かれたものが多く，データが古くなったものもある。最新データへの差し替えも考えたが，しかし，一つのデータを手直しすると他への波及もあることから，編者判断で状況変化が生じ，どうしても変更が必要なもののみ手直しをした。お許しを頂きたい。

　本書を読まれる諸兄は必ずや新たな刺激を受けられ，これからのサプライチェーンロジスティクスのグローバル展開に腕をふるわれんことを祈ってやまない。

2016年11月吉日

編者

目　　次

本書を読まれる皆様に
凡　　例

第 1 部
グローバル・サプライチェーンロジスティクスの全体像

第 1 章　ネオ・ロジスティクス研究の展開―序にかえて―　　2

1.1　生産システム研究のスタート ……………………………… 2

1.2　ネオ・ロジスティクス共同研究会 …………………………… 5

1.3　ロジスティクス定義の見直し ………………………………… 8

第 2 章　グローバル・サプライチェーンロジスティクス
とは何か　　11

2.1　グローバル・サプライチェーンロジスティクスの立ち位置 ……13

2.2　米国流と日本流の相違 ………………………………………18

2.3　グローバル・サプライチェーンロジスティクスに不可欠な
　　　基礎知識 …………………………………………………………18

2.4　2025 年までのアジアの市場性 ………………………………23

　　2.4.1　東南アジアと日中韓の 10 年／24

　　2.4.2　南アジアの 10 年／26

　　2.4.3　日中韓の 10 年／27

　　2.4.4　中国の経済面での大躍進と中国の国内物流／29

2.5　世界と日本の貿易額と貿易量 ………………………………31

　　2.5.1　世界全体の貿易額と貿易量／31

v

目　次

　　　2.5.2　日本の貿易額と貿易量／32

　　　2.5.3　日本のグローバル製造業／34

　2.6　結び …………………………………………………………………35

第3章　サプライチェーン・マネジメント視点から見た　　　グローバル・サプライチェーンロジスティクス　　38

　3.1　SCM について …………………………………………………………39

　　　3.1.1　SCM の定義／39

　　　3.1.2　ロジスティクスと SCM／40

　　　3.1.3　3PL とフォワーダー／44

　3.2　グローバル・サプライチェーンロジスティクス ………………48

　　　3.2.1　LPI による評価と港湾オペレーター／48

　　　3.2.2　インテグレーターとアジア／50

　　　3.2.3　中国宅配便市場／53

　3.3　地域とグローバル・サプライチェーンロジスティクス …………56

　　　3.3.1　ANA 国際貨物ハブと企業進出／56

　　　3.3.2　沖縄県の海運／60

　3.4　終わりにかえて …………………………………………………61

補講1　家電産業・アジア起点のロジスティクス改革　　66

　1.1　日本経済と家電産業 …………………………………………………66

　1.2　家電産業を取り巻く経営環境 …………………………………………67

　　　1.2.1　急激な円高と海外生産シフト／67

　　　1.2.2　家電流通チャネルの変化／67

　1.3　家電産業におけるロジスティクスの課題 ……………………………69

　　　1.3.1　売上高物流費比率の高さ／69

　　　1.3.2　海外生産にともなうロジスティクス・ラインの延伸／69

　　　1.3.3　製品販売価格の大幅ダウン／69

　1.4　生き残りを賭けたロジスティクス改革 ……………………………70

1.4.1　在庫拠点の集約／70

　　1.4.2　輸送モードの変更／71

　　1.4.3　海外在庫化による日本への「運び方」変更／71

　　1.4.4　混載輸送によるコンテナ本数削減／71

　　1.4.5　ユニット化による工数削減・品質向上／74

　　1.4.6　梱包印刷簡素化による品質悪化防止／77

　　1.4.7　梱包容積縮小／77

　1.5　今後の家電メーカーが目指すロジスティクス戦略 ………………78

　　1.5.1　ロジスティクス情報の「見える化」／78

　　1.5.2　徹底したムダ排除の物流センター・オペレーション／79

　　1.5.3　同業他社，異業種をも巻き込んだ共同化の推進／79

　1.6　結び ……………………………………………………………………79

補講 2　日産自動車のグローバル戦略を支援する
ロジスティクス【アジア編】　　　　　　　　　81

　2.1　日産自動車のグローバル・サプライチェーンロジスティクス
　　　概要 ………………………………………………………………………81

　　2.1.1　組織と事業規模／81

　　2.1.2　活動の範囲／82

　　2.1.3　活動の対象／83

　　2.1.4　特徴点／84

　　2.1.5　完成車物流／85

　　2.1.6　生産用部品物流／85

　　2.1.7　アフターセールス部品物流／86

　2.2　日産自動車の＜アジア＞ロジスティクス戦略 ………………………86

　　2.2.1　アジアにおける事業概要／86

　　2.2.2　アジアと他地域における物流の共通点と差異／86

　　2.2.3　アジアの課題と将来／88

補講 **3** 今とこれからのアパレル事業のアジア展開　　90

3.1　日本のアパレル産業は衰退産業なのか …………………………90

3.2　主要国におけるファッション市場の規模は成長したのか ………91

3.3　日本の今後の進むべき方向は？ …………………………………92

3.4　海外でボリュームが期待できる市場とは ………………………94

3.5　世界の主力ファッション企業はどのように成功したのか ………96

　　3.5.1　ラグジュアリー企業の場合／96

　　3.5.2　大手ファストファッション企業の場合／96

　　3.5.3　中国アッパー・ミドル市場で成功したファッション企業の場合／
　　　　　 96

3.6　これからのアパレル産業のアジア展開の留意事項とは …………97

3.7　市場を支えるアパレル・ロジスティクスの提案 ………………99

補講 **4** 医療のロジスティック（戦略的物流）を
どう進化させるか　　100

4.1　滅菌代行サービス＋物流サービス …………………………… 101

4.2　病院内物流サービス …………………………………………… 102

4.3　医療卸の物流サービス ………………………………………… 104

4.4　医療関連品の共同輸送，共同配送サービス ………………… 105

4.5　これからの日本の医療業界 …………………………………… 106

4.6　インドの医療業界へ参入 ……………………………………… 106

4.7　まとめ：国際医療船"YAMATO"の夢 …………………… 108

補講 **5** アジアにおけるコールドチェーンの展開　　110

5.1　アジアにおけるコールドチェーンの全体像 ………………… 110

5.2　アジア各国別のコールドチェーン状況 ……………………… 112

　　5.2.1　中国／112

5.2.2　タイ／114

5.2.3　その他の国々／116

5.2.4　総括／117

5.3　コールドチェーン確立に必要な物流機器：結びにかえて …… 118

第2部
グローバル・サプライチェーンロジスティクスを構築するための必須知識

第4章　貿易実務とグローバル・サプライチェーンロジスティクスの論題　　122

4.1　貿易実務：取引条件 ……………………………………… 122

4.1.1　いかなる輸送手段にも適した規則／123

4.1.2　海上および内陸水路輸送のための規則／124

4.1.3　いかなる輸送手段にも適した規則／124

4.2　貿易実務：L/C 決済と B/L ……………………………… 125

4.3　貿易実務：輸出実務 ……………………………………… 128

4.4　貿易実務：輸入実務 ……………………………………… 130

4.5　グローバル・サプライチェーンロジスティクスの論題：
価値 ………………………………………………………… 131

4.6　グローバル・サプライチェーンロジスティクスの論題：
コスト ……………………………………………………… 134

4.7　グローバル・サプライチェーンロジスティクスの論題：
e コマース ………………………………………………… 136

4.8　グローバル・サプライチェーンロジスティクスの論題：
ロジスティクス企業 ……………………………………… 140

4.9　グローバル・サプライチェーンロジスティクスの論題：
最適化 ……………………………………………………… 143

4.10 グローバル・サプライチェーンロジスティクスの論題：
共同化 ……………………………………………… 145

4.11 グローバル・サプライチェーンロジスティクスの論題：
組織 ……………………………………………… 146

4.12 グローバル・サプライチェーンロジスティクスの論題：
人材 ……………………………………………… 147

第5章　海上輸送論　　　　151

5.1 船で運ばれている貨物 ……………………………………… 152
5.2 海陸の一貫輸送：港と船 …………………………………… 153
5.3 海陸一貫輸送：自動車と船 ………………………………… 155
5.4 荷主の利害と船会社の利害 ………………………………… 156
　　5.4.1 大型化／156
　　5.4.2 多頻度少量物流とコンテナ船社の経営形態の変化／157
5.5 船会社の世界 ………………………………………………… 158
　　5.5.1 純然たる市場原理による価格形成がなされる世界／158
　　5.5.2 海運企業の機能分離／159
5.6 航路のネットワーク ………………………………………… 160
　　5.6.1 コンテナ船のハブ＆スポーク輸送／161
　　5.6.2 大型化／162
　　5.6.3 自動車船のハブ＆スポーク輸送／163
5.7 海上輸送のこれからの課題 ………………………………… 163
　　5.7.1 大型化／164
　　5.7.2 荷役の機械化／165
　　5.7.3 高速化／165
　　5.7.4 燃費節減・環境負荷の低減／166
　　5.7.5 船員の正確な意思決定支援のための機器の開発や社会システムの
　　　　　整備／167

第6章 航空輸送論 175

6.1 航空貨物の流れ：発送から到着まで ………………………… 175

6.2 航空機の貨物スペース ……………………………………… 177

6.3 航空貨物の特徴 …………………………………………… 179

6.3.1 航空輸送の規模感と主要輸送品目／179

6.3.2 航空輸送の選好理由／181

6.3.3 航空輸送・海上輸送の相対性とその利用動機／182

6.4 航空貨物のマーケット …………………………………… 184

6.4.1 世界の航空貨物マーケット／185

6.4.2 日本の航空貨物マーケット／189

6.4.3 航空輸送に関わるプレイヤー／195

6.5 航空貨物輸送の課題と将来の見通し ……………………… 197

第7章 グローバル・サプライチェーンロジスティクスにおける保険の役割 200

7.1 外航貨物海上保険とは ……………………………………… 200

7.2 貿易と外航貨物海上保険 …………………………………… 200

7.2.1 貿易取引における売買契約の基本条件／201

7.2.2 主要取引条件／202

7.2.3 決済条件／202

7.3 主要取引条件と外航貨物海上保険 ………………………… 204

7.3.1 輸出貿易と外航貨物海上保険／204

7.3.2 輸入貿易と外航貨物海上保険／205

7.4 英文貨物海上保険証券 ……………………………………… 205

7.4.1 保険証券とは／205

7.4.2 英文保険証券の構成／206

7.4.3 海上危険と戦争・ストライキ危険／207

7.4.4 保険期間／208

7.4.5 保険条件／210

目 次

7.5　保険金請求の手続き ·· 213
　　7.5.1　損害が発生した場合の手続き／213
　　7.5.2　保険金請求に必要な書類／215
　　7.5.3　保険金の計算方法／215

7.6　運送人の責任と外航貨物海上保険 ···················· 218

7.7　共同海損 ··· 219
　　7.7.1　共同海損と貨物海上保険／219
　　7.7.2　船会社からの通知／220
　　7.7.3　保険会社への連絡／221
　　7.7.4　海難救助／221

7.8　リスクマネジメントと保険 ······························· 223
　　7.8.1　リスクマネジメントとは／223
　　7.8.2　正品輸送対策と損害防止活動の必要性／224
　　7.8.3　外航貨物海上保険の条件・料率の設定／225

第8章　アジアにおけるグローバル・サプライチェーンロジスティクス構築上の問題　　227

8.1　アジアにおける輸送インフラ整備計画 ············· 228

8.2　アジアにおける海上輸送の問題点 ···················· 236
　　8.2.1　コンテナ港湾寡占化問題／236
　　8.2.2　コンテナ運航会社寡占化問題／238

8.3　関税と通関 ·· 238

8.4　国別固有の貿易阻害要因の除去 ························· 243

8.5　物流人材の確保と育成 ·· 244

第9章　グローバル・サプライチェーンロジスティクスを阻害する各国事情【中国編】
―中国の輸出入通関体制と国内物流の効率化に関わる諸課題―　　249

9.1　輸出入に関わる中国通関の現状と課題 ············· 250

目　次

9.1.1 「貿易形態」の変化にともなう「通関体制再構築」の動向／250

9.1.2 「一般貿易」形態が主体の状況下での通関体制改革の動向／255

9.2 国内物流の効率化に関わる諸課題 ………………………………… 261

9.2.1 「道路インフラ」整備の進展と「道路貨物輸送」への偏重／261

9.2.2 物流のソフト部分の未整備／263

9.2.3 安全管理体制の未成熟／264

9.2.4 物流標準化の遅滞／264

9.2.5 物流人材の不足／264

9.2.6 物流専業化の課題／265

9.2.7 都市内配送のネック／266

9.2.8 中国の商慣習によるロジスティクス高度化への阻害／267

9.3 結び ………………………………………………………………………… 268

第10章 グローバル・サプライチェーンロジスティクスを阻害する各国事情【ASEAN編】　　　269

10.1 ASEANとGMS ………………………………………………………… 270

10.2 ASEAN経済共同体（AEC）の創設 …………………………… 274

10.3 物流インフラ整備の進展 ……………………………………………… 277

10.4 越境交通協定（CBTA） ……………………………………………… 283

10.5 ASEAN地域における物流課題 ………………………………… 287

10.5.1 輸送インフラ整備／287

10.5.2 関税／289

10.5.3 通関／289

10.5.4 国別固有の阻害要件の除去／290

10.5.5 物流人材の確保と育成／291

10.6 結び ………………………………………………………………………… 293

補講 **6** 保険によるトラブル回避事例 294

6.1 保険会社の役割 …………………………………………… 294

6.2 正品輸送対策の進め方 …………………………………… 295

6.3 損害防止活動の実例 ……………………………………… 297

補講 **7** 海外工業団地がアジアで果たしてきた役割 301

7.1 海外工業団地とは ………………………………………… 301

7.2 日本製造業の海外進出の動きと海外工業団地 ………… 302

7.3 工業団地事業のコンセプト ……………………………… 303

7.4 物流機能の提供 …………………………………………… 304

7.5 今後の工業団地の役割 …………………………………… 304

第 **3** 部
「これからの」グローバル・サプライチェーンロジスティクス構築上の留意点

第 **11** 章 グローバル・サプライチェーンロジスティクス改革を支援する情報技術—設計と運用面— 308

11.1 ロジスティクス改革が必要な理由 ……………………… 308

11.1.1 背景／308

11.1.2 従来の改革方法と課題／310

11.1.3 ロジスティクスが複雑になる理由／311

11.2 複雑な問題を解く技術 …………………………………… 313

11.2.1 工学的アプローチの有効性／313

11.2.2 意思決定を支援する工学的アプローチ技術／314

11.3 ロジスティクスネットワーク設計プロセス …………… 316

11.3.1 目的の明確化／316

11.3.2 最適化条件の設定／317

11.3.3 評価モデルの定義／317

11.3.4 最適化評価と結果の検証／319

11.3.5 最適化技術活用のポイント／321

11.4 ロジスティクスを支える情報管理技術 …………………………… 322

11.4.1 統合データベース／323

11.4.2 異変を早期発見するロジスティクス KPI／325

11.4.3 IoT の活用に向けて／327

11.5 さらなる進化に向かって取り組むべき課題 ………………… 328

11.5.1 FTA の活用／328

11.5.2 経営評価指標 CCC／329

11.5.3 BCP 対応への備え／330

11.6 まとめ ………………………………………………………………… 331

第12章 グローバル視点での在庫問題　　333

12.1 ロジスティクス活動とは何をどうすることか ………………… 333

12.2 物流と保管の2作業からなるロジスティクス活動 ………… 334

12.3 プッシュとプルの考え方 ……………………………………………… 335

12.4 サプライチェーンの考え方の導入 ……………………………… 337

12.5 需要変動以外の要因から発生する在庫 ………………………… 339

12.6 グローバル視点での在庫 …………………………………………… 341

第13章 ユニットロード論　　344

13.1 はじめに ………………………………………………………………… 344

13.2 歴史に見るユニットロード化の概念と技術の発達経過 ……… 346

13.3 物流とロジスティクスの体系化 ………………………………… 350

13.4 SCM の登場 ………………………………………………………… 351

13.5 物流における階層概念と国際規格，国内規格 ……………… 352

13.5.1 物流の階層概念／352

xv

　　　　13.5.2　グローバル化時代の物流の国際規格と国内規格／353

13.6　わが国における政府の取組み ………………………………… 357

13.7　政府の取組みの実例 …………………………………………… 360

13.8　ユニットロードシステムの実際 ……………………………… 362

　　　　13.8.1　ユニットロードシステムとは／363

　　　　13.8.2　わが国におけるパレチゼーションの実施例／364

13.9　シームレス物流とパレットシステムの未来 ………………… 365

　　　　13.9.1　シームレス物流を実現するための取組み／365

　　　　13.9.2　パレットシステムの未来／366

第14章 アジアにおけるモノとヒトのロジスティクスの融合 370

14.1　航空輸送の優位性，今日的・社会的意義 …………………… 370

14.2　生産拠点の海外展開との関係 ………………………………… 371

14.3　ソーシャル・ロジスティクスの観点から見る観光 ………… 372

14.4　LCC の台頭 …………………………………………………… 377

14.5　ビジネスジェットの今日的重要性と日本における現状 …… 379

14.6　おわりに ………………………………………………………… 383

第15章 政治的リスク，地政学的問題—ホルムズ海峡問題を例に— 384

15.1　ペルシャ湾の石油・ガス資源の存在 ………………………… 385

15.2　「安保法制懇報告書」の提起と国会審議のスタート ………… 387

　　　　15.2.1　安保法制懇の提起した事例課題／387

　　　　15.2.2　衆議院特別委員会の審議と集団的自衛権／389

15.3　ホルムズ海峡は国際海峡 ……………………………………… 390

15.4　沿岸国：イランとオマーンの地位 …………………………… 391

15.5　ペルシャ湾の紛争事例 ………………………………………… 392

15.5.1　4つの紛争事例／392

　　　15.5.2　イラン原油の供給停止／394

　15.6　最近の主な海上紛争・テロ事件例……………………………… 394

　　　15.6.1　イラク・バスラ沖海上石油施設攻撃／394

　　　15.6.2　米艦船「コール」攻撃／394

　　　15.6.3　フランス籍タンカー「ランブール号」攻撃／394

　　　15.6.4　アルカイダ系による邦船タンカー攻撃（2010年）／395

　　　15.6.5　ヤンブーのテロ事件とヒューマンターゲット／395

　　　15.6.6　イラク戦争と戦争保険／396

　　　15.6.7　「日の丸船団」編成（1988年10月）／396

　　　15.6.8　ペルシャ湾の軍事訓練／397

　15.7　シーレーンをめぐる日米防衛費用負担論………………………… 397

　15.8　対イラン制裁解除問題……………………………………………… 398

　15.9　現段階（2015年7月17日）におけるペルシャ湾情勢……… 399

　15.10　結語：日本のとるべき選択肢 ………………………………… 400

第16章　グローバル・サプライチェーンロジスティクスの効率化を推進する物流政策
―物流システムの海外展開を支援し，わが国物流企業の国際競争力の強化を目指す国際物流政策―　　　403

　16.1　グローバル・サプライチェーンの深化とわが国物流業の海外展開
　　　………………………………………………………………………… 405

　　　16.1.1　アジア市場の急激な成長と物流需要／405

　　　16.1.2　わが国物流業のアジア展開の状況と課題／408

　16.2　これまでの取組み…………………………………………………… 411

　　　16.2.1　北東アジアの物流効率化に向けた日中韓3国間の取組み／412

　　　16.2.2　東南アジアにおけるASEANとの連携・協力等に係る取組み／417

　　　16.2.3　海外交通・都市開発事業支援機構の設立／426

　16.3　今後の海外展開戦略を考えるに当たってのポイント ………… 427

　　　16.3.1　わが国物流事業者の国際競争上の課題／427

xvii

目　次

16.3.2　わが国物流事業者の更なる競争力確保／428

16.4　結び ………………………………………………………… 429

補講 8　物流機器最新事情　432

8.1　最近のマーケットの動き ………………………………… 432

8.2　日本のマーケット ………………………………………… 432

8.3　アジアの事例 ……………………………………………… 435

8.3.1　PT Indomaguro Tunas Unggul 社の導入例／435

8.3.2　欣和企業食品有限公司（Yantai Shinho Enterprise Food Co., Ltd.）
社の導入例／437

8.3.3　Mahindra & Mahindra Ltd. Nashik Plant 社の導入例／438

8.4　まとめ ……………………………………………………… 440

補講 9　カンボジア発着国際海上コンテナの輸送ルートと 政策シミュレーション分析　442

9.1　カンボジア発着国際海上コンテナの輸送ルート ……………… 442

9.2　カンボジア発着国際海上コンテナのルート選択モデルと政策シ
ミュレーション ……………………………………………… 446

9.3　おわりに …………………………………………………… 451

補講 10　ASEAN におけるムダ・ムリ・ムラの削減　452

10.1　ASEAN でのロジスティクス発展状況と必要な現場スキル … 452

10.2　ASEAN での現場の状況と対応例 ……………………… 454

10.2.1　部品棚の保管効率／454

10.2.2　靴メーカーの包装・出荷作業／455

10.2.3　ミシンによる縫製作業／455

10.2.4　フォークリフトの追加リース要望／456

10.2.5　トラックの稼働時間／457

xviii

10.2.6　レイアウト変更／457

10.2.7　生産増対応／458

10.2.8　巨大倉庫における過剰在庫の見える化／459

10.3　ASEANの企業内物流の課題 ……………………………………… 459

編集後記

索　　引

凡　例

【数字】

3C（カラーテレビ，クーラー，自動車）

3PL（Third Party Logistics：サードパーティロジスティクス）

5S（整理・整頓・清掃・清潔・躾 の頭文字）

【A】

ADB（Asia Development Bank：アジア開発銀行）

ADBI（Asia Development Bank Institute：アジア開発銀行研究所）

AEO（Authorized Economic Operator：優良通関業者の関税法上の認定制度）

AEL（Automated Manual Transmissionのドイツ語）

AIIB（Asian Infrastructure Investment Bank：アジアインフラ投資銀行）

AILN（Alliance International Logistics Network：部品調達ネットワーク）

Air Way Bill（航空運送状）

All Risks（オールリスク担保）

ASEAN（Association of South East Asia Nations：東南アジア諸国連合）

【B】

Bank Negotiation（荷為替手形の買取）

BCP（Business Continuity Plan：事業継続計画）

B/L（Bill of Lading：船荷証券）

BI（Business Intelligence：組織内に蓄積される膨大なデータを，蓄積・分析・加工して企業意思決定に活用しようとする方法）

Bill of Collection（取立手形）

BIMSTEC（Bay of Bengal Initiative for Multi-Sectoral Technical and Economic Cooperation：ベンガル湾他分野技術・経済協力イニシアティブ）

【C】

CBTA（Cross Border Transportation Agreement：越境交通協定）

CCC（Cash Conversion Cycle：現金循環化日数）

CCC 目録（China Compulsory Certification：中国強制認証制度）

CEFACT（United Nations Centre for Trade Facilitation and Electronic Business：貿易簡易化と電子ビジネスのための国連センター）

CEM（Customer Experience Management：顧客経験マネジメント）

Certificate of Origin（原産地証明書）

CFR（Cost and Freight：運賃込み）

CIF（Cost, Insurance and Freight：運賃保険込み）

CIM（Computer Integrated Manufacturing：コンピューター総合生産）

CIM（Common Information Model：共通情報モデル）

CIP（Carriage and Insurance Paid To：輸送費保険料込み）

CIQ（customs, immigration and quarantine（中国では中国質検総局を指す））

CLO（Chief Logistics Officer：ロジスティクス経営者）

Confirmed L/C（確認信用状）

Consignee（受荷主）

Contract Logistics（物流・ロジスティクス一括受託者（欧米では 3PL 業者を指

すこともある))

CPFR（Collaborative Planning Forecast-
ing Replenishment：ウォルマートを中
心に進めている新しい製販協力の方法）

CPT（Carriage Paid To：輸送費込み）

CRM（Customer Relationship Manage-
ment：顧客関係マネジメント）

CSR（Corporate Social Responsibility：企
業の社会的責任）

C to C（C 2 C）

C-TPAT（Customs -Trade Partnership
against Terrorism：テロ対策のために，
米国税関国境警備局が導入したプログラ
ム）

【D】

D/A（Document against Payment：支払
渡し）

DAP（Delivered at Place：仕向地持込渡し）

DAT（Delivered at Terminal：ターミナ
ル持込渡し）

DDP（Delivered Duty Paid：仕向地渡し（関
税込み））

Documentary Bill（為替手形）

D/P（Document against Acceptance：引
受渡し）

【E】

e-Commerce（電子商取引）

ECR（Efficient Consumer Response：マ
ネジメント用語で，メーカー・卸業者・
小売業者が連係し流通の効率化を進め，
無駄な在庫を持たないことで低価格を低
価格を実現するなど，より高い消費者価
値を実現しようとすること）

EDIFACT（Electronic Data Interchange
for Administration, Commerce and
Transport：電子データ交換）

EPA（Economic Partnership Agree-

ment：経済連携協定）

ERIA（Economics Research Institute for
ASEAN and East Asia：東アジア・ア
セアン経済研究センター）

ERP（Enterprise Resources Planning：総
合基幹業務システム（総合業務パッケー
ジ））

EU（Europe Union：欧州連合）

EXW（Ex Works：工場渡し）

【F】

FAS（Free Alongside Ship：船側渡し）

FCA（Free Carrier：運送人渡し）

FOB（Free On Board：本船渡し）

F.P.A.（Free from Particular Average：
分損不担保）

FTA（Free Trade Agreement：経済連
携協定）

【G】

GATT（General Agreement on Tariffs
and Trade：関税及び貿易に関する一般
協定）

GDP（Gross Domestic Product：国内総
生産）

GMS（General Merchandise Store：総合
スーパー）

GMS（Greater Mekong Sub-region：大メ
コン（経済）圏）

【H】

HS CODE（Harmonized Commodity
Description and Coding System：商品
の名称および分類についての統一システ
ム）

Human Oriented Manufacturing System
（人間性尊重の生産方式）

凡　例

【I】

ICC（International Chamber of Commerce：国際商工会議所）

ICC（Institute Cargo Clause：協会貨物約款）

ICT（Information and Communication Technology：コンピュータやインターネットに関連する情報通信技術のこと）

IMF（International Monetary Fund：国際通貨基金）

Invoice（Commercial Invoice：インボイス（送り状））

Institute Cargo Clause（協会貨物約款）

IoT（Internet of Things：モノのインターネット）

IR（Integrated Resort：統合リゾート）

Irrevocable L/C（取消不能信用状）

Insurance Policy（保険証券）

IT（Information Technology：情報技術）

【J】

JETRO（Japan External Trade Organization：独立行政法人日本貿易振興機構）

JILS（Japan Institute of Logistics Systems：公益社団法人日本ロジスティクスシステム協会）

JIS（Japanese Industrial Standards：日本工業規格）

JIT（Just in Time：「必要なものを，必要な量だけ，必要なときに」生産または調達する方法）

【K】

KPI（Key Performance Indicator：重要業績評価指標）

【L】

L/C（Letter of Credit：信用状）

L/C 決済（信用状決済）

LCC（Low Cost Carrier：格安航空会社）

L/G（Letter of Guarantee：保障念書（保険の場合は共同海損分担保証書））

LLP（Lead Logistics Provider（Partner））

LPI（Logistics Performance Index, and It's Indicator）

LSP（Logistics Service Provider）

LT（Logistics Technology：ロジスティクス技術（技法））

【M】

Management Value（管理業務執行価値）

MBF（Manual Booking Fee：マニュアルブッキングフィー）

MICE（Meeting, Incentive tour, Convention, Conference, Exhibition から取った造語）

MRP（Material Requirement Planning：資材所要量計画）

【N】

NACCS（Nippon automated cargo and port consolidated system：輸出入港湾関連情報処理システム）

NEAL-NET（北東アジア物流情報サービスネットワーク）

NVOCC（Non-vessel Operating Common Carrier：非船舶運航輸送業者）

【O】

ODM（Original Design Manufacturing：委託先のブランドで販売される製品の設計・生産）

OECD（Organization for Economic Cooperation and Development：経済協力機構）

On Board B/L（船積証明明記船荷証券）

Open L/C（買取銀行無指定信用状）

Operation Value（通常業務執行価値）

凡　例

【P】

Packing List（パッキングリスト：梱包明細書）

PDCA（Plan Do Check Action）

POS（Point of Sales System：販売時点情報管理システム）

【Q】

QC（Quality Control：品質管理）

QOL（Quality of Life：生活の質）

QR（Quick Response：高速読み取り）

【R】

Received B/L（受取式船荷証券）

Remittance（送金決済）

Restricted L/C（買取銀行指定信用状）

RFID（Radio Frequency Identification）

ROA（Return on Asset：総資産利益率）

ROE（Return on Equity：自己資本比率）

RO-RO船（Roll-on Roll-off Vessel）

【S】

SCP（Secure Copy Protocol：ネットワークセキュリティー）

Shipping Documents（船積書類）

Shipping Instruction（船積依頼書）

Shipped B/L（積込式船荷証券）

SNS（Social Networking Service：社会的ネットワークをインターネット上で構築するサービス）

SPA（Specialty store retailer of Private level Apparel：製造小売業）

SPDモデル（医療機関で急速に発達中の物流管理システム，及びサービス）

S.R. & C.C. Risks（Strike, Riots and Civil Commotions Risks：ストライキ危険）

【T】

TdC（Total delivered Cost：総運送費）

TMS（Transportation Management System：輸配送管理システム）

TPP（Trans-Pacific Partner Ship：環太平洋経済連携協定）

【U】

UDP（Unique Difference Proposition：独自の「売り」の提案）

ULCC（Ultra Large Crude Oil Carrier：超大型原油タンカー）

ULD（Unit Load Device：専用機材（器材とも））

USP（Unique Selling Proposition：自社（自社製品）のみが持つ独特の強み）

【V】

VLCC（Very Large Crude Oil Carrier：原油タンカー）

【W】

W.A.（With Average：分損担保）

War Risk（戦争危険（担保））

Waybill（ウェイビル）

WMS（Warehouse Management System）

WTO（World Trade Organization：世界貿易機構）

【あ】

インコタームズ（Incoterms：国際商業会議所が策定した貿易条件定義）

インボイス（Invoice：送り状）

受荷主（Consignee：コンサイニー）

英トン（Long Ton）

【か】

海技者（船員）

開設銀行（Opening Bank）

外為法（外国為替及び外国貿易法）

為替手形（Bill of Exchange）

共同海損（General Average：GA）
グローバル化（グローバリゼーション）
原産地証明書（Certificate of Origin）
コンテナ化（コンテナリゼーション）

【さ】

在庫不要論（ゼロ在庫論）
三種の神器（白黒テレビ，電機洗濯機，電気冷蔵庫）
少額貨物（日本の場合は課税価格20万円以下）
商業送り状（Commercial Invoice）
シーレーン（海上輸送路）
信用状（Letter of Credit：L/C）
信用状統一規則（The Uniform of Customs and Practice for Documentary Credit：UCC）
世界貿易難度ランキング（The Global Enabling Trade Report）
船舶技術者（Naval Architect）
送金決済（Remittance）

【た】

通知銀行（Notifying Bank）
統合リゾート（Integrated Resort：IR）
取立手形（Bill for Collection）

【な】

荷為替手形（Documentary Bill）

荷為替手形の買収（Bank Negotiation）

【は】

ハイ・スピード・ベッセル（High Speed Vessel：高速船）
発行銀行（Issuing Bank）
パッキングリスト（Packing List：包装明細書）
ばら積み貨物船（バルカー船）
引受銀行（Acceptance Bank）
プッシュ（Push）
物的流通（Physical Distribution）
仏トン（Metric Ton）
船積依頼書（Shipping Instruction）
船積書類（Shipping Documents）
船荷証券（Bill of Lading：B/L）
プル（Pull）
米トン（Short Ton）
ベリー（航空機の下部貨物室）
保険証券（Insurance Policy）
保険条件（Conditions of Insurance）

【や】

輸入貿易管理令（輸入令）
傭船（用船）

【ら】

レールウェイビル（Rail Waybill）
ロードウェイビル（Road Waybill）

xxv

第 **1** 部

グローバル・サプライチェーンロジスティクスの全体像

第1章

ネオ・ロジスティクス研究の展開
―序にかえて―

高橋 輝男

1.1 生産システム研究のスタート

　ネオ・ロジスティクス共同研究会をスタートさせたシステム科学研究所の前身である生産研究所は，1956年に早稲田大学内に設置された。当時の大学総長 大浜信泉が所長を兼務し，わが国の生産性の向上およびこれにともなう諸問題を工学，経済学，商学，法律学等の観点から総合的に研究し，経済界の発展に寄与し，併せて教育の改善に資することを目的に特別な研究所としてこの生産研究所を設置したのである。当初は米国との研究員の交換から活動が始まったが，やがて専任の研究員を置き，1965年頃より5分野に研究プロジェクトを集約して，実質的な研究をスタートさせた。

　それらは，

　　　　　　システム科学に関する研究
　　　　　　生産システムの研究
　　　　　　産業社会の研究
　　　　　　企業システムに関する研究
　　　　　　予測に関する研究

などであった。

研究所では企業との交流を積極的に求めて，個人研究はもちろんだが，企業からの委託研究，共同研究（マルチクライアント研究）が進められ，教育を通してその成果を社会に還元しようとした。生産研究所はその実質的な研究課題の広がりを受けて，1974年にシステム科学研究所と名称を変更し，その実際の研究活動との整合を図った。

生産グループは新研究所でもその活動において中核的であり，当初4名の専任研究員によって運営され，やがて1名の専任を加えて，企業からの委託研究や社会人教育として経営科学講座を担当した。また，それらを支えるシステム設計法について研究を進めた。高度成長期ということもあり，研究員は原則として学部の学生を受け持っていなかったが，忙しかった。

生産グループの主たる研究テーマは，システム設計法の研究を軸に産業用ロボットの応用研究，生産管理の研究，工場計画の研究などであった。これらに従事したスタッフはプロジェクトによって，学内の他のスタッフの参画を得て，互いに自分たちの専門を活かしたグループを編成して協調した。

筆者は，初めは作業研究からスタートしたが，やがて工場計画の分野に関心を持って活動した。委託研究もその分野のものが多かった。例えば，アイシン精機㈱西尾工場，アイシン・ワーナー㈱（現・アイシン・エイ・ダブリ㈱）安城工場，東洋電機㈱新横浜工場など，いずれも新しい革新的な工場の計画に関する研究に従事した。ここでは企業の専門スタッフも一緒にプロジェクト組織を編成して，実際稼働まで汗を流し，稼働後のメンテナンスまでを行った。委託研究以外でも多くの工場計画プロジェクトに筆者自身，関与した。この頃から工場という枠の中での設計という活動に限界があると感じていた。工場を取り巻く外部の条件を改善することが，より大きな変化を導き得るという認識であった。それが調達であり，流通の分野であった。

1987年，日本機械工業連合会（略称：日機連）の産業高度化研究が次世代の生産システム開発のために研究費支援をしてくれたのを契機に，研究所としてはマルチクライアント研究が理にかなっているとなった。というのは学生の授業料で外部の，つまり企業のコンサルタント的な委託研究をするのはどうかと思うという意見が一部学生から出ていたからである。もちろんわれわれはその経験を生かして，成果を多くの企業に還元しようと考えていた

のだが，やはり直接に企業に奉仕するという活動をともなっていたことも事実であった。

日機連のプロジェクトには企業から6社が加わり，そこから派遣された研究員と大学の研究所員が一体となり，活動した。これらの成果は毎年報告書としてまとめられた[1]。その中にはパラダイムシフトとかボーダレス，インフォメーション支援，競争優位，フレキシビリティ，システム化の光と影，人間中心生産といったキーワードが取り上げられていた。これらは生産をベースにしていたが，今日的な課題がすでに研究対象となっていたことを裏付けている。この頃，日本の製造業は急成長の坂を昇りつめていった。

1990年に日機連からの支援は終わったが，この活動を維持しようと産業界からの支援を得てマルチクライアント方式で次世代生産システム開発研究Manufacturing 2001 をスタートさせた。このテーマにはスタートから10年後のシステムを目指そうという意味をこめていた。これを3年間継続した。海外でも日本の成長は話題になった。来日した視察団も多かった。

小規模・分散のシステム開発，システムの波及効果，CIM（Computer Integrated Manufacturing）の評価，人間中心のシステムなどが，3年間を通してのわれわれの主な関心事であった。

1993年になって，この次世代生産システム開発をさらに3年間続けた。テーマも Manufacturing 2003 とした。この頃，円高の進行，国際化，環境問題，市場の多様化と変化は凄まじかった[2]。

小規模・分散生産は自律・協調という言葉に置き換えられ，さらに統合化（Integration）という概念が強調された。伝統的な生産や物的流通を個別に最適化するのではなく，これらを結びつけて生産周辺要素を再編することを統合化と呼ぶなら，実態として物の流れの統合化は日本でも着々と進みつつあった。

人間中心の生産についても理工学部の中沢弘教授の主催によって，われわれも参加し，1994年に Human Oriented Manufacturing System の国際シンポジウムが開催された。

1996年になって，このような生産研究を次の時代を目指してどう展開させるか考える時がきた。産業界には生産という枠にとらわれず，これを超え

て物的流通システムと統合してシステム化するロジスティクスという枠組み
を実現しようという波が押し寄せていた。調達，生産，物的流通，廃棄／回
収などサプライチェーンを含んでマテリアルフロー全体を視野に入れて研究
しようという気運が高まっていたのである。われわれも実務界において生
産，物的流通といった個別に仕切られた枠の中では処理しきれない問題が多
くなってきていると実感していた。

1.2　ネオ・ロジスティクス共同研究会

　そこでロジスティクスというテーマで，従来の生産システム研究の領域を
拡大しようとしたのである。1995年のことであった。われわれはこれをネオ・
ロジスティクス共同研究会と呼ぶことにした。そのときの企画書には次のよ
うに書いている。

　「ネオ・ロジスティクス共同研究会は，わが国およびグローバル展開する
　様々な活動（例えば生産）についての次世代のロジスティクスの構築を目
　指す。ともすれば，われわれは従来，ECR，SCM，マテリアル・マネジ
　メントなど欧米において体系化され，実践され，磨き上げられたコンセプ
　トや方法，技法を応用するということで，それらを輸入し，学習し，消化
　してきたロジスティクスをここで，わが国独自の場を踏まえて，将来をリ
　デザインすると考えてはどうだろうか，とした。そのためには理論的な柱
　を実践での諸技術と融合させて，実践を前提としたロジスティクスの体系
　化，エンジニアリングの研究が望まれた。これからの研究は，日本におけ
　る企業が国内における競争を有利に展開しようというだけでなく，グロー
　バルな競争時代に入りつつあるという状況を理解しておく必要がある。そ
　のためには，アカデミックな機関，人材とロジスティクス業務に直接関わっ
　ている企業が真剣に協働することが不可欠になる。」

　このようなロジスティクス研究について，願いをこめてネオ（新しい）と
いう接頭語を冠したのである。

　それから20年たった[3]。アジアを中心としたロジスティクスのグローバ
ル展開は進み，環境問題がクローズアップされた。このような風潮は，われ

われにあらためて新たなロジスティクスを求める意欲を与えた。

かくして生産研究をベースにして，ネオ・ロジスティクスはスタートしたのだが，ネオ・ロジスティクス共同研究会は，20年にわたり，その進め方もいろいろ変化してきた。3年を1クールとして，3年ごとに方向を検討してきたが，研究会という形式から，やがて主要なテーマを専門家にレクチャーしてもらい，参加者を中心に討議するやり方が定着した。また国際大会も何度か主催した。トップフォーラムも5回開催した。

この間，様々な環境変化があり，テーマも変化してきた。そのキーワードを列挙しておく。

コンピュータの積極的導入
在庫削減
製販一貫
顧客満足
物流拠点高度化
配送ルート見直し
自動倉庫導入
製販統合
回収／再利用／廃棄
環境重視，グリーン・ロジスティクス
一括物流
3PL
物流子会社
アウトソーシング
リードタイム短縮
無店舗販売
グローバル・サプライチェーンロジスティクス
情報化技術（スマートフォン，RFID，音声認識など）
小規模，自律，分散
レンタル
サービス・システム

システム評価，KPI

現場力

BCM 整備

消費者物流

ネット通販

取引条件見直し

人材強化

ソーシャル・ロジスティクス

高度物流機器

企業買収，連携，共同化，レンタル

シームレス物流，整合ある標準

人手不足対応

　多くのキーワードは講演のテーマになり，研究会の後半ではロジスティクス討議として深掘りされた。

　こうした流れをまとめると，ネオ・ロジスティクス研究会の活動は生産研究所を母体に，システム科学研究所で始まった。その後，その活動は新しいセンターに衣替えし，1999 年にアジア太平洋研究センターとなり，研究会は今日，商学学術院の WBS 研究センターに属している。また 2011 年にソーシャル・ロジスティクス研究所をアジア研究機構内に設置してグローバル・サプライチェーンロジスティクスの基礎を作ったが，この活動は 2013 年に WBS 研究センター内のネオ・ロジスティクス共同研究会に統合された。

　われわれにとって大きな課題でありながら，ある体系の元に研究を進めることができなかったのが，グローバル・サプライチェーンロジスティクスへの対応であった。

　本書はネオ・ロジスティクス研究会の新しいそして主要な課題として，グローバル・サプライチェーンロジスティクスを取り上げようという情熱がスタート台になっている。

第1部
グローバル・サプライチェーンロジスティクスの全体像

1.3 ロジスティクス定義の見直し

　1995年の活動スタートにあたり，参加するメンバーの合意を形成するために，まず定義をまとめることにした。これまでの経過から明らかなように，研究会では生産システムをコアにして，その領域を次々と拡大してわれわれが関心を持つロジスティクス領域に到達していた。それは次のようであった[4)5)]。

　「情報を駆使し，

　　ライフサイクルにわたる環境を重視し，

　　顧客に目を向け，

　　部分最適でなく，全体最適を指向し，

　　統合化された

　　（自律した企業の協調により連携する）

　　起点から回収／廃棄にいたる

　　物の流れとそれを支援する活動」

（自律した企業の協調により連携する）という項は，とくにサプライチェーンを意識して後になってからわれわれが挿入した。

　明らかに，われわれはこの当時，皆がロジスティクスに求めた定義の領域として調達から生産，物的流通，使用支援そして回収／廃棄にいたる統合化されたこれらを含む上位のシステムを考えた。生産を含めるかどうかという議論があった。しばしば生産は多くの固有技術を含み，物の変換をともなうので，独立させ，ロジスティクスには生産情報システムだけを含むことが多かった。しかし，この意見をわれわれはとらなかった。

　すでに前から多くの書物にはロジスティクスの定義が論じられていた。例えば米国ロジスティクスマネジメント協会が1986年に出した定義も，

　「ロジスティクスマネジメントとは顧客の要求に適合するように産出点から消費点までの効率的かつ費用効果の大きい原材料，仕掛品，製品および関連する情報の流れと保管を計画し，実行し，管理するプロセス」

としている。これは後に領域を広げるように修正された。そこには微妙な違

8

いがある。

　日本ロジスティクスシステム協会がまとめたこれからのロジスティクスでは次のように述べられている。

　「物流，調達，生産，販売，回収などの分野を統合し，高度化する経営管理の仕組みです。……」

という[6]。

　いずれもロジスティクスがサプライチェーンを意識していることに違いはない。Frazelleはロジスティクスの定義を誘導しようと次のように説明した[7]。

　「ロジスティクスは単純にいうと物の流れである。その領域は作業場内，工場内，企業内，サプライチェーン内などである」

とした。この各々にロジスティクスがあるという説明である。

　例えば，組立作業をする作業者が物を扱うとき，ここには作業場内のロジスティクスがある。そこには物の流れも情報処理もある。同様に，ある工場内のロジスティクスという場合もある。ロジスティクスは各システムの階層ごとに存在するとした。

　ところで今日，われわれがいうロジスティクスはサプライチェーン・ロジスティクスであるという立場である。筆者もロジスティクスに関連して，Frazelleの*Supply Chain Strategy*を監訳したとき，これをサプライチェーン・ロジスティクスとした[8]。バワーソクスの本も題は*Supply Chain Logistics*だ[9]。2011年の日本物流学会全国大会の統一論題は「サプライチェーン・ロジスティクスの新潮流」とした。

　今，われわれがロジスティクスと言ったとき，それはサプライチェーン・ロジスティクスを意味するようになった。しかし，残念ながら，どうしてもサプライチェーン・ロジスティクスではあっても，国内のロジスティクスにウェイトがかかっていた[10]。もちろん，ロジスティクスの実際的な活動はすでにアジアを中心に世界に広がっている。

　本書は国内のロジスティクスからアジアを足掛かりにグローバル・サプライチェーンロジスティクスへと脱皮を図ろうとしている。

　グローバル・サプライチェーンロジスティクスとは，グローバルに展開するサプライチェーンの物の流れとこれを支援する情報，カネ，ヒトの流れを

扱う，とした。基本的にはこのような領域を考えているのだが，執筆者によっ
て本書では若干のニュアンスの違いがあることをお断りしておく*。

参考・引用文献と注

1) 高橋輝男他監修「新生産システム開発に関する研究（1）（2）（3）」日本機械工業
   連合会報告書，早稲田大学システム科学研究所，1988-1990 年。
2) 高橋輝男他監修『Manufacturing 2001（1）（2）（3）』『Manufacturing（1）（2）（3）』
   早稲田大学システム科学研究所，1991-1996 年。
3) 高橋輝男・藤田精一・黒須誠治他監修『ネオ・ロジスティクス共同研究会報告書』
   早稲田大学システム科学研究所・アジア太平洋研究センター・WBC 研究セン
   ター，1997-2015 年。
4) 高橋輝男＋ネオ・ロジスティクス共同研究会『ロジスティクス・イノベーショ
   ン』白桃書房，2005 年。
5) 高橋輝男＋ネオ・ロジスティクス共同研究会『ロジスティクス』白桃書房，
   1997 年
6) 日本ロジスティクスシステ協会『これからのロジスティクス』日本ロジスティ
   クスシステム協会，2013 年。
7) フレーゼル，E. H. 著，高橋輝男監訳『サプライチェーン・ロジスティクス』白
   桃書房，2007 年。
8) 同上。
9) バワーソクス，D. J. 著，松浦春樹他訳『サプライチェーン・ロジスティクス』
   朝倉書店，2004 年。
10) 吉岡洋一他『先進的サプライチェーン・ロジスティクス・マネジメント』ふく
    ろう出版，2013 年。

＊編者注：ロジスティクス，SCM といった言葉は他の章にも定義が出てくる。（例
   えば第 2 章，第 3 章など）これらを統一することも考えたが，いずれも著者が多
   様な視座を持っていることから，あえてその章にそのまま残している。
   　古い資料だが，高橋輝男抄訳，サプライチェーン・マネジメントをロジスティ
   クスに対応してどう理解するか（Cooper, C. et al., "Supply Chain Management
   more than a New Name for Logistics"『月刊マテリアルフロー』1998 年 11 月号，
   No. 464，流通研究社）に多くの定義を挙げ，その多様性について触れ，考察
   している。そして，クーパーらはまとめとして「これからも SCM を定義し，そ
   の領域を拡大するために，より研究を進めることが必要である」と結んでいる。
   われわれの態度もそうだ。これからも新しい定義が出てきても驚かない。

第 2 章

グローバル・サプライチェーンロジスティクスとは何か

岩間　正春

　本章では，本書の根幹であるグローバル・サプライチェーンロジスティクスについて述べ，さらに第3章から第16章までの繋がりを明確にする。

　貧しい国が富める国になるまでの過程は様々だが，その発展段階でインフラ整備や基幹産業の育成などが必要となり，「先進国の手を借りる」ことは避けて通れない。

　2015年に逝去した「シンガポール建国の父」，リー・クアンユーは「1国の経済はその国の港（港湾と空港）を越えることはできない」と言ったほど，港湾は産業形成にとって重要な基盤となる[1]。港湾はその国のモノとヒトが世界と交わる玄関口になるからである。

　自国の経済を安定的に発展させるには，その国に見合った基幹産業の育成が必要になる。多くの場合，そのために鉄鋼・化学品といった産業基礎材が必要になる。その基礎材を自国で賄おうとするのか，あるいは他国からの輸入で賄おうとするのかはその国の経済状態によって選択される。鉄鋼・化学品といった重厚長大産業を自国で育成するとなれば，その投資額は莫大なものとなるだけに，国家を挙げた一大事業となる。基礎材を自国で生産するには，電力と水が必要になる。水はさておき，電力には資源が必要になる。石炭，鉄鉱石，原油，ガスなどである。水にしても，その処理を間違えば環境

第1部
グローバル・サプライチェーンロジスティクスの全体像

問題や健康被害問題を引き起こす原因となる。

一方，基礎材を輸入だけに依存しようとすれば，大量の物量が絶えずその国に流れ込むこととなり，それを受け入れる施設が必要になる。どちらのケースにしても，港湾施設が十分に整備されていなければならない。

世界との交易が始まり出すと，その国には様々な国から多種多様なモノが入りこむ。すると，ヒトはその中から自分でも作ってみたいと思うものを見出し，試行錯誤を繰り返しながら「モノづくり」にチャレンジするようになる。最初は模倣かも知れないが，やがて自国民に圧倒的に支持されるモノが出てきたり，世界に通じるモノが出現したりする。もちろん，自国のみでの産業育成が難しいと判断した場合は，優遇政策を施してでも海外からの産業受け入れを行うこともある。

戦後の日本においては，豊田喜一郎や松下幸之助，井深大・盛田昭夫など偉大なアントレプレナーが次々に現れ，それぞれ今日のトヨタ自動車，パナソニック，ソニーなどの礎を築いた。今でもこれらの企業が「グローバル企業」として日本の経済基盤を支えている。

その国の産業基盤がしっかりしてくると，自国通貨が強くなり出す。1人当たりのGDPも上がり消費活動も活発になるが，労働賃金も上昇する。自国通貨が強くなったり労働賃金が上昇したりすることは，自国で成長を遂げた製造業にとってやがて足かせになる。そうした製造業は，グローバル競争を勝ち抜くために，海外にも工場を造ろうと行動するようになる。製造業が海外進出を始めると，製造業を支えるサービス業（銀行や保険会社など）も海外進出を始めるようになる。

こうして海外進出を進めてきた日本製造業の海外生産比率は，2012年に生産額ベースで20％を超えた。

一方，戦後70年を経た日本を見つめれば，いつしか経済成長が鈍化し「成熟社会」と呼ばれるようになり，将来の「市場性」と「労働力」が問題になってきている。2014年の確定値で人口は1億2688万人と前年より17万人減少し，このままの推移が続くと2026年には1億2000万人，さらに2048年には1億人を切る（9913万人）と予想されている。生産人口と言われる15歳以上65歳未満の人口も，2005年に8409万人であったものが2014年では

7768万人に減少している。やがて国内に残る幾つかの産業では，今よりも一層海外から若いヒトを雇い入れ労働力不足を補ってもらうことが必要となろう。また，成熟社会では，高齢化や地方の過疎化が進んでヒトの消費行動様式も変わり出す。

世界に目を転じると，各所で地域連携が進み始めている。1993年のEU統合（European Union：欧州連合）に始まり，2015年12月末にはASEAN（Association of South East Asia Nations：東南アジア諸国連合）が始動した。2015年10月6日には，困難と思われていたTPP（Trans- Pacific Partnership；環太平洋経済連携協定）が基本合意した。地域連携が進むと，関税がゼロもしくは限りなくゼロに近づき，同時にそれまで国と国の間で行われていた通関手続きなどのプロセスも簡素化される。ASEANは2018年までの域内100％関税撤廃を目指している。

ロジスティクスは，以上のいずれの局面とも関わり合いを持つ。その中でもグローバル・サプライチェーンロジスティクスは，製造業や販売業（卸売業，小売業，通販業など）がサプライチェーンをグローバル展開する際に，切っても切れない関わり合いを持っている。

2.1 グローバル・サプライチェーンロジスティクスの立ち位置

本節ではグローバル・サプライチェーンロジスティクスの立ち位置について述べる。サプライチェーンとロジスティクスの詳細については第3章を参照願いたい。

第1章でも述べられているように，『サプライチェーン・ロジスティクス』の中で，著者のE. H. フレーゼルは，ロジスティクスはどの局面でも関わり合いを持つとして，作業現場内，企業内，サプライチェーン内など各々の局面でのロジスティクス展開を説明した。

図2.1はそれを基に作成したものである。生産現場内作業であれば図左

を，国内販売だけを切り取れば図右を使って説明できる。企業内やサプライチェーン内であれば，全体図が使える。そしてそれらは，それぞれがチェーンで繋がっていなければならないのだが，得てしてそれぞれの現場にいるヒトたちはそのチェーンの繋がりの重要性を忘れてしまう。

「企業内」を例に取れば，時として生産部門と販売部門の間で主導権争いが起きる。ほとんどは部門による利益の「奪い合い」が原因だが，それが元でチェーンの分断が起きたりする。

ネオ・ロジスティクス共同研究会の古くからのメンバーである元・松山大学教授の吉岡洋一氏 は「正しいサプライチェーンのあり方」を図2.2のよ

図2.1　サプライチェーンの全体構図

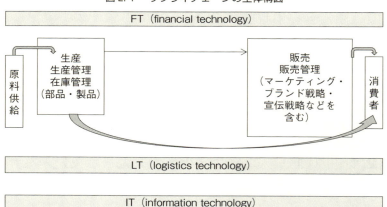

出典：筆者作成。

図2.2　サプライチェーンの正しいあり方

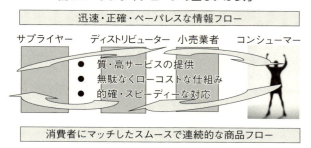

出典：吉岡洋一氏作成。

うに示している。

　図2.2は国内の流通業を意識して描かれたものであるが，供給者（サプライヤー）と消費者（コンシューマー）間における「情報循環」の重要性を強調している。

　日本の流通業では，マルチチャネルを経てオムニチャネルへの展開が足早に始まっている。オムニチャネルは流通業の行きつく先と言われている。ヒトがモノを買う時に起こす行動は「知る・調べる・買う・受け取る」という連鎖（チェーン）であるが，この行動には「実店舗・電話・パソコン・スマートフォン・タブレット・テレビ・スマートウォッチ」という媒体が絡んでいる。それが，マルチチャネルであれば，消費者の一連の行動はそれぞれの媒体ごとに行われ，「知る・調べる・買う・受け取る」という連鎖は媒体別に

図2.3　マルチチャネルとオムニチャネルの相違

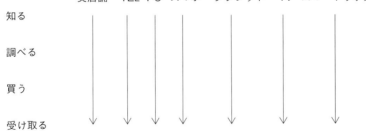

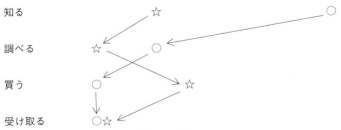

出典：角井亮一『オムニチャネル戦略』からの引用。

垂直に動く。ところが，オムニチャネル[2]になると，それぞれの連鎖がシームレスに繋がり出し，幾つものパターンができる。それを示したのが，図2.3である。

日本でもeコマースが盛んになりつつあるが，その市場規模は2014年において12兆9700億円（国内売上高シェア率の4.37％）である（2015年6月の経済産業省発表）。これを「まだその程度か」と見るのか，「もうここまで来ているか」と見るのは別にして，eコマースの調査会社eMarketerが2011年に発表した『2012年から2017年のeコマース市場予測』によれば，eコマースは2017年において世界全体（小売業のeコマース分も含む）では2兆3450億ドル（1ドル＝110円換算で約260兆円）の規模になり，地域ごとの内訳はアジアが1兆529億ドル（44.9％），北米が6604億ドル（28.1％），欧米が4326億ドル（18.4％）ということであった。そして国別では，中国，インド，インドネシアという人口の多い国がトップ3になるとしていた。現状はこの予測に近づきつつある。

日本では，明治時代以降，製造業育成に力を入れてきたこともあり，販売者側より生産者側の力が強く，図2.1で言えば，どうしても左（生産）から右（販売）への働きかけが強かった。米国では，ウォルマートやベストバイが先駆け，最近ではアマゾンが出てきて販売者側が力を持ち始め，右（販売）から左（生産）への働きかけが強まっている。

また，本来サプライチェーンには国内（ドメスティクス）もグローバルもないはずだが，国内ビジネスに重点を置くヒトたちはグローバルな関わり合いを敬遠するし，グローバルビジネスに携わるヒトたちはドメスティクスな関わり合いを軽くみる。そこで，サプライチェーンを表2.1のように分けて考え，この2つの融合がサプライチェーンの「課題」であると考えるほうが現状に合っている。

表2.1　サプライチェーンの種類

	生産の場所	販売の場所
ドメスティクス・サプライチェーン（国内特化型サプライチェーン）	国内	国内
グローバル・サプライチェーン（海外展開を含むサプライチェーン）	マルチカントリー	マルチカントリー

表2.2　グローバル・サプライチェーンに含まれるもの

	生産の場所	販売の場所
リージョナル・サプライチェーンⅠ	国内	マルチカントリー
リージョナル・サプライチェーンⅡ	マルチカントリー	国内

　また，グローバル・サプライチェーンは，表2.2を包含している。

　リージョナル・サプライチェーンⅠの例としては，最近「クールジャパン」の波に乗り，脚光を浴びつつある日本酒業界を挙げることができる。日本酒は水・酒米・酵母菌を原料にして徹底した温度管理が重要なので，どの国でも作れるものではない。200年，300年という年月を掛けて日本が育んだ「日本独自」の製造業である。それが，国内販売ばかりではなく，マルチカントリーに向けて販売を始めている。

　リージョナル・サプライチェーンⅡの例としては，家電量販店を含めた大型小売店を挙げることができる。マルチカントリーで生産された製品をある場所に集めて，物流加工を施して国内で販売している（これをクロスドックと呼んだりしている）。

　販売者側の力に比べ生産者側の力が弱まり出すと，生産者側もいろいろと工夫を始める。日本と同様に製造業に強みを持つドイツでは，将来の生産体系をより進化させようと「インダストリー4.0」に着手し始めている。中国も10年後を想定して「中国製造2025」を発表した。これに対して日本でも最近，「ソサエティー5.0」（狩猟・農耕・工業・情報を結び付けた新たな社会づくり）が提唱され，「あらゆる人が質の高いサービスを受けられる社会の実現」を呼びかけるようになった。販売者側では米国のウォルマート，ベストバイ，アマゾン以外にも，欧州のカルフール（仏），アルディ（独），スパー・インターナショナル（蘭）が積極的なグローバル展開を行っている。日本のイトーヨーカ堂やイオンなども，国内で作り上げた独自の販売モデルを基にして幾つかの国で展開し始めている。

　さらに高度な，生産者側と販売者側の綱引きが始まり出している。ここにもロジスティクスはしっかりと絡むようになる。グローバル・サプライチェーンロジスティクスはドメスティクス・サプライチェーンをも包含するサプラ

17

イチェーン構築の支援を行うものである。

2.2 米国流と日本流の相違

　販売者側としては卸売業，小売業あるいは通販業がおり，主として食品を含めた生活必需品を扱っているが，ここには米国流と日本流の相違がある。

　米国流は生産者側と販売者側の仕切りが EX-WORKS あるいは FOB 買いであることが多い。つまり，販売者側が生産者側の海外生産工場受けあるいは港湾受け以降，輸送業務にも介入しており，サプライチェーンの責任区分距離が長くなっている。一方，日本流はたいていが日本国内の指定倉庫渡しであるか CIF 買いである。販売者側は海外輸送業務にはほとんど関与していない。日本国内に貨物が到着してからが業務範囲となる。サプライチェーンの責任区分距離が短い。

　ネオ・ロジスティクス共同研究会の月例会では，ドメスティクス・サプライチェーンとグローバル・サプライチェーンのケーススタディを意識的に交互発表してもらうようにしているが，どちらのケーススタディかによって参加者のバックグラウンドが明らかに異なる。グローバル・サプライチェーン関連であると，生産者側，つまり製造業の方が多くなり，ドメスティクス・サプライチェーンだと，販売者側，つまり卸売業，小売業，通販業の方の参加が多くなる。繰り返しになるが，これらをいかに融合させていくかということが課題である。

　日本の販売者側が将来，国際間の輸送まで介入するとすれば，グローバル・ロジスティクスへの理解を示すことが求められる。また，生産者側も販売者側の業務を理解しようとする努力が必要である。企業内部の生産者側と販売者側の関係についても，同様のことが言える。

2.3 グローバル・サプライチェーンロジスティクスに不可欠な基礎知識

　本節では，グローバル・サプライチェーンロジスティクスの基礎知識とし

て何が必要かについて述べ，グローバル・サプライチェーンロジスティクス
をどう学べば良いかという指針を示すこととしたい。

　伝統的ではあるが，まず**貿易実務**と**保険の知識**はやはり欠かせない。この
２つは国際ビジネスにおける契約締結の基礎にもなるからである。契約にお
いては，「費用負担の分岐点」（売主／買主間で，それぞれの費用負担がどこ
で分岐するのか）・「危険負担の分岐点」（売主／買主間で，リスク負担がど
こで分岐するのか）・「所有権の分岐点」（モノの所有権はどこで売主から買
主に切り替わるのか）を明確にする必要がある。例えば，売主から買主にモ
ノが渡る過程において，輸送事故（自然災害事故も含む）が発生し，取引商
品の価値が減滅したとする。この場合，誰が責任を取るのか，どう責任を取
るのかということが表面化する。こうしたことは契約段階でしっかりと想定
しておく必要がある。事故が発生した場合，通常，国際商工会議所が定めて
いる「インコタームズ」（現在，基本的には 2010 年版を使用している）を基
に解決が図られる。インコタームズでは，「費用負担の分岐点」「危険負担の
分岐点」に関して「売主の義務」と「買主の義務」が明確化されている。輸
送事故の解決は，最後は保険処理に委ねることになってしまうが，どういう
保険を掛けたら良いかは，当該ビジネスにおいて想定されるリスクに拠る。
契約におけるあらゆるリスクを想定し，そのリスクをカバーする的確な保険
を付保しておくことが「万一のことが発生した」場合の保全に繋がる。「所
有権移転の分岐点」はビジネス内容によって分岐する点が異なる。こうした
貿易実務と**保険**に関することが第４章と第７章で説明されている。

　グローバル・サプライチェーンの構築においては「輸送モードの選択」と
いう課題がある。主流は海上輸送である。資源／原材料・完成自動車の輸送
においては，たいていバラ積船か専用船が利用される。消費財も含めた製品・
自動車や輸送機器，家電などの部品，プラスティクス材輸送にコンテナ船が
利用される。小型で高額な商品（電子部品など）や迅速性を求められるもの
（アパレルの季節新商品など）については航空輸送が用いられる。この他に，
ユーラシア大陸や北米大陸などの大陸内輸送では，河川や鉄道も輸送モード
の１つとなるし，海上輸送・航空輸送・河川・鉄道のモード組み合わせも考

えられる。輸送モードの的確な選択は，サプライチェーンの「時間軸」作りに貢献する。「時間軸」が短くなればなるほど在庫戦略を改善することができる。新製品販売を想定してみよう。その製品がヒットした場合，販売者側から消費者の反応を即座に生産者側に伝え，生産を増やし，輸送を早めることでよりチャンスをものにすることができる。また「時間軸」が短くなれば，作り置き（在庫量）を極端に減らすことができる。さらに，競合先との価格競争においては，輸送費そのものが直接ビジネスの決め手となることもある。それこそロジスティクスに関わる者の「腕の見せ所」となる。第5章では**海上輸送**，第6章では**航空輸送**についてそれぞれ述べている。

　輸送中におけるモノの「安全」確保も十分に考慮する必要がある。これは保険料率を下げる役割も果たす。この役割を担うのが梱包および梱包技術である。コンテナ自体も言ってみれば一種の梱包材であるが，輸送作業中あるいは輸送中の破損事故発生防止対策，湿気による濡れ対策などのため必要最低限の梱包は欠かせない（ただし，過度の梱包は全体コストを上げてしまう）。さらに，荷役効率を高めるために，梱包した貨物の下にパレットを敷くこともある。しかし，パレットについては，グローバルな観点から言えば，サイズが統一されていないという問題を抱えている。欧州では80cm × 120cmというサイズのパレット（いわゆる「ヨーロッパパレット」）が確立している。パレットのサイズに合わせてトラックの横幅は240cmであるし，倉庫内のラック幅も240cmである。縦積みにすれば3つのパレットが，横積みにすれば2つのパレットがすっぽり収まる。EU内では製造規準が定められており，その規準に合致したパレットには刻印が押され，これが規準認定品となって国を跨いで循環している。つまり，ロジスティクスの仕組みが社会の中でしっかりと出来上がっている。

　これに対して日本では110cm × 110ｃm（T11型）が主流である。同じアジアでも国によって120cm × 100cm（T12型）をはじめとしてその他幾つかのサイズが出回っており，バラバラである。現在，アジアでこの統一を図ろうとする機運が高まってきている。米国は，コンテナもそうであるが，単位がセンチやメートルではなく，未だにインチとフィートを使用している。こうした基準の相違で，世界全体で「ムダ」が生じている。梱包材に木材を

使うかプラスティックを使うかも問題がある。木材の場合，国によっては木材についてきた害虫がその国の森林資源や農作物に影響を与えることも想定され，「燻蒸証明書」が要求されるケースがある。これらの問題を含めた**ユニットロード**については第13章で取り上げている。

　サプライチェーン全体の枠組みの中で，生産者側，販売者側ともに「適正在庫をいかに持つか」ということは大きなテーマである。単純に，1億円の在庫をひと月間持ってしまったと仮定して，その金利負担がどれだけになるか計算してみると良い。在庫を持つとすればどこで在庫を持てば良いのか。これは生産者側と販売者側がサプライチェーン全体をみて一緒に考えるべき課題である。在庫は「ゼロ」のほうが良いのか，それとも「最小限の在庫は持つべき」なのかという議論も加わる。「不良在庫」（生産者側では不要になった部品，販売者側では売れなくなった製品）が出てしまうと，年度末に「在庫一掃」などと称して全在庫処分を行ったりする。その金額が億円単位になることもしばしばある。この点はドメスティクス・サプライチェーンでも同様の問題である。**在庫問題**については，第12章で取り上げている。

　グローバル・サプライチェーンロジスティクスを展開するにあたり，ロジスティクス担当者は関係する国々の制度を熟知する必要がある。関税以外にも，進出国には他の国とは違う障壁がある。これは，企業が海外進出する際に前もって十分に検討しているはずではあるが，その国における制度の変更が時として起こる。海外進出してからも目配りが必要である。これらについては，「**貿易障害**」として第8章で概略を，第9章で中国の事情を，第10章で**ASEANの事情**について触れてある。

　経済情勢において，原油価格が為替に影響し，さらには株の値動きに影響することはよくあることである。直接サプライチェーン構築と関係はないにしても，ロジスティクスの面では目配りが必要である。海上を運航する船舶は石油を燃やして運航しているのだから，原油価格動向は直接運賃に跳ね返ってくる。また，ソマリア沖，マラッカ沖と並び，ホルムズ海峡は海上輸送のルート確保（保全も含め）において極めて重要な地域である。かつてイラン・イラク戦争が起きた時，イランではバンダラアバス港しか使えなくなり，この港で100隻以上の船が滞船を余儀なくされた。船が港湾沖に到着し

てから港湾において荷揚げができるようになるまで，3 か月以上を要した。このため，イラン向けの海上運賃には「戦争リスクサーチャージ[3]」の他に「滞船サーチャージ」が課せられ，このサーチャージのほうが基本運賃より高くなった。当時，シベリア鉄道〜カスピ海〜イランのルートとか，トルコ黒海沿岸〜イランのルートなども検討された。中東が対立すると，こうしたことが再び起きることも考えられる。**エネルギーと中東問題**については第 15 章を参照願いたい。この部分にもっと関心を持つ場合，国際関係論まで足を踏み入れる必要がある。

　サプライチェーンに「工場の立地」まで含めるかどうかは議論のあるところだが，生産者側にとって，海外進出の際どこに工場を置くかは極めて重要なポイントとなる。その工場を消費地生産のみの工場にするのか，あるいはマルチカントリー向けの輸出工場とするのか，あるいはその両方を目指すのかによっても，選択する場所が違ってくる。後の 2 つの場合は，海上輸送ネットワークを多く持った沿岸に近い場所が選択されるケースが多い。だが，この工場立地を理論的に深めるとなれば，空間経済学，開発経済学，経済地理学などで扱う「産業立地論」で分析手法を学ぶ必要がある。

　日本と中国の友好の象徴であったパナソニック工場（青島）が，尖閣問題をめぐる 2 国間の感情的対立から 2012 年に中国人デモ隊の襲撃にあった。プラズマ TV が衰退したこともあったが，これを機にパナソニックは中国 TV 工場の閉鎖を決定し，マレーシアなどに拠点移動した。青島では同じ時期，電子部品のミツミの工場やスーパーのジャスコでも放火事件がおきた。政治情勢によって拠点移動を余儀なくされることもある。ロジスティクスはこうした工場撤去などにも絡む。

　さて今後，とくにアジアはどう変化していくのであろうか。その変化に日本政府はどのような対応を考えているのだろうか。**政府の将来構想**については，第 16 章を用意した。

　また，「ソサエティ 5.0」のような動きの中で，ロジスティクスは社会といかに「共生」することが求められるようになるのだろうか。昨今の日本では，地方創生の 1 つとして，観光が脚光を浴びている。すると，ロジスティクスはモノだけではなく，ヒトの問題も併せて考察が必要になってくる。高齢化

社会に対応した病院内ロジスティクスや過疎地域対策ロジスティクスなども対象となる。これらを「ソーシャル・ロジスティクス」と呼ぶ。こうした**新たな潮流**を第14章で扱った。

ロジスティクスと同様にサプライチェーン構築のどの場面にも顔を出すものとして IT（Information Technology）がある。生産者側における MRP（Material Requirement Planning）や販売者側における POS（Point of Sales System：販売時点情報管理システム）と関連させた需要予測シミュレーションに始まり，倉庫管理システムである WMS（Warehouse Management System），トラックの運行管理システムである TMS（Transportation Management System）など，IT はサプライチェーンの中ではロジスティクスが提供する LT（Logistics Technology）同様に随所で絡み合っている。この LT と IT が表裏一体となってこそ，正しいサプライチェーンが構築される。**LT と IT の相互関係**については第11章を参照願いたい。

以上，われわれが考えているグローバル・サプライチェーンロジスティクスの構成を示した(太文字で表記)。グローバル・サプライチェーンロジスティクスはまだ確立されていない分野なので，あくまで指標を示したに過ぎない。

なお，本書ではそれぞれの章を補うものとして，実務者による「補講」を設けている。「補講」により，本章部分がより明確になるものと自負している。

2.4　2025年までのアジアの市場性

本節と次節で，2025年までのアジアの市場性と世界の貿易量の概観を捉えておく。グローバル・サプライチェーンロジスティクスの近未来展開を想像するための参考にされたい。

「この先10数年間は，中国とインド，そしてその間にある ASEAN を中心に経済が動いていく」[4]と言われている。2009年，IMF は「2030年になると世界 GDP の約40％をアジアが占める」と予想し，ADB（Asia Development Bank：アジア開発銀行）も2011年に「2050年には世界全体の GDP

の約 52 ％をアジアが占める」という予測を行った。

これらのアジアには,東アジア(東南アジアを含む),南アジア,中央アジア,太平洋諸国が含まれている。

以下において, このうち東アジアの一部である東南アジアと南アジア, 日中韓の市場性を具体的にみることにする。ここでいう東アジアとは, 一般的に北東アジアに属する日本, 中国, 韓国, 台湾, 香港, マカオ, モンゴルにASEAN10 か国を含めた地域を指す[5]。

2.4.1 | 東南アジアと日中韓の 10 年

2015 年 12 月 31 日, ASEAN が始動した。すでにこのような地域連合としては, 1993 年に発足した EU があり, 現在 28 か国が加盟している。EUは, 「共通外交」「安全保障政策」「司法・内務協力」を 3 つの柱として, 通貨統一まで果たして統合を深化させてきた(但し, ユーロという通貨を実際に使用しているのは 28 か国中 19 か国である)。大掛かりな統合だっただけに, ギリシア問題が発生するなど, 欧州統合のすべてが順調というわけではない[6]。これに対して, ASEAN が求めているのは, 欧州連合のような「共通通貨」は持たず,各国の自主性の上に立った緩やかな地域統合である。ただ,2018 年までに関税の 100 ％撤廃を目指す。いずれにしても, EU が人口約5 億人の地域統合体であるのに対して, ASEAN は人口 6 億人を超え, 2025年には人口約 7 億人に迫る地域統合体となることが予想されている[7]。さらに, 日中韓, オーストラリア, ニュージーランド, インドにまで拡大する可能性がある。それが RCEP (Regional Comprehensive Economic Partnership:東アジア地域包括的経済連携) である。

ASEAN が現在取り組もうとしている関税の引き下げ(やがて, ゼロにする)や通関実務の透明性が高まってくれば, この地域全体があたかも「国内市場」のようになり, 他地域と比べてまだまだ人件費の安い国も多いことから(すでに「先進国」の仲間入りをしているシンガポール,ブルネイ,マレーシア以外の国), 生産現場としての優位性が高まり, 海外からの企業誘致がさらにやりやすくなろう。誘致した海外企業, とりわけ製造業に ASEANのヒトが従事し, 安定した生活を手に入れることができるようになれば, こ

の地域の個々人の所得増加が見込め，所得増加によって消費活動が活発化する。すると，この地域は生産地としてばかりでなくやがて消費地としての役割も増すようになる。こうした予測を如実に反映して，国際協力銀行が毎年実施している「中期的「投資有望国」アンケート調査」（表2.3）ではASEAN諸国が上位を占めるようになった。

表2.4はASEANの2014年における人口と2025年の人口予測および2014年の名目GDPを示している。表の上から5か国がアセアン構想当初からの中核メンバー国であり，下の5か国はその後の加盟国（加盟順）である。

経済成長が進むにつれ，人口の多い国は，GDP総額も増加するが1人当たりのGDPはすぐには改善しない。逆に人口の少ない国は，経済成長の効果がすぐに1人当たりのGDPに現れ，経済が急好転したかのような錯覚を持つが，総額はそれほどでもない。例えば，1人当たりのGDPにおいてラオスはミャンマーを先行しているが，GDP総額ではミャンマーはラオスよ

表2.3　アジアの投資有望国

中期的「投資有望国」アンケート調査の推移					
	2014年	2013年	2012年	2011年	2010年
インド	第1位	第2位	第2位	第2位	第2位
インドネシア	第2位	第1位	第3位	第5位	第6位
中国	第3位	第4位	第1位	第1位	第1位
タイ	第4位	第3位	第4位	第3位	第4位
ベトナム	第5位	第5位	第5位	第4位	第3位
メキシコ	第6位	第7位	第7位	第12位	第12位
ブラジル	第7位	第6位	第6位	第5位	第5位
米国	第8位	第10位	第9位	第8位	第8位
ロシア	第9位	第9位	第8位	第7位	第7位
ミャンマー	第10位	第8位	第10位	第19位	第20位
フィリピン	第11位	第11位	第15位	第14位	第14位
マレーシア	第12位	第12位	第11位	第9位	第10位
トルコ	第13位	第14位	第12位	第15位	第15位
シンガポール	第14位	第16位	第16位	第13位	第13位
カンボジア	第15位	第17位	第17位	第17位	第17位
韓国	第15位	第13位	第12位	第11位	第9位

注：2014年においてカンボジアと韓国は同順位であった。
出典：国際協力銀行アンケート調査。

第 1 部
グローバル・サプライチェーンロジスティクスの全体像

表 2.4　ASEAN 加盟国の人口と GDP

ASEAN 10 か国	2014 年の人口 （万人）	2025 年の人口予測 （万人）	2014 年の GDP （億米ドル）	2014 年の 1 人当たり の GDP　（米ドル）
タイ	7,053	7,288	3,738.0	5,300
フィリピン	9,979	11,809	2,711.7	2,717
マレーシア	3,025	3,519	3,269.3	10,808
インドネシア	24,949	27,185	8,886.5	3,562
シンガポール	532	580	3,080.5	57,904
ブルネイ	43	50	151.0	35,116
ベトナム	9,152	9,934	1,860.5	2,033
ミャンマー	4,951	5,319	628.0	1,268
ラオス	654	743	116.8	1,786
カンボジア	1,484	1,669	165.5	1,115
合計	61,822	68,096	24,607.8	平均　　　3,980

出典：人口については IMF 推計。
（注）GDP については IMF Economics Outlook Database 2015 年 4 月版。
　　　1 人当たりの GDP については GDP ／人口として筆者が計算した。

り高く，市場期待もラオスより高い。何を期待して海外進出するのか如何で
あるが，GDP 予測をひとつの基準にする場合，総額と 1 人当たりを両面観
察する必要がある。

2.4.2 | 南アジアの 10 年

　一方，今後 ASEAN の進展に刺激され，地域協定が進むことが予想され
る地域として南アジアがある。すでに BIMSTEC（Bay of Bengal Initiative
for Multi-Sectoral Technical and Economic Cooperation：ベンガル湾多分
野技術・経済協力イニシアティブ）が形成されている。これに加盟している
のは，ベンガル湾を挟んだバングラデシュ，インド，スリランカ，タイ，ミャ
ンマー，ブータン，ネパールの 7 か国である。タイとミャンマーは ASEAN
にも加盟している。インドを含むことから，2025 年の人口予想ではこの地
域だけで中国をも凌ぐ 18 億人を超えることになり，世界人口の 22.5 ％を占
めるようになる。10 年後には，「巨大市場」となる期待がかかる。そして，
その先には中東がある。
　こうしたことを視野に入れ，様々な開発が計画されている。一例は，タイ

表 2.5　BIMSTEC 加盟国の人口と GDP

7 か国	2014 年の人口 （万人）	2005 年の人口予想 （万人）	2014 年の GDP （億米ドル）	2014 年の 1 人当たりの GDP　　　（米ドル）
インド	129,150	145,896	18,707	1,448
バングラデシュ	15,639	17,512	1,413	904
スリランカ	2,154	2,278	658	3,055
ネパール	3,206	3,765	193	602
ブータン	77	87	20	2,597
タイ	7,053	7,288	3,872	5,490
ミャンマー	4,951	5,319	564	1,139
合計	162,230	182,145	25,427	平均　　　 1,567

出典：表 2.4 に同じ。

主導で検討されているタイとミャンマー国境の「ダウェイ開発」である。この他にも，1970 年代に計画のあったマレーシア半島を横断する「クラ運河開発」が再浮上している。クラ運河開発計画とは，南シナ海側のタイ・クラ地区からアンダマン湾側までの約 45km を横切る運河計画である。この運河開発計画が実行された場合，ベトナムのホーチミンシティ港からインドのコルカタ港までの輸送時間は現在よりも 5 日から 1 週間程度短縮されることになる。いろいろと問題の多いマラッカ海峡を通らずに済むというメリットもあり，中国も注目している。

　現在，マラッカ海峡は，海賊問題，海峡を通る船舶量の増加問題，大型化する船とマラッカ海峡の水深の問題（船舶量増加にともない，大型船が水深の浅い航路を通らざるを得ない状況が起きている）を抱えている。ここで一旦何らかの事故が発生した場合，わが国をはじめ，中国，韓国，台湾の北東アジア地域，さらにその先の米国にまで経済的影響を及ぼす。ユーラシア大陸の西と東を結ぶ海上輸送ルートを考えると，中東のホルムズ海峡問題（テロによる海峡封鎖の可能性），スエズ運河に近いソマリア沖での海賊問題と並び，マラッカ海峡問題は厄介な問題である。中国の南沙諸島問題も加わった。

2.4.3　日中韓の 10 年

　日本・中国・韓国の 3 国は，アジアの中でも経済的に突出した地域である。すでに中国は 2013 年に貿易総額で米国を抜いているが，日中韓 3 国を合計

した 2013 年の GDP（16 兆 4137 億ドル）は米国の GDP（17 兆 4189 億ドル）に匹敵し，ASEAN10 か国合計の約 6.7 倍もある。数年前までは「この 3 国が，例えば日本で高度部品の生産，韓国で加工生産，中国で最終製品組立てのように「ものづくり」での得意分野を活かした地域連携を深めれば，それぞれの国の経済成長をもっと促す」などと言われた。しかし，家電・AV（Audio Visual）機器（中国とは鉄道・航空機，韓国とは自動車分野も）のシェア競いが 3 国間で激しくなってから，経済面においては連携よりも競争が先立つようになった。この経済覇権争いに，歴史問題まで絡み出し，なかなか思うように地域連携は進んでいない。北朝鮮問題もあり，アジア地域では中東同様，不安定な地域になってしまっている。

物流政策面では 2006 年に日中韓物流大臣会合が初めて開催され，3 国における，(1)シームレス物流システムの実現，(2)環境にやさしい物流システムの構築，(3)安全かつ効率的な物流の確立を目指した「共有化」議論がスタートしたが，尖閣列島問題発生以降，一時中断となった。ようやく 2014 年 8 月，横浜において第 5 回会合が再開した。

こうした中，2015 年 6 月 1 日，韓国は日本に先駆けて中国との間で FTA 締結を行った。韓国はこれにより，米国と中国という世界の二大消費国との間で FTA を結んだことになる。日本は未だに中国，韓国のどちらの国とも FTA 締結ができていない。それよりも先に，成立は困難とみられていた米国を含む 12 か国による TPP が基本合意した。今後，この動きにも目配りが必要となる[8]。

表 2.6　日本・中国・韓国の人口と GDP

3 か国	2014 年の人口 （万人）	2025 年の人口予想 （万人）	2014 年の GDP （億米ドル）	2014 年の 1 人当たりの GDP　　　（米ドル）
日　　本	12,616	12,277	46,163	36,591
中　　国	136,406	139,526	103,804	7,610
韓　　国	4,893	4,893	14,170	28,960
合　計	153,915	156,696	164,137	平均　　　10,664

出典：表 2.4 に同じ。

2.4.4 | 中国の経済面での大躍進と中国の国内物流

　中国の貿易総額は 2003 年から 2013 年の 10 年間で約 4.9 倍増加している。2003 年以降，中国の経済面での躍進ぶりが際立っているが，具体的に列挙すると次のようになる。

① 2003 年において，中国圏（中国＋香港＋台湾）の輸出額が，初めてドイツを抜いて世界第 1 位となった。

② 2004 年において，中国単独（1 兆 1541 億ドル）で日本の貿易総額（1 兆 202 億ドル）を抜き，中国は米国（2 兆 3443 億ドル），ドイツ（1 兆 6296 億ドル）に次ぐ世界第 3 位の貿易国になった。

③ 2009 年において，中国は名目 GDP でも日本を抜きアジア最大の経済大国になった（中国の名目 GDP 5 兆 1058 億ドルに対して日本の名目 GDP は 5 兆 351 億ドル）。

④ 2013 年において，中国は遂に貿易総額でも米国を抜いて世界第 1 位になった。

⑤ 2014 年において，中国は名目 GDP で日本のほぼ倍になった（中国の名目 GDP 10 兆 3804 億ドルに対し日本の名目 GDP は 4 兆 6163 億ドル）。

　中国の国内物流に目を向けると，2003 年に 152 億 7400 万トンであったものが 2013 年は 409 億 8900 万トンと 2.68 倍になっている（資料は「中国年鑑 2014 年版」による）。

　2013 年までは，中国の経済成長にともなって国内消費も伸びており，その結果が国内物流量増加となっている。

　中国の経済躍進の背景にあるのは中国の人口優位性である。2013 年において，中国の人口は 13 億 6072 万人（世界第 1 位）となっている。GDP 上位にある米国の人口 3 億 1674 万人（人口世界第 3 位），日本の人口 1 億 2734 万人（人口世界第 10 位），ドイツの人口 8077 万人（人口世界第 15 位）を足しても 5 億 2485 万人にすぎず，中国はこの先進 3 か国合計の 2.5 倍の人口を有している[9]。しかし，1 人当たりの GDP において，まだ中国は他の 3 国には及ばない。

第1部
グローバル・サプライチェーンロジスティクスの全体像

　中国市場の将来性をどう見たらよいのだろうか。2012年，米国のコンサルティング会社マッキンゼーが公表した *Meet the 2020 Chinese Consumer* では，中国の「中間層」を「年収6000ドルから1万6000ドルの家計」と定義しているが，感覚的に中国の家計が1つの目安においているのはその上限の「年収1万6000ドル（1元＝0.16ドルで換算すると年収10万元）」と言われている。つまり，中国の「中間層」は「年収10万元」を目指し，行動している[10]。このマッキンゼー報告書には，次のような予測がある。

　中国の成長率がこのまま7％台で2025年まで推移するという前提のもとに，
- 2025年において中国がGDPで米国を超え，
- 北京においては1人当たりのGDPが4万2000ドルになり，
- 北京での年収100万元（約14.5万ドル）の家計（「富裕層」）が700万戸になる，
- 北京以外の主要都市でも年収100万元の「富裕層」が増加する。

　報告書は，「経済成長の継続と政治の安定性」を条件として，「中国国内での消費はこれからも伸び，輸入でそれを賄う構図は続き」「中国の強みは，輸出ではなく，今後とも国内経済の伸長にある」という見方をしていた。しかしながら，2014年後半から2015年にかけて，中国の経済成長の鈍化，経済格差（それに起因する不平等への不満），香港で起きている言論統制などが絡み出し，不安定さが露呈し始めている。これが一時的なものなのか，長期化するのかによってマッキンゼー報告書の中身は変化する[11]。
　人口と経済成長の関連については『老いてゆくアジア』[12]などでも論じられている通りであるが，国連の人口予測「United World Repot」によれば，中国の人口は2030年の14億5000万人でピークを迎え，その後人口は減少していく。一方，インドは2028年に中国を抜き，2030年で14億7186万人となり，2065年にピークの16億3500万人に達するまで世界一の人口を維持する。2030年の世界全体の人口予測が83億2138万人であるから，この時点で中国とインドだけで世界人口の35.1％を占めることになる。
　2010年5月の段階で，内閣府は「2009年時点のGDPは大きい順に「米，

30

日，中，独」だが，2030年には「中，米，日，印」という並びになる」と発表している。

日本の対米中心主義政策は日本あるいはアジア全域の安全政策の点で理解できるが，同時に中国ともどのように向き合うかを深く思慮する必要がある。

2.5 世界と日本の貿易額と貿易量

2.5.1 世界全体の貿易額と貿易量

2013年の世界全体における貿易総額は36兆9634億ドルに達した。貿易総額だけで10年前の2003年における世界全体の名目GDP合計36兆3562億ドルを上回っている。2013年の名目GDP合計（世界188か国合計）は77兆3020億ドルに増加し，貿易総額は名目GDPの47.8％に該当する。また，2003年の世界全体の貿易総額は15兆3323億ドルであったので，10年間で貿易総額は2.4倍になったことになる。

このように，2000年に入って急速に世界全体の貿易は伸び出した。ここでいう貿易総額とは「モノの輸出額＋輸入額」と「サービスの輸出額＋輸入額」の合計である。「サービス」とは金融，運輸，通信，建設，流通などのサービスの国際取引のことであり，この部分は貿易総額の約20％である。残りの約80％が「モノの貿易総額」ということになる。主要国別貿易額は下記の通りである。

一方，世界の貿易量はどれほどであろうか。

2003年当時，世界全体の海上輸送量は約55億トンであったが，10年後の2013年には約99億トンとなった。10年間で約1.8倍に増えている。同様に，航空貨物量も2003年に3275万トンであったものが，2013年では5586万トンと10年間で約1.71倍に増えている。国際貿易の輸送モードとしては，この他に鉄道・河川・道路があるが，この輸送モードを使用した貿易物量は海上・航空貨物に比べて相対的に少ないので，ここでは海上輸送量＋航空貨物量＝貿易総量として捉えることとする。貿易額の伸びほどではないが，グローバル経済の発展とともに貿易量も確実に伸びている。貿易額については，

第 1 部
グローバル・サプライチェーンロジスティクスの全体像

表 2.7　世界の貿易額

(単位：億ドル)

	2003 年			2013 年		
	総額	輸出	輸入	総額	輸出	輸入
世界全体	153,323	75,776	77,547	369,634	184,846	184,788
米国	20,279	7,248	13,031	38,870	15,579	23,291
中国	8,510	4,382	4,128	41,606	22,102	19,504
ドイツ	13,562	7,516	6,046	26,012	14,084	11,928
日本	8,547	4,718	3,829	15,470	7,146	8,324

出典：IMF-World Economic Outlook Database（2015 年 4 月版）。

原油価格などにも左右されるし，イノベーションにより製品価格の高いモノが売れ出すと，自ずと貿易額は上がっていく。

2.5.2　日本の貿易額と貿易量

　日本の 2003 年と 2013 年の貿易量を比較してみると，表 2.8 のようになる。
　日本では 2003 年から 2013 年の 10 年間で，貿易総額は約 1.81 倍に増えたが，貿易総量は 2003 年から 2013 年までの 10 年間で約 1.06 倍とほぼ横ばい状態である。このことは，後述する日本港湾のコンテナ取扱数量にも反映されている。
　次に日本国内の経済と貨物量の推移であるが，2003 年における日本の名目 GDP は 4 兆 3029 億米ドル，国内物量は 57 億 3426 万トンであったのに対して，2013 年の名目 GDP は 4 兆 9207 億米ドル（1 ドル＝ 110 円換算で約 540 兆円）・国内物量は 47 億 6910 万トン[13]であった。10 年間で GDP は約 1.14 倍になったにもかかわらず，国内物量は 17 ％程度減少している。
　世界全体と比較すると相対的に日本の経済は鈍化しているし，国内物量は

表 2.8　日本の貿易量

(単位：1000 トン)

	2003 年			2013 年		
	合計	輸出	輸入	合計	輸出	輸入
海運	916,769	120,710	796,059	973,390	167,315	808,075
航空	3,002	1,405	1,597	2,824	1,237	1,587
合計	919,771	122,115	797,656	976,214	168,552	809,662

出典：海運については国土交通省海事局編著『海事レポート 2014』（暦年ベース）。
　　　航空については国土交通省編著『国土交通白書 2014』（会計年度ベース）。

第 2 章
グローバル・サプライチェーンロジスティクスとは何か

表 2.9 日本港湾コンテナ港トップ 30 の推移

	東京港	横浜港	名古屋港	大阪港	神戸港
1979 年	15 位	17 位	48 位	38 位	3 位
1980 年	18 位	13 位	46 位	39 位	4 位
1981 年	15 位	9 位	45 位	38 位	3 位
1982 年	18 位	10 位	43 位	33 位	4 位
1983 年	19 位	11 位	45 位	33 位	4 位
1984 年	15 位	10 位	38 位	32 位	3 位
1985 年	14 位	9 位	35 位	34 位	5 位
1986 年	14 位	12 位	32 位	38 位	6 位
1987 年	14 位	13 位	28 位	35 位	8 位
1988 年	14 位	13 位	25 位	36 位	5 位
1989 年	13 位	11 位	24 位	34 位	5 位
1990 年	13 位	11 位	24 位	38 位	4 位
1991 年	12 位	11 位	24 位	38 位	5 位
1992 年	14 位	11 位	23 位	36 位	6 位
1993 年	17 位	10 位	22 位	37 位	6 位
1994 年	16 位	11 位	25 位	41 位	7 位
1995 年	12 位	8 位	22 位	25 位	24 位
1996 年	12 位	11 位	23 位	29 位	14 位
1997 年	14 位	13 位	25 位	31 位	18 位
1998 年	14 位	18 位	28 位	36 位	17 位
1999 年	14 位	20 位	28 位	36 位	19 位
2000 年	15 位	22 位	28 位	35 位	23 位
2001 年	19 位	22 位	29 位	39 位	27 位
2002 年	19 位	25 位	30 位	41 位	28 位
2003 年	17 位	27 位	31 位	39 位	32 位
2004 年	21 位	27 位	32 位	49 位	36 位
2005 年	22 位	27 位	34 位	51 位	39 位
2006 年	23 位	27 位	33 位	44 位	38 位
2007 年	24 位	29 位	35 位	46 位	44 位
2008 年	24 位	29 位	39 位	50 位	44 位
2009 年	24 位	37 位	50 位	51 位	46 位
2010 年	25 位	36 位	46 位	56 位	45 位
2011 年	27 位	40 位	47 位	53 位	52 位
2012 年	28 位	43 位	50 位	52 位	57 位
2013 年	29 位	43 位	49 位	52 位	57 位

出典：Containerization International Yearbook.
（注）2014 年の速報値では，東京第 28 位，横浜第 48 位，名古屋第 51 位，神戸第 56 位，大阪第 60 位となっている。

明らかに減少している。日本の国内物量の減少は，国内における物流効率化に起因していることもあるが，製造業の海外拠点移動にともなう貨物量の減少が主な理由と考えられる。ただ，世界の貿易総量と比べると，日本の国内物量はまだその半分程度の「量」である。このため，日本の物流業者はこの国内物量減少に，つい目を覆いがちになる。10年先の2025年のことを考えると，現状を直視し，今から対策を施す必要がある。

　表2.9は1979年以降の日本5大港の世界におけるランキング表である。1979年にはじめて「世界のコンテナ港湾ランキング」が公表された。日本製造業の海外進出と重なりあうように，2000年以降，急速に日本のコンテナ港湾の世界における地位が低下している。日本の貿易物量減少状況を端的に表しているひとつの指標である。

2.5.3 日本のグローバル製造業

　2012年12月以降，民主党政権から再び自民党政権に戻ると，新政府は矢継ぎ早に経済問題に取り組んだ。「三本の矢」，いわゆる「アベノミクス」の推進である。これは「大胆な金融政策」「機動的な財政政策」「民間投資を推進する成長戦略」から成るが，これによって日本が円安基調に戻った結果，2015年3月の日本各企業の決算は軒並み好調で，それにつれ株価も日経平均2万円を回復した（ただし，2016年1月4日の大発会時点では1万8450円に下落した）。

　2016年3月期決算においてトヨタ自動車は1社単独で売上高28兆4031億円（1ドル＝110円換算で2582.1億ドル），純利益2兆3126億円を稼ぎ出した。売上高だけで比較すると，この数字は2014年のポルトガル1国の名目GDP（2304.8億ドル；世界第46位）より多い。しかし，世界にはトヨタ以上あるいはトヨタ並みの企業が10社程度ある。

　「グローバル企業」をどう位置付けるかであるが，ひとつの目安として1995年から米国『フォーチュン』誌が売上高を基準に毎年発表するようになった「フォーチュン500」がある。2013年度の業績を反映させた2014年の発表では，米国128社，中国圏100社（中国91社，台湾5社，香港4社），日本57社，フランス31社，ドイツ28社，英国27社，韓国17社，スイス

13 社，オランダ 12 社，カナダ 10 社と続き，これがベスト 10 である。アジアだけをとれば，「グローバル企業」の数の多さは，中国，日本，韓国，インド（8 社），台湾，香港の順となる（「フォーチュン 500」は 2016 年版まで発表されている）。

2.6 結び

　2015 年 3 月の決算発表をもとに，日本企業の売上高を調べてみると，日本における「1 兆円企業」（売上高が 1 兆円を超える企業）は 140 社余りに上る。日本企業の 2015 年 3 月期の決算は 1989 年のバブル期を凌ぐ好調さであるといわれた。2015 年 8 月 10 日時点で東証第一部には外国企業 7 社を含む 1895 社が上場しているが，その売上高合計は約 702 兆円，純利益は約 30.5 兆円に達する[14]。「1 兆円企業」には非上場である保険会社なども含まれているが，売上高だけでみれば，この 150 社程度だけで東証第一部企業売上高の約 70 % を占めている。さらにこれを業種別に分類してみると，製造業が半数を占め，その中でも自動車・電機産業が多い。

　安倍政権下で円安基調に戻った日本は（2015 年末から 2016 年にかけて，15 ～ 20 % 程度円高に振れたが），2015 年度期末決算でも概ね高決算であった。業績が順調なうちに，今一度足元を見直す必要があろうか。

　日本企業の特徴のひとつに「長寿企業」があるが，2013 年 9 月 2 日の帝国データバンク発表によれば，100 年企業は 2 万 6144 社に達する。これは他のアジア諸国にはない日本の特徴である。しかし，この半分にあたる 51.9 % が資本金 1000 万円から 5000 万円未満の企業であり，資本金 1 億を超える企業は 7.3 % の 1901 社にしかすぎない。しかし，これら「長寿企業」がこの先も経営を続けるためには，グローバル化も見据えた発想が必要になってこよう。

　この先 10 年のアジアは，消費を活性化する中間富裕層の増大で「大消費市場」になる可能性を秘めている。その一方で，中長期でみた場合，日本市場は停滞することが予想される。そこで，グローバル企業のみならず，中小

企業もアジアに活路を見出し，ビジネス展開を図っていく必要がでてこよう。キーとなるのは，製造業にとっても，それを販売する卸売業・流通業・小売業にとっても「サプライチェーンのグローバル展開」である。グローバル・サプライチェーンロジスティクスの大きな特徴のひとつは「サプライチェーンの「時間軸」づくり」への貢献（輸送時間も含めた全体の時間をどう短縮していくか）である。日本基準でものを考えると，輸送としては海上と航空と道路しか見えてこない。しかし，ユーラシア大陸の地図を広げて眺めると，輸送距離が長い分，鉄道も河川も含めた輸送モードの活用方法が考えられる。とくに内陸と内陸を結ぶ場合，環境問題も考慮すると，鉄道が必ず見直されてくる。中国が主導権を握り取り進めよとしている AIIB（Asian Infrastructure Investment Bank；アジアインフラ投資銀行／加盟57か国・申請中2か国）の構想の中にも鉄道開発が入っている。また，ハブ港からはずれてしまった港と港の間では，コンテナ船だけではない海上輸送方法，例えば RO-RO 船やフェリーを活用した輸送が考えられる。1例としては，1港と1港の往復に特化し，「適量輸送」を目的に船の特性を活かし，2国間でのトラック輸送の「共有化」を図る方法である。こうした工夫により，工場から工場までのトータル時間は，コンテナ船での積替え時間がない分，計算上は短縮される。あとは，2国間の協定をどう進めるか，港湾関係者をどう説得するかなどの問題が残る。とくにフェリーについては，「モノの輸送」だけでは採算ベースに乗らないとすれば，「ヒトの輸送（観光）」も併せて考える。観光を地方活性化に繋がるように仕向けなければならない。

　新しいロジスティクスの絵を描き，実行していくプロセスを下位者に示していくのがロジスティクス・マネジメントの司令塔となる CLO（Chief Logistics Officer）の仕事となる。今後，CLO 育成にも力を入れていく必要がある。欧米にはあるが，日本ではほとんど存在していない大学でのロジスティクス教育をどう行っていくかも課題である。

参考・引用文献と注

1)　大津武『新公共事業必要論―港湾・空港の整備が日本を救う―』日本評論社，2008年。

2) 角井亮一『オムニチャネル戦略』日経文庫，2015 年。

3) サーチャージとは運賃以外に特殊事情によって付加される料金のこと。

4) 内閣府「2030 年のアジア―アジア経済の長期展望と自立発展のための課題―」
　2010 年 11 月。

5) 学会などで多少食い違いがある場合がある。

6) 2016 年 6 月 24 日，英国は，国民投票の結果により EU 脱退を決めた。

7) アジア共同体については，
　谷口誠『東アジア共同体―経済統合のゆくえと日本―』岩波新書，2004 年
　林華生編著『アジア共同体―その構想と課題―』蒼蒼社，2013 年
　李鋼哲編著『アジア共同体の創生プロセス』日本僑報社，2015 年
　等を参考にした。

8) 次期米国大統領に選出されたトランプ氏は，2016 年 11 月 21 日，自身の WEB
　サイトで「大統領就任の日（2017 年 1 月 20 日）に，TPP から離脱する」と明
　言した。これにより，アジアの軸足が RCEP に傾く可能性がある。

9) 人口については IMF World Economic Outlook Database 2015 年 4 月版を参照
　した。

10) 中国関係については，
　野村総合研究所「2015 年の中国―胡錦濤政権は何を目指すのか―」『東洋経済』
　2008 年 2 月
　徐静波『2023 年の中国―習近平政権後，中国と世界はどうなっているのか―』
　作品社，2015 年
　等を参考にした。

11) 最近の日本では，中国経済を「中所得国の罠に嵌っている」という見方がある。
　これは 1 人当たりの GDP が 1 万ドルに近づくと，なかなかその上に行けなく
　なるというものである。ひとつの打開策は第 2 次産業従事者を 30 ％以上に増
　やし，第 2 次産業従事者の所得向上によって消費を押上げ，GDP に反映させ
　る手法である。
　　しかし，中国の第 2 次産業従事者は約 28 ％である。もちろん，省ごとに違
　いがあり，天津，上海，北京の特別区は，すでに 1 人当たりの GDP が 1 万
　5000 ドルを超えている。

12) 大泉啓一郎『老いていくアジア―繁栄の構図が変わるとき―』中公新書，2007
　年。

13) 2014 年の国内物量は 43 億 1600 万トンとさらに減少している（国土交通省統計）。

14) みずほ証券リサーチ＆コンサルティングの集計を参照にした。

第 **3** 章

サプライチェーン・マネジメント
視点から見た
グローバル・サプライチェーン
ロジスティクス

知念 肇

コンピュータの発達とともに，1990年代に製造企業の多くが，自社のビジネス・モデルの見直しを行い，現代における製造業のボトルネックがロジスティクスにあることを発見したが，その後，さらにサプライチェーン・マネジメント（以下，SCM）という概念を先端企業が取り入れたことにより，SCM研究が盛んになった。物流→ロジスティクス→SCMという発展過程を辿ったという見方が強いが，未だにSCMに対する見地は各企業，各研究者によって異なる。

わが国の競争力は，20世紀のアジアにおいて突出していたが，今では中国に世界第2位の地位を譲っている。アジアを市場とするSCM構築におけるリーダーシップをとれなかったことが原因と筆者は考えるが，陸続きでベトナム，カンボジア，タイなどへ運送が可能な中国に対し，わが国企業は船か航空機による運送となり，コスト高となる。また，相手国のインフラストラクチャー構築の遅れもわが国企業の参入を阻んでいた。

本章においては，SCMの概念とロジスティクス概念の関係を明確にするとともに，世界銀行が毎年発表するLPI（Logistics Performance Index, and Its Indicator）を参考にすることにより，アジア諸国のロジスティクス事情に触れた上でインテグレーターのアジア市場への参入および中国市場に言及する。そして最後に，沖縄県における動きを事例に今後地域で必要とされる

グローバル・サプライチェーンロジスティクスについて考察したい。

3.1 SCM について

3.1.1 SCM の定義

SCM の定義については，The International Center for Competitive Excellence（1994）の定義を示すなら下記の通りとなる。

「SCM とは顧客への価値を付加する製品，サービス，そして情報を提供するエンド・ユーザーから最初のサプライヤーまでのビジネス・プロセスの統合である。」[1]

しかし，ここでは，Mentzer（2001）らの試みたSCM の定義を参考に議論を進めていくことにする[2]。彼らは，SCM の原理として，次の3つを挙げている。

① サプライチェーンを全体としてみて，サプライヤーから最終顧客までの在庫のトータル・フローを管理するシステムズ・アプローチ。
② 企業内や企業相互の作業，そして最終的に能力を統一された総合体として同期化しひとつにまとめる戦略的思考。
③ 顧客満足を導くユニークで個別化された顧客価値の源泉を創造する顧客重視の姿勢。

彼らは，サプライチェーンが統合される段階としてStevens（1989）が述べた説をとっている[3]。

第1段階：基本的な結び付きしかないケース。サプライチェーンといっても，個々の企業内でバラバラに行われている業務機能であり，個別に計画された在庫，独立した（必要性は認識しつつも）相互作用のほとんどないコントロール・システム，そして機能的にも分離した企業行動によって特徴づけられる。

第2段階：成果向上，緩衝的在庫，業務の内部化と外部委託の比較，そして事態に素早く反応する顧客満足型サービスよりもむしろコスト削減で特徴づけられる内部統合重視（外部委託しない）より始まる。

第3段階：内部的な機能統合と流通を通した調達の完全な明確化，中期計画，戦略よりも戦術重視，効率性の強調，連鎖への拡充された電子工学（バーコード等）によるサポート，そして顧客満足のために継続的な素早い事態対応で特徴づけられる。

第4段階：統合の幅をサプライヤーと顧客を含む企業外部にまで広げることになるサプライチェーン統合の達成。

Mentzer らは，SCM の前提からサプライチェーン志向，具体的にはシステマティック見地と戦略的見地が生じ，それに沿って SCM の行動がなされるとした。それらが最終的により低いコスト，顧客価値創造と顧客満足の向上，そして競争的優位性をもたらすとしている。結果的に，Mentzer らによる SCM の定義は以下のようになった。

「伝統的なビジネス機能や戦術をシステマティックで戦略的見地から調整したものであり，特定企業内におけるビジネス機能やサプライチェーン全体における機能を横断的に結び付けたものである。それは個々の企業とサプライチェーン全体の長期的成果向上という目的を持ってなされる。」[4]

SCM がロジスティクス以上のものであるゆえんは，多くの戦略，戦術に対応できる，その機能性にある。

3.1.2 ロジスティクスと SCM

Kent & Flint（1997）によれば，ロジスティクス思想は，農業経済の時代（1916 〜 1940 年），軍事の時代（1940 〜 1960 年代），マネジメント・サイエンスの時代（1970 〜 1980 年代），そしてマーケティング・社会科学の時代と変遷をたどってきた（図 3.1）[5]。

また，世界的なインテグレーターである DHL は，現代のロジスティクスを下記のように見ている。

「1800 年頃－新しい道路運送の発見と鉄道により新しい技術と輸送手段を通したロジスティクスの拡大がなされた。新しい経済において招来された原油の発見だけでなく，蒸気エンジンの実際上の利用，車両，鉄道そして船の改良がなされた。それは，ロジスティクスに対して新しい役割，手段，そして機会を生み出した。1940 年頃－世界大戦を通して軍事ロジスティ

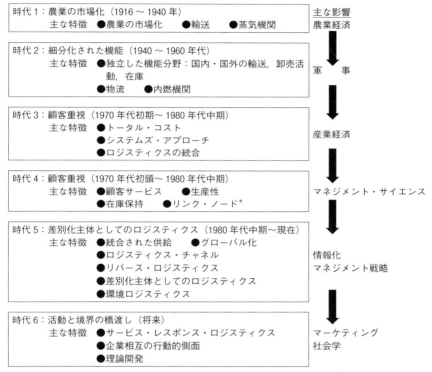

図 3.1 ロジスティクス思想の変革についての年代別モデル

*：ノード（node）とは拠点を意味し，拠点間を結ぶ線がリンク（link）である。
出典：Kent, J. L. Jr. & D. J. Flint, (1997) "Perspectives on the Evolution of Logistics Thought," *Journal of Business Logistics*, Vol. 18, No. 2, p. 22.
（注）図は筆者一部加筆。

クスが発達し，軍事ロジスティクス概念のビジネス界への転用がなされた。第一次世界大戦の間に軍事ロジスティクスはネットワークの力強い連結を強調するものとなった。それは，軍隊に食糧，武器，そして備品を供給するものであったが，第二次世界大戦の始まりによって，ロジスティクスの重要性はより一層再認識されることになり，結果として，ロジスティクスは戦後のビジネス界においても重要な地位を得た。

1956年に海上コンテナの改良がなされ，世界的貿易の構造的な進化が実現し，貨物の国際的な往来が本格化したが，アメリカ人のマルコム・P・マクリーンによる海上コンテナの導入が世界中のほぼすべての産業におい

て生産条件を変え，結果として人々の消費習慣を変えたのである。今日で
さえも，海上コンテナは港湾が主な契約を得るのを確実にし，新しい国と
地域はインフラ整備の充実によるビジネスの活発化を経験することにな
り，それがさらに新たな市場の発生をうながし，そして世界中から製品が
購入可能となり，合理的な価格で売られるようになっている。このように，
コンテナはグローバリゼーションに大きく貢献したのである。

1970-1980年頃，カンバンとJust-in-time-ロジスティクス・コンセ
プトは，調達というものを特別に強調するようになったが，カンバンと
Just-in-time（JIT）概念は大野耐一によって日本のトヨタ自動車で開発
され，導入されたものである。それはロジスティクスを他のオペレーショ
ン機能と効率的に結びつけるという目的を持ち，調達に特別な強調がなさ
れていた。Quick Response（QR）とEfficient Consumer Response（ECR）
の技術が1980年代に開発され，多くの小売業や卸売業に受け入れられた
が，これらの技術はロジスティクスに大きなインパクトを与えた。この技
術の結果として，流通センターはそれらを上手く運営するのにかわって，
製品を移動させるという役割を担うことになった。これは企業の市場開発
への反応時間を早くし，効率的な商品のサプライチェーン・システムを立
ち上げることを可能にした。

SCMは，1980年代以来益々盛んに使用され，重要になってきた用語で
あるが，今日，SCMは，ベンダーのサプライヤーからエンド・ユーザー
まで拡大された主要なビジネス・プロセスを全体的に考慮するものと認識
されている。したがって，SCMは，外的な相互作用であり，多くの矛盾
する目的をモニターするシミュレーションを必要とする複雑なシステムと
なっている。

グローバルな競争は1970年代に起こり，拡大し，そして1990年代に加
速されたが，グローバリゼーションは今日なお拡大しており，効率的なロ
ジスティクスはグローバル市場を拡大している企業に大きな競争的優位を
作り出している。」[6]

ロジスティクスについての定義も，1967年の定義と1992年の定義を比べ
てみると，1967年の定義では，「製品のラインの終わりから顧客までの効率

的な移動に関する広い範囲の活動」[7]を示すのに対し，1992年の定義では「顧客の要求に沿うために最初の地点から消費地点まで」[8]と定義されており，単なる完成品の移動を考えたものから，マーケティング戦略との同期化が強調されるものとなった．この定義は，SCMの誕生を予感させるものとなっている．

　図3.2は，男性用肌着のサプライチェーンにおける流通と在庫について示したものである．Scott & Westbrook（1991）によると[9]，図中の水平の幅は，在庫地点間の主要なプロセスにおいて費やされる平均時間を示しているが，垂直の線は，在庫地点における在庫期間の平均時間となる．これら水平・垂直の線の長さは，サプライヤーとの協力において削減可能なものであり，Scott & Westbrookはこのような流通をパイプラインと呼んでいる．

　パイプラインの長さ（Pipeline Length）は，水平的ラインの合計であり，プロセスにおいて費やされる時間であるが，図3.2では［　］で示された

図3.2　男性用肌着サプライチェーンのためのパイプライン

長さ＝60日（水平的ラインの合計）　　量＝175日（水平的ラインと垂直的ラインの合計）

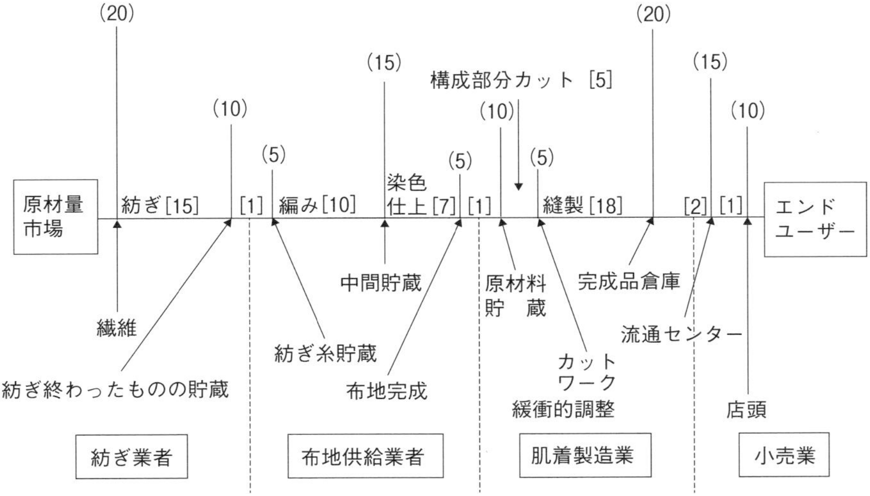

原材量市場　紡ぎ[15]　[1]　編み[10]　染色仕上[7]　[1]　縫製[18]　[2][1]　エンドユーザー

構成部分カット [5]

繊維
紡ぎ終わったものの貯蔵
紡ぎ糸貯蔵
中間貯蔵
布地完成
原材料貯蔵
カットワーク
緩衝的調整
完成品倉庫
流通センター
店頭

紡ぎ業者　　布地供給業者　　肌着製造業　　小売業

注：（　）と［　］内の数字は日数。ただし，［　］で示したものが水平的ライン。
出典：Scott, C. & R. Westbrook, (1991) "New Strategic Tools for Supply Chain Management," *Industrial Journal of Physical Distribution & Logistics Management*, Vol. 21, No. 1, p. 25.
（注）図は筆者一部加筆。

日数であり，60 日となる。需要の増加に対応した時間尺度として考えられる垂直の数値（　）はストック・レベルを維持する時間と考えてよい。パイプラインの量（Pipe Volume）は，水平的，垂直的ラインの合計である。図3.2では［　］で示された日数と（　）で示された日数の合計となり，175日となる。需要減に対応した時間の尺度であり，サプライチェーン全体での在庫調整に要する時間と考えられる。このような図を描くことにより，各企業は自社に合ったパイプラインの形を模索するようになった。あるべき姿と現状のギャップを感知し，またマーケティングの遂行に大いに役立つものとなった。

3.1.3　3PL とフォワーダー

Mckinnon[10]は契約物流（外部委託物流）の魅力として次の 3 つを挙げている。

「第 1 に物流業における集中の進展が広域サービスを可能にした結果，自己物流か契約物流のいずれを採用するかがまさに企業にとってのオプションとなったことである。第 2 に物流がますます資本集約的事業になったため，製造業でも流通業でも物流の新しい技術に遅れないように，本業から見て補助的な物流事業に対して必要資源を転換できる企業が減少してきたことである。その代わりに企業は情報技術の発展を利用して，リアルタイムのデータ収集のほうに努力を傾けるほうが望ましいと考えるようになったのである。第 3 に，物流を任されたロジスティクス・コントラクター（Logistics Contractor）たちは，物流サービスを顧客の希望に合致するように注文通りのサービスを提供することに最大の努力を払っていることである。」[11]

近年，売り手でも買い手でもない第 3 者が売り手と買い手を結ぶロジスティクスを手掛けるサードパーティ・ロジスティクス(3PL)が発展してきた。基本的には，3PL はロジスティクスのアウトソーシングと考えられる。

「ヨーロッパで浸透したこのような契約物流の業務は，現在ではサードパーティ・ロジスティクス（Third Party Logistics：以下，3PL）と呼ばれ，アメリカにおいて大きく普及している。3PL の業務は，荷主企業からア

ウトソースされた最低で 2 種類以上の物流業務を遂行するものから，荷主企業のロジスティクス・システムの構築も含めて，戦略的なアウトソースを請け負うものまで多様な機能を果たしているのである。アメリカでは，1980 年代になされた輸送業における規制緩和に先立って，ロジスティクスのアウトソーシングを成し遂げることは極めて困難な状況にあった。この規制緩和を契機にして世界の国際物流業は，3PL プロバイダーとして，この革新の中に身を置いて行動せざるを得なくなってきている。」[12]

3PL（Third Party Logistics）には，以下の 2 つがあるとされている。

① アセット型：自らハードを持っている。

② ノン・アセット型：他企業のアセットを利用することで，自らはアセットを持たず，ソフト開発のみで対応する。

3PL にロジスティクスを委託することで，取引企業と Win-Win の関係を構築することが可能となり，JIT など新たな価値をロー・コストで生み出すとともに，依頼企業は新製品開発や製造プロセスの開発における差別化に集中することができる。

シームレスなロジスティクス・システムの例として，ウォルマートと P&G が共同で開発した CPFR があるが，CPFR とは，流通業者とメーカーが協力しながら（Collaborative），商品の計画（Planning），売上予測（Forecasting），補充（Replenishment）を行うビジネス・プロセスである。それにより余分な在庫の削減と店頭での品切れ防止が可能となる。

表 3.1 を見てみると，予測発注作業は，次のように自動化されている。例えば，A-1 の商品は許容範囲 100 に対して小売業と製造業が導き出した予測数の差が 80 なので，自動的に納品される。B-2 は差が許容範囲 1000 を超えているので，お互いにディスカッションして許容範囲に収まるように再調

表3.1　CPFR による商品発注の例

製品番号	小売側予測数	製造側予測数	予測差違	許容範囲	ステータス
A-1	700	620	80	110	OK
B-2	4,000	7,000	3,000	1,000	×
C-3	380	500	120	150	OK

出典：筆者作成。

整をする。C-3 は許容範囲内であるので自動的に納品される。

こうして出来上がった予測は，予期せぬ事態の発生以外では変更されず，両者が責任をもって実行していくので，両企業の物流業務はルーチン化され，あたかも一企業内の部門間の取引のようになされるようになる。

1999 年，アストン（Ashton, K.）が Procter & Gamble（以下，P&G）における講演で RFID（Radio Frequency Identifier）を P&G のサプライチェーンにリンクさせることによりインターネット・オブ・シングス（IoT）が稼働し，莫大な利益をもたらすと述べた。この講演は IoT というフレーズが世に出た最初として紹介されることが多いが，このアイディアはただちに採用され，具体的には，ウォルマートに P&G が商品を納品する際に RFID タグを付け，小売りもメーカーも 100 ％情報が利用できるようになった。そして，それはコスト削減，在庫管理に大きく貢献している[13]。

一般的な企業にとって，ウォルマートと P&G のようなロジスティクス・システムを独自で構築することは現実的でなく，3PL に外部委託する方が，低コストであり生産的である。このようなロジスティクス・システム構築を得意とするノンアセット型の先駆的企業が C. H. ロビンソン・ワールドワイド（以下，CHRW）である。顧客数は 4 万 600 社，本社は，ミネソタ州エデン・プレイリーにあり，貨物輸送サービスと物流ソリューションの提供を行う企業である。現在，北米，欧州，アジア，南米，豪州に 276 の事業所がある。輸送供給チェーン・サービスを提供する，世界的な輸配送ネットワークを開発し，生鮮食品の購入販売を行うソーシングサービスも提供している。ソーシングサービスでは，独立した農産物生産者・供給者とのネットワークを通じて新鮮な食材を，食料品店やレストラン，卸売業者，フードサービス販売代理店に供給しており，2014 年の粗利益は，1350 万ドルとなっている[14]。

CHRW が輸送アセットを持たないのは，同社が顧客に対してベストのロジスティクス形態とサービスをフレキシブルに見つける能力を持っているからである。これを可能とするために CHRW は自動車運送業者，航空貨物運送業者，鉄道会社（主にインターモーダル・プロバイダー），そして海運業者との確立された関係を保持することにより北米最大のキャリア・ネットワークを構築した。

第3章
サプライチェーン・マネジメント視点から見たグローバル・サプライチェーンロジスティクス

　グローバル・オフィスネットワークで働く約1万1500人の従業員により，CHRW はあらゆるロジスティクスニーズに応えうる知識の生きたネットワークを持つのである。CHRW の専門はサプライチェーン・マネジメントのような付加価値型ロジスティクス・サービス，輸送管理，貨物輸送統合，インフォメーション・リポーティング，メールや印刷メディア・サービスといった専門化された分野だけでなく，在庫管理や生産と調達ソリューションを含んでいる。CHRW は，半数に当たる顧客におけるサプライチェーンのすべての側面を管理しており，さらに e-Center を通してプロセス・オンラインが見えるようにしている。CHRW が独自の設備を持たずに市場コンディション変化への対応が可能な理由は，顧客の要求を自由に評価し，顧客の目的を達成すべくベストのマルチモーダル・オプションを即座に提示できるからである。

　もうひとつ，現在の国際物流におけるフォワーダーの存在を記しておかねばならないが，このビジネスは古い歴史を有している。例えば，高見（1999）はフォワーダーについて以下のように述べている。

　「馬車についても，一言書き添えねばならない。このころ（中世），ベネチアの商人貴族マーチャント・プリンスの商品を，アルプスを越えてヨーロッパに運ぶ馬車屋がいた。これをラヒターと呼んでいたが，彼らは荷主から委託された商品の運送契約書であるコンサインメント・ノートを発行した。委託運送は，海上よりも陸上のほうが早かったようである。海上では荷主自身が船を持っていた時代だからである。海上の委託運送契約書である船荷証券，すなわち B/L（Bill of Lading）の前身は，この辺にあると考えられるのである。このラヒターたちは，のちの産業革命の結果，鉄道が発達すると仕事を失った。しかし，彼らの外国の商品市場や輸送ルート等に対するノウハウだけが残って，フレート・フォワーダーという業務に変わって行ったことは，あまり知られていないようである。」[15]

　フォワーダーとキャリアーについては，以下のように区別される。

　「航空会社は，ワルソー条約（Convention for the Unification of Certain Rules Relating to International Carriage by Air）において，基本的に『空港から空港まで』（Airport to Airport）の輸送に限定されており，出発地

47

空港までの陸上輸送企業（代理店も含まれる）に依存しなくてはならず，その意味で，複合一貫運送人として十分な資格を有しているとは言いがたい。他方，船会社も同様で，陸上での接続輸送は，鉄道会社またはトラック会社に頼らなくてはならず，船会社の運送責任についてはヘーグ・ルール（Hague Rule）で，鉄道会社のそれは国際鉄道物品運送条約（Convention International Continental Transport des Marchandises par Chemin：CIM）によって，またトラック会社は国際道路物品運送条約（Convention Relative au Contrat de Transport International de Marchandises par Route：CMR）によって，それぞれ限定されている。そのため船会社も，国際規約上，陸上輸送の部分に関して一貫した責任を負うことが困難となっている。それに引き換え，フォワーダーは，航空会社や船会社に対しては利用運送人として荷主の立場で契約し，荷主に対しては運送人として貨物の委託を受けるので，通し運送状を発行することができる。国際複合一貫運送人として，フォワーダーがキャリアーよりも勝っているのは，この点にある。」[16]

このようにフォワーダーは，基本的には船や航空機を持たない物流業者であるため，国際的取引をするためには船会社や航空会社を利用しなければならない利用運送人と呼ばれる。

3.2 グローバル・サプライチェーンロジスティクス

3.2.1 | LPIによる評価と港湾オペレーター

ロジスティクスを世界的な視点で調査したものとしては，世界銀行が発表する "Trade Logistics in the Global Economy：The Logistics Performance Index and Its Indicators" がある。同調査は，表3.2に示された6項目を5段階評価し，それにウェイトを掛けてロジスティクスの成果指数（以下，LPI）を導き出し，同指数によりロジスティクスが経済成長に及ぼす影響力を計測しようというものである。

第3章
サプライチェーン・マネジメント視点から見たグローバル・サプライチェーンロジスティクス

表3.2　国際LPIのために用意された構成内容

内　　　　容	ウェイト
①関税（Custom）	0.40
②インフラストラクチャー（Infrastructure）	0.42
③国際輸送（International Shipment）	0.40
④ロジスティクス品質と能力（Logistics Quality and Competence）	0.42
⑤貨物追跡発見能力（Tracking and Tracing）	0.41
⑥適時性（Timeliness）	0.40

出典：Connecting to Compete 2014, Trade Logistics in the Global Economy: The Logistics Performance Index and Its Indicators; http://www.worldbank.org/content/dam/Worldbank/document/Trade/LPI2014.pdf

　2014年トップ10の国は，ドイツ，オランダ，ベルギー，英国，シンガポール，スウェーデン，ノルウェー，ルクセンブルク，米国，日本となっている。トップ10の中で，ドイツはその製造・生産能力のみが強調されがちであるが，ロジスティクス環境を整えることに関しても，最も関心が深い国と言ってよい。アジアからは，シンガポールが上位に位置しており，アジアのロジスティクス先進国である。日本もロジスティクスの質において高い評価を得る地位にいる。表3.3に東アジア・東南アジアの主要国の順位を示す。

　アジアにおけるトップのシンガポールとフィリピンを比べてみると，インフラ整備において大きな隔たりがあり，しかも貨物追跡発見能力や適時配送に劣ることがロジスティクス競争優位性に影響を及ぼしていると考えられる。インドネシアやフィリピンといった発展途上国では，港湾等のインフラ整備が最優先事項となっているが，インフラ整備を終えた後でも，運営手法が確立されていなければ効率的なロジスティクスは期待できない。

　近年，世界のコンテナ港湾は，港湾を管理する行政機関（港湾管理者）に代わって港湾運営会社が運営する例が増えてきたが，ここでは香港とシンガポールの港湾オペレーターの例を記す。

　香港においては，伝統的に民間活力を活用し，コンテナ港湾の整備・運営は民間に任されている。その代表格がハチソン・ワンポア社の子会社Hutchison Port Holdings（HPH）であるが，2013年時点で，世界26か国で52港に319ターミナルを運営している。そしてシンガポールにおいては，PSA（Port of Singapore Authority：シンガポール港湾庁）を前身とする

49

第1部
グローバル・サプライチェーンロジスティクスの全体像

表3.3 アジア諸国のLPI（2014）

国	LPIランキング	LPIスコア	関税	インフラ	国際貨物輸送	ロジスティクス品質と能力	貨物・追跡発見能力	適時性
シンガポール	5	4.00	4.01	4.28	3.70	3.97	3.90	4.25
日本	10	3.91	3.78	4.16	3.52	3.93	3.95	3.95
香港	15	3.83	3.72	3.97	3.58	3.81	3.87	4.06
台湾	19	3.72	3.55	3.64	3.71	3.60	3.79	4.02
韓国	21	3.67	3.47	3.79	3.44	3.66	3.69	4.00
マレーシア	25	3.59	3.37	3.56	3.64	3.47	3.58	3.92
中国	28	3.53	3.21	3.67	3.50	3.46	3.50	3.87
タイ	35	3.43	3.21	3.40	3.30	3.29	3.45	3.96
インドネシア	53	3.08	2.87	2.92	2.87	3.21	3.11	3.53
フィリピン	57	3.00	3.00	2.60	3.33	2.93	3.00	3.07

出典：表3.2より筆者作成。

PSA International がある。同社はアジアにおいてはシンガポールのほかに中国，インド，韓国，日本，タイ，ベトナムの計15か所でコンテナ港湾を運営している。このような複数の国において港湾サービスを行う企業を，グローバル港湾オペレーター（Global Terminal Operator：以下，GTO）と呼んでいる[17]。

3.2.2 インテグレーターとアジア

PLIで示されるように，ロジスティクスが経済に及ぼす影響の大きさは今や誰もが認めるところであるが，とりわけ国際的に活躍する3PLとしてインテグレーターの存在は無視できない。インテグレーターとは，キャリア業・フォワーダー業・国際宅配便業を兼業する航空業者であるが，彼らはフォワーダーに先立ってグローバル・ネットワークを作り上げている。

「インテグレーターとは，「航空会社」（自社航空機による集荷，スペース販売），「フォワーダー」，「国際宅配便」，および「貨物代理店」の多機能を持つ総合グローバル・ロジスティクス輸送会社である。インテグレーターの代表的な企業としてFedEx（米国），UPS（米国），DHL（ドイツ），及びTNT（オランダ）があげられる。」[18]

50

第3章
サプライチェーン・マネジメント視点から見たグローバル・サプライチェーンロジスティクス

　これまで，航空会社の他国への乗り入れは，シカゴ・バミューダ体制と呼ばれる2国間協定で許可されるものであった。オープンスカイでは2国間協定が破棄され，航空会社はニーズに対応した自由な路線開設が可能となる。EU は，1997年に域内を完全自由化しており，EU 国籍の航空会社であれば自由に EU 圏内で路線開設ができるようになった。2007年3月には米欧間のオープンスカイ協定が発効され，米国の航空会社も EU で自由に路線開設できるようになり，EU の航空会社も米国で同じような自由を得た。米国は2007年当時ですでに77か国・地域とオープンスカイ協定を結んでおり，世界の空の自由は格段に高まっている。イメージとしては，東京の地下鉄のように世界中の空に縦横無尽に様々な民間航空路線が開設されているようなもので，それらの飛行機を乗り継ぎ，人や貨物が行き来する時代となったのである。

　アジアにおいては，シンガポールが1997年1月に米国との間でオープンスカイ協定を締結したが，ASEAN 全体では2015年までにすべての運行ルートを自由化することになっている。

　前述のように世界の航空市場はオープンスカイといわれるようになってきたが，これは，どの国の空港でも乗り入れ自由ということを示している。とくに EU 統合後，欧州の航空会社や空港は激しい競争にさらされることとなった。その結果，自社にとって最も効率の良い空港をハブ空港として，ネットワークをグローバルに展開しようとする物流企業が現れてきた。米国においても，例えば，600機以上の自社保有飛行機を有する UPS の北米拠点空港であるルイビル空港（ケンタッキー州）は深夜0時から3時の間に約100機が着陸する。このような拠点空港ネットワークを全米に張り巡らすことで，UPS は北米における小口配送で他社の追随を許さない競争優位性を確立している。

　飛行機とトラックを中心に複数の輸送手段を世界規模で展開するインテグレーターの事業展開がアジアにおいても活発化してきているが，近年，アジアの航空市場の自由化を先取りして世界の巨大物流資本が中国での拠点づくりに挑んでいる。

　世界の4大インテグレーターである DHL（ドイツ），TNT（オランダ），

第 1 部
グローバル・サプライチェーンロジスティクスの全体像

FedEx（米国），UPS（米国）はいずれも中国での拠点づくりに多大な投資を行っている。これらのインテグレーターは世界規模で M&A を行い企業体力の増強が目覚ましいが，自社保有の飛行機や世界中の拠点空港ネットワークを駆使して高度なサービス提供を行っている。世界最大のインテグレーターである DHL（1986 年中国進出）は，日本の郵政公社に相当するドイツポスト傘下の国際物流企業であるが，同社は香港国際空港にハブ空港を開設している（2004 年）。バンコク，仁川，シンガポール，シドニーにもハブ空港を持つ DHL は，2007 年 11 月に上海浦東国際空港に北アジアを対象にしたハブ空港を開設することを発表した。国際エクスプレスといわれる小口貨物の翌日配送には定評があり，そのサービスネットワークをグローバルな規模で展開しようとしている。日本においても関東と関西に空港隣接の施設をつくり，すでに日本における国際宅配便シェアでは 3 割を超えるといわれている。

TNT（1988 年中国進出）はオランダ・アムステルダムに本拠を置くメールおよびエクスプレスを専門とする企業である。アジアにおいてはシンガポール空港をハブ空港としているが，DHL と異なる点は，医療品企業やハイテク企業へのエクスプレス・サービスに特化していることである。顧客ニーズに合った付加価値の高い物流サービス提供を目指しているが，シンガポール，マレーシア，タイ，ベトナム，中国の 120 都市以上を結ぶネットワークはカスタマイズされたサービスの迅速な提供を可能にしており，中国においては広州にハブ空港を置いている。

UPS（1988 年中国進出）は，シンガポールにアジア太平洋地域本部を置き，90 年代に中国におけるエクスプレス・ネットワークを確立した。UPS は北米にて開発した小口宅配のノウハウをそのまま中国で生かしており，2003 年から中国における運営本部を上海に移すことにより活動効率を高めている。

FedEx（1984 年中国進出）は，空港輸送による書類等の軽量貨物のエクスプレスを得意とするが，中国においては広州の白雲国際空港をハブとして使用している。米国企業にとっては最も信頼されているエクスプレス便提供企業であるが，そのサービス提供対象をアジアの企業に拡大している。

高速道路等陸上交通網整備がこれからなされるアジアにおいては，空港を

中心としたネットワークを確立することが，今後の物流戦略の主導権を得る上で重要である。3PL と呼ばれる企業の物流戦略すべてを請け負う契約物流業者が欧米で大きな地位を確立しているが，将来的にはこれら 3PL のアジア進出が本格化するとみられている。

3.2.3 | 中国宅配便市場

中国国家統計局 2015 年 2 月 26 日発表として，以下のような統計が示された[19]。

GDP…63 兆元（1 元 =17 円換算で 1071 兆円）

第一次産業…5 兆 8332 億元（+4.1 ％）

第二次産業…27 兆 1392 億元（+7.3 ％）

第三次産業…30 兆 6739 億元（+8.1 ％）

国民 1 人当たりの可処分所得…2 万 167 億元（+10.1 ％）

とりわけ第三次産業の成長が目立ち，中国の経済構造が変化していることを示している。

同時に，世界最大のコンテナ船「中海環球号」（1 万 9000TEU，長さ 400m ×幅 60m，喫水 14.5m）が 2014 年 12 月 8 日上海羊山港を出発し，アムステルダムに向かったと報道した。上海港は上海自由貿易地区を後背地に持つ世界最大のハブ港となった[20]。

国家統計局発表で中国の 2014 年 GDP 成長率は，7.2 ％とみられ，同国の成長は安定成長となるが，個人消費においてはこれまでとは大きく異なるトレンドがみられる[21]。例えば，宅配便であるが，2014 年 10 月 20 日までの宅配便取扱量は 100 億件を超え，全人口を 13 億 6000 万人とした場合，1 人当たり 74 件の発送で，42 か月連続前年同月比 50 ％増となっている。

ネット販売も好調で 3 億 2000 万人超の利用となるが，広州市で見ると月平均 9.2 億件の取引がなされている。ちなみに 2014 年 11 月 11 日（独身の日と呼ばれる）における EC 最大手アリババの売上高は約 1 兆 800 億円（571 億 1200 万元）であった[22]。

根本らによれば，中国大手宅配便は以下の 2 つに分けられるという。

「各事業形態は主に直営方式とフランチャイズ方式の 2 つに分類すること

第 1 部
グローバル・サプライチェーンロジスティクスの全体像

図 3.3　中国及び日本の宅配便取扱個数の推移

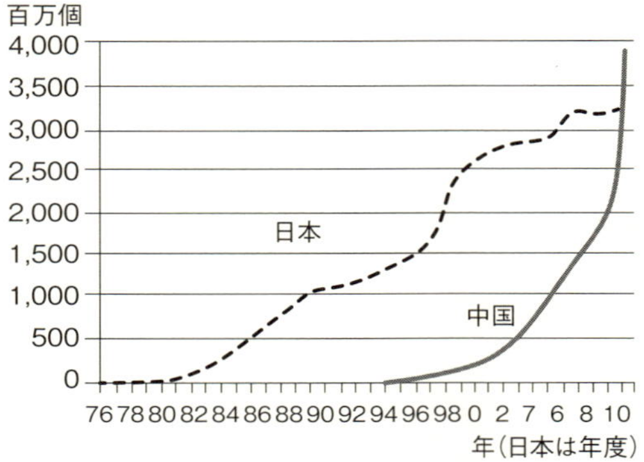

出典：根本敏則・林克彦，中拂論「中国における宅配便の発展と規制施策」『日本物流学会誌』No. 21，2013 年 5 月（日本物流学会），208 ページ。

表 3.4　中国宅配便主要各社拠点数

企業名	郵政EMS	順豊	申通	園通	中通	匯通	韵達
拠点数	45,000（世界）	4,000	5,000	5,000	4,000	5,000	10,000
経営形態	直営	直園	フランチャイズ	フランチャイズ	フランチャイズ	フランチャイズ	フランチャイズ

出典：図 3.3 に同じ，211 ページ。

ができる。直営方式では郵政 EMS と順豊速運公司（順豊）の 2 社が大きなシェアを取っており，それぞれ中国各地に支社を持っている。一方，フランチャイズ方式では 4 通 1 達と呼ばれる申通快逓有限公司，上海圓通速逓有限公司（園通），上海中通吉速逓服務有限公司（中通），杭州百世網絡技術有限公司（匯通），上海韵達貨運有限公司（韵達）の 5 社が多くの民間宅配業者とフランチャイズ契約を結び，自社ブランドで中国全土をカバーする宅配業務を行っている。」[23]

　中国 EC 最大手のアリババグループは，2013 年 5 月に物流会社と共同で菜鳥網（Cainiano Network）を設立している。これは 1 日当たり 300 億元のネット販売額をサポートするネットワークを構築しようというものである。それにより将来的には年 300 億個になると言われる中国市場で全国どこ

でも24時間以内の配送可能を目指す。

年間売上高200万元以上の宅配事業者を対象としたみずほ銀行の調査では以下のようになる。

「2012年、中国ネットユーザー数は5.6億人、このうちEC利用者数は前年比24.7％増の2.4億人となり、EC利用率(EC利用者数／ネットユーザー数)は同5.1ポイント増の42.9％となった。一方、EC市場の規模は前年比62.6％増の1.3兆元となった。

2014年、中国の宅配便取扱個数は前年比55.0％増の56.9億個でこのうちEC向けは同61.7％増の43億個と取扱個数全体の7割以上を占めた。商品カテゴリー別上位は、服・バック、家電・パソコン・通信、美容・コスメの3種類で、全体の約5割を占めている。」[24]

中国の宅配業界では低価格競争が続いているが、その理由は以下のようになるとされている。

「中国の宅配業界は、スタート段階にあるため、サービスの同質化が顕著であり、各社とも価格競争に頼らざるを得ないのが現状である。ECサイト「淘宝網（Taobao）」によると、店主の9割以上が宅配業者選定の際、送料を考慮しているという。また、B2C事業者の多くは、送料の割引、送料無料などの方法で販促を展開すると同時に、宅配事業者に料金の引き下げを求めている。宅配便の平均送料は2008年から低下傾向が続き、なかでも国内輸送地域間輸送では、2008年の21.4元／個から2014年の15.2

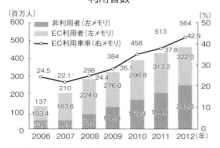

図3.4 中国ネットユーザーにおけるEC利用者数

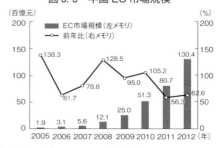

図3.5 中国EC市場規模

出典：「ECの恩恵を受ける中国宅配業界」『みずほチャイナマンスリー』2013年9月号、1ページ。

図3.6 中国の宅配便取扱個数推移

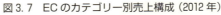
図3.7 ECのカテゴリー別売上構成（2012年）

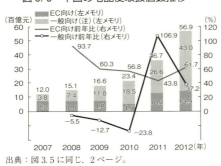

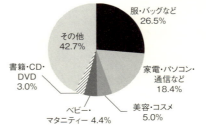

出典：図3.5に同じ，2ページ．

元／個となっている．」[25]

中国の大手流通業者申通快逓は1993年設立で，中国国内で支社1100社，営業所は8000か所を超え，従業員は15万人，2013年中国物流企業トップ10に入っている．旺盛な中国のネット販売を背景に申通快逓は沖縄に進出することを表明している[26]．

申通最大の取引先アリババは史上最大のIPO（新規株式公開）を米証券取引委員会（SEC）に対し仮条件を出し話題となったが，マスコミでは以下のように報道された．

「公募価格は1株60〜66ドルで，最大約3億6800万株を売り出す．上場に伴う調達額は史上最大の約243億ドル（約2兆5000億円）に達する可能性がある．」[27]

3.3 地域とグローバル・サプライチェーンロジスティクス

3.3.1 ANA国際貨物ハブと企業進出

2007年7月5日，沖縄県と全日空株式会社が「那覇空港の物流拠点形成」に関する合意を得た．アジア地域の経済成長が見込まれる中で，アジアの経済成長のスピードにわが国企業がいかに対応していくかが課題となっていた

ところであったが，シンガポール，香港に代表されるアジア各地にハブ空港，ハブ港が次々と開設され，日本の空港および港湾は機能面で見直しが望まれていた。その中で那覇空港を拠点空港にしようという発想が練られたのであるが，わが国の経済は太平洋ベルト地帯にみられるような製造業に基づくものであったため，ロジスティクスに基づく経済成長については懐疑的な意

図3.8 沖縄貨物ハブ構想

出典：ANAカーゴ・ホームページ http：//www.anacargo.jp/ja/int/okinawa/index.html/

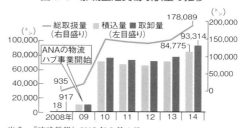

図3.9 那覇空港貨物取引量の推移

出典：『琉球新報』2015年3月4日
(注) 沖縄地区税関那覇空港税関支署まとめ。

図3.10 ヤマト運輸のビジネスモデル

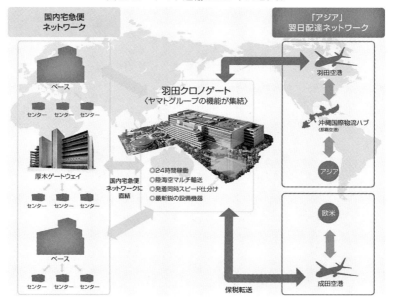

出典：http：//www.yamato-hd.co.jp/hnd-chronogate/

見が多かった。しかし，沖縄地区税関の発表によれば，那覇空港の2014年通年の総貨物取扱量（速報）は17万8089トン（20.4％増）で2年連続の増加。積込量は8万4775トン（19.4％増），取卸量は9万3314トン（21.3％増）となり，ともに2年連続の増加となった。これは国内第4位に位置する。

沖縄貨物ハブを利用したビジネスモデルとしてヤマト運輸の「バリュー・ネットワーキング」構想がある。バリュー・ネットワーキング構想は次の5つのエンジンを有機的に組み合わせて物流の改革を実現するものである。

① 多機能スーパーハブ（物流施設）「羽田・厚木・沖縄」が価値を付加しながら素早くネットワークを結節する「止めない物流」を実現する。

② 物流施設に導入される独自規格の可動式ラックによるピッキングシステム「FRAPS」が，出荷場所・出荷形態・出荷量を問わない「クラウド型のネットワーク」を実現する。
　流動スピードの向上と在庫量・流動の見える化を通じた総在庫の圧縮を実現する。

③ 世界初「一貫保冷・国際小口輸送」ネットワーク「国際クール宅急便」をスタート。

④ 出荷から到着までを，「デジタル情報化」。送り手，受け手が共有できる「物流の見える化」。

⑤ 「受け手（調達）」と「送り手（供給）」双方のニーズを満たす「ディマンド・チェーン視点の物流最適化」。

国内都市での当日配送を実現させる新しいコンセプトのターミナル「ゲートウェイ」の第1号となるのが「厚木ゲートウェイ」である。そして国内外の結節点となるのが国内最大級のターミナル「羽田クロノゲート」である。さらにアジア向けの国際宅急便の中枢を担う「沖縄国際物流ハブ」も稼働している。

このような企業のニーズに合わせて沖縄県の施設もこれまでとは違う大型施設が建てられるようになってきた。

県が2015年2月の完成を予定している国際物流拠点施設（ロジスティクスセンター）の工事が2014年1月25日，那覇市鏡水で始まったが，隣接する国際物流拠点産業集積地域（国際物流特区那覇地区）の1～3号棟に続く

図3.11 国際物流拠点産業地域4号棟(1)と総合物流センター(4号棟)予定地(2),そして第2滑走路基本計画(3)

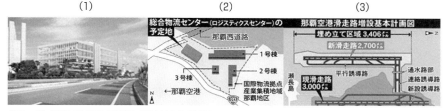

出典：(1)『日刊CARGO電子版』2014年3月20日 http://www.daily-cargo.com/new/news/85924/
(2)『琉球新報』2013年9月6日 http://ryukyushimpo.jp/news/storyid-212116-storytopic-4.html/
(3)出所：『琉球新報』2013年9月20日 http://web1.ryukyushimpo.jp/news/storyid-212757-storytopic-3.html/

4号棟となる（図3.11(2)参照）。

「建設工事費は約43億円。らせん行路を設置し，コンテナや輸送車両が直接各階に乗り入れられるようにする。屋上は100台収容可能な駐車場を整備する計画で，利用開始は15年度を見込んでいる。同地区には，現在1～3号棟の施設があり，総合物流センターは4号棟として稼働する。ヤマトHDの子会社ヤマト運輸が3号棟に入居し，ANAのハブ事業を活用してアジアへの宅急便事業を開始する。2014年8月からは新たにパーツ（部品）センターの運用を始め，大手電機メーカー東芝子会社の東芝自動機器システムサービスが入居し，アジアや欧米向け部品の倉庫として試験運用している。さらに年内に新たな企業が入居する見通しという。」[28]

2014年に国際物流拠点産業集積地域（国際物流特区）に立地した企業数は過去最多の17社であった。17社は製造業が中心で，沖縄本島中部のうるま地区15社，那覇地区2社となっている。

そして，第2滑走路が，長さ2700mで，現滑走路から1310m沖合に建設されることとなり，工事が始まった。総事業費は約1993億円で，2019年12月完成，2020年3月31日の供用開始を目指す。第2滑走路の増設で，発着数の処理容量は，現在の年間13万5000回から18万5000回に増える見通しである[29]。

那覇空港におけるハブ事業への認識が深まるにつれ，官民問わず新しい構想が提示されるようになってきた。例をあげると，次のようになる。

第 1 部
グローバル・サプライチェーンロジスティクスの全体像

「那覇空港の物流ハブを活用した三重県の支援事業」(『琉球新報』2015年3月10日),「リンイー・プロジェクト (中国内陸部通販)」(『琉球新報』2015年3月12日),「那覇地区への進出：ロイヤル (機内食)」(『琉球新報』2014年10月10日),「うるま地区への進出：ナノシステムソリューションズ」(『琉球新報』2014年10月7日),「国際宅急便：ヤマト運輸」(『琉球新報』2015年3月20日),「沖縄の塩,香港で定番化へ：青い海と味珍味」(『琉球新報』2015年3月20日),「金融機関の進出：鹿児島銀行」(『琉球新報』2015年3月4日),「商談会：沖縄大交易会」(『琉球新報』2015年2月5日)。

3.3.2 沖縄県の海運

近年沖縄県の対台湾貿易額は大幅に増加していたが,沖縄－台湾間で定期船 (カーフェリー) を運航していた有村産業の倒産以降 (2008年),定期船の運休が余儀なくされ,台湾との貿易は激減していた。しかし,2014年に琉球海運と南西海運の2社が相次いで台湾航路の開設を表明したことから,台湾との貿易が再び注目されている。

沖縄地区税関によると,台湾への輸出額は,1979年から1989年までは40億円前後で推移していたが,1990年には191億円に急増し,1994年には338億円にまで増加している。1995年より石油製品が減少傾向を示し,2000年には40億円にまで減少した。2002年から液晶パネル製品製造装置の輸出が始まり,2004年には過去最高の934億円を記録したが,その後,液晶パネル製造装置の需要の落ち込みとともに輸出額も減少していった。また唯一の定期船の休船も貿易に悪影響を及ぼした。

輸入額については,2002年まで100億円前後で推移していた。2005年から再輸入品 (液晶パネル製造装置輸送用コンテナ等) の増加を受けて増加傾向にあったが,輸入も液晶パネル製造装置の需要の落ち込みと定期船の休船の影響で落ち込んでいる。

沖縄県の海運の課題は,圧倒的な輸入超の解消にある。

「那覇港は県外からの輸・移入量に比べると,沖縄から県外に出す貨物が極端に少ない「片荷」輸送状態が長年の課題となっている。同港の輸送コンテナ貨物取扱量 (20フィートコンテナ換算) は2010年に8万個を超え,

2013 年には約 8 万 6000 個，国内 15 位の水準にある。しかし，8 万 6000 個のうち，約 2 万 4000 個は空コンテナで，輸出の 57 ％を占める。国内移出ではさらに顕著で，2012 年に移出の 91 ％が空コンテナだ。」[30]

那覇港管理組合では，この状況を打破すべく社会実験を続けている。とくに，台湾との関係は重要であり，例えば，海上混載モデルなどが実験されている。そして，社会実験の成果は下記のように報道された。

「2013 年度の社会実験には 15 社が参加，輸出貨物は古紙や県産品などを中心に，20 フィート・コンテナ換算で 816 個分増えた。」[31]

那覇港管理組合（管理者・翁長武志知事）は 2015 年 4 月 21 日に，台湾の主要港を管理運営する台湾港務（張志清会長）とパートナーシップ港の覚書を締結した[32]。リードタイムの短縮化が期待されるが，これらの国際基準の港と連動性のある設備（例えば水深 −16m のバース）が那覇港に設置されれば，那覇港をハブ港としたわが国の港湾の再編成も展望できる。すなわち，現在深圳 − 高雄 − 上海 − 天津 − 釜山 − 北米という航路が定着しているが，1 万 2000TEU クラスのコンテナ船が那覇港に停泊できれば，高雄 − 那覇 − 上海という航路が開設可能となる。現在，釜山からフィーダー船で博多港に運ばれている貨物が，那覇から大阪，東京へ RORO 船等で運ばれれば，リードタイムの短縮につながる[33]。海運における新事業を示すと，次のようなものが話題となっている。

「琉球海運と南西海運の台湾定期航路」（『琉球新報』2014 年 11 月 2 日），「県内業者による中古車輸出新ルート新設」（『琉球新報』2014 年 12 月 4 日），「南西海運が高雄航路新設」（『琉球新報』2014 年 7 月 30 日），「琉球海運，定温物流施設開設」（『琉球新報』2015 年 4 月 26 日）。

3.4　終わりにかえて

生産コストや販売高からプロセス志向への転換が必要とされている。すなわち，ビジネスの後方支援としてのロジスティクスの時代は終わり，状況と同期化したロジスティクスを前提としたビジネス・プロセスの構築が求められているのである。

第1部
グローバル・サプライチェーンロジスティクスの全体像

　国境をまたぐ国際ロジスティクスにおいては，空港や港はこれまでは国家のインフラストラクチャーとして厳格な管理の元にあったが，今や柔軟な管理運営が求められている。その理由は空港や港こそ激しい国際競争にさらされるようになり，その運営組織は絶えず学習し，強い競争力を持つ組織体となることが求められているからである。理想的には国境を感じさせない取引が実現されねばならない[34]。インフラストラクチャーの構築には莫大な投資が必要とされることから，競争力を持たないインフラストラクチャーの存在は，それだけで経済活動のボトルネックとなる。その事例としてはパナマ運河拡張工事で示されている通り，パナマックスが国際競争上不利となり，現在の最大4000TEUの積載量から1万2000TEUの積載量を持つコンテナ船の航行が必要とされているのである。パナマ運河拡張工事がすでに完了したことから，近い将来，4000TEUクラスの貨物船が東アジアにカスケード（余った船が押し出されるように市場にあふれる）されるとみられている。そうなると，日本の港湾の狭隘さと非効率さがより強調され，日本の港湾をフィーダー港としたアジアにおける国際港湾物流網が構築されることになるだろう[35]。

　他方空港に目を向けてみると，ハブ空港の概要が理解され，様々な企業進出やプロジェクト提案がなされるようになり，沖縄では今，国際物流に対する期待がにわかに高まっている。日本の南端の島が，東アジアの中心に位置するとの考え方が定着し，提案できるビジネス・モデルの幅が格段に拡大したのである[36]。

　今後は，2020年3月供用予定の那覇空港第二滑走路や那覇港，中城湾港（本島中部）の整備とともに沖縄で起業を考える人々が多くなり，経済をより活性化していくことが期待されるが，そこにおいてもSCMに基づくグローバル・ロジスティクスの理解は益々重要となってくると考える[37]。また，同様なことが他の地域でも求められている。

参考・引用文献と注

1)　Cooper, M. C., D. M. Lambert, & J. D. Pagh（1997）"Supply Chain Management: More than a New Name for Logistics," *The International Journal of Lo-*

62

gistics Management, Vol. 8, No. 1 : p. 2.

2） Mentzer, J. T., W., DeWitt, J. S. Keebler, S. Min, N. W. Nix, C. D. Smith, & Z. G. Zacharia（2001）"Defining Supply Chain Management," *Journal of Business Logistics*, Vol. 22, No. 22, No. 2 : p. 7.

3） Stevens, G. C.（1989）"Integrating the Supply Chains," *International Journal of Physical Distribution and Material Management*, Vol. 8, No. 8 : pp. 3-8.

4） 同上 2），18 ページ。

5） Kent, J. L. Jr. & D. J. Flint（1997）"Perspective on the Evolution of Logistics Thought," *Journal of Business Logistics*, Vol. 18, No. 2, pp. 15-30.

6） The great logistics success story, DHL ホームページ。https：//www.dhl-discoverlogistics.com/cms/en/course/origin/

7） Borsodi, R.（1927）*The Distribution Age*, New York, NY: D. Appleton, p. 19.

8） What It's All About（Oak Brook, IL: Council of Logistics Management, 1992）

9） Scott, C. & R. Westbrook（1991）"New Strategic Tools for Supply Chain Management," *International Journal of Physical Distribution & Logistics Management*, Vol. 21, No. 1, pp. 23-33.

10） Mckinnon, A. C.（1989）*Physical Distribution Systems*, Routledge, pp. 262-263.

11） 宮下國生『日本物流業のグローバル競争』千倉書房，2004 年，p. 20。

12） 同上，21 ページ。

13） Ashton, K., "That 'Internet of Things'," Thing, RFID Journal, Jun 22, 2009, http：//www.rfidjournal.com/articles/view?4986

14） C. H. ロビンソン・ワールドワイドについては，http：//www.chrobinson.com/en/us/ の同社ホームページ参照。

15） 高見玄一郎『港の世界史』朝日新聞社，1999 年，p. 112。

16） 吉岡秀輝『地域物流とグローバル化の諸相』時潮社，2013 年，p. 221。

17） 「港湾サービス産業の世界動向」『戦略研レポート』（2014.10.30）三井物産産業戦略研究所，pp. 1-15。

18） 汪正仁『ビジュアルでわかる国際物流 2 訂版』成山堂書店，2011 年，p. 113。

19） 『上海 RTS ニュース』NHK，BS1，2015 年 2 月 27 日放送。

20） 『上海 RTS ニュース』NHK，BS1，2014 年 12 月 9 日放送。

21） 『上海 RTS ニュース』NHK，BS1，2014 年 11 月 20 日放送。

22） 『日本流通産業新聞』2014 年 11 月 14 日，http：//www.bci.co.jp/nichiryu/news/50

23） 根本敏明・林克彦・中拂論「中国における宅配便の発展と規制施策」『日本物流学会誌』No. 21，2013 年 5 月（日本物流学会），p. 210。

第 1 部
グローバル・サプライチェーンロジスティクスの全体像

24) 『みずほチャイナマンスリー』2013 年 9 月号，p. 2。

25) 前掲 21)，p. 3。

26) 『琉球新報』2014 年 11 月 16 日。

27) 『琉球新報』2014 年 9 月 7 日。

28) 『琉球新報』2014 年 10 月 29 日。

29) 『琉球新報』2013 年 12 月 6 日。

30) 『琉球新報』2014 年 11 月 2 日。

31) 『琉球新報』2014 年 11 月 20 日。

32) 台湾公務は台湾最大の貨物取扱量のある高雄港など，国際コンテナミナル港 7 港と国内港 2 港を運営する。全額政府出資で 2012 年に設立された。一方，『上海 RTS ニュース』NHK, BS1, 2015 年 4 月 22 日放送によれば，2015 年 4 月に，以下の 3 つの自由貿易試験区が正式にオープンした。

　　①天津自由貿易区：北方の貿易区で，北京，天津，河北省の共同発展を目指す。

　　②福建自由貿易区：両岸（大陸と台湾）の経済提携を強化し，21 世紀における海のシルクロードの中心地区を建設する。

　　③広東自由貿易区：すでに 6500 社程が進出しており，広東省，香港，マカオのより高度な提携で模範的な自由貿易地区建設をめざす。

　　沖縄県は，台湾の港湾管理者と提携することにより，福建自由貿易区との取引が効率的なものとなると考えられる。

33) しかし，那覇港の潜在的競争力に比べ，港湾整備は遅れている。那覇港コンテナターミナルの運営事業に参画していたフィリピンに拠点を置く港湾施設運営大手 ICTSI（International Contena Terminal Services）が深圳，天津などに比べた那覇港の未整備，具体的には大型船舶の入港不可能等の理由で撤退を決めた。これも港というインフラ設備の競争力欠如によるものである。『琉球新報』2015 年 5 月 2 日参照。

34) 『中国中央テレビ』NHK, BS1, 2015 年 4 月 15 日放送によれば，黒竜江省における中ロの通関手続き効率化の内容が次のように紹介されている。一度申告すれば貨物の通関，支払，外貨決算などの手続きが完了する。数分間で全手続きが完了する通関プラットフォームは，運用開始から 1 週間足らずだが，貿易商たちは，その利便性を実感している。以前は手続きに約半月かかっていた決済が今は 1 分間で済む。税関では，両国のどちらか一方で輸出入検査をすれば，それが相手側で認められる相互承認制度を実施している。利便性が大きく向上したことで，第 1 四半期通関した輸出入貨物は 234 万トンで前年同期比 8 ％の増加であった。今後は相互接続可能なインフラ整備に力を入れる。

35) カスケード効果については，赤倉康寛・渡部富博「東アジア行航路の船型動向

に関する分析」『運輸政策研究』Vol. 11, No. 2, 2008 年, Summer. に詳しい。

36) 例えば, 成田空港のトランジット貨物量は仁川空港の 4 分の 1 に過ぎない。すなわち, 成田空港は日本の輸出入空港ではあるが, ハブ空港の機能を果たしているとはいいがたい。わが国空港の問題点については, 塩谷さやか, 太田和博「我が国の航空貨物の需要動向」『専修大学都市政策研究センター論文集』第 2 号, 2006 年 3 月に詳しい。

37) 例えば, ソフトウェア開発のベンチャー企業であるアクシオヘリックス社（那覇市, シバスンタラン・スハルナン社長）では, 独自開発した移動診療車をスーダン等インフラの整っていないアフリカ諸国で販売して話題になった『日本経済新聞』2014 年 8 月 29 日。

補講 1

家電産業・アジア起点の
ロジスティクス改革

脇田　哲也

　日本の家電産業が戦後の歴史の中で果たしてきた役割，家電流通業界の動向，また1990年代以降急速に展開してきたグローバル化の中での家電産業の立ち位置などを冒頭に述べ，かかる経営環境の中でわが国家電産業が生き残りを賭けて取り組んできたロジスティクス改革を考察することとする。さらに，それら改革諸施策が次なる発展の礎となることに期待を込めて展望したい。

補講 1.1　日本経済と家電産業

　戦後の高度経済成長，とくに民生用機器の牽引役としての役割を果たしてきた家電産業の歴史を俯瞰してみると，1955年以降「三種の神器」（白黒テレビ・電気洗濯機・電気冷蔵庫），「3C」（カラーテレビ，クーラー，自動車）という言葉に象徴されるように急速な普及の時代に突入していき，その後主力製品の普及が一巡すると家電製品は個性化，高機能化の時代を迎えていった。1975年以降に登場した家庭用VTR，ポータブルヘッドホンステレオの発売は映像・音楽文化に大きな影響を与えた。平成に入りバブル崩壊を経て，パソコン，携帯電話などが普及し始めるとさらなる高度情報化社会を迎え，デジタル化の波は薄型カラーテレビ，DVD，デジカメなどの新規製品を次々

と生み出し，急速に市場を形成しその新市場も日本発で世界に広がっていった。

補講 **1.2** 家電産業を取り巻く経営環境

1.2.1 急激な円高と海外生産シフト

世界市場を相手とする輸出立国であるわが国産業界は国際的な政治経済の問題に直面し，1971年のニクソンショック，1973年のオイルショック，さらには1985年のプラザ合意後の急速な円高などは日本経済に甚大な影響を与え，とりわけ家電業界は痛撃を受けた。

急激な円高経済環境のもと，家電産業は直接労務費の安さを求めて東南アジア諸国に製造拠点のシフトを進めその競争力維持を図ってきた。ASEAN諸国における生産品目では，冷蔵庫，洗濯機を中心とした白物家電はタイ，AV家電はマレーシアといった生産拠点の棲み分けが見られたが，1990年代半ばには改革開放政策が軌道に乗り始めた中国にも一気に生産拠点をシフトし始めた（図補講1.1および図補講1.2）。

一方で，台頭する韓国，台湾，中国メーカーとの競争激化により生産国マーケットでの販売戦略は苦戦を強いられ，わが国家電メーカーには日本国内市場への対応に特化する傾向がみられる。とくに巨大マーケットとして期待された中国市場では，中国政府による自国メーカー製品購入を優遇する「家電家郷」政策などにより日本メーカーは苦戦を強いられた。

1.2.2 家電流通チャネルの変化

もともと戦後の高度経済成長を支えた家電流通の主役は，ナショナルショップや東芝ストアなどメーカーブランドを冠した地域販売店であった。国内におけるその数はピーク時と言われる1980年代には全国に約5万3000店存在し，現在のコンビニエンスストアに匹敵する数の店舗が全国津々浦々にまで展開されていた。ただしその店舗形態は「パパママストア」と言われるように従業員が4人以下の小規模店が大半であった。その後，家電製品ア

67

第 1 部
グローバル・サプライチェーンロジスティクスの全体像

図補講 1.1 国内生産額・輸出額・輸入額推移

図補講 1.2 白物家電製品の海外生産比率

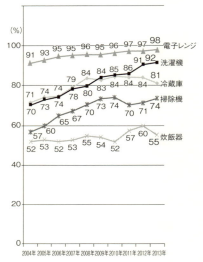

出典：家電製品協会『家電産業ハンドブック』より作成。

出典：家電製品協会『家電産業ハンドブック』より作成。

イテムの増大，生産技術の進化による製品故障の大幅な減少（アフターサービスの必要性の減少），また店主の高齢化，後継者不足による廃業などにより小規模店は次々と撤退を余儀なくされていった。その代役を務めるように登場してきたのが，当初は GMS（General Merchandise Store）と言われる総合スーパーの家電販売参入であり，さらには家電販売専門店いわゆる家電量販店の台頭である。またカメラ系量販店も都市部の若者やビジネスマンをターゲットにターミナル駅に巨大店舗を出店し，さらには地方の中核都市にも出店し白物商品や生活家電にもシェアを伸ばしている。

一方で，その家電量販店も規模のメリットを追求して激しい業界再編を繰り返し，わずか10年足らずの2000年代にはその企業数が3分の1にまで減ってきている。GMS も家電に注力する企業が徐々に減ってきており，ホームセンターなどは照明器具や低価格の調理機器を中心に，電材・住設機器店ではエアコン・換気扇・IH クッキングヒーターに注力するなど，対象とする商品政策の棲み分けが進んでいる。

補講 1.3　家電産業におけるロジスティクスの課題

1.3.1　売上高物流費比率の高さ

もともと家電製品は電機製品全般の中でもとくに売上高物流費比率が高い。白物家電の大半は"器(うつわ)"であり製品本体の中は空洞なものが多いが、製品梱包容積が大きいため多大な物流コストがかかっている。

1.3.2　海外生産にともなうロジスティクス・ラインの延伸

生産拠点や販売網がグローバルに展開されつつある現在、ロジスティクス・ラインが大幅に伸びてきており、従来は顕在化しなかった課題、すなわち部品や完成品の在庫日数の長期化と物流コストの増大、さらに長時間輸送にともなう物流品質の劣化が事業の競争力を弱める結果となりつつある。

1.3.3　製品販売価格の大幅ダウン

図補講1.3は薄型テレビの最近10年間の国内出荷推移であるが、2003年

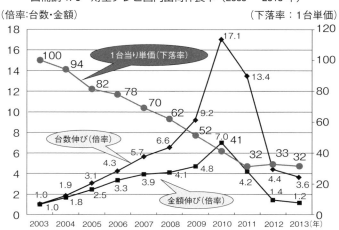

図補講1.3　薄型テレビ国内出荷伸長率（2003〜2013年）

出典：JEITA『民正用電子機器 国内出荷データ集』を一部加工。

第1部
グローバル・サプライチェーンロジスティクスの全体像

を起点に見ると，地上デジタルテレビ放送切り替えのピーク時（2010年）には出荷台数が17.1倍に伸びるも金額ベースでは7.0倍の伸びに留まり，結果1台当たり販売単価は半分以下の4割台になっている。直近の2013年を見てもさらに売価ダウンは進行し，3割台まで落ちている。これは売上高に占める物流コストが3倍になっていることを意味している。

補講 1.4　生き残りを賭けたロジスティクス改革

　ここで，わが国家電産業の一翼を担う東芝の家電事業が行ってきたロジスティクス改革の諸施策について述べることにする。東芝のみならず，日本の家電メーカーは大なり小なりほぼ同様のロジスティクス課題を抱えており，その改革を実施する時期が早いか遅いかの差はあれども，東芝が特別なことを実施しているわけではない。むしろ東芝の場合は，家電業界の中での販売競争力が2番手，3番手の企業であり，生き残りを賭けたロジスティクス改革の必要性がトップ企業よりも強いということとも言えよう。

　東芝の家電事業は2003年10月に東芝本体から分社化され，自らの力で独立企業としての存続を求められることになった。そこで最初に取り組んだロジスティクス改革の2大施策が「在庫拠点の集約」と「配送モードの変更」である。

1.4.1 　在庫拠点の集約

　在庫拠点の集約は分社化される以前から取り組んできたが，分社化を機に最終目標を「東西2拠点化」と位置づけ，その実行を加速させていった。東西2拠点というのは，家電業界の商習慣である「当日受注，翌日配送」という配送リードタイムをキープするためのギリギリの拠点数であり，関東拠点で東北から甲信越地区までを，関西拠点で中部北陸地区から九州地区までをデリバリーするストックポイントとして位置づけた。北海道地区は関東拠点のデポ拠点として位置づけ，必要最低限の在庫のみを配置した。また同時進行していた生産拠点の海外シフトにともない，東西2拠点はそれぞれ港頭地区に再配置し，輸入コンテナドレージ費用の最小化も実現させていった（図補講1.4参照）。

1.4.2　輸送モードの変更

　従来各家電メーカーはルート配送便方式を採用し，系列販売店と量販店舗にデリバリーしていたが，2000年代初めに，ある家電量販店が自らの物流センターを設置し，各メーカーはそこに大型車両で納品する方式に変わった。その方式は瞬く間（5年以内）に全国の大手家電量販店に浸透していった。一方，残った系列販売店への配送はルート配送便で届ける方式を継続していたが，積載効率の低下（単位当たりの配送単価の上昇）は経営を圧迫し始め，東芝は分社化を機にルート配送方式を見直し，特別積み合せ便（路線便）に順次切り替え，配送単価の低減を進めていった。配送サービスレベルは若干犠牲にしても物流コスト削減を優先したのである（図補講1.5参照）。

　次に，加速していく海外生産シフトにともなう新たな課題に対処したロジスティクス改革の施策を述べる。

　海外生産にともなう主なロジスティクス課題は，海外生産拠点からの調達リードタイムの長期化，海上コンテナ本数の増加，コンテナ内部での擦れによるカートン不良の発生，コンテナへの積み下ろし工数の増加，コンテナ積載効率の悪化（上部空間ロスの発生）などが挙げられる。

1.4.3　海外在庫化による日本への「運び方」変更

　東芝では主力生産拠点である中国広東省に日本向け在庫拠点を設置し，保管料コストの安い中国拠点にギリギリまで置いておく施策をとった。また日本での商談とタイミングを合わせて量販店物流センターへコンテナ単位で直送を行うことにより，日本での物流拠点の階層外し（中抜き）によるコスト削減を推進した（図補講1.6参照）。

1.4.4　混載輸送によるコンテナ本数削減

　海外在庫拠点をハブ拠点として活用し，冷蔵庫積載の上部空間ロスを埋めるべく洗濯機や電子レンジ，保温釜などの混載を進め，日本への輸送コンテナ本数を減らしていった。

　冷蔵庫などの上部空間に他製品を積載する際に発生するカートンダメージ

第 1 部
グローバル・サプライチェーンロジスティクスの全体像

図補講1.4 東芝家電事

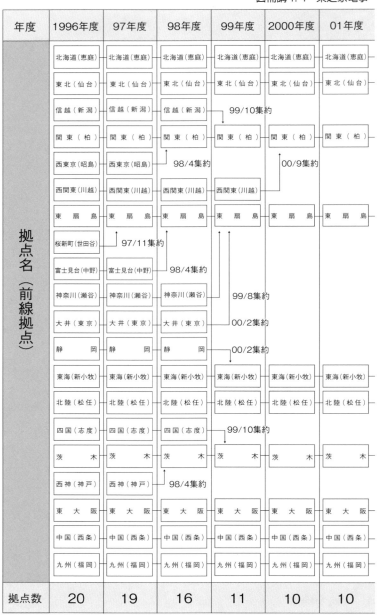

出典：東芝ロジスティクス。

補講1
家電産業・アジア起点のロジスティクス改革

業　在庫拠点の集約状況

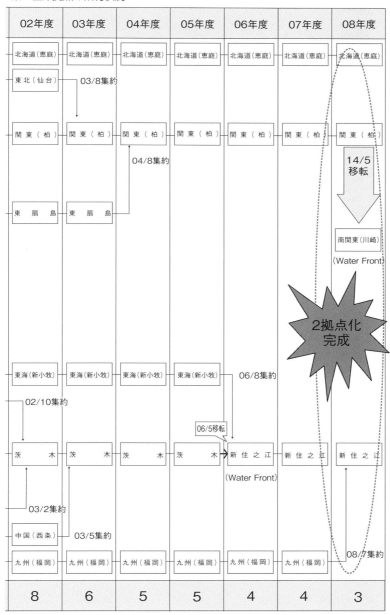

第 1 部
グローバル・サプライチェーンロジスティクスの全体像

図補講1.5　配送モードの変更（定期ルート配送→路線便）

出典：東芝ロジスティクス。

を軽減するための養生を施したことは言うまでもない（図補講1.7参照）。

1.4.5 ユニット化による工数削減・品質向上

　国内生産していた時代はトラックの積載効率を優先するためすべてバラ積みであったが，コンテナへのバンニング，デバンニング工数を削減するため，また海上輸送中の擦れなどによるカートンダメージを軽減するため，小物家

74

補講 1
家電産業・アジア起点のロジスティクス改革

図補講 1.6　海外在庫拠点化による施策

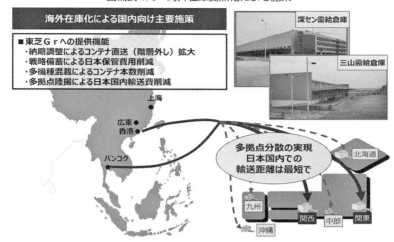

出典：東芝ロジスティクス。

図補講 1.7　混載輸送によるコンテナ本数削減

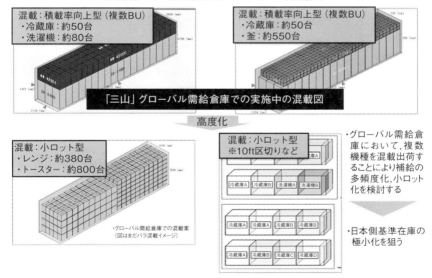

出典：東芝ロジスティクス。

電品はすべてユニット化を実施した。これにより積み下ろしの工数削減と物流品質の向上を同時に実現した（図補講1.8参照）。

図補講1.8　小物家電製品のユニット化

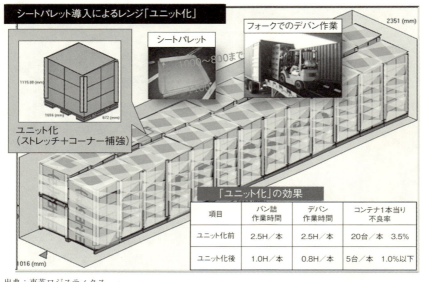

出典：東芝ロジスティクス。

図補講1.9　梱包印刷簡素化

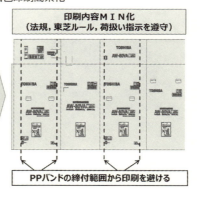

出典：東芝ロジスティクス。

1.4.6 梱包印刷簡素化による品質悪化防止

海上コンテナの長時間輸送によるカートン印刷の擦れを防止すべく，冷蔵庫などの梱包印刷は必要最低限の情報に絞った対策を実施した。また同時にPPバンド掛けの位置には印刷を避けるなどの細かな対策も実施した（図補講1.9参照）。

1.4.7 梱包容積縮小

海外生産が常態化すれば海上コンテナ輸送は避けられないため，積載可能な製品台数を増やすべく梱包設計を根本から見直し，場合によっては製品設計をも見直すことによって梱包容積を最小化し，コンテナ積載台数を限界まで増加させる改善を現在も続けている（図補講1.10参照）。

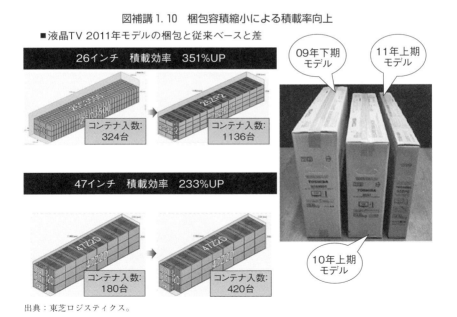

図補講1.10　梱包容積縮小による積載率向上

出典：東芝ロジスティクス。

1.5　今後の家電メーカーが目指す
　　　ロジスティクス戦略

補講

　冒頭にも述べた通り，わが国家電産業は急成長する韓国，台湾，中国メーカーなどとの熾烈な価格競争にさらされ多くの企業は海外戦略を大きく見直しつつある。とくにその象徴的製品は薄型カラーテレビであり，わが国メーカーのほとんどは海外生産から撤退を始めている。長年培ってきたブランドは残しつつ，台湾系などの ODM（Original Design Manufacturing）メーカーに生産委託しながら，日本国内市場を中心とした土俵で次なる飛躍のチャンスを狙っているのである。

　最後に，わが国家電産業が改めてグローバル競争に打って出るために，今後さらにリーンな体質に鍛え上げるためのロジスティクス戦略を挙げておく。

1.5.1　ロジスティクス情報の「見える化」

　ロジスティクス戦略の面では，ICT（Information and Communication Technology）を活用したロジスティクス情報の「見える化」を図り，まだまだ至るところに存在しているロジスティクスのムダ取りを徹底的に進めていかなければならない。グローバルロジスティクスを実行する上で関わりのある様々なプレーヤー（海外製造現地法人，海貨事業者（フォワーダー），船会社，税関，等）と連携する必要がある。それら関係企業との情報をひとつに繋がなければロジスティクスのステータス情報（現在どこにどのような状態で存在しているか等）を確認するために膨大な時間とコストが発生してしまう。これら情報の一元化を図り，ロジスティクス情報の「見える化」を進めることが有力なロジスティクスコスト削減となる。その一元化のためには日進月歩進化している RFID（Radio Frequency IDentification）の活用が今後のキーポイントとなってくるであろう。また，ロジスティクスに関わる個別情報を各箇所で再インプットするのではなく，ひとつの情報を後工程の各所でそのまま使用する「ワンモーション化」は官民をあげて取り組むべき課題であろう。

1.5.2 徹底したムダ排除の物流センター・オペレーション

顕在化（深刻化）するドライバー不足や少子高齢化にともなう倉庫内作業員確保のためには，これまで以上に整流化した物流センターのオペレーション能力が求められる。すなわち，トラックの物流センター出発時間をキーとした倉庫内での後工程引き取り方式による同期化・整流化した倉庫内オペレーションの構築である。そのためには作業標準工数を設定し，徹底した投入工数管理に基づくKPI（Key Performance Indicators）の確立が必要である。

また配送車両への積込みは，家電業界では慣習的にバラ積みが行われてきたが，とくに小物家電製品はオリコンなどを活用したユニット化を進め，ドライバーの積み下ろし作業時間の短縮や作業負荷軽減を進めていくべきである。

1.5.3 同業他社，異業種をも巻き込んだ共同化の推進

家電業界では従来からも様々な形で共同配送などには取り組んできたが，もう一歩進めた形で，物流拠点の統合も含めた共同化，さらには異業種をも巻き込んだ共同化の推進が求められる。長距離輸送の切り口はトラック輸送のみならず海上コンテナや鉄道コンテナをも含めたラウンド輸送の推進，中近距離輸送では繁閑期の異なる異業種との戦略連携による共同配送が有効であろう。

補講 1.6 結び

家電業界の製造拠点は今後もアジア諸国を中心とした体制が続くであろうし，国内流通形態も大手家電量販店主導による合従連衡が現在も進行中である。グローバル大競争時代の中での激しい企業間競争を繰り広げる家電業界での生き残り策のひとつとして，ロジスティクスのスピード化，高付加価値化は今後も求められるため，新たな視点でさらなる改革努力を続けていく必要がある。

参考・引用文献と注

1) （一社）家電製品協会『家電産業ハンドブック』（一社）家電製品協会，2010-2014 年。

2) 正木裕二「荷主が求める効果を生み出す効率的なフィーダー輸送」『港湾』Vol. 88，2011 年 9 月号，pp. 24-25。

3) 脇田哲也「家電事業における高付加価値物流」『IE レビュー』256 号，Vol. 49，No. 3，2008 年 8 月号，pp. 50-51。

補講 2

日産自動車のグローバル戦略を支援するロジスティクス
【アジア編】

大里 修司

本章において日産自動車のグローバル戦略を支援するロジスティクスの全体構造について述べる。最初にその戦略を支えるグローバル・サプライチェーンロジスティクスの概要について，次にアジアのロジスティクスの概要について述べる。

補講 2.1 日産自動車のグローバル・サプライチェーンロジスティクス概要

本項においては，日産自動車のグローバル・サプライチェーンロジスティクスについて述べる。その目的は日産自動車のアジア戦略を語る前提として同社のロジスティク全般に関する理解を得るためである。

2.1.1 組織と事業規模

1999 年に開始したルノー社とのアライアンス活動により，両社の生産規模（2014 年世界第 4 位）を活かしたロジスティクス戦略を行っている。とくに，2014 年からは機能部門の組織統合を進め，重複業務を排した組織運営を図り，ベストプラクティスの共有化と採用を推進している。本社はグローバルでの標準化を主導し，オペレーションは各リージョンへ権限委譲を行い，

第1部 グローバル・サプライチェーンロジスティクスの全体像

図補講2.1　グローバル車両生産拠点

出典：図補講2.1, 図補講2.2とも日産自動車社内資料。

図補講2.2　2014年度販売台数

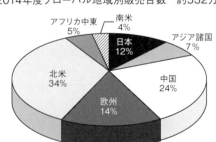

2014年度グローバル地域別販売台数　約532万台

- アフリカ中東 5%
- 南米 4%
- 日本 12%
- アジア諸国 7%
- 中国 24%
- 欧州 14%
- 北米 34%

グローバルな生産販売活動を支えている。車両生産拠点は20か国以上（図補講2.1）で，2014年度のグローバル販売規模はで約532万台である。アジアは約31%（アジア諸国7%，中国24%）を占めている（図補講2.2）。

2.1.2　活動の範囲

開発および部品調達の企画段階から設計，生産技術，並びに購買部門との協業を進め，「運ばない物流」を具現化している。とくにデジタルフェーズ

図補講 2.3　開発から生産打ち切りまでのロジスティクス活動

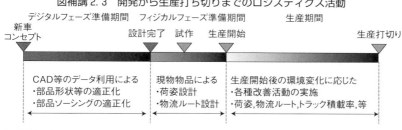

出典：筆者作成。

と呼ばれる開発初期段階において物流視点からの改善活動を行い，フィジカルフェーズと呼ばれる生産準備期間で最終的な改善を織り込んでいる。また，生産開始後は，各種条件の変化に応じた改善活動を継続し次期型の新車に織り込む改善の発掘を継続している（図補講2.3）。

2.1.3　活動の対象

お客様への最終商品を取り扱う完成車物流，車を製造するための生産用部品物流，補修やアクセサリーといったサービス部品物流がロジスティクス活動の対象となる。また，ここで言うロジスティクスとは，お客様からの受注情報や協力サプライヤーへの発注情報等のデマンドチェーン管理，物品を輸送するネットワークと倉庫管理，ネットワーク中を流動する製品の包装設計，トラックや海上コンテナへのパレット搭載設計が対象範囲となる（図補講2.

図補講 2.4　日産自動車 SCM の活動範囲

出典：日産自動車社内資料。

4)。

2.1.4 特徴点

　日産自動車はルノー社とのアライアンス活動を通して，部品の共通化戦略を設計が担い，その調達を共同購買組織がリードし製造原価の低減を図っている。基本的には地産地消のコンセプトに基づいているが，TdC（Total delivered Cost）と呼ばれる生産に関わる総合コストが最小になるように意思決定を行っている。そのため，部品費が調達物流費や関税他のコストを含めても TdC を低減させる場合，対象部品は海外調達となることも多い。結果，生産用部品等のグローバル調達が拡大する基調にある。カーメーカーとしての日産自動車におけるロジスティクスの特徴点は，「運ばない物流設計」にある。部品のソーシング活動においては TdC の最小化を目指しながら生産工場に近い部品サプライヤーからの調達を図る活動を購買部門と実施している。また，部品の開発段階から輸送に適した形状，組立レベルを設計，生産技術と検討することで荷量の削減を図っている。これは，自動車部品の容積当たり平均単価がペットボトル飲料水よりも安価（図補講2.5）であり，生産原価を低減する上で必要な取り組みとなるためである。

図補講2.5　容積当たりの製品価格イメージ

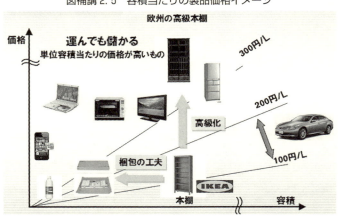

出典：日産自動車社内資料。

2.1.5　完成車物流

車両の生産工場の選定は，後述する要素からコスト計算を行い TdC が最小になるように決定される。（マーケット地理特性，部品調達国，工場の生産能力，完成車の輸送費，各種関税，等）生産された完成車は，自動車専用船（写真補講 2.1），キャリアカー（写真補講 2.2）と鉄道（写真補講 2.3）を利用して輸送される。

2.1.6　生産用部品物流

車両生産用に購入する部品は，引き取り物流方式で日産自動車が手配するトラックにより部品サプライヤーから調達される。距離，荷量，納入頻度を加味して直納，デポ経由の集荷，ミルクラン等を使い分けている。また，海上コンテナやトラックへの積載率，並びに，部品荷姿の充填率管理を実施している。輸出入は 40 フィートハイキューブ海上コンテナが主流となっている（写真補講 2.4）。

写真補講 2.1　自動車専用船（PCC）

写真補講 2.2　キャリアカー

出典：写真補講 2.1 から写真補講 2.4 まで，日産自動車社内資料。

写真補講 2.3　車両輸送用貨車　北米

写真補講 2.4　海上コンテナ

2.1.7 | アフターセールス部品物流

生産部品物流においては生産計画に基づいて引き当ての決まった部品を低レベルの在庫で運用するのに対し，アフターセールス部品物流の特徴は，打切り後の車両の補修部品を含めて長期間の在庫を持つことにある。倉庫在庫から，お客様のオーダーに従って出庫，供給を行うスキームが基本であり，一般的な在庫販売型の物流となっている。

補講 2.2 日産自動車の＜アジア＞ロジスティクス戦略

本項においては，日産自動車のアジアにおけるロジスティクス戦略を述べる。基本戦略はグローバル共通であり，ここではアジアの特徴（日本を除外）を反映した部分を中心に記述する。

2.2.1 | アジアにおける事業概要

アジア諸国を一括りにして考察するのは難しいが，一般に人口が多く経済発展とともに多くのユーザー（ポテンシャルユーザー）が存在する一大消費地である。この地域で生産販売されるモデルは低〜中価格帯の車両が多く，また，他地域との共通モデルが多い。すなわち，国産化できた部品は，他の地域で生産される車との共通部品として，この地域が持つコスト競争力を背景に部品供給のグローバルビジネスが展開しやすい。このため，アジア地域には車両生産工場（図補講 2.1）と部品の輸出基地（図補講 2.6）が複数存在している。

2.2.2 | アジアと他地域における物流の共通点と差異

完成車物流，生産物流，アフターセールス物流ともにキャリアカー，自動車専用船，鉄道，トラック等を利用する点において他地域と大きな差異はない。また，大きな自動車市場である欧州，北米，アジア地域において大陸部を中心に見ると，自動車生産工場と各部品サプライヤーが広範囲に分散している状況もマクロ的には類似性がある。本来であれば，この３大リージョン

図補講 2.6　ルノー日産の部品出荷基地（AILN：Alliance International Logistics Network）

出典：日産自動車内部資料。

のロジスティクス戦略には共通性があるべきだが，現実は異なっている。欧州，米州が鉄道やトラック，パレット等の容器を含め物流インフラが標準化され，域内のシームレス物流が実現しやすいのに対して，アジア地域では多くの課題がある。さらに，域内の通関に関してもアジア地域ではシステム的にも運用面でも課題がある。

日産自動車の現状としては，欧州，米州では部品の現地調達率が90％以上であり，一般にコスト高の地域であることから海外への部品出荷量は多くない。一方でアジア地域は国ごとに差異があるものの，国産化率は欧米よりも低く部品の輸入比率が高い。一方で，現地化された部品はコスト競争力があるため，海外へ輸出される率も高い特徴がある（図補講 2.7）。

とくに ASEAN 地域を見ると 2014 年度の輸入量は約 1 万 FEU/年，輸出量は ASEAN 外に約 6,800FUE/年，ASEAN 内で約 7,200FUE/年となっている（図補講 2.8）。こうした特徴を反映してアジア地域には部品の輸出センター（Alliance International Logistics Network：以下，AILN）を設立して対応を図っている。

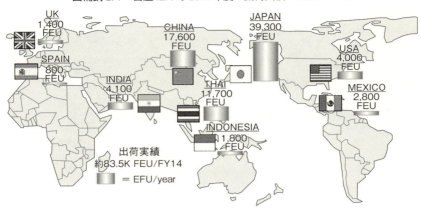

図補講2.7　日産ILNの2014年度　出荷実績　FEUベース

出典：図補講2.7，図補講2.8ともに日産自動車社内資料。

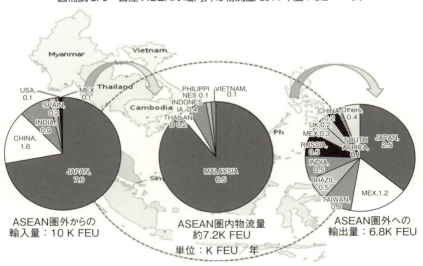

図補講2.8　日産ASEAN域内外の物流量2014年度FUEベース

2.2.3 アジアの課題と将来

　物流ハード面では，港湾設備，道路環境，倉庫能力，等の課題はあるが，インドシナ半島を例に取れば東西経済回廊，南部経済回廊と整備が進んでお

り，遠くない将来に大きく改善されると考えている。一方のソフト面では，通関処理方法が国，地域ごとに異なる問題があるが，こちらは，ASEAN 地域の標準化を含めて時間を要すると考えている。

その中で，日産自動車としてのひとつの将来的可能性は物流容器の標準化である。平パレットを例にすると，容器の規格には地域性がある。自動車部品物流を例にとると，欧州 ODETTE 系，北米 AIAG 系，南米 AIAG+ODETTE（南米に展開する欧州，米州のカーメーカーが自国の基準を適用），アジア地域は JIS に準拠した（もしくは自動車メーカー各社の日本国内基準）が適用されていると理解している。アジアが内需と輸出の両輪で発展を続ける上では，輸出入物流と国内（域内）物流に共用できる容器がシームレス物流の観点から重要である。これは米国，欧州においても実現できていないことであり，後発地域として標準化のアドバンテージといえるかもしれない。

アジア各国の経済状態，政治的安定性，為替の変動等々，環境の変化で自動車需要は一時的には変動するであろうが，基本的には上昇基調と想定している。また，物流に関わる環境整備はハード，ソフトの両面で改善されて行くことから，域内の部品調達率，物流量はともに上昇していくであろう。物流サービスの変化に合わせてロジスティクス戦略をファインチューニングすることが当面の対応となるであろう。

また，今後のアフリカ地域で自動車販売，生産が活発化する場合，アジア地域が部品の供給拠点となる可能性がある。この意味では，輸出拠点としての機能強化も重要な課題となるであろう。

補講 **3**

今とこれからの
アパレル事業のアジア展開

鳥羽 ひでこ

　筆者は，これまでに，イタリアのアパレル事業ブランドのひとつであるアルマーニから，「ユニクロ」ブランドで急速にグローバル化を果たした日本の企業であるファーストリテイリングなどで仕事を行ってきた経験を持つ。

　これらの経験を基に「今とこれからのアパレル事業のアジア展開」について述べる。

　なぜ「アパレル事業のアジア展開」なのかといえば，日本国内のアパレル事業の全体の市場規模は縮小しつつあるのが現実であり，今後のアパレル事業にとって，発展の要素といえば，アジアへの進出が不可欠であるからである。

　ここで，重要となってくる要件としては，一体どのようなことが考えられるだろうか。日本の優れた製品をアジアの国々へ輸出する，あるいは，アジア諸国に生産基地を置いて販売するときには，ロジスティクスも重要な要件のひとつである。

　それでは，まずは，現状の把握から始めることにしたい。

補講 **3.1**　日本のアパレル産業は衰退産業なのか

　日本のファッション関連市場の規模（衣類，靴，アクセサリー，美容品を

含む）は，2002 年から 2007 年頃までは 20 兆円市場と言われていたが，その後は下降の一途をたどり，2013 年では 18 兆円規模となった。

近年のアパレル（最終製品）については，中国からの輸入が大半を占めているが，ここ数年間の景気の低迷，安価な輸入品の流入，国内のアパレル企業間の競争の激化などが拍車をかけ，製品単価自体も下降している。

各国のアパレル輸出入額を大まかな割合で比較すると，日本では輸出 1 に対して輸入は 50 となっており，隣国の韓国では輸出 1 に対して輸入は 2 となっている。同様に，イタリアでは輸出 3 に対して輸入は 2，フランスでは輸出 1 に対して輸入は 2，ドイツも輸出 1 に対して輸入は 2，となっている。この数字からも，日本がいかに輸入に頼っているかがわかる。

一方，多くの日本ファッション企業が海外進出を志向したが，日本国内統計によれば，ファーストリテイリングのように海外進出の売上高に占める割合が 30 ％を超える企業というのはごく限定的で，国内売上高上位企業の内，7 割以上の企業が海外比率 10 ％未満である。日本からの海外進出は，アパレル産業に関する限り，「進んでいない」というのが現実である。しかも，日本のファッション・アパレルが「ブランド」として海外において認知されている例は，まだごく稀というのが現状である。

補講 3.2 主要国におけるファッション市場の規模は成長したのか

次に，海外に目を向けてみたい。海外におけるファッション市場の規模はどうなっているだろうか。

主要国（中華圏，東南アジア圏，北米圏，西欧圏，日本）におけるファッション市場規模は，2013 年に合計 206 兆円，2020 年には 325 兆円規模に成長すると言われている。

中華圏（中国，香港，台湾）は，現在約 50 兆円市場と言われているが，業界予想では，2020 年までに約 60 兆円拡大して 113 兆円の「世界最大市場」へと成長するとされている。

東南アジア圏（シンガポール，インドネシア，タイ）は成長規模が限定的

と言われているが，2020年時点では8兆円程度になる予想で，現状の4兆円から約2倍と，大きく成長することが見込まれる。

これに加えて，インドは25兆円市場に成長するとされており，所謂BRICsのブラジルは23.5兆円に，ロシアは20.8兆円にと，同様に成長が予想されている。

以上のような状況を踏まえると，日本のファッション・アパレル市場が縮小していく中で，中国をはじめとする中華圏や東南アジアの国々は，今後大きく成長していくであろうことがわかる。

補講 **3.3** 日本の今後の進むべき方向は？

全体としては，日本の国内市場縮小傾向に歯止めをかけることは難しいのが現状のようである。

市場自体が成熟していて，人件費等のコストが高いことや，新興国，途上国の競争力が増加していることなどを考えると，回復は期待できないとみる傾向が強い。

しかし，一方では，経営，技術，デザイン，品質管理等の「強み」を持つ事業者や企業にとっては，発展のチャンスがある。つまり，他国と比べて，USP（Unique Selling Proposition）やUDP（Unique Different Proposition）が明確化されていれば，競争力が増す可能性が大である。

また，日本は今後の世界の「成長センター」と目されているアジア諸国に近接した位置にあるため，この成長市場をうまく取り込むことができれば，ファッション・アパレル産業の新しい展開と成長が期待できる。

この成長市場では，BRICsを中心に，購買力の高い層が増大し，2050年代には7億人弱の個人所得が日本並みにまで成長するという試算もある。

実際にユニクロでは，これらの市場に対して，積極的な投資政策を行い，2010年時には，総合売上高1兆円を目標として掲げ，現在，すでにこの目標を大きく上回っており，海外での成長が継続している。

それでは，海外進出にあたっては，どのようなことが必要とされるのだろうか。

① 現状の内需依存型の体質から脱却して，アジアを中心に拡大する外需を取り込んでいくこと

② コスト競争から脱却して，価値観の多様化や「クール・ジャパン」等の日本の文化産業の人気を活用して，感性をビジネスに活かして，他国との違いをアピールしていくこと

③ 技術面で途上国が追い上げてきているが，現状ではファッション産業における日本の先端技術は世界のトップクラスであることや，応用分野の広がりがあることを世界に示して，幅広い分野に活用すること

④ 日本の強みである安全や安心，感性を十分にアピールできていないことや，ブランド化もできていない現状を踏まえて，社会のニーズを日本の付加価値に変えていくこと

⑤ 現在では，海外進出について，各企業が中小・零細企業中心にバラバラに取り組んでいるが，連携・統合することによって，今までにない強みや効率化を生む可能性があることを考えて，個別の取り組みから脱却し，連携・統合のメリットを活用していくこと

が考えられる。これに，「外需の取り込み」，即ち輸出，海外生産，現地や第三国向けなどや「来日観光客の消費」に対する一体的な取り組みを加味しつつ，

① 海外常設ビジネス拠点の創設

② 展示会後のビジネス・フォローアップの強化

③ 中小企業の輸出機能の強化

④ テスト・マーケティングの実施

⑤ 工業デザイン，コンテンツ，日用品，雑貨等の他分野と連携した日本の生活文化産業の一体的なアピールと売り込み活動

⑥ 展示会の内容と質を向上

などの継続的な努力が必要となる。

また，今後「コスト競争から脱却し，感性を活かした高付加価値化」を果たしていくためには，

① ファッションと日本の感性や文化歴史を一体的にブランド化していくこと

② JFW（Japan Fashion Week）の自立化を促し，世界の中での地位を確立すること

③ 展示会の質の向上のため，出展条件を見直して国際化すること

④ ファッションビジネスの人材育成を促進すること

などの活動をさらに推進していくことが大切である。

　日本のテキスタイル産業の中には，世界トップクラスの技術と感性を持ち，高い国際競争力があるものが多く存在している。そして，それらの中には，欧米トップブランドにも高い評価を受け，その素材がブランド品に採用されている事例も多くある。実際にアルマーニ社でも，日本のテキスタイル技術を取り入れていた。

　このように，厳しい経済環境の中でも，積極的に新商品，新技術の開発に取り組んでいる企業も多くある。日本の素材の持つ強みを活かし，付加価値に結びつけていくことができれば，今後の大きな発展が望める。

　喜ばしい話題としては，現在，海外では「クール・ジャパン」の一部として，カジュアル衣料などを中心に，日本の衣料・ファッションについての関心が高まっていることがある。

　アジアでも，日本のファッション雑誌の売上げが大きくなってきていて，東京ガールズコレクションや 109 系ファッションなども人気がある。事実，日本の雑誌で紹介され，中国でその雑誌を見て日本の 4 倍，5 倍売れているものも増えてきている。

　このような人気を外需に取り込むきっかけとして活用し，カジュアルからモード，高級品までの日本の幅広いファッションを含めた生活産業全体を売り込む機会にするよう，各企業も協力し，海外進出を進めていくことが望まれる。

補講 3.4　海外でボリュームが期待できる市場とは

各国の価格帯別のファッション市場の分布イメージを見ていくと[1]，

① 日本は約 18 兆円市場であり，各価格帯に満遍なく市場が存在していると言える。

とくに他国と比べるとアッパー・ミドル市場が大きい。

② 米国は63兆円市場であり，ラグジュアリー帯とローワー・ミドル帯に二極化している。

ラグジュアリー帯を除く衣類の平均単価は，日本の3分の2である。

③ 西欧は40兆円市場であり，アッパー・ミドル帯が日本ほどではないものの存在感があるが，ファストファッションが早くから台頭して普及している。

④ 中国・東南アジアは121兆円市場であり，ラグジュアリー帯とローワー・ミドル帯が急拡大している。大手ラグジュアリーとファストファッションが急激に市場開拓をしてきた。

アッパー・ミドル帯の拡大の可能性があるかは不透明であるが，日本の高度成長期のようにアッパー・ミドル市場が伸びる可能性はあるとみられる。但し，意図的に消費者を育成する努力をしないと，このままでは，ラグジュアリーと安価なファストファッションに市場を占拠されてしまう恐れがある。

したがって，これらのことを考慮すると，日本ファッション関連産業全体として，一定の海外売上規模を達成するには，中国・東南アジア圏でのアッパー・ミドル市場の重点開拓が必要となっていることが分かる。

日本のファッションブランドが最も得意とするアッパー・ミドル市場は，海外ではまだ相対的に小さく，フラグメントであるといえる。ただし，中国を中心とした新興国では，一定の成長余地があるとみられている。

それに対して，ラグジュアリー市場は，大手コングロマリットによる寡占市場であり，日本の企業による規模の獲得は難しい。

今後，主要18か国において成長が期待できるローワー・ミドル市場においては，すでにユニクロやMUJI（無印良品）が先行して海外進出し，日本ブランドの普及に貢献している。今後は，徐々にアッパー・ミドル市場へも拡大していくことを期待したい。

| 補講 | **3.5** 世界の主力ファッション企業はどのように成功したのか |

それでは，世界の主力ファッション企業はどのように成功したのだろうか。日本企業が海外展開を行う際に参考となるいくつかの例をあげてみたい。

3.5.1 ラグジュアリー企業の場合

筆者もかつて在籍していた LVMH グループが例としてあげられる。

LVMH グループは，歴史・実績のあるブランドを構築，企業を買収して，プロダクト・カテゴリーを最適化し，大量広告を世界的に投下して，クリエイティブと経営を基本的には分離し，必要時には協力させて，多ブランド所有によるオペレーション効率の向上により，各ブランドのパフォーマンスを最大化した。FENDI や，時計の HUBLOT，宝飾・時計の BVLGARI などのブランドの買収を繰り返して，世界最大のラグジュアリー・コングロマリット企業に成長させた。

3.5.2 大手ファストファッション企業の場合

ZARA を擁する Inditex は，ユニクロもライバル視している企業のようだが，アパレル企業として世界最大の販売規模を持ち，企画から製造・販売までを垂直統合によって高度化したサプライチェーン・マネジメントによって，流行の最先端商品を安価に提供することに成功し，ミドル市場で継続的に成長している。圧倒的な規模を武器に，高度なサプライチェーン・マネジメントを発達させて，低価格でありながら，高いファッション性を備えた商品をタイムリーに提供し，市場でのシェアを拡大してきた。

3.5.3 中国アッパー・ミドル市場で成功したファッション企業の場合

E・LAND という韓国の企業は，中国進出のために7年連続の赤字を耐え抜く継続投資を行い，現地化，市場動向に即したブランド・ポートフォリオの進化を地道に推進することで，中国第2位の企業にまで成長させてきた。

実際に，店の立地や広告への数億から数十億円規模の投資を 10 年単位で継続することによって，中国における認知を確立し，急速に変化する市場環境やニーズへの柔軟な対応と進化に対応する仕組みをつくり，組織構築を実施することにより，過当な競争環境を勝ち抜いてきたと言われている。

この他にも，セレクトショップの IT（香港）は，金融危機時の逆張りの投資による好立地の確保を行い，タレントやセレブリティーを巧みに活用した認知度の向上に成功し，市場ニーズを常に把握して経営に反映し，中国市場の開拓に成功したと言われている。

補講 3.6　これからのアパレル産業のアジア展開の留意事項とは

海外市場では，急速な市場変化や商習慣の違いに配慮したロジスティクスを含むマーケティング・ミックスの検討が必要となる。

①　チャネル

ターゲット消費者に効果的・効率的にアプローチするには，どのチャネルが有効か（チャネル別シェアや EC 化率など）を都市ごとに検討する必要がある。新興国は，都市の発展度合いにより，チャネル構造や商習慣が異なるからである。

各チャネルの攻略には，何が必要か（コネクションの構築など）を検討してそれを獲得することが大切である。具体的には，代理商，卸業者を経由するべきかどうか，そして経由するとしたら，その代理商，卸売商にどのような役割と機能を持たせるか，を検討する必要がある。E-Commerce だけではブランド認知が得にくく，難易度が高いと言える。

②　サプライチェーン

どこで，だれが製造し，どのように商品を届けるのかを策定する。

方法としては，現地に工場を設立するのか，現地企業への生産委託とするのか，日本や海外経由の輸入とするのか，といった検討が必要である。

日本を経由した輸入モデルでは，関税や物流費などのコストが大きく加算されて，価格競争力で大きなハンデが発生する。サプライチェーン・マネジ

メントが，海外進出には大きなキーポイントとなる。

③　ターゲット・セグメント

どのセグメントに対してどのように商品を展開するのかを検討するには，どのような属性を持つ消費者セグメントを狙うのが良いのだろうか。競合が多いのか，少ないのかもポイントになる。

既存市場でのシェア獲得を狙うのか，新規市場の創出を狙うのかを考えるときに，将来の市場変化も見据えた検討が不可欠になってくる。

新興国では，経済発展にともなって，消費者のニーズや行動が急速に変化する。将来生まれる変化や市場を見据えた展開が必要になっている。

④　商品・価格

・どのような商品・テイストへのニーズが存在するのだろうか？

・どのような商品分野に参入するのか？

　（ラグジュアリーなのかアッパー・ミドルなのか，など）

・どのような価格帯で展開すべきか？

これらを検討する際に，日本国内と全く同じ商品での展開による成功は困難かと思われるので，該当する国の季節や文化，規格に沿った現地化が必要である。

⑤　プロモーション

ターゲット消費者に効果的，効率的にアプローチするには，どのコミュニケーション手段が有効か？　各コミュニケーション手段にどのような役割を期待し，どうミックスするのか？　などを検討する必要があるが，海外では，シンプルなメッセージでないと受容されにくい傾向がある。例えば，日本企業は，メッセージが多すぎて，何が「売り」なのか伝わりにくいという評価が中国ではある。

淘汰の激しい海外市場では，認知を確立するためには，国内以上のプロモーションコストが必要となる。

もともと，島国である日本にとって，昔から，海外進出は容易なことではなかった。しかし，アパレル産業のこれからは，縮小している国内市場から脱却して，上記のような条件を検討してアジア諸国に進出していくことが，さらなる発展を実現化する重要な手段であることは明らかなようである。

3.7 市場を支えるアパレル・ロジスティクスの提案

補講

　これまでに述べたマーケティング・ミックスのみならず，ロジスティクスの構築や人材の確保が日本にとって重要な要素になっていくであろう。

　2014年10月15日の日本経済新聞の記事にある通り，ファーストリテイリングと大和ハウス工業が物流施設を運営する新会社を共同で設立し，物流の強化による国内のインターネット通販の強化を図り，海外でも，同様の建設を検討していく旨を発表した。消費地に近い場所で，最新鋭の物流センターをつくることで「顧客に商品を迅速に届ける体制」を築き，まずは，2016年に首都圏の一部でネット通販商品の「即日配送」を始める予定だという。

　投資額は200億円超とみられるほど大きなもので，いかに今後のロジスティクスが大切な事業であると考えられているかが良くわかる。

　これからも，筆者の経験や知識をできるだけたくさんの日本の企業のために活かして，その発展に貢献できれば幸いである。

参考・引用文献と注

1)　ここで表現しているそれぞれの市場の価格帯を，コートを例にして表すと，
　　ラグジュアリー帯：1着10万円以上
　　アッパー・ミドル帯：1万5000円を超えて10万円まで
　　ローワー・ミドル帯：3000円を超えて1万5000円まで
　　ロー市場帯：3000円以下
　　となる。

補講 **4**

医療のロジスティック（戦略的物流）をどう進化させるか

天野 実

　2015年5月，執筆の依頼を受けた時，私はインド出張の最中であった。インドの夏は暑い。とくに4月から6月にかけての初夏は格別であり，昨年は気温50度に迫り，まるで足元で焚火をしているかのような暑さであった。

　本章のテーマは「医療ロジスティック」ということであったので，私の専門性にも合致することから，引き受けることとした。

　今から二十数年前，鴻池運輸㈱という会社の新規事業開発で，将来の少子高齢化社会の到来に備えて，医療関連ビジネスの本格参入への取組みを開始した。私たちはまずは滅菌代行サービスという事業から着手することにした。だが，事業開始当初はなかなか計画通りにはいかず，一つ目の病院からご契約をいただくのに延べ135回も病院へ通った。実はこの時，当初計画していた滅菌代行サービス単独の提供ではなく，病院内の物流サービスも組み合わせた新しいビジネスモデルが構築できた。以来，病院の現場から見た視点で，医療の物流はどうしたらもっと良くなるかと常日頃から考えている。医療だから特別ということもあれば，医療業界が他の業界よりも実は立ち遅れているというところも多々ある。

　医療が物流のなかでも最も難しいと感じるところは，社会的な責任の重大さだ。先般の大震災の際に，がれきの山を乗り越え，医薬品や医療材料を患

者さんに供給し続ける最前線に立ったのは地元の医療卸でもある物流会社であった。そのような観点で言えば，医療物流の実務は地元に対してきっちりと責任を持って対応できる会社が行った方が良い。当時，そのようなことを考え，"Hospital Logistic"というサービス商標を考えた。将来，医療物流事業を推進していく際に，それぞれの地元の医療卸や物流会社と理念を共有し協業できればとの思いからだ。

　私が鴻池運輸に入社後三十数年が経過し，現在，メディカル事業本部長を拝命している。二十数年前に医療関連サービスの新規事業化に着手して以来，病院内における物流サービスや滅菌代行サービスの開発，医療流通業界の物流センターの設計や運用，そして現在は灼熱の地インドで，病院など医療事業者で使用する共通医療材料コードの制作に取り組んでいる。

　以下，私自身の体験に基づき，医療ロジスティックの事例について述べてみたい。

補講 4.1　滅菌代行サービス + 物流サービス

　4月になると桜が咲き，新学期がスタートする。新学期になると，当社の関連会社である鴻池メディカル株式会社にとっては最も忙しい時期を迎えることになる。

　新学期になると全国の小中高校で一斉に健康診断が始まるが，かつては各学校に滅菌装置があり，各学校に保有している医療機器を保険医が慌ただしく滅菌しつつ健康診断を行っていた。

　現在では，鴻池メディカルが全国10か所に保有する滅菌工場内に教育委員会単位で医療機器を保有し，健康診断のスケジュールに合わせて，滅菌済みの安全な医療機器を各学校へお届けしている。このサービスは，学校から見れば，健診準備作業の煩雑さから解放されること，教育委員会から見れば，学校単位での滅菌装置配備を廃止し，また医療機器の常備も極端に削減できること，患者さんから見れば，全国一律の安全・安心な医療品質が担保されることなどから，あっという間に全国に普及した。当社だけでも3000学校以上にサービスを提供している。後に消防署に対しても同様のサービスが行

われるようになった。

このモデルは物流サービスと滅菌代行サービスが融合することでうまくいった良い事例だと思う。

補講 4.2　病院内物流サービス

　前述の通り，20数年前に滅菌代行サービスという事業に着目し，栃木県で業務を開始することとなった。工場の建設が始まり，病院営業を開始して間もなく，当初の事業計画そのものに無理があることが分かった。どこの病院へ行っても，滅菌代行サービスはすぐに必要なサービスでなく，ましてやこれまで実績もないサービスの委託など検討できないと，いわゆる門前払いの扱いをほとんどの病院で受けた。営業を始めて2か月ほどで当初計画の甘さに気が付き，全営業活動を停止した。原点に帰り，自分たちの強みは何かを考えてみた。

　当時，いろいろな病院を訪問した際，病院の廊下にはみ出ている医療機器や材料の物品管理がどうなっているかに興味を持った。私自身は過去にコンビニエンスストア向けの物流センター業務などを行った経験があり，その最大の特徴であるセンター納品の仕組みを病院内に導入することで，私たちの物流技術を役立てることができるのでは，と考えた。そこで，福島県のある民間病院の協力を得て，1年間かけて病院内の物流を調査，新たな仕組みの開発に取り組んだ。

　病院内の物流で最も難しいのは，「患者さんの急な容態変化や新たな急患への対応のため，普段使用しない医療材料も在庫しておく必要がある（いわゆる安心在庫の確保）」点にある。一般的な商店であれば売れ筋商品を切らさなければ良いわけだが，病院ではそこのところが最も難しい。実際に500床程度の中核病院だと，材料を使用する診療現場は50か所ほどあり，それぞれに安心在庫を保有している。安心在庫の比率は診療現場にもよるが，総じてそこに保有している在庫アイテムの50〜80％にもなる。この在庫は放置するとそのまま不良在庫になり，物品の使用期限が切れれば年間数千万円の損失が発生する。そこで，まず私たちが取り組んだのが，安心在庫を病院

施設の中央部に集約してこの在庫リスクを削減することだった。ことばで言うと簡単だが，実際の医療現場ではなかなか従来の習慣を変更することが難しく，24時間体制でいつでも欠品なく医療材料を取り出せる仕組みを作るのに苦労した。

読者のなかには，飲み放題の居酒屋に行く方もおられると思う。飲み放題の店は便利で安いのだが，繁盛店だとおかわりが届くまでに時間がかかる。そんなときに，例えば複数の人が酎ハイを飲んでいたら，テーブルの中央に共有在庫として常に2杯ほど置いておく感覚だ。おかわりの注文の待ち時間の間，中央在庫から取って飲んでいれば待つことはない。新たな酎ハイは常に中央在庫に一定数補充されその鮮度を保つ。しかし，これまでの一般的な病院は，各自が飲むお酒の予備をそれぞれの席の前に在庫しているといった状況である。

現在，業界ではSPDシステムと称して，医療材料系の販売会社が病院に物品を売り込んでいるサービスがある。院内の物品管理と病院への物品販売を一緒に行っている。多くの場合，病院内の在庫構造を変更することなく（つまり使用頻度の少ない在庫をすべての部署に配置しているという在庫構造そのものに問題があるのだが）実施しているのが実態であり，私たちが標榜している院内物流とはコンセプトが違うということを申し上げておきたい。

次に取り組んだのが，病院内の物品管理の手間の削減である。通常，病院のなかでは，医療材料の他に医薬品，医療器械，一般消耗品，伝票類，リネンなど様々な物品を常時使用している。それぞれの物品の管理窓口が違うため，各診療現場はそれぞれの管理部署へ物品を請求し，取りに行かなくてはならない。例えば，50か所の診療現場から7か所の管理窓口にそれぞれ取りに行けば，50×7=350通りの物流が発生している。物品請求についても看護師さんや医療助手さん自身が，業務の合間に在庫をチェックしてそれこそ目分量で物品の請求を行っていた。だが，これらの問題解決は比較的容易にできた。

まず，物品の補充は，診療現場ごとに設定した物品の在庫の一定単位に「カンバン」を取り付け，使用した際にそのカンバン（実際はバーコード付きのアタッチメントカード）を保管棚横のポストに入れてもらうことで消費量を

測定し，現場の適正在庫量と供給量をコントロールした。また，物品の供給は，院内中央部に設置した物流センター（中央材料室）のスタッフが，物品を供給する際に取り付けたカンバンをそれぞれの診療現場のポストから回収し，カンバンで要求された一定数の物品をセンターからそれぞれの診療現場へ再び供給することで（つまり 50 か所で行っていた管理業務を 1 か所に集約すると共に，7 か所の管理窓口を 1 か所に集約。その上で院内の配送コースを 10 コース程度に設計），350 通りの物流を 10 通り程度に集約することができた。

　但し，前述の病院内物流の仕組みは，病院内に物流センターを設ける必要があるので物理的な条件が厳しい。しかし，院内の滅菌業務を院外の滅菌代行業者に委託することで，院内に必要充分なスペースができ，そのスペースを中央材料室として活用することで新たな物流の仕組が構築できるというユニークなビジネスモデルを創ることができた。

　冒頭，門前払いされた病院からは，そのようなビジネスモデルであればすぐに話を聞きたいということで，幸いにも当初の事業計画の甘さをカバーすることができた。このビジネスモデルは同業他社にも公開し，管理システムの供給も行ったため，全国に普及し，今でも業界のスタンダードモデルとなっている。

　以上のような経緯により，鴻池メディカルは滅菌代行サービスや院内物流サービスを本格的に展開することとなった。この 20 年の間に，他の滅菌会社の M&A なども経て，現在では 500 病院以上の病院と契約を結ぶことができた。これは，病床数ベースで日本全体の 10 ％程度に相当する。

補講 **4.3** 医療卸の物流サービス

　病院内物流サービスを開始して驚いたことがある。どの医療材料卸の納品担当者も「とりあえず（営業所に）あるものを持ってきました」と言い，発注した物品がきっちりと納品されないことである。私が以前経験した流通系の物流業務では，アイテム・数量の欠品などあり得ないことで，仮にそのようなことが続けば当然納品先から出入り禁止になるからである。なお，医薬

品に関してはそのようなことはなく，ほぼ翌日には納品されていた。そこで，ある卸業の協力を得て，実際に卸業が保有する在庫の中身を調査したところ，営業拠点によって異なるが，最も高い納品率の営業拠点で翌日納品率が60％程度，低いところでは30％程度であった。さらに悪いことに，翌日納品できない物品はメーカーからの供給を待って納品することになるが，この調達物流が医療機器メーカー任せの現状があり，いつ届くかが瞬時に分からないという実態だった。この結果，病院では万一に備えての在庫をさらに保有しなくてはならず，病院内の物品在庫管理状況を悪化させる大きな要因となっていた。

　現在，当社ではある医療材料卸業との協業により，これらの問題を解決する新しいコンセプトの物流センターを設計し，運営している。この物流センターは，以前は各営業拠点で行っていた物品管理業務を集約し，当日あるいは翌日の納品率を飛躍的に高めることに成功している。全営業拠点共通で93％の納品率である。また，残りの7％についても翌々日には完納できるようにした。従来，メーカー任せであった調達物流についても見直しを行い，各メーカーと調整のうえ，こちらからメーカーの倉庫へ取りに行く仕組みや複数メーカーの共同引取りの仕組みを開発・提供することで，調達時間のコントロールとコスト削減の両立が実現した。

補講 4.4　医療関連品の共同輸送，共同配送サービス

　病院の中で仕事をしていて驚くことはまだたくさんあるが，朝8時半になると納品口にずらりと並ぶ納品車もその光景の一つである。納品業者の方々も大変だが，それを受ける病院側の手間も相当である。今から40年ほど前にボランタリーチェーン（共同仕入団体）のような業態が流行った記憶があるが，それと比較しても凄まじく時代遅れの納品の仕組みである。仕入れ会社が複数社にまたがるのは仕方がないにしても，物流についてはもっと集約化ができないものかと思った。

　こちらも卸業との協業で輸送・配送設計に携わるチャンスを得て，拠点間の共同輸配送モデルの開発に取り組んでいる。第一段階で薬の物流と医療材

料の物流を統合し，共同輸送を開始した。第二段階では，それらに加え透析材料，第三段階では流動食という具合に，輸送統合の幅を拡大した。結果的に年間1億円以上の輸送コスト削減が実現した。

今後，拠点間輸送から病院配送へ範囲を拡大していくと同時に，メーカー間の共同輸送の取り組みを行っていきたい。

補講 4.5 これからの日本の医療業界

病院からの視点で取り組んだ医療物流のサービス開発事例をいくつか紹介したが，これから医療業界は大きく変革していく時期を迎えている。この変化に合わせた物流サービスが必要だ。

変化の予測は難しく，また正解もないが，私自身は大きく「二極化」が加速することを予測している。

第一の極は，低価格化の流れである。少子高齢化により医療財政はひっ迫し，薬価改定，病院の機能分化，ジェネリック医薬品の台頭などにより，既存の医療関連製品の価格引き下げは加速化する。そして，従来，メーカーや卸が自前で整備し実施してきた物流体系は大きな変革を余儀なくされる。

もう一つの極は，高度化の流れである。再生医療に代表される細胞医療は，医療効果を大きく発展させる反面，物流に対しては一層の高度化を要求する。

私たち医療物流事業者はこの二極化の動きを予測しながら，これからの医療ロジスティクスの戦略を考えていく必要がある。

補講 4.6 インドの医療業界へ参入

縁あってインドにおける新規ビジネス立ち上げに関わる機会があり，これまで日本で取り組んできた様々な物流技術やノウハウを，インドの医療業界で何か役に立てないかと考えた。

4年前に初めてインドへ行き，多くの病院を見て回った。インドの病院は完全に二極化しており，お金持ちが通う先進病院は民間系がほとんどで，日本の先進病院と比べてもまったく遜色がないし，むしろ日本より進んでい

る病院も多い。一方，貧しい人が利用する病院は政府系が多く，こちらは医薬品や医療機器が常に極端に不足しているのが現況である。

実際に病院を視察して一番感じたのは，流通経路が複雑で，一つの病院が医薬品と医療材料を調達するのに150〜200か所に発注しないと物品が揃わないこと，それらの要因もあって病院内の在庫管理が非常に立ち遅れていることであった。様々な理由はあるが，大きな要因の一つとして，標準の医療材料コードがないことがあった。一つの病院の中でも同じ材料の呼び方が異なり，ましてや卸への発注名も様々であるため，発注ミスや受注ミスが頻発，発注量と使用量との間の相関関係もなく，結果的には医療品質の低下を招いていた。

当初，インド政府に対して，国策として標準コードをつくるべきと提案し，政府側もそれなりの反応であったが，なかなか重い腰が動かず，それならばと新会社を設立し，私たち自身で標準コードを制作する取り組みを開始した次第である。

まず，医薬品の処方や医療機器の処置が日本とは大きく勝手が違う。外来の患者さんは，自分に使用される医薬品や医療材料を診察後に自分自身で院内薬局で購入した後に，ようやくそれを使った治療をしてもらう。入院の場合でも一定の保証金を事前に支払わなくてはならない。このような仕組みはフィリピンの病院でも同じであった。むしろ，国民皆保険で支払いが保証されている日本が特殊なのかもしれない。

院内の物流サービスも日本とは大きく違う。カースト制度のようなものが習慣的に残っていて，倉庫内のスタッフはそこの仕事だけ。搬送スタッフはその仕事だけ。ナースステーションのスタッフはやはりそこの仕事だけを行う，といったかたちで，日本で言う多機能工といった概念がない。結果的に仕事のミスやロスが多く，問題が発生していても課題が見えてこない。いわゆる見える化がまったくない状況だ。これらの問題の背景は複雑で，日本のように単純に解決とはいかない。

例えば，当社が1年半前に設立したインドの会社のエピソードを紹介したい。インドの医療の仕事だからと，スタッフ全員を現地採用にした。ところが，インドのスタッフは時間の感覚が日本と大分違う。とにかく遅刻が多い

のである。そもそも遅刻という概念が違う。電車が遅れたとか，交通渋滞だったとか，雨が降り，家から出られなかったとか理由も様々であるが，それは自分のせいではないと説明する。こちらからは，私たちはプロであり，プロである以上，始業時間はインドのプロスポーツの頂点であるクリケットゲームのゲーム開始時間と同じである，と説明するのだが，なかなか伝わらない。しかし，1年半が経過し，今年の2月から全員無遅刻となった。

　インドの都市伝説の一つに，インドで時間通り正確に動く交通はデリー地下鉄だけであるといった話がある。ご存知の方もおられるかもしれないが，この地下鉄は，設計から工事，運行指導まで日本の企業が行ったそうだ。この時の指導のおかげで，未だにデリーの地下鉄の工事だけは納期前に終わるとか，正確に運行されるといった伝説になっている。親日的な国家だけに，努力すれば事業に賭ける思いは伝わるのだと思う。

　インドの物流については，なかなか取り組みが難しいことも多いが，日本と同様，まず医療現場を理解したうえで，流通，メーカーへ遡り，医療サプライチェーン全体の取り組みへと進めていきたいと考えている。今後，日本の経済発展は，新興国への進出が不可避であるが，そのようななかで，私たちのような物流事業者が縁の下の力持ちになって，メーカーや流通を支えていくことができればと思う。

補講 4.7　まとめ：国際医療船 "YAMATO" の夢

　国際貢献の記事を見ると，日本はお金だけしか支援しないとか，ともすれば批判的な内容が多い。

　もともと日本は海洋国家であり，海運は世界トップクラスだ。もちろん，医療の技術や，何よりも他人に貢献したいという道義的感覚もトップクラスだと思う。この強みを活かして新たな国際貢献の仕組みの一つが考えられないかと考えたのが，国際医療船 "YAMATO" だ。

　2万トン級の船を最新の治療設備を保有する医療船にする。災害がない平時には，新興国の医療支援に役立て，予防注射や健康診断の航海を行う。そ

して，いざ大きな災害が発生したら，現場にいち早く駆けつけ，救命救急医療に対応する構想だ。国際間の医療の仕組みやことばの違いもあるので，平時から乗組員の国際化や行き先である各国との国交の活発化が必要である。

このように国際的に重要なミッションを果たすであろう"YAMATO"，外交関係を大事にされている皇族の方にぜひ，名誉船長になっていただきたい。

紙面を借りて個人の夢を記載するのははなはだ恐縮ではあるが，夢がいつかは叶うと思っている筆者のわがままとお許しいただきたい。

果たして，医療ロジスティックをどう進化させるか，というテーマに対して，適切な執筆ができただろうか。病院事業から開始した弊社の医療物流は，一貫して病院から見た視点での物流の在り方を追求してきた。今後の業界の変化を予測して先行した取り組みが必要である。また，品質管理基準の国際化の動きや，グローバル化にともなうリスク管理の仕組みなど解決すべき課題は多い。結局のところ，トータルサプライチェーンの構築ということになるのだろうが，実現に必要な技術やノウハウは，必ずしも物流会社に限定して保有しているものでは無い。われわれ自身が，輸送先のニーズや変化を敏感に感じ取り，企業の枠を超えた協業関係の構築により実現していけるものと考える。

これから物流に携わっていく方々，あるいは関連する方々の何かのご参考になれば幸いである。

補講 **5**

アジアにおける
コールドチェーンの展開

盛合 洋行

　コールドチェーン（低温流通体系）は，食品市場の主たる担い手が，伝統的な市場およびそれを利用する農家や畜産・水産業者から食品加工業者に代わっていく結果として発展するものであるが，それ以外にも，冷蔵庫の普及や所得の向上，食生活の変化などの消費者側の生活スタイルの変化，食品衛生や温度管理に関する意識の向上や法制化，冷蔵倉庫の設置や道路網の拡大などの物流インフラの整備などが複合的に関連して進展していくものである。したがって，発展の段階が異なるアジア全体をひとまとめに語ることは非常に難しい。ここでは，ひとまずアジア全体を概観し，続いてとくに発展が続く中国とタイを取り上げる。その他の国々については簡潔に述べた上で，最後に全体を総括する。

補講 **5.1** アジアにおけるコールドチェーンの全体像

　アジア全体で見ると，経済発展を背景に冷凍・冷蔵食品市場の拡大が大幅に拡大しており，とくに中国とタイにおいてこの傾向が顕著である。まず，図補講5.1を参照頂きたい。

　図補講5.1はアジア主要国における食糧貿易額の伸長をグラフにしたものであるが，日本を除く各国における貿易額の伸びが大きい。コールドチェー

110

補講 5
アジアにおけるコールドチェーンの展開

図補講 5.1　アジア主要国における食糧貿易額（2013 年）

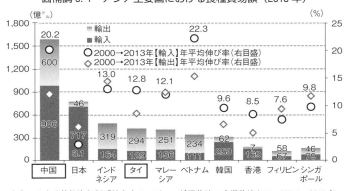

出典：日本政策投資銀行「拡大するアジアの低温物流／定温物流」No. 229-1, 2015 年。

図補講 5.2　冷凍冷蔵食品の 1 人当たり市場規模の比較（2013年）

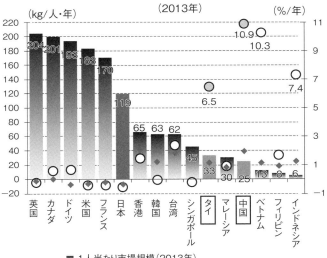

出典：日本政策投資銀行「拡大するアジアの低温物流／定温物流」No. 229-1, 2015 年。

ンを必要とする物資の大半が，農畜産物，水産物，加工食品であることを考えると，その需要は年々高まっていることが推察できる。さらにこれを冷凍・冷蔵食品に絞ってみてみたものが図補講 5.2 である。これは冷凍・冷蔵食品

111

の1人当たり市場規模を比較したものである。アジア各国の市場規模は欧米諸国の2～3割にとどまってはいるものの，近年大きく伸長していることがわかる。今後もこの傾向は続くと推測され，コールドチェーンへの要求は一段と高まっていくだろう。

補講 5.2　アジア各国別のコールドチェーン状況

次に，アジア各国別のコールドチェーンの状況をみてみたい。

5.2.1　中国

中国は人口13億人を抱え，食品市場も拡大の一途をたどっている。2010年には3.3兆元を突破し，以降，毎年10%以上拡大している。冷凍・冷蔵商品の市場もそれにともなって拡大していると同時に，食品市場全体の中での割合も増加しており，当分この市場拡大は続いていくだろう。この冷凍・冷蔵食品の取扱高の拡大を背景にコールドチェーンの整備も急速に進んでおり，冷凍・冷蔵倉庫の庫腹量も年率9.1%の割合で拡大している（図補講5.3）。

また輸配送面を支える道路網の整備も急速に進んでいる。高速道路の整備が進み，2011年度末時点で高速道路の述べ距離数は8万5000kmに達しており，ここ10年，毎年平均で4700kmの高速道路が開通している。筆者自身の経験では，2007年ごろ上海→成都間の幹線輸送では約2600kmの移動に70～90時間を要していたが，現在は全区間で高速道路が開通したことにより約50時間と大幅に短縮した。中国は先進国や他のアジア諸国と比較して国民1人当たりの生鮮食品の市場規模が大きいという特徴があるが（図補講5.4），発展途上にあるコールドチェーンの利用はまだ限定的であり，冷蔵温度帯についてはほとんど整備されていない。低温

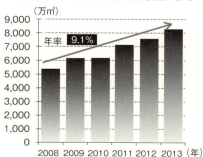

図補講5.3　冷凍冷蔵倉庫庫腹量の推移

出典：日本政策投資銀行「拡大するアジアの低温物流／定温物流」No. 229-1, 2015年。

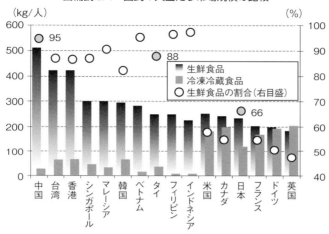

図補講5.4　国民1人当たり市場規模の比較

出典：日本政策投資銀行「拡大するアジアの低温物流／定温物流」No. 229-1, 2015年。

輸送が必要な製品が相当量常温輸送されていると想定され，ゆえに品質劣化により廃棄される商品は相当量に達しており，中国政府としてもこのことに強い問題意識を持っている。2010年には「農産物コールドチェーン物流発展計画」を公表し，2015年までの国内コールドチェーン発展に関する5か年計画を明確にし，2012年8月に開催した「全国流通工作会議」で，国民生活の安全性強化の側面から低温輸送品質のあり方について言及，その後も「物流業中長期発展計画（2014年—2020年）」を公表してコールドチェーンの大規模な整備計画を打ち出している。

　しかしながら，このような整備も物流におけるハード面を国策で先行させるという側面が否めず，ソフト面では様々な課題を抱えている。中国のコールドチェーンに携わる物流業者（以下，低温物流業者）はまだ物流品質という点では意識が低く，とくにローカル企業や低価格商品および肉・水産品などの原料系の顧客からは，品質よりも低コストをまず求められる傾向が強いようである。コスト優先の意識から，低温仕様のトラックでも予冷の必要性を全く認識していなかったり，燃料節約のために電源を切って走ったりする事象もみられるようである。また，事業主が物流品質を理解していても乗務

員の教育文化や素質の違いから管理徹底が行き届かないのも実情と言える。また施設面では冷凍・冷蔵倉庫の床面に段差があったり，長い導線になっていたりと，荷役作業に大幅な時間がかかるような構造になっていることに加え，荷捌き場は温度管理ができなかったり，適切な温度管理ができるようになっていなかったりというケースも散見されるようである。一方，ローカル企業などとは対照的に大手小売，外資，高単価商品の顧客などは高い物流品質を求めるようになってきており，この傾向にも変化がみられる。このように，低温物流業者があてにならない状況が存在するため，大手小売やメーカーの中には自前でコールドチェーンを構築している企業もある。また，法制化のレベルでも，トラックの市内乗り入れに対する外地ナンバー規制を厳しく行っており，市内ナンバーのトラックであっても通行証を保有していない車両や排ガス規制をクリアしていない車両の進入規制を行うなど，政府が交通規制を年々厳しくした結果，本来必要ではない積み替えを行わなければならないというケースも頻出しているようであり，交通規制の強化に比例してコールドチェーンの難易度が一層高くなる状況となっている。

　近年では，国有資産の超大型倉庫を保有する国有企業の台頭から，資金力のある民間企業は各地に大型倉庫を建設し，多くの車両を保有してネットワークを急速に拡げる傾向に変化してきている。しかしながら，低温物流のノウハウについては未だ発展途上と言え，多くの器（ハード）が機能的・効率的に活用できていない。上記にあげたようなソフト面での課題についても中国政府は問題意識を持っており，中長期的にみれば徐々に改善されていくだろう。

5.2.2 タイ

　タイは年間の平均温度が28℃という常夏の国であり，エビ・チキンを中心とした水産・畜産業，およびこれらの加工品を中心としたアグロインダストリーが発達してきた影響で，伝統的に加工食品業を中心としてコールドチェーンが整備されてきた歴史がある。したがって，輸出入関連，小売り，外食に至るまで冷凍・冷蔵倉庫および輸配送の機能はある程度整備されてきているといってよいだろう。中心となる大バンコク地域には現在150か所程

度の営業冷蔵倉庫があり，収容能力は75万トン程度と推計されている。所在地別にみると，古くから水産品の水揚げ基地で，加工食品業が発達してきたサムットサコーン地区，バンコクへの利便性や主要輸送拠点へのアクセス，水害への強さなどから近年大型の物流施設の集積が進むサムットプラカーン地区，その他チェチェンサオ，アユタヤなどに低温物流拠点が集積している。加工食品の分野で日本のメーカーが早くからタイに進出したことから，日系の低温物流企業の進出も盛んであり，日系企業6社の収容能力が全体の20%を占めるなど，日系企業はタイのコールドチェーン構築において主要な役割を果たしている。

いくつか課題もある。まず道路整備に関する課題があげられる。バンコクから各地方への幹線道路はまだほぼ未整備の状況にあり，またバンコク市内の渋滞も激しく，朝晩の市内への車両進入規制もあり，時間帯を間違えるとほんの数km進むのに1時間・2時間といった時間が必要になるなど，渋滞が常態化している。

次にソフト面での課題があげられる。一般的に倉庫作業員やトラックドライバーの意識は日本とは異なり，トラックドライバーの荷積み・荷卸し作業，倉庫作業員のフォークリフト乗務などは，一連の作業として日本では捉えられるものも，別の仕事として区別して扱われており，非効率が生まれているようである。物流品質に対する意識もまだそれほど高くない。港で水揚げされた魚介類などの物流は地元の小規模な業者が取り扱うことが多く，常温車両で搬入されることがほとんどのようである。筆者自身の経験でも，チキン生産者の工場から冷蔵倉庫まではコールドチェーンが確立されているのに，倉庫から先は常温のピックアップトラックにシートをかぶせて配送しているというケースが散見された。

次に物流コスト面である。タイの川下企業は伝統的に大手資本が流通を支配している。このことによって，実質的に倉庫料金等についてはこれらの大手企業が価格決定権を持っている。加えて冷凍・冷蔵設備をこれら大手資本が自社保有しているケースも多く，例えばタイ国内のセブン‐イレブンを運営するCPグループは国内7つのチルドセンターをすべて自社運営している。小規模な低温物流業者が多いこと，日系も含めて新設の倉庫建設も相次いで

いることなどから，これらの市場は厳しい競争環境におかれている。

2015年にASEAN共同体が発足する予定であり，すでに物流施設の集積が進むタイは，周辺国への物流の集積地・結節点として大きな役割を求められている。ただこのことはタイに限らず，周辺国の環境整備も必要となる。道路インフラ，通関手続き，往復の荷物確保といった物流与件だけでなく，物流品質に対する意識の向上および均質化も求められるため，この取り組みそのものはゆっくりとした速度で進むだろう。

5.2.3 | その他の国々

① ベトナム

ベトナムは近年発展の著しい国であり，日本企業の進出も相次いでいるが，まだ冷凍・冷蔵食品の需要は高くない。食品市場は，近代的なスーパーも徐々に普及しつつあるもののまだまだトラディショナル・トレードで毎日の食材を必要な分だけ購入するスタイルが主流であり（トラディショナル・トレード：モダントレード≒7：3），一般家庭への冷蔵庫の普及率も50％に達していない状況にある。したがって小売りサイドからのコールドチェーンに対するニーズもまだそれほど高まっていない。一方，伝統的にエビを中心とした加工食品の材料となる原料を輸出する国であるためこれらの輸出機能を中心にしたコールドチェーンは一定のレベルで整備されているが，付加価値の高いサービスを提供するには至っていない。トラックでの輸配送についても，厳密な温度管理はほぼ難しい状況である。消費生活という側面からも，生産活動という側面からも，コールドチェーンの整備がもう一段階進むのはしばらく先になるだろう。

② インドネシア，マレーシア

インドネシア，マレーシアともにコールドチェーンはまだ発展途上の段階にある。また両国はハラルへの対応も求められるといった特殊事情がある。

インドネシアは水産品の輸出機能を中心にコールドチェーンの整備がある程度進んでいるが，国内流通向けの整備はほぼ未整備である。モダントレードに対比してトラディショナル・トレードの割合が圧倒的に高く（1：9），

冷蔵庫の普及率も低い（約30%）。全国にネットワークを持つ流通業者も限定的であり，最大手で外販サービスを行っている PT. Sukanda Jaya もアイスクリーム製造大手の子会社である。モダントレード（Carrefour, Hero 等）も自社でコールドチェーンを構築していると推測される。現状はトラディショナル・トレードで扱われるインドネシア産の野菜，魚，肉類等の食材は常温車で運ぶのが主流であり，特別な要請をして初めて氷での保冷がなされるといった状況のようである。

③　フィリピン

フィリピンについては，首都のマニラ近郊においては整備が進んでいるが，それ以外の地方については全く手つかずといった状況のようである。フィリピンは業務用についてはシンガポールの次に，家庭用については日本の次に電気代が高く，倉庫運営についてのコストも対価に比べて非常にかかるようである。2002年に設立されたコールドチェーン協会（CCAP）によると，フィリピン国内で生産・加工された生鮮・冷蔵食品の約半分はコールドチェーンが利用されていない一方で，付加価値の高い輸入品についてはある程度利用が進んでいるようである。小売りもトラディショナル・トレードがまだ多くの役割を担っている状況で，小売りサイドからのコールドチェーンへの要求もまだそれほど高くない。トラック運転手の勤務態度も悪く，マニラ首都圏の交通渋滞も非常に厳しいため，コールドチェーンの整備はまだ発展途上の段階にあるといっていいだろう。

5.2.4 │ 総括

アジア各国のコールドチェーン整備状況について概観してきた。総括として以下の3点をあげておきたい。
① 各国においてモダン・トレードが増加し，冷蔵・冷凍食品の取り扱いは拡大している。
② 各国ごとに進展の度合いに違いはあるものの，冷蔵倉庫やトラックなどのコールドチェーンを構成するハードの整備は進展してきている。
③ ハードの整備が進む一方で，食品の安全・安心に対する意識や物流品

質の向上など，ソフトの面では各国とも課題が多く，今後の改善が望まれている。

コールドチェーンが本当の意味で整備されるためには，①産品や製品をコールドチェーンを通じて流通させる必要があるという認識を持つこと，②この認識にたってコールドチェーンが構築されること，③②で構築されたコールドチェーンが適正に運用されるマネジメント力が整備されること，の3つの条件が満たされる必要がある。

現在のところはこれら3つの条件がどれもまだ満たされておらず，発展途上の段階であると総括できるだろう。

補講 **5.3** コールドチェーン確立に必要な物流機器：結びにかえて

冷凍・冷蔵品を流通させるためには，温度管理を切らすことなく流通経路全体を設計・運用する必要があり，それがコールドチェーンと呼ばれる所以であるが，その設計は常温品とは異なりそれほど単純ではない。

冷凍食品の物流を考えてみよう。冷凍倉庫に保管することや保冷トラックで輸送することは第1に必要なことだが，これで十分とは言えない。実は冷凍倉庫では，温度管理された部屋から商品を出庫した後，仕分け作業を行い，トラックに積み込むという工程がある。これらの工程もすべて温度管理されたスペースで行わなくてはコールドチェーンとは呼べない。トラックバースにドックシェルターやエアーシェルターを導入したり，荷捌きスペースには陽圧システムを導入して外気の侵入を防いだりと，倉庫でも様々な物流機器を導入する必要がある。

末端の小売店を考えても同様である。保冷トラックでデリバリーされてきても，荷卸しを行った後，陳列されるまでの間常温スペースに放置されてしまうと折角のコールドチェーンが崩れてしまう。台車から降ろした後一時仮置きをする適切な温度のスペースがない場合には，短時間であれば保冷シートをかぶせる，蓄冷材やドライアイスを適切に組み合わせることなどは重要なことである。

補講 5
アジアにおけるコールドチェーンの展開

　最近，宅配便などで使われる物流機器の中には，断熱材でできた容器に蓄冷材を組み合わせることで一定時間相当厳密な温度管理のできるものもでてきている。また船舶用のリーファーコンテナについても，電源さえ繋がっていれば，そのコードを介して庫内温度や冷凍機稼働状況を専用端末で監視できるようになってきている。商品の出荷から到着まで，適切な物流機器を使いながら，細心の注意を払って温度管理の行き届いた流通経路の設計が求められている。

第 2 部

グローバル・
サプライチェーン
ロジスティクスを
構築するための
必須知識

第**4**章

貿易実務と
グローバル・サプライチェーン
ロジスティクスの論題

拓海 広志

　学生を含めこれからロジスティクスの仕事を志す方々，あるいはすでに社会人としてロジスティクスの仕事に携わっている方々にもう一歩進んでグローバル時代のロジスティクスについて考えて頂きたいというのが本書の主題である。本章の前段（4.1 〜 4.4）では，グローバル時代の到来を待つまでもなく，われわれが海外と貿易取引を行う際に知っておかねばならない貿易実務の要点をごく簡単に説明する。その上で，後段（4.5 〜 4.12）ではグローバル・サプライチェーンロジスティクスを考える際に必要となる視点や考えるべき論題をいくつか挙げ，今後の議論に向けての問題提起としてみたい。

4.1　貿易実務：取引条件

　貿易実務とは海外との貿易取引に際して行う実務のことであり，それは今日のようなグローバル時代が訪れる前から存在していたものである。文化や商習慣，政治，経済，法律，税制，通貨，治安，物流事情など，国情の違う外国との取引には国内取引よりも多くのリスクがある。そうしたリスクを少しでも軽減するために，貿易相手との間で取引条件や決済方法を明確にした上で，信頼できるロジスティクス企業に商品の輸送や保管を託すこと，万一事故が発生したときのために貨物海上保険を掛けること，外貨決済の場合に

は為替予約をすることなどが必要となる。ゆえに，運送，保険，外国為替は昔から貿易取引の三大支柱と言われてきた。

　取引条件の中で最も基本的なことは，売主（輸出者）と買主（輸入者）間での「費用負担の範囲」と「危険負担の範囲（商品の受け渡し場所）」を明確にすることだ。ここで言う費用とは，商品代と輸出地で発生する費用（包装費，輸送費，輸出諸掛），国際間の輸送費，保険料，輸入地で発生する費用（輸入諸掛，輸送費，輸入税）などである。

　ICC（International Chamber of Commerce：国際商業会議所）は，売主と買主の間の取引条件をインコタームズ（Incoterms）と称して分類しており，現在は 2010 年に改正されたインコタームズ 2010 が用いられている。ただし，売主と買主の間で同意すれば，以前のインコタームズ 2000 に基づく取引も可能である。インコタームズ 2010 で規定された取引条件は以下の通りだが，これらは国内取引においても適用可能となっている[1]。

4.1.1 　いかなる輸送手段にも適した規則

①　EXW（Ex Works：工場渡し）：売主の工場や倉庫で，商品を買主に引き渡す条件。以降の費用負担と危険負担は買主に移転し，輸出通関も買主が行う。

②　FCA（Free Carrier：運送人渡し）：輸出地において買主の指定した運送人に商品を引き渡す条件で，以降の費用負担と危険負担は買主に移転する。ただし，輸出通関は売主が行う。

③　CPT（Carriage Paid To：輸送費込み）：輸出地において売主の指定した運送人に商品が引き渡された時点で，商品の危険負担は買主に移転する条件。ただし，輸入地までの輸送費は売主が負担する。

④　CIP（Carriage and Insurance Paid To：輸送費保険料込み）：輸出地において売主の指定した運送人に商品が引き渡された時点で，危険負担は買主に移転する条件。ただし，輸入地までの輸送費と保険料は売主が負担する。

123

4.1.2 海上および内陸水路輸送のための規則

⑤ FAS（Free Alongside Ship：船側渡し）：在来船の船積港において，商品が埠頭もしくは艀上で本船の船側に置かれた際に，商品が買主に引き渡される条件。以降の費用負担と危険負担は買主に移転する。

⑥ FOB（Free On Board：本船渡し）：輸出港において，輸出通関を終えた商品が買主の指定した本船の船上に置かれた際，または引き渡された商品を調達（輸送中の転売のこと）した際に，以降の費用負担と危険負担が買主に移転する条件。

⑦ CFR（Cost and Freight：運賃込み）：輸出港において，輸出通関を終えた商品が売主の指定した本船の船上に置かれた際に，以降の危険負担が買主に移転する条件。ただし，輸入港までの輸送費は売主が負担する。CFR は在来船のみに使用され，コンテナ船や航空機の輸送の際には CPT を使用する。

⑧ CIF（Cost, Insurance and Freight：運賃保険料込み）：輸出港において，輸出通関を終えた商品が売主の指定した本船の船上に置かれた際に，以降の危険負担が買主に移転する条件。ただし，輸入港までの輸送費と保険料は売主が負担する。CIF は在来船のみに使用され，コンテナ船や航空機の輸送の際には CIP を使用する。

4.1.3 いかなる輸送手段にも適した規則

⑨ DAT（Delivered at Terminal：ターミナル持込渡し）：仕向地のターミナルで商品が荷卸しされ，買主に引き渡された時点で，以降の費用負担と危険負担が買主に移転する条件。ターミナルには CY（container yard：コンテナヤード），航空貨物ターミナル，倉庫，埠頭，道路などが含まれ，ターミナルまでの輸送費と荷卸費は売主が負担する。ただし，輸入通関は買主が行い，輸入税も買主が負担する。

⑩ DAP（Delivered at Place：仕向地持込渡し）：指定仕向地において，荷卸しの準備はできているが，荷卸しを終えていない状態で商品が買主に引き渡され，以降の費用負担と危険負担が買主に移転する条件。

指定仕向地までの輸送費は売主が負担し，荷卸費は買主が負担する。輸入通関は買主が行い，輸入税も買主が負担する。

⑪ DDP（Delivered Duty Paid：仕向地持込渡し〔関税込み〕）：売主が輸入国での輸入通関と輸入税納付を終えた後に，指定場所まで商品を持ち込み，到着した輸送手段の上で貨物を買主に引き渡す条件。指定場所までの費用負担と危険負担はすべて売主に属するが，荷卸作業は買主が行う。

4.2　貿易実務：L/C 決済と B/L

貿易取引に際して，売主と買主の双方は相手についての信用調査を行った上で契約に至るのが通常である。しかし，売主と買主の間で商談がまとまり，売買契約が成立したあとでも，売主には，商品を出荷して買主に引き取られた後に商品代をうまく回収できないのではないか，という不安がつきまとう。そこで，買主は取引銀行に保証してもらうことで，売主に自らの信用度を示し，その信用に基づいて輸入取引を成立させることがある。このように，取引銀行が買主の支払いを保証して発行する書類を L/C（Letter of Credit：信用状）と呼び，それを使って決済することを L/C 決済と称する。

買主（開設依頼人：Opener）のために L/C を発行する銀行のことを開設銀行（Opening Bank）もしくは発行銀行（Issuing Bank）と称する。開設銀行は輸出地（3 国間取引の場合は仲介地）の通知銀行（Notifying Bank）に対して L/C を発行したことを通知する。売主（受益者：Beneficiary）は通知銀行からの通知を受けて商品を出荷し，決済は売主－買取銀行（Negotiating bank）－開設銀行－買主という流れの中で両行を介して行われる。通知銀行は単なる取次者であり，買取銀行とは異なる。買取銀行の指定は売主が行う。また，開設銀行が自ら手形の名宛人とならず，他の取引銀行を名宛人すなわち引受人とする場合もあるが，その銀行のことを引受銀行（Accepting Bank）と呼ぶ。

L/C にはいくつかの種類がある。いったん開設されると，その有効期間中は関係者全員の合意がない限り，取り消しや内容変更ができないものを

125

Irrevocable L/C（取消不能信用状）と称するが，現在流通している L/C は
そう表記されていなくてもすべて Irrevocable L/C である。L/C の信用度を
高めるために，開設銀行の他に国際的に信用度の高い銀行の支払確約を受け
ている L/C は Confirmed L/C（確認信用状）と呼ばれる。また，L/C の買
取銀行が指定されているものを Restricted L/C（買取銀行指定信用状）と言
い，指定されていないものを Open L/C（買取銀行無指定信用状）と呼ぶ。
手形を決済すると同金額の L/C が自動的に更新される L/C は Revolving L/
C（回転信用状）と呼ばれ，継続的な取引の際に使用される。

　L/C には決済を成立させるために必要となる船積書類（Shipping Documents）の種類と条件，枚数が明記される。それは B/L（Bill of Lading：
船荷証券），インボイス（Invoice：送り状），パッキングリスト（Packing
List：包装明細書），原産地証明書（Certificate of Origin），保険証券（Insurance Policy）などだが，船社や NVOCC（Non-vessel Operating Common
Carrier：フォワーダーのように自ら船を運航していないものが荷主より商
品の運送を引き受け，実運送人である船社のサービスを利用しながら，自ら
運送人としての B/L を発行する場合，それを NVOCC と称する）の発行す
る B/L は，運送人の輸送責任範囲（Place of Receipt から Place of Delivery
まで）と貨物の内容，運送人が売主から商品を引き取ったこと（Received
B/L），また船が積地を出航したこと（Shipped B/L, On Board B/L）など
を証明する書類として重要な役割を果たす。

　手形の買取銀行は売主から B/L などの船積書類を受け取り，その内容が
L/C で求められているものと合致することを確認した上で売主に商品代金
を支払うが，このことを「荷為替手形の買取（Bank Negotiation）」と言う。
船積書類は買取銀行から開設銀行に送られ，買主は開設銀行との間で決済を
することにより，それらの船積書類を入手することができる。運送人である
船社や NVOCC は買主から B/L を受け取り，それと引き換えに商品を買主
に引き渡す。

　B/L は有価証券であり，商品の引換証となるものなので，その取り扱い
には厳重な注意が必要である。しかし，最近は貿易取引が広い範囲に普及
し，売主と買主の関係も多様化してきているため，L/C を使わずにもっと

第 4 章
貿易実務とグローバル・サプライチェーンロジスティクスの論題

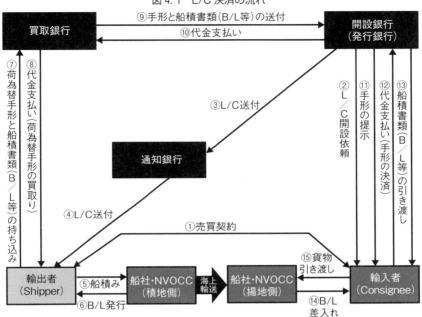

図 4.1 L/C 決済の流れ

出典：筆者作成。

簡便な方法で決済を行うケースも増えている。L/C 決済以外の貿易決済方法として，取立手形（Bill for Collection）を使う D/A（Document against Acceptance：引受渡し〔手形が引き受けられたら商品を引き渡す条件〕），D/P（Document against Payment：支払渡し〔手形が支払われた上で商品を引き渡す条件〕），さらに簡便な方法として，送金決済（Remittance），現金決済などがある。B2C の EC（e-Commerce：電子商取引）においてはクレジットカードやデビットカードでの決済が一般的である。

他方，物流に対してスピードが要求されるケースが増えてきているため，L/C 決済をしない場合にはオリジナル（原本）B/L の入手遅れのために輸入地で商品の引取りができないことが嫌われる傾向にある。このため，船社や NVOCC は荷主からの依頼があれば，B/L の代わりにウェイビル（Waybill）を発行することもある。ウェイビルは航空輸送や国際宅配便輸送に際して発行されるエアウェイビル（Air Waybill），国際道路運送条約によるロード

127

ウェイビル（Road Waybill），国際鉄道物品運送条約によるレールウェイビル（Rail Waybill）などと同様に有価証券ではなく，そこに明記されている受荷主（Consignee：コンサイニー）は自らが受荷主であることを示せば，またL/C決済の場合は銀行が発行したリリースオーダーがあれば，商品を引き取れるようになっている。

4.3 貿易実務：輸出実務

　海外に商品を輸出する際に，輸出者（売主）が行う実務を輸出実務と言う。通知銀行からL/C開設の通知を受けた輸出者は，それが外貨決済である場合は為替変動リスクを避けるために買取銀行に対して為替手形予約を行う。また，輸出する商品が関税関係法によって規制を受けている場合は財務省・税関の，外為法（外国為替及び外国貿易法）や国内関係法による規制を受けている場合は経済産業省もしくは管轄官庁の許可証か承認証を取得しておき，それらを輸出申告時に税関に提出する必要がある。

　輸出者はL/Cで求められている船積書類と輸出通関に必要な船積書類を準備する。インボイスはその両方で必要なものだが，L/C決済用のインボイスには取引条件に応じた価格を表記するのに対して，輸出通関用のインボイスにはFOB価格（本船渡し条件価格）を記載する。パッキングリストは包装ごとの明細（商品名，数量，正味重量，総重量，容積など）を記したもので，包装を包装業者に委託した場合は包装業者が作成することが多い。船積依頼書（Shipping Instruction）は通関業者（海貨業者）に通関・船積の手配依頼をするための書類だが，船社などの運送人はその内容に基づいてB/Lを発行するので，それがL/C条件と合致した内容となるような注意が必要である。

　輸出者は船社や航空会社などの運送人に対して船や航空機のブッキング（予約）を行い，出荷準備が整った商品を保税地域に搬入すると，通関業者に対して通関・船積の手配依頼を行う。今日，日本での輸出・輸入通関はNACCS（Nippon Automated Cargo and Port Consolidated System：輸出入・港湾関連情報処理システム）と呼ばれるオンラインシステムで処理されてお

り，通関業者はそれを用いて輸出申告を行う。保税地域に搬入された商品は，検量人によって重量と容積の検量を受けるが，この内容が運賃を算出する際の基準となる。

　輸出者は，自分が保険を掛ける取引条件の場合には，貨物海上保険の申し込みをする。保険金額は売買契約に基づいて決め，とくに定めがない場合は CIP もしくは CIF 価格に 10 ％加算して掛けるのが一般的である。L/C 取引の場合は，L/C で要求された条件通りに保険を付保する必要がある。保険の条件は ICC（Institute Cargo Clauses）で区分され，All Risks（オールリスク担保）は ICC（A），W. A.（With Average：分損担保〔共同海損と単独海損［全損・分損共］〕をカバー）は ICC（B），F. P. A.〔Free from Particular Average：分損不担保（共同海損と単独海損の全損，分損の内の特定分損のみをカバー〕）は ICC（C）と呼ばれている。保険のカバー範囲は ICC（C），ICC（B），ICC（A）の順に広くなる。

　ICC（A）は，貨物の固有の瑕疵・性質または遅延以外のすべての外発的偶発原因による損害を，共同海損，単独海損の全損・分損にかかわらずカバーし，平常時における各種付加危険もカバーするが，非常時である戦争およびストライキの危険については免責となる。従い，それらについてもカバーしたい場合は，War Risk（戦争危険），S. R. & C. C. Risks（Strikes, Riots and Civil Commotions Risk：ストライキ危険）を別途特約として付保する必要がある。また，通常の輸送過程でのテロ危険については ICC（A），ICC（B），ICC（C）のいずれにおいてもカバーされるが，通常の輸送過程以外の状態にあるときはカバーされない。

　ちなみに共同海損（General Average：GA）制度とは，海難時に船舶や積荷の安全を図るために，船長の判断によって故意かつ合理的に「異常な費用（積荷の海中投棄など）」が支出された場合に，その犠牲によって利益を得た関係者（救われた船舶の所有者，積荷の荷主など）が失われた費用を按分負担することを言う。共同海損という制度の起源は，紀元前 3 ～ 2 世紀頃に東地中海の海運で活躍したロード島民が定めたロード海法にあり，日本でも江戸時代に振合，総振といった海難損害の共同負担の概念が普及した。その根底にあるのは「共同の利益のために生じた損害は共同の負担によって補償さ

129

第 2 部
グローバル・サプライチェーンロジスティクスを構築するための必須知識

れねばならない」という思想である。

4.4 貿易実務：輸入実務

　海外から商品を輸入する際に，輸入者が行う実務を輸入実務と称する。輸入に際しては，外為法（外国為替および外国貿易法）と植物防疫法，家畜伝染病予防法，食品衛生法，薬事法などの国内関係法による規制がある。輸入承認は輸入貿易管理令（輸入令）によって定められ，輸入割当品目（輸入の数量が制限されている品目），輸入承認品目，事前確認および通関時確認品目に該当する品目を輸入する際には，経済産業大臣の承認や事前確認が必要となる。

　船積みが完了すると，輸出者は輸入者宛てに商品の明細や船名，出航日，到着予定日（Estimated Time of Arrival：ETA）などを記載した船積通知（Shipping Advice）を送信する。輸入者はそれに基づいて，海貨業者への荷受けおよび輸入通関手続きの依頼を行う。また，輸入者（買主）が貨物海上保険の手配をするFOB契約やCFR契約の場合，輸入者は船積通知を受け取ったら予定保険を確定保険に切り替える。

　海貨業者に荷受けおよび輸入通関手続きの依頼を行う際に，輸入者は必要な書類を渡す必要がある。まず，船社やNVOCCからの商品引き取りに必要となるB/L（航空輸送の場合は銀行が発行したリリースオーダー）あるいはL/G（Letter of Guarantee：保証状）。インボイスとパッキングリスト。外為法や国内関係法による許認可が必要な品目の場合は，関係省庁が発行した許認可証。また，注文書や原産地証明書に加え，税関から求められれば商品カタログなどを用意する。

　商品が保税地域に搬入されると輸入申告が行われる。輸入申告はCIF（運賃保険料込み）価格ベースで行われるので，取引条件がCIFでない場合は運賃明細書や保険料明細書を提出してCIF価格を算出する。ただし，貨物海上保険を付保していない場合は保険料はなしとする。輸入申告と納税申告は同時並行で行われるのが通常で，書類審査と貨物検査が完了し，輸入者が関税を納付すると輸入許可が下りる。

関税率は商品の H. S. Code（Harmonized System Code：統計品目番号）ごとに設定されており，実行関税率表で調べることができる。少額貨物（日本の場合は課税価格 20 万円以下のもの）や携帯品，別送品以外の輸入品に対して課せられる税率を一般税率という。一般税率には，国内法で定められた国定税率（基本税率，暫定税率，特恵税率に分かれる），国際条約によって定められた税率（WTO（World Trade Organization：世界貿易機関））加盟国からの輸入，関税に関する 2 国間条約を締結している国からの輸入など），EPA（Economic Partnership Agreement：経済連携協定）や FTA（Free Trade Agreement：自由貿易協定），TPP（Trans Pacific Partnership Agreement：環太平洋パートナーシップ協定）といった国際協定で定められた税率がある。ちなみに，少額貨物や携帯品，別送品に課せられる税率のことを簡易税率と称する。

4.5　グローバル・サプライチェーンロジスティクスの論題：価値

　ここからはグローバル・サプライチェーンロジスティクスを考える際に必要となる視点や考えるべき論題をいくつか挙げてみたい。ロジスティクスとは，企業全体，サプライチェーン全体における物流と在庫を最適化するために戦略と企画を策定し，それに基づく管理と運営を行うことである。かつての企業の物流管理が研究・開発，調達，製造，流通，販売，修理・回収といったサプライチェーンのフェーズごと，あるいは部門ごとの個別最適の中で個々の物流プロセスの効率性を追求しがちだったのに対し，ロジスティクスは経営全体における物流の効果性を追求する。すなわちロジスティクスとは，経営に価値をもたらさない物流のあり方，在庫の持ち方を否定し，サプライチェーンの全体最適を目指すものである。そしてそれは今日，グローバルに展開されている。

　ロジスティクスが企業の経営にもたらす価値とは何なのか？　筆者の考えを簡単に図 4.2 にまとめてみた。ロジスティクスはマネジメント概念だが，それには実務による底支えが不可欠である。土台となるのは物流現場でのモ

図4.2 ロジスティクスが生み出す価値

出典：筆者作成。

ノの輸配送，保管，包装，荷役，流通加工，情報管理といったオペレーションであり，その安全，品質，生産性が生み出す価値をOperation Valueと称したい。

物流現場力をともなわないロジスティクスは砂上の楼閣のようなものなので，ロジスティクスの戦略や企画を構想する際にはオペレーションという土台をどのように設計，構築，運営するかをよく考えねばならない。現場力とは現場が自らの意志で進化する力のことであり，それは自律的に問題を発見・解決・改善する力と，市場の変化と顧客や後工程のニーズに応える力からなる。オペレーションの品質と生産性は対立するものではなく，きちんとした思想に基づく工程の設計と管理ができていれば両立するものである。オペレーションの品質が低いと企業全体の生産性にロスが生じるわけだから，品質改善活動と生産性改善活動を別のものとして扱うのではなく，それらを一体として捉える視点が必要である。

次に，ロジスティクスが関わる顧客タッチポイントのすべてにおいて提供されるService Valueを挙げたい。ロジスティクスに対する顧客の期待値を正しく理解し，それを日々のオペレーション運営と顧客対応に反映させること。期待値を上回る顧客対応をすることで，顧客のさらなる満足と支持を得るとともに，自社の競争力を向上させること。新たなサービスを開発・提供

して顧客と市場をリードしていくことなどから，サービスバリューが生まれてくる。その実践には旧来のCRM（Customer Relationship Management：顧客関係マネジメント）だけでは不十分であり，CEM（Customer Experience Management：顧客経験マネジメント）の活用も必要だろう。

オペレーションとサービスはロジスティクスを底支えする重要なものだが，それにとどまるのであれば敢えてロジスティクスという概念を持ち出す必要はない。ロジスティクスは企業の経営課題を正しく認識し，それに対するソリューションを提供するものでなければならない。企業の経営課題は多様であり，そのすべてが顕在化しているわけではないので，経営課題の顕在化とその優先順位の明確化を行った上で，全体最適の観点からソリューションを構築する。それが企業においてロジスティクスの戦略や企画を策定することの意味であり，そこから生み出される価値をビジネスバリューと称したい。

企業が存続するためには，企業価値と顧客価値を維持し高めていく必要がある。企業価値には様々な指標があるが，ROA（Return on Asset：総資産利益率）やROE（Return on Equity：自己資本利益率）といった一般的な指標を用いるならば，ロジスティクスによって，

・いかに売上向上に寄与するか？
・いかに総ロジスティクスコストを削減するか？
・いかに資産を有効活用するか？
・いかに在庫の適正化と削減を行うか？
・いかに開発 – 生産 – 販売のリードタイムを短縮するか？
・いかに経営基盤を強化するか？

といったことがソリューションの課題となろう。また顧客価値の観点からは，ロジスティクスによっていかに顧客の満足と支持を向上させるか？　ということがソリューションの課題となる。

ロジスティクスの価値として，オペレーションの安全，品質，生産性が生み出すオペレーションバリュー，顧客の期待に応え，期待を上回るサービスが生み出すサービスバリュー，経営課題に対するソリューションが生み出すビジネスバリューを挙げたが，最後に信頼が生み出すマネジメントバリュー

について述べておきたい。激しく変化する市場環境の中で，経営者の多くは
それに対応するために日々様々な意思決定を行っている。ロジスティクスは
企業の生命線であり，とくにグローバル競争の中で企業が生き残っていくた
めにはそれを疎かにすることは許されない。企業の経営に資する戦略的なソ
リューションを脳みそから汗をかくくらい考え抜き，それを具現化するオペ
レーションとサービスを全力で提供する意志と実行力を持つ人々への信頼
は，経営者の意思決定にともなうリスクを軽減する価値があり，筆者はそれ
をマネジメントバリューと称したい。企業でロジスティクスの仕事に携わる
人は，そうしたハイレベルの信頼構築力も身に付ける必要があるだろう。

　今日，企業の調達，製造，販売の現場は世界各地に拡がっており，それぞ
れの現場を個別最適だけで運営しているとサプライチェーン全体におけるム
ダ・ムラ・ムリが大きくなることは明らかである。また，B2C や e コマー
ス（Business to Consumer e-Commerce）の拡大は，従来は店舗への B2B
配送までで完結していたロジスティクスを，消費者の自宅や指定場所への
B2C 配送にまで拡張させた。そして，昨今の流通・小売業の課題は，e コマー
スと実店舗，その他の流通・販売チャネルと在庫を統合し，消費者の商品，サー
ビス，デジタルコンテンツに対する認知→興味→比較・検討→購買→受取の
多様なパターンに対応した，シナジーの高いオムニチャネル（Omni Chan-
nel）を構築することである。また，衣料品の SPA（Specialty Store Retailer
of Private Label Apparel）に代表される製造小売業の増大や，ファブレス
化する製造業者の増加といったことも，製・販の枠組みの変化として捉えて
おく必要があるだろう。こうした様々な変化の潮流を受けてロジスティクス
が価値を提供すべき範囲は大きく広がってきている。

4.6　グローバル・サプライチェーンロジスティクスの論題：コスト

　前節で用いた総ロジスティクスコストという語について少し補足説明をし
ておきたい。

　企業の損益計算書に物流費として計上されるのは，商品の流通・販売にお

ける輸配送，外部倉庫での保管，荷役，包装，流通加工，情報管理といった直接物流費に限られることが少なくないが，研究・開発，調達，製造や販売後の修理・回収といったアフターサービスにおける物流費についても把握しておく必要がある。また，店舗のバックヤードや店頭において販売員が費やす商品の保管や荷捌き，搬送などの作業時間も物流費に換算すべきだろう。他方，製品の製造工程を繰り延べてアセンブリーの最終工程などを物流センター内で行うケースもあるが，それについては製造コストとして把握すべきである。

サプライチェーン全体における物流費に，在庫を維持するために発生する在庫費（Inventory Carrying Cost），受・発注処理に要する費用，生産・仕入の管理に要する費用などを加味したものが企業の総ロジスティクスコストであり，その全体最適という観点からコストマネジメントを行っていく必要

図 4.3　総ロジスティクスコスト

物流費
（サプライチェーン全体(*a)の輸配送・保管(*b)・包装・荷役・流通加工・情報管理費(*c)）

＋

在庫費

資本コスト（在庫金額 x 金利）

サービスコスト（保険料, 棚卸資産税）

保管コスト（保管施設・設備・人件費, 外部倉庫保管料(*b), 情報管理費(*c)）

リスクコスト（陳腐化, 損傷, 棄却などによる棚卸評価損費, 在庫処分費）

（＋）

その他
（受注処理費, 発注処理費, 生産・仕入管理費など）

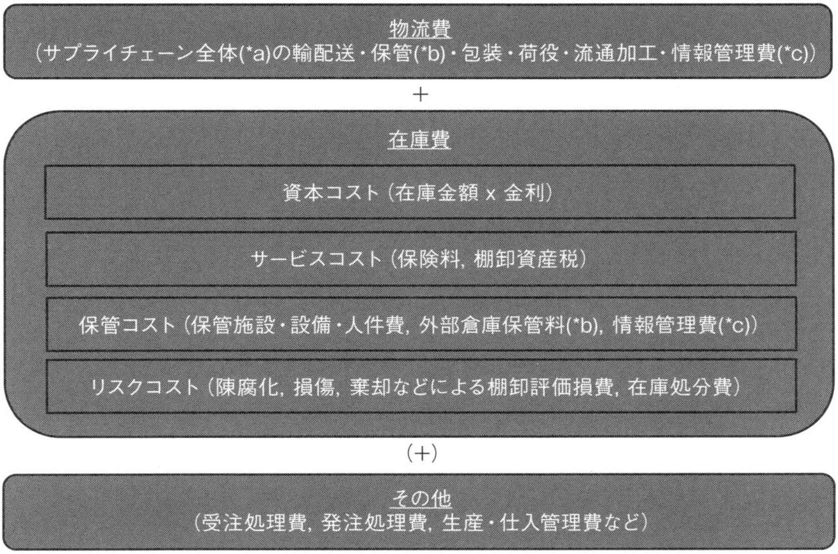

注：(*a) CIF 条件買いの場合，調達部品の物流コストは部品代の中に含まれている。また，R&D の物流費を研究開発費，アフターサービスの物流費を販管費として計上し，物流費として認識していない企業もある。
　　(*b) (*C) 重複するものなので，物流費としてカウントするか，在庫費としてカウントするか，管理会計上のルールが必要。
出典：筆者作成。

135

がある。

　ロジスティクス総費用に占める在庫費の割合は大きいので，既存のサプライチェーンの仕組みの中で在庫の過不足をなくして適正在庫を目指すことと，仕組みを再構築することによって理論上の適正在庫量自体を削減することは，しばしばロジスティクスの課題となる。在庫には様々な性格のものがあるが，基在庫レベル（在庫ポジションの目標量）を求める基本式は以下のようになっており，補充リードタイムの短縮がその削減の鍵となることを示している。

- 基在庫レベル＝平均在庫量＋安全在庫量
- 平均在庫量＝平均需要×補充リードタイム
- 安全在庫量＝安全在庫係数×需要の標準偏差×$\sqrt{補充リードタイム}$

4.7　グローバル・サプライチェーンロジスティクスの論題：e コマース

　eMarketer.com の調査などによると，2014 年度の世界における B2C/e コマース市場規模は 1 兆 5000 億米ドル（約 150 兆円）に達したようだ。経済産業省によると同年度の日本における B2C/e コマース市場規模は 12.8 兆円（内訳は，物販分野が 53 %，サービス分野が 35 %，デジタル分野が 12 %）で，e コマース化率（すべての商取引金額に対する電子商取引市場規模の割合）は 4.4 %だった。ちなみに日本における B2B/e コマース市場規模は，狭義（インターネット技術を用いたコンピュータネットワークシステムを介して商取引（受・発注）が行われ，その成約金額が捕捉されるもの）で 196 兆円，e コマース化率は 18.3 %。広義（従来型の EDI を含むコンピュータネットワークシステムを介して商取引（受・発注）が行われ，その成約金額が捕捉されるもの）だと 280 兆円，e コマース化率は 26.5 %に達している。市場規模に関する正確なデータはないが，近年は C2C/e コマース市場の拡大も顕著だ。

　また経済産業省は，日本の消費者の米国・中国事業者からのクロスボーダー e コマース（越境 e コマース）による購入額が 2000 億円（前年比 8.9 %増），米国の消費者の日本・中国事業者からのクロスボーダー e コマースによる購

入額が8000億円（前年比13.0％増），中国の消費者の日本・米国事業者からのクロスボーダーeコマースによる購入額が1.2兆円（前年比53.0％増）に達したと発表した（2014年度の統計）。同省が日米中の3国相互間のクロスボーダーeコマース規模を試算したところ，消費国としての推計市場規模は，2014年から2018年までの間に日本は約1.4倍，米国は約1.6倍，中国は約2.3倍の規模となり，日米中間におけるクロスボーダーeコマースによる購入総額合計は，2018年には約4.4兆円まで拡大する可能性があるという。

　インターネットによるeコマース，すなわちインターネット通販が登場したのは約20年前のことだが，それには旧来のカタログ通販，ラジオ通販，テレビ通販などと本質的な違いがあった。カタログには紙面の，またラジオやテレビには放送時間による制約があり，その枠の中で効果的に売るために，販売者は実店舗での販売と同様に売れる商品を選ぶ必要があった。しかし，eコマースにはそうした空間や時間の制約がほとんどなく，かつ実店舗での販売やその他の媒体による通販に比べると運営コストも低く抑えられる。

　商品の品目と売上げの関係には冪乗則やパレートの法則がよく当てはまり，少数品目によって売上げの大半を上げる傾向となることが多い。売れ行きの悪いロングテール商品は死筋商品として実店舗の店頭から撤去され，従来型の通販でも売られなくなるのが通常だ。しかし，eコマースでは1年に数個しか売れないようなロングテール商品を掲載してもあまり負担にはならないし，インターネット環境にあるすべての人が潜在顧客となることや，その顧客は検索機能を用いて自分の欲しいものを探せることなどから，インターネットはロングテール商品を売りやすい媒体だと言える。こうしたことが幸いして，初期のeコマースにおいては多種多様なロングテール商品が売られるようになった。

　しかし今日のeコマースはそうではなく，ありとあらゆる商品とサービス，そしてデジタルコンテンツへと対象が広がり，ロングテール商品もますます多様化してきている。食品や日用雑貨を売るネットスーパーについても，Tescoの成功事例などがよく知られる英国だけではなく，他の国々でも多く見られるようになってきた。eコマースによる購買を牽引しているのは，

買い物に行く足がない高齢者，買い物に行く時間がない共働き夫婦と単身生活者，買い物においてネットとリアルを区別せずショールーミング的な購買行動をごく自然なことと捉える若年者だ。

　eコマースには社会的な必要性があり，広い世代の支持があるから伸びているわけだが，それは実店舗と単純に対立するものではない。むしろ，インターネットのツールがPCからタブレット，スマートフォンへと移行し，Facebook，Twitter，LINE，WeChat，Instagram，Linkedinなどの SNS（Social Networking Service）が人々の日々の情報交換の場として重要性を増すにつれ，商品やサービス，デジタルコンテンツの認知→興味→比較・検討→購買→受取りの場は，実店舗，PCとタブレットおよびスマートフォン上のeコマース店舗，SNSなどの間を行き交うようになってきている。流通・小売業界では，こうした消費者の購買行動の変化に対応すべくオムニチャネルの構築を進めており，それを支えるロジスティクスが必要とされている。そしてオムニチャネルを成功させるためには，販売と調達の組織はもちろんのこと物流組織のあり方も見直す必要がある。

　eコマースを含む通信販売では，受注処理，商品の在庫保管，流通加工，包装，発送，決済，カスタマーサービスなどのことをフルフィルメント（Fulfillment）と総称するが，その物流センターをフルフィルメントセンターと呼ぶことも多い。B2Cのeコマース物流においては，商品の種類が多岐にわたる上に注文単位が小さく，入荷，入庫（棚入れ），保管，出庫（ピッキング），包装，出荷の作業や検品，流通加工，返品対応などを行うフルフィルメントセンターでは，きめ細かな作業を効率的に行うことが求められる。また，フルフィルメントセンターはeコマースサイトに掲載する商品の写真撮影，採寸，原稿書きを行うスタジオ機能やオンデマンド印刷・丁合機能を持っているケースもある。一方，オムニチャネルの構築に際してはeコマース向けの在庫を他のチャネル向けの在庫と共通化，実店舗の店頭在庫を含む全在庫を可視化しておく必要があるので，それに対応したハイブリッドな物流センターのレイアウトおよび各作業工程の設計とITシステム設計も重要である。

　出荷の波動が大きいのもeコマース物流の特徴で，物流現場におけるムダ・

図 4.4 eコマースロジスティクスの論題

【初期のeコマース】ロングテール商品が中心
・小規模な生産者や商店でも、全国・全世界規模で消費者に直販できる。また、従来の通販よりも、時間と空間の制約が少ない。
・消費者は、日本・海外の地方の特産品やマニア向けの商品などのロングテール商品でも容易に購入できる。

【現在のeコマース】あらゆる商品とサービス、デジタルコンテンツが対象+ロングテールの多様化
・高齢者世帯（買い物に行く足がない）が牽引。
・共働き夫婦と単身生活者（買い物に行く時間がない）が牽引。
・若年層（ネットとリアルを区別しない購買行動）が牽引。
・PCからタブレット、スマートフォンへのツールの変化とSNSの活用。
・B2Cに加えて、C2CとB2Bが多様化。
・ネットスーパーの拡がり（生鮮食品も対象に）。
・オムニチャネル（ネットとリアルの流通・販売チャネル統合）の構築。

論題

・ラストワンマイル・サービスの今後	・フルフィルメント・サービスの今後
・クロスボーダーeコマースとそのロジスティクス	・ネットスーパーのロジスティクス
・eコマースロジスティクスの差別化と共同化	・オムニチャネルのロジスティクス設計

出典：筆者作成。

ムラ・ムリを抑えるためにはeコマース事業者とフルフィルメントセンター、ラストワンマイル配送を担う宅配便企業間での戦略・情報連携が不可欠である。宅配便のコスト増要因のひとつとして、受取人不在による商品再配達の繰り返しが挙げられるが、これはコストだけではなくCO_2の増大をも招く。これからのEC物流においては消費者のニーズと関わりなしに漫然とスピード配送を行うのではなく、消費者が欲しい日時・場所（コンビニエンスストアや宅配ロッカーなどを含む）に、消費者が複数店舗から買った商品を1回でまとめて届ける仕組みを構築していくことが、サービスとコスト、そしてエコロジーの観点からも求められるだろう。一方、都心部においては、受注してから2時間以内、1時間以内といった超スピード配送サービスも登場しているが、それを実現するためにはフルフィルメントセンターに置く商品の品揃えと在庫配置、出荷と配送の緊密な連携などが鍵となる。

多品種の商品を小ロットで大量に出荷するECのフルフィルメントセン

ターは多くの作業者を必要とするが，その確保に悩むセンターは少なくない。また，輸配送の現場においてもドライバー不足は深刻化してきている。こうした問題に対処するためには様々な知恵と工夫が必要だが，オペレーションの機械化・自動化も処方のひとつであることは間違いない。ただし，フルフィルメントセンターに巨大で重厚過ぎる自動倉庫などを導入するとその投下資金回収に長年月を要してしまい，その間の市場の変化に合わせてオペレーションを変化・進化させられないという問題が生じることがある。さほど重厚ではないマテリアルハンドリング機器と作業・搬送ロボットを組み合わせて導入するなどの工夫も必要だろう。また，輸配送においてもドローンや自動運転車，3D プリンターなど，現在開発途上の新たなテクノロジーが近未来の解を提供する可能性はある。

　ところで，先述の経済産業省のレポートにもあるように，今後はクロスボーダー e コマースがもっと伸びてくるものと思われる。クロスボーダー e コマースの課題は，e コマースサイトとカスタマーサービスの多言語化，多通貨・多手段対応の決済プラットフォーム構築などに加えて，輸入国の各種規制への事前対応，DDP（仕向地持込渡し〔関税込み〕）価格設定の容易化，送料と関税の抑制，スムーズな通関と配送および返品・交換の仕組みづくりといったロジスティクスに関することが多い。近年，こうした様々な課題へのソリューションを提供するクロスボーダー e コマース支援事業者やロジスティクス企業が増えており，クロスボーダー e コマース市場の成長を支えている。

4.8　グローバル・サプライチェーンロジスティクスの論題：ロジスティクス企業

　4.5 節でロジスティクスの価値について記したが，これらの価値は現在のロジスティクス企業（LSP：Logistics Service Provider）が顧客企業から提供するよう求められているものだとも言える。最近の 30 年を振り返ると，DHL，UPS，FedEx，A. P. モラー・マースク，D. B. シェンカー，TNT/CEVA Logistics，日本郵船グループ（NYK）など，世界を代表するロジスティ

クス企業の多くは，こうした顧客ニーズや市場環境の変化に合わせて自らの経営のあり方を大きく変えてきた。

　グローバルな拠点ネットワーク構築，陸海空をまたぐ国際複合一貫輸送網の構築，シームレスな Door to Door 輸送網（宅配便）の構築，郵便と物流の機能連携，金融・商流機能を用いたロジスティクスサービスの構築，ソリューション設計・構築・運営を担う 3PL（3rd Party Logistics：欧州では Contract Logistics と呼ばれることが多い）機能の拡充，特定の産業やチャネル，サービスなどにおける特化したロジスティクスプラットフォームの構築，それらを支える IT システムの構築などが顕著に見られた方向性で，その実現を加速するために数多くのロジスティクス企業間で合併・買収や提携が行われた。ロジスティクス企業のグローバル化，インテグレーター化，ソリューションプロバイダー化，プラットフォーマー化，そしてその手段としての M&A は今後ますます加速するものと思われる。

　こうした中で見逃せないのは，先進諸国における郵便事業の民営化により，旧郵政省・公社がロジスティクス企業に変貌を遂げてきたことだ。とくにドイツ郵便は，大手宅配便企業の DHL とエアボーン，大手フォワーダーのダンザス，AEI，ASG，大手 3PL のエクセルなどを買収し，売上げ 7 兆円を超す世界最大のロジスティクス企業となった。同社は傘下の物流企業を DHL ブランドの下に統合した上で，ポスト／メール，エクスプレス（宅配便），フォワーディング，サプライチェーン（3PL/LLP）の 4 事業会社に再編している。他にも，イギリスのロイヤルメール，フランスのラ・ポスト，シンガポール郵便，日本郵政傘下の日本郵便などは，宅配便をはじめとするロジスティクス事業の拡大を図っている。

　3PL とは顧客の物流業務を包括的に受託して運営し，その物流と在庫を最適化することで顧客から物流のオペレーションフィーとサービスフィーに加えてマネジメントフィーとゲインシェア（効果の分配）を受け取るものだ。しかし，物流のオペレーションとその管理を請け負うだけでは，高いレベルでの全体最適化を実現するのは難しい。そこで，DHL などは 10 数年前から 3PL よりも高次の LLP（Lead Logistics Provider あるいは Partner）という概念を打ち出しており，日本でも三井倉庫ロジスティクスなどが LLP ビジ

図 4.5　LLP の概念図
顧客のロジスティクスをオペレーション・管理レベルだけではなく，企画・戦略レベルから支援

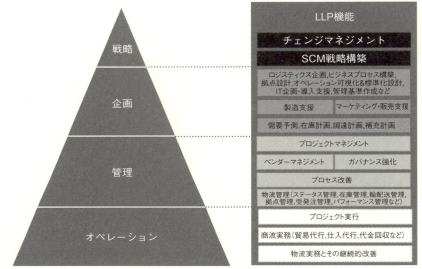

出典：三井倉庫ロジスティクス資料．

ネスに取り組んでいる。LLP は物流オペレーションとその管理だけではなく，従来は顧客のロジスティクス部門が担っていたロジスティクス企画をも受託し，顧客の SCM 戦略構築まで関与・支援するものである。3PL と LLP は今後もロジスティクス企業の機能を差別化する重要なものとなるだろうが，その実行には高い能力を持った人材が必要となるため，そうした人材の採用と育成・開発が成功の鍵となる。他方，3PL や LLP のように高度なソリューション機能は持たずに，物流のオペレーション機能の提供のみに注力する経営戦略を取るロジスティクス企業も少なくはない。

　ところで，既存のロジスティクス企業の多くは従来 B2B 取引を対象としてきた。世界を見渡しても B2C の e コマース物流に本格的に取り組んでいる大手ロジスティクス企業はまだ限られている。そこで，国・地域によっては Amazon やアリババ（阿里巴巴集団），eBay，楽天のような e コマース事業者がそのロジスティクスプラットフォーム構築に取り組むケースも見られる。中国では家電メーカーのハイアール（海爾集団）が有する配送網をアリ

ババが利用するといった戦略提携が行われているし，ナイジェリアでeコマース事業を牽引するKonga.ComやJuniaも自社のフルフィルメントセンターを有し，1000万人都市ラゴス市内での配送は自社のトラックやオートバイで行っている。また，タクシーの配車サービスで知られるUberは，米国では生鮮食品の宅配事業にも参入している。B2Cのeコマースのロジスティクスインフラが未整備な国・地域においては，eコマース事業者が独自にロジスティクスプラットフォームを構築し，既存のロジスティクス企業ではない企業がeコマースロジスティクス分野に新規参入するケースが今後も増えることだろう。例えば，コンビニエンスストアのファミリーマートは店舗間を結ぶ配送網を構築し，それをC2CやB2Cのeコマース物流に供し始めている。

　ロジスティクス産業はインフラ産業でもあり，ロジスティクス企業が提供する輸配送ネットワークは社会インフラそのものだと言える。なぜならば，それなくして様々な産業もわれわれの生活も成り立たないからだ。DHLやUPS，FedEx，TNTのようにグローバルな輸配送ネットワークを有するロジスティクス企業は，そのネットワークとロジスティクス運営ノウハウ，現場でのオペレーション能力を駆使し，世界各地で起こる災害に際して救援物資の緊急輸送や現地での物資の保管・配送などのマネジメントを行う。また，日本のヤマト運輸は多くの地方自治体から委託を受けて，高齢者の買い物サポートや見守りサポート，観光サポートやふるさと納税サポートなどのサービスを提供している。日常・非日常時を問わず，ロジスティクス企業が社会に提供する価値はかつてよりも大きくなってきているが，それもまた今後のロジスティクス企業の存在意義の明確化や差別化のポイントとなってくるだろう。

4.9　グローバル・サプライチェーンロジスティクスの論題：最適化

　SCM，ロジスティクスにおいては，最適化という言葉がよく使われる。最適化とは数学の問題であり，制約条件がある中で複数の選択肢を組み合わ

せて，ある目的関数を最大または最小にする解を導き出すこと，すなわち最大もしくは最小の成果を求めるものだ。調達，製造，販売の場がグローバルに広がっている今日，サプライチェーンにおけるムダ・ムラ・ムリをなくしながら，ビジネス環境に適応して利益を最大化するための最適化は企業経営上の重要な戦略課題である。さらに，今日の製造業にはCSR（Corporate Social Responsibility）対応としてマテリアルフローコスト会計などの環境管理会計を用いてそれを評価することも求められる。

　こうした最適化の計算においては，コンピュータの力を借りざるを得ない。製造業では多くの企業が需要予測，販売計画，需給計画，生産計画などの分析・計画を行うためにBI（Business Intelligence）とSCP（Supply Chain Planning）のツールを導入している。そして，策定された計画に基づいて製造スケジュールを立て，ERP（Enterprise Resource Planning）やMRP（Material Requirements Planning）を用いて資材・部品の所要量を計算し，製造指図，購買指図を行うのがSCMの実務だ。また，流通・販売上の在庫拠点配置の最適化や，各拠点における在庫の最適化，配車計画，最適ルート計算などにも，分析・計画ツールが導入されている。

　ただし，こうしたツールによる自動計算だけに基づいていては，企業は日々直面するビジネスのダイナミックな変化にはなかなか対応できない。ツールから導かれる最適解を参照しつつも，そのときどきの状況に応じた判断によって要件の優先順位を変えて準最適解を採用しているのが多くの企業の現実である。今後は様々なビッグデータの活用とAI（Artificial Intelligence：人工知能）の進化によって，需要予測の精緻化とサプライチェーンの効率化・最適化が期待されるが，自然，社会，市場，組織，個人の多様な変化の中でSCMの全体を常に最適化するのは容易ではないだろう。

　そもそも，互いにトレードオフとなる様々な要求が重なり合うことでトリレンマ的状況に陥りやすいSCMの全体最適化は数学的にも困難な問題である。渋滞研究で知られる数学者の西成活裕氏は，短期的に完璧な最適化を目指すことが必ずしも長期的な適応・生存戦略になるとは言えず，今日のような変化の激しい時代に短期的な視点に立った最適化を繰り返すのは，そのコストが高くつきすぎる上にモデルも壊れやすいので，むしろ準最適解の方が

良いと語っている。どんな場合にどんな準最適解をよしとするかは設定した目的に応じて変わり，企業においてはそれこそが正に経営判断だと言えるが，そこはロジスティクスに携わる人の知恵の出しどころでもある。

4.10 グローバル・サプライチェーンロジスティクスの論題：共同化

ロジスティクスは企業間の競争における有効な差別化の武器であることは言うまでもない。企業はその戦略や機能を研ぎ澄ますことによって日々他社と戦っている。しかし，サプライチェーン全体や社会全体を見渡したときに，1社単独でロジスティクスを運営することによって生じるムダ・ムラ・ムリについても考えねばならない。

SCM の本質がミクロ（企業・個人）とマクロ（社会全体）の両レベルにおいて需給のマッチングを行うことだとすれば，SCM とロジスティクスにおけるマッチングとシェアリングは重要かつ本質的な課題だと言える。人々の情報共有を促進する SNS や，ハウスシェアリング，カーシェアリング，ライドシェアリング，あるいは Airbnb が市場を拡大しているホームステイ（民泊）など，マッチングやシェアリングという概念に基づくプラットフォーム型のビジネスモデルは今後さらに増えてくるものと思われるが，それはロジスティクスにおいても同様だろう。

外航コンテナ船社や国際航空会社は以前よりコンソーシアムやアライアンスによる共同化を行っているが，ドライバー不足が深刻化する日本の陸運業界においても幹線輸送の共同化などを促進すべきだろう。軽貨物については最近ラクスルがハコベルという求車・求貨マッチングサービスを開始している。ヤマト運輸は地方の路線バスや路面電車の空きスペースを宅配便の輸送に用いているが，これも注目に値する共同化の取り組みだ。また，同一業種による共同物流センターと共同配送，製造業と流通・小売業による製販共同物流センターといった共同ロジスティクスプラットフォームは今後増えてくるものと思われる。e コマースにおいてもこれまではロジスティクスによる差別化が課題だったが，これからはむしろ e コマース事業者間の一括配送な

145

どの共同化が課題となってくるだろう。

企業がこうした共同化を進める際には，それよりも高次のバトルフィールド（戦場）において差別化できる競争戦略があることが前提になるが，同時にプラットフォームに参画することで様々な企業との間で補完し合い，共に成長できるエコシステムを作っていく意思と戦略が必要である。

4.11 グローバル・サプライチェーンロジスティクスの論題：組織

　グローバル・サプライチェーンロジスティクスと言ってみても，実は調達，製造，販売と物流の現場は国・地域によってかなり状況が異なる。言語，文化，宗教，政情，法律，通貨，治安，インフラ，技術，自然環境はもとより，ビジネスに対する考え方や慣習が異なるケースも多く，こうしたローカルの多様性に適切に対応していくことはグローバルビジネスにおいて重要なことだ。

　しかしそれだけで終わると個別最適に陥ってしまうので，多様性を容れつつも全体最適のためのグローバルな戦略・企画の策定と管理基準・手法の確立，ビジネスプロセスおよびオペレーションの可視化と標準化，世界共通KPI（Key Performance Indicator：経営目標を達成するために，それを因数分解した重要業績評価指標）の策定，それらを支える IT システムの導入，全体最適の観点から思考し行動できるロジスティクス人材の育成など，組織として取り組むべき課題は多い。

　グローバル組織のマネジメントにおいては，硬直的なヒエラルキー型よりも柔軟性のあるネットワーク型の方がよりよく機能することが多いが，だからと言って中央での集中制御が不要というわけではない。むしろ，組織のミッションとビジョンに基づく具体的かつ実効性のある経営戦略の立案・指揮という点においては中央に強い求心力がなければならない。しかし，ローカルの多様性に素早く適切に対応していくためには，現場に対して全体戦略に基づくローカル戦略立案と企画，管理，運営における権限を委譲する必要がある。そこで求められるのは自律分散型で，様々な共鳴と協創，創発を生みな

がら，自ら全体を形作っていくこと（自己組織化）ができる現場力のある組織だろう。

グローバルな構想や戦略に基づきつつ，ローカルの特性や状況に合わせて活動する「グローカル」。全体の中に個が，そして個の中に全体があり，双方が有機的に結びつきながら互いを活かし合う「ホロニック」。これらの概念は，ネットワーク型のグローバル組織の運営について考える際に，様々な示唆を与えてくれる。

4.12 グローバル・サプライチェーンロジスティクスの論題：人材

企業の活動がグローバル化するにつれて，ロジスティクスに求められることは広範に及び，かつ高度化してきている。当然，それに携わる人材には以前よりも高い能力が求められるようになっている。世界で通用する優れたロ

図 4.6　人材の要件

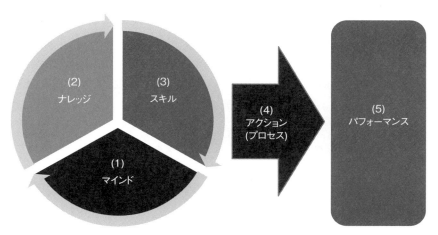

出典：筆者作成．

ジスティクス人材を採用，育成，開発し，保持することは，多くの企業にとって重要な経営課題である。

筆者は仕事における人材（Human Resource ではなく，Talent としての人材（人財））のことを，「仕事を通して顧客，仲間，社会に価値を提供し，そのことを通して自分自身の人生を価値あるものにする人」だと，自分なりに定義している。人材にはまず基盤となるビジネスファンデーションとしてマインド，ナレッジ，スキルが必要だが，それらがあれば必ず価値を創出・提供できてパフォーマンス（業績）が上がるというわけではない。正しく考え抜き，具体的な行動を起こし，最後までやり通すという，アクションの質と量と継続こそが重要なのだ。人材に必要とされるビジネスファンデーション（マインド，ナレッジ，スキル）とアクション，そして求められるパフォーマンスの内容とレベルを具体化することは，企業における人材マネジメントの出発点だろう。

筆者自身は人材を見極める上でとくに重要なのはマインドとアクションだと思っているが，ナレッジとスキルも重要なことは言うまでもない。とくにロジスティクス人材に求められるナレッジの話をするならば，物流オペレーション現場の工程設計には工学的な知見が，その原価計算には工業簿記の基礎知識が求められるし，ロジスティクスの最適化・準最適化などについて考えるためには数学の素養が必要である。また，そもそも製造業や流通・小売業のビジネスの仕組みを理解していないとロジスティクスの仕事はできない。ロジスティクスの仕事を目指す欧米の学生と比べると，日本の学生にはこれらの基本的な勉強が欠けているということがしばしば指摘されてきたが，近年は日本でも SCM やロジスティクスを体系的に教える大学が増えているので期待が持てる。

ところで，人が他者に価値を提供しようと思えば，まず相手の話を傾聴し，その価値観とニーズ，論理と感情，相手が属する集団・組織の文化，方針と戦略，意思決定方法などを正しく理解する必要がある。また，相手が属する国・地域の言語，文化，宗教，政治，経済，社会状況，自然環境などについても知っておく方がよいだろう。それらは相手の思考の背景を理解する上で役立つことが多い。その上で，相手の共感と合意を得ながら価値共有すべく対話

していくわけだが，そこで求められるのは多様な人と社会への対応能力であり，その差異を適切にマネジメントしながら信頼関係を構築する能力だ。また，尖ってはいるがグローバルに認められる普遍的な価値を創出する能力，組織の内外で共鳴と協創，創発を引き起こす能力などは，世界を舞台にしてロジスティクスの仕事をしていく上で非常に重要なものだと思う。

これらを可能にするために必要なのはコミュニケーションのスキルだが，日頃極めてハイコンテクストなコミュニケーション文化に慣れ親しんでいる日本人は，ローコンテクストなコミュニケーション文化にも適応できるようになる必要がある。筆者自身は世界の様々な国・地域で働いてきた経験から，「率直・正直・公正」，「簡潔・明瞭・論理的」，「情熱・感謝・パーソナル」ということを大切にしたコミュニケーションは，世界中どこへ行っても，相手の理解を得て信頼関係を構築する上で有効だと感じている。

さて，ここまで筆者は「グローバル化し続ける世界」を前提として語ってきたが，グローバル化の実態はパクス・アメリカーナの延長だとして批判する人や，グローバル化の進行にともなって世界各地で所得格差が拡大していることに警鐘を鳴らす人は少なくない。それらの指摘は必ずしも間違いではなく，今後のグローバル化のあり方については様々な修正が必要だ。

しかし，人類が新たに築いていく地球規模の生態系的な共同体としてグローバル社会を捉える視点を持つことも大切だと筆者は思う。その立場からは，単に文化相対主義的な観点に立って異文化との差異を適切にマネジメントするだけでは済まされない問題も出てくる。なぜならば，そうした差異を超えた普遍性がないとグローバル社会は成立しないからである。この普遍性とは，歴史の中で人類が作り出してきた様々な言語，文化，宗教による差異を超えたコモンセンス（共通感覚）を発見・参照しながら，世界の人々がグローバル社会におけるプリンシプル（原理原則）を少しずつ合意し，共有することによって生まれてくるものだろう。

すでにグローバル化はわれわれの生活とビジネスのあり様に大きな影響を及ぼしているが，今後はますますそうなっていくものと思われる。とくにIT，通信，物流の進化はグローバル化を推進し加速する大きな原動力となっ

ている。これからのグローバル社会に対してロジスティクスがどのような貢献ができるのかを考え抜いて実践することは，ロジスティクスの仕事に携わる者の義務であり，かつ大きな楽しみだと思う。これからロジスティクスの仕事を志す方々ともこの大いなる楽しみを共有できると幸いだ。

参考・引用文献と注

1) 以下の4.1.1および4.1.2においてはインコタームズ2010にあわせ，①～⑪をそのまま番号付けした。

2) 拓海広志『ビジュアルでわかる船と海運のはなし』成山堂書店，2006年。

3) 片山立志『いちばんやさしく丁寧に書いた貿易実務の本』成美堂出版，2013年。

4) 流通研究社「"シームレス・リテーリング"実現へ，店舗ケーパビリティを支えるサプライチェーン変革」『月刊マテリアルフロー』2016年3月号。

5) 流通研究社「マーケティング・販売起点のオムニチャネル提案，店舗とECの物流を統合するハイブリッドセンターを構築」『月刊マテリアルフロー』2015年12月号。

6) 流通研究社「製造・小売・宅配…サプライチェーンのシームレス化と準最適化」『月刊マテリアルフロー』2015年8月号。

7) 流通研究社「サプライチェーンの"準最適化"へ：物流現場と理学がフュージョンすると」『月刊マテリアルフロー』2014年1月号。

8) （公財）国際花と緑の博覧会記念協会「民族移動と文化の伝播」『第26回KOS-MOSフォーラム　統合的視点で見る「海」とは』2012年。

9) 内閣府経済社会総合研究所「生物が流通問題を解決する—創発的アプローチ—」『サービス・イノベーション政策に関する国際共同研究シンポジウム報告書②』2010年，pp. 38-58。

10) 日経BP社「物流のCO_2削減は可能か?!　SCMの観点でCO_2削減を考える」『ECO JAPAN』2008年9月25日号。

11) 笹川平和財団海洋政策研究所「海の物流とロジステックス戦略」『海洋政策研究所ニューズレター』第125号，2005年10月。

第 **5** 章

海上輸送論

合田 浩之

　海上輸送とは，船舶による輸送である。船による貨物輸送を選ぶということは「一度に大量の貨物を廉価に輸送する」というメリットを，荷主が選択することである。他方で，荷主は，輸送の高速性ということを諦めねばならぬ。

　日本は，四面を海に囲まれた島国だから，船は，海を渡る手段という意識が高いかもしれないが，「一度に大量の貨物を廉価で輸送する」ために，貨物を水面に浮かべる。そのための道具が船である。

① 　陸上の輸送機関（鉄道・トラック）で輸送が完結し得る経路でも，経済判断で船が選ばれることは十分にあり得る。内陸の河川や運河を用いることで船による内陸輸送も可能である。日本では，河川や湖沼・運河において船で貨物輸送をすることは，戦後はほとんど見られなくなったが，海外（中国の長江，インドシナ半島のメコン川，チャオプラヤ川，米国の五大湖・ミシシッピ川，欧州のライン川，ドナウ川，ロシアの各河川等）では，内陸河川・湖沼における船による貨物輸送は重要である。

② 　海を渡る貨物輸送という意味では，海外では石油・天然ガスであればパイプラインという有力な手段があり，近距離では船舶よりも経済性が高い[1]。また，航空機という手段もあり得る。

第 2 部
グローバル・サプライチェーンロジスティクスを構築するための必須知識

5.1 船で運ばれている貨物

　船で運ばれる国際海上貨物について，重量を基準にして，とりまとめたものが表5.1である。

　貿易を論じる場合，海運会社以外の企業では金額で議論をする。このことで，日本という高度に製造業が発達した国（付加価値の高い製品を製造する能力を有する国）において，輸出入の貿易の主力品目として言及されるものが，重量を基準とすると，あまりシェアが大きくないことに改めて注意する必要がある。金額として貿易が発達することと，貨物量が物理的に増えることとはリンクしない。

　さらに，表5.2はコンテナ貨物の中身について，貨物量を輸送されたコンテナの本数を基準にしてとりまとめたものである。

表 5.1　2013 年の世界の海運貨物の荷動き量（100 万トン）

	荷動き量	構成比（%）	日本貨	世界シェア（%）
鉄鉱石	1,186	12.0	136	11.5
石炭	1,114	11.2	192	17.2
うち原料炭	265	2.7		
うち一般炭	849	8.6		
穀物（大豆含む）	377	3.8	23	6.0
ボーキサイト	138	1.4	1	0.4
燐鉱石	28	0.3	0	1.3
マイナーバルク	1,466	14.8	74	5.0
コンテナ貨物	1,524	15.4		
その他ドライ貨物	965	9.7		
ドライ貨物合計	6,798	68.6	666	9.8
原油	1,863	18.8	179	9.6
石油製品	971	9.8	29	3.0
LPG	44	0.4	12	27.5
LNG	238	2.4	87	36.8
液体貨物合計	3,116	31.4	308	9.9
海上貨物合計	9,914	100.0	973	9.8

出典：Clarksons, Research Shipping Review & Outlook, Spring 2014, p. 99 より作成。
　　　日本貨は，国土交通省海事局『海事レポート』2014 年版より。

第5章
海上輸送論

表 5.2　全世界のコンテナ海上輸送の荷動き（上位 30 品目）単位：万 TEU

順位	品　　目	2014年	構成比(%)	順位	品　　目	2014年	構成比(%)
1	プラスチック基礎素材・合成ゴム	846	6.6	17	その他・製造物	149	1.2
2	家具	489	3.8	18	印刷物・紙類	148	1.2
3	繊維品	447	3.5	19	無機化合物	141	1.1
4	鉄鋼製品	416	3.3	20	金属製品	137	1.1
5	非鉄金属製品	410	3.2	21	タイヤ	132	1.0
6	化学品	380	3.0	22	その他食料品	130	1.0
7	プラスチック加工・製品	365	2.9	23	新聞・厚紙・板紙	128	1.0
8	果物・野菜（保存・乾燥）	359	2.8	24	肉類（冷凍）	124	1.0
9	自動車部品	358	2.8	25	魚介類（冷凍）	124	1.0
10	有機化学品	269	2.1	26	パルプ類	123	1.0
11	機械・機器類	249	2.0	27	おもちゃ・ゲーム機器	118	0.9
12	林産品	223	1.7	28	皮革製品	114	0.9
13	完成自動車	208	1.6	29	原木（広葉樹）	113	0.9
14	電気機器	196	1.5	30	家電製品	112	0.9
15	古紙	182	1.4		その他	5,375	42.2
16	セメント・石灰	180	1.4		全品目	12,745	100.0

注：日本郵船㈱調査グループの把握する数字。

　コンテナ貨物の「量としての大宗」は，低賃金労働国（日本でいうと高度成長の頃に該当する国）で労働集約的に生産された廉価にして付加価値の低いものであることも看取されるだろう。

5.2　海陸の一貫輸送：港と船

　人間は，「基本的には」陸域[2]にて活動する。船で貨物を輸送するためには，港湾における船への貨物の積み込み，船からの貨物の陸揚げ（荷役）が必要となる。

　戦後の貨物船の発達には，貨物船の種類の多様化という大きな側面があった（逆に言うと，戦前，貨物船とは，個体の貨物を運ぶ貨物船と，液体〔おもに石油製品〕を輸送するタンカー（油槽船）の2種類しか考えられなかった）。

153

第 2 部
グローバル・サプライチェーンロジスティクスを構築するための必須知識

　戦後の貨物船の種類の多様化とは，貨物の特性に合わせ，荷役を機械化し，高速化することを実現することであった。そのためには港湾の側で荷役機器・荷役設備を整えなければならない。

　裏を返せば，昔の貨物船（在来船，在来貨物船と呼ぶ）とタンカーには，荷役機器（貨物船のデリック・クレーン，タンカーにおけるカーゴ・ポンプ）が搭載されていた。そしてタンカー以外の船が着桟する港には，大勢の作業員が船の入港にあわせて動員され，貨物の揚げ積みは人力で処理されていた。

　それが，荷役を人間から機械に置き換え高速化したことで，船の港での停泊日数は劇的に減少した。

　ばら積輸送がなされるエネルギー資源・穀物などのばら積貨物，完成自動車については船の「専用船」化が進んだ[3]。

　またこれまでは，最終消費財の輸送は，船の貨物の収納スペースの大きさとの関係から，定期船の船主は，少量で，多様な荷姿の貨物を多くの荷主から集めて，在来船に相積することで輸送がなされてきた。

　それを，コンテナという鉄製の通い箱を別途利用することで，荷役の対象となるものの形と大きさを統一し，「荷役の機械化（コンテナ化）」を実現した。1960 年代のことである。

　コンテナは，その規格が国際標準化され，したがって，船，鉄道貨車，港湾や鉄道の駅の荷役機器が誰に所有されようとも，どこの国に所在していても，コンテナは等しく処理された。コンテナに収納できる貨物に限って言えば，コンテナでの「海陸一貫輸送」が容易になった[4]。それゆえコンテナ船社には，通関・フォワーディング，陸送手配といった海上輸送以外の業務（「ロジスティクス部門」の業務）が取り込まれていくようになる。

　コンテナ化によって，港湾における荷役の停滞を理由とする船の遅延が減少した。1980 年代になって米国の鉄道との接続輸送が広範に普及すると，貨物列車の発車時刻にあわせるべく船舶のスケジュール管理がより厳格になった。そうして，コンテナ輸送は，海を隔てる複数の工場を結ぶベルトコンベヤのごときインフラに進化した。

154

5.3　海陸一貫輸送：自動車と船

　在来貨物船の貨物荷役を機械化する方法には，コンテナでなく「自動車の自走」する性質を利用して貨物を船に揚げ積みする方法（RORO：Roll On/Roll Off）がある。そのような荷役方式を採用した船には，旅客船の機能を兼ねるフェリーと，貨物に特化したRORO船（日本では貨物フェリーと呼ぶことがある），自動車船（完成自動車の輸送に特化した船）の3種類がある。

　貨物輸送という意味ではRORO船とフェリーは同じ機能を持つ。トラック，トレーラーのシャーシー（トラクターヘッドは切り離して船には乗せない）あるいはフォーク・リフトによる荷役によって，貨物を自走させて揚げ積みする。したがって，

　① 　コンテナの形状にとらわれない形で，貨物荷役が機械化される。
　② 　海陸の一貫輸送が容易である。
　③ 　コンテナ船に対するコンテナの荷役と決定的に異なって，貨物に衝撃が加わらない水平荷役がなされる（このことによって，貨物に衝撃が加わらないという意味で海上輸送でなく航空輸送が志向されていた貨物，例えば，半導体の製造装置の輸送に，RORO船ないしフェリーが活用されている）。
　④ 　港湾には荷役機器を整備する必要がない。

　RORO船は，比較的近距離の海上輸送に用いられる。欧州海域，とりわけバルト海・北海に卓越している。近距離の海上輸送で，海陸一貫輸送が容易であるという特性があるのであれば，アジア域内などもRORO船が卓越してもよさそうであるが，現時点では，そうはなっていない。ひとつの理由として，シャーシーやトラックの問題が挙げられる。

　シャーシーやトラックは各国の国内法で車両の安全性の確保が強制されている。欧州域内であれば，各国の法令は摺合せが終わっている。しかし，アジアではそうはなっていない。それであるならばアジアも，関係国のすべての法令にあうように車両を改良して，関係各国すべてからナンバープレートを取得すればよいのだが，それを言うのは簡単だが，実現化させる

写真 5.1　RORO 船の港湾とコンテナ船の港湾

　　RORO 船港湾　　　　　　　コンテナターミナル

出典：いずれも筆者撮影。

には大変な努力を要す。

　さて，フェリーと RORO 船との違いは，貨物の海上輸送には大きな意味を与える。フェリーは旅客がいるため，スケジュール維持において他の船種に比較して有利である。港湾での取り扱いにおいて優遇されるからである。

5.4　荷主の利害と船会社の利害

5.4.1　大型化

　船はある程度の大きさまでは，スケール・メリットが働く。すなわち，貨物重量ないし貨物容積，もしくはコンテナ 1 本当たりの輸送原価を引き下げることが可能である。船会社は船を大型化しようとする強い誘因を一般に持っている。

　荷主は，荷主の必要とする量だけの貨物を，船会社に託す。そのため，特定の荷主が船を丸ごと一隻借り切る形での輸送(用船)となるとは限らない。

　一般に，原油・石油製品，液化天然ガス，石炭・鉄鉱石といった鉱物資源，穀物，新車の完成自動車といった貨物は「ばら積み」という荷姿で，「用船」という形態で（タンカー，ばら積み貨物船〔バルカー〕，自動車船[5]）輸送される。

他方，消費財，自動車以外の工業製品，工業製品の半製品・部品・資材といったものは，複数の荷主による相積，個品運送という形態で輸送される。

5.4.2 | 多頻度少量物流とコンテナ船社の経営形態の変化

トヨタ自動車のような先進的な製造業では第一次石油危機（1973 年，日本における高度成長の終わり）の後，先進国の多くの製造業は，1990 年代の初頭には，多頻度少量物流を志向するようになった。

したがって，定期船（コンテナ船）の海運会社は，配船頻度を増やしていった。コンテナ船の配船は，コンテナ化が始まった頃から，週に一度の定曜日配船が志向されていたが，週 2 便，3 便，4 便……と配船頻度が高められていったのである。配船頻度を高めるには，船隊の手当てが必要になる。コンテナ船の大型化は，このような配船頻度を増やすことと並行して進行し，この大型化と配船頻度の増加は今も粛々と進んでいる。

それで，1990 年代半ばには既存のスケールのコンテナ船社では，そのままの経営規模では，必要とする船隊の整備が不可能となった。

そこでアジア－欧州航路，アジア－北米航路，大西洋航路にコンテナ船を運航する比較的大きなコンテナ船社は，統合あるいはアライアンスと称して共同運航化する（共同配船と表現することもある）ようになった。

逆に言えば，大型化と配船頻度の増加を実現する手段が，統合ないしアライアンスである。

大型化と配船頻度を増加させる場合，統合をとれば，その効用は永続的である。アライアンスの場合，永続性は担保されないが，自然に考えれば，航路に投入する船の建造をアライアンスメンバーが相互にコミットするわけであるから，船の経済寿命あるいは船の投資回収期間程度は理屈の上では，アライアンスが継続されることになる。

そこまでの期間のコミットを考えない場合でも，スペース・チャーターという形で他社の船腹を利用して，自社が荷主に提供する配船頻度を高める方法がある。この場合は，スペースを賃借する側は，配船頻度を高めることは意識するが，船の大型化のことは念頭にない。逆にスペースを売る側は，他社に船腹を利用させることをあてにして，やや大型の船を投入するというこ

ともあり得る。

　統合の場合以外，すなわち複数の船社によってアライアンスがなされる，他船社のスペースをチャーターするという現象は，船社が自分では実運送せずに，他社が運航する船を用いて，荷主には運送責任を全うするという現象である。

　こうなると，船社と NVOCC との業務の差異が小さくなる。コンテナ船社は今日では，内外ともに，多かれ少なかれ，関係会社を通じてロジスティクス部門を別途擁している。NVOCC の業務は，ロジスティクス部門の業務と重なる部分がある。

　また，コンテナ船の蒐貨部門−対荷主営業部門については，別会社化されている。荷主は荷主の企画したロジスティクス戦略を実現するために，海上輸送については船会社を起用しているのだから，コンテナ船社の蒐貨部門はおのずとロジスティクス部門の業務に親しまねばならず，そう遠くない時期に，船会社が別々に擁してきた「ロジスティクス部門」の子会社と，「コンテナ船の蒐貨部門」の子会社は，融合していくであろう。

5.5　船会社の世界

5.5.1 | 純然たる市場原理による価格形成がなされる世界

　船の運賃（用船料でも同じことであるが），「船そのものの価格」（新造価格，中古船の売買価格）は，いずれも「時価」である。原油や穀物といった一次産品，為替等と同じで，日々，世界全体の需給によって変動している。それは定期船（コンテナ船）でも同じであることは，強調されてよいであろう[6]。

　したがって，船の運賃は航海距離の長短に比例するとは限らないし，往航・復航で同一ということはまず考えられない[7]。船会社側で，船を運航するための費用，船を調達するための費用を積算したものと市場で成立している運賃・用船料とは，ほとんど関係がない[8]。

　船は高度な工業製品であるけれども，船価は，造船所が手当てした材料や舶用機器の価格や労賃を積算した，造船所側の原価とは全く関係がない。

158

したがって，船の価格自体が，変動する以上，船舶の売買益の獲得だけを目的として（船による輸送サービスの販売からの収益を目的としないで），船を造船所に発注する投資家も多く存在する。

海運業の経営の安定，すなわち収入の安定という観点から，1960年代から今日に至るまで，ばら積み貨物船（鉄鉱石，石炭，製紙原料）や，タンカー（原油，LPG，LNG）について，邦船社は，主に国内の荷主から，長期積荷保証（長期契約）をとりつけて，長期の固定運賃を得るという営業に注力してきた[9]。

逆に言うと，製鉄会社，電力会社，日本の石油元売り，ガス会社，製紙会社以外の荷主産業からは，長期の積荷保証は取り付けることはできない。消費財や工業製品について荷主産業が5年，10年先まで世界市場での販売についてコミットすることができるか，といえば，それは不可能であることは，理解しやすい。したがって，コンテナ船（定期船）や自動車船，石油製品タンカー，鉄鉱石・石炭・製紙原料以外のばら積み貨物船の世界では，荷主からの積荷保証があるとしてもせいぜい1年程度である（自動車船については長期の積荷保証が存在するわけではないが，自動車産業との相対取引であり，邦船社は安定的な事業領域と理解している）。

それでも，ばら積み貨物船，原油タンカー，石油製品タンカーの世界では，運賃・用船料の先物取引市場が厚みを以て存在する。したがって，先物取引を別途行うことで収益を固定できる。ところが，コンテナ船（定期船）の世界は，先物商品がまったくないとはいえないが，それほど市場に厚みがあるとはいえない。要するに，海運会社およびその投資家からみれば，コンテナ船事業は収益に大きな変動を与える不安定な事業領域と考えている。

5.5.2 海運企業の機能分離

現在の海運企業は，①船舶の運航（「船舶管理」），②船舶の所有（「船舶への投資」），③蒐貨（営業）は，「別々の法人」に分離されている[10]。実際，その業務の遂行には，それぞれ異なった専門家を要する。

①の船舶管理には，実際に船を動かす（操船・エンジンの運転）という航海と，船の建造・修繕・保守（保船），船員の採用，教育訓練といった要素がある。海技者（船員）と船舶技術者（Naval Architect）といった専門家（高

度な職業人）によって職務が実行される。

②の船舶の所有すなわち，船舶への設備投資については，日本以外の世界的には専門家の職務である。ファイナンスを組むという金融の専門家，船価の変動を見ながら，底値で買い，高値のときに売るという投機の専門家によって構成される。したがって，金融機関での経験を有したものや，会計士の資格を有するような従業員が，海外の船主には当然のように配属されている。

③の蒐貨（営業）の部分は，荷主からの輸送需要を，獲得し，船と貨物を実際に結び付ける部分である。

蒐貨（営業）については，日本の海運会社は，ばら積み貨物船（不定期船，専用船），自動車船，タンカー（原油，石油製品，液化天然ガス，液化石油ガス）については，船会社本体の営業部門が，荷主企業と直接の関係を持ってきた。この枠組みは変更されるような事情は見いだせない。

他方，定期船（コンテナ船）については，日本の海運会社は，日本国内では，割と最近まで海運会社本体の営業部門を以て「日本の荷主」[11]に対応してきたが，日本においても海外同様[12]，資本支配する別会社によって対応するようになった。

5.6　航路のネットワーク

コンテナと完成自動車，そして原油タンカーは，貨物の積み替えが，他の船種に比較すれば，はるかに容易である（廉価で，手間がかからない）。したがって，複数の船を接続させて輸送するということが行われる。ただ原油タンカーの積み替えは，積み替えがなされる確率が低い[13]。また，自動車船は，世界的に船社も荷主も数が少ないから，あまり，着目されていない。

しかし，コンテナ船と自動車船は，いわゆるハブ＆スポーク輸送が古くから行われてきた。そして日本の自動車船運航会社は，自動車船（RORO船）のターミナルの運営や当該ターミナルを拠点として，荷主を代行しての物流加工の提供（Pre-Delivery Inspection），物流管理，内陸への陸上配送なども付帯事業として積極的に提供している。

5.6.1 | コンテナ船のハブ＆スポーク輸送

　船が港湾に入港する際に生じる費用（港費）は，大別して，貨物量に左右される費用（荷役費），船の大きさに左右される費用（トン税，タグボートの料金），一定額のもの（代理店料）といった性質に大別される。こういった港湾の費用を賄うのは，貨物を輸送することによる運賃収入である。したがって，入港することによって生じる費用を賄うだけの貨物量が期待できない港湾には船会社は寄港させない。つまり，貨物量が少ないなら，相応の小型船を配船するし，貨物量が多いなら大型船を配船する。また，貨物量が増えれば，それまで小型船が配船されていた港に対しても，大型船が就航するようになる。

　他方，船は大量の貨物を一度に廉価に長距離輸送することに秀でる。スケール・メリットが働く。コンテナは国際標準化され，機械で高速荷役するから，船の貨物としては，積み替え荷役を廉価で，スムーズに行える。

　だから，小型コンテナ船で少量のコンテナ貨物を多くの港から集めて，貨物量をまとまったものとして，大型コンテナ船に拠点となる港（ハブ港）に接続し，大型コンテナ船は長距離を航行，拠点の港で，小型船に接続し，少量のコンテナ貨物を多くの港に送り届ける。このような，輸送方式をハブ＆スポーク輸送と呼ぶ。大型船を母船と呼び，小型船をフィーダー船と呼ぶ。小型船の航路をフィーダー航路と呼ぶ。ハブ＝拠点を車輪の車軸に見立てれば，拠点から各地に向かうフィーダー航路網を，自転車の車輪のスポークに見立てることができる。

　フィーダー航路の船の運航は，必ずしも母船の運航会社と同一である必要はない。また，ハブ港なる拠点も，固定的なものではない。

　ハブ＆スポーク輸送は，比較的早い時代から確立していた。日本関連でいえば，1980 年代までは，北米航路や欧州航路においては，アジアからの船積みは，そのほとんどが日本積みだった。日本以外のアジアからの輸出貨物は，今から考えると信じられないくらい少なかった。そのため，北米向けの貨物などをアジアから小型フィーダー船が神戸に輸送し，大型船に接続していたものだった。今では，アジアからの長距離の航路（欧州，北米，中南

米，アフリカ，大洋州）の貨物は，揚げ積み，いずれも中国が大きな存在であり，日本の存在は，限界的な存在となっている。したがって，少なからぬ航路については，すでに母船が日本に寄港しない航路になっている。

5.6.2 大型化

コンテナ船社は，採算向上のために「大型化によるコンテナ一本当たりのコストの引き下げ」と，各船の「往復航の両方での消席率の引き上げ」を追求することに，注力する。

コンテナ船の大型化については，1988年までは，パナマ運河の幅（2016年から大幅に拡幅される）を意識して，各船社が自主的に規制していた。1988年に当時のAPL（American President Line）社が，4433TEU積の船を建造したことにより，パナマ運河を通過できない大型船（当時はオーバー・パナマックス型，もしくはポスト・パナマックス型と呼んだ）が出現した。その後，90年代の初めにかけて，続々と船社が，パナマ運河の幅を考慮せずにコンテナ船の大型化を開始した。パナマ運河を超えられない大型船は，アジア－北米西岸航路，アジア－欧州航路に投入された。

そして，アジアから見れば欧州航路に並行して，しかし，伝統的には別々の航路という理解で，別の船が配船されていたサービス（地中海航路，紅海航路，インド・中近東航路など）が欧州航路に統合された[14]。そして関係する貨物のすべてを，大型化された船に集中するようになった。インド・中近東・紅海・地中海関連の航路の貨物は，適宜，積み替えて対応するようになったのである。

1990年代半ばになると，アジア－欧州航路やアジア－北米航路[15]，大西洋航路といった東西航路[16]を運航する大手コンテナ船海運会社の合従連衡（合併・アライアンスの形成）が活発となった。

パナマ運河の拡幅（本書執筆時点では，2016年第1四半期に工事完了と伝えられている[17]）は，1万3000TEU積のコンテナ船の航行を可能とする。筆者は，アジア－北米西岸航路とアジア－中南米方面の諸航路の統廃合（カリブ海の島嶼ないしパナマ運河両端などにハブ港が生成）が進み，コンテナ船の運航船社のさらなる統廃合が進むのではないか，と考えている。

5.6.3 | 自動車船のハブ＆スポーク輸送

　自動車船の運航においては，ハブ＆スポーク輸送が成立している。

　これは，ひとつには，自動車製造業において，歴史的に日本・ドイツあるいは韓国の自動車会社が，海外市場への対応において，特段の理由がない限り，本国の工場から海上輸送をすることで商品としての完成車の形の自動車を供給することを選んだことにある。

　輸出地は集中しているが，消費地は分散しており，船は，廉価な大量輸送を実現する一方で，大型船は港費負担が小型船より大きくなるのが常である。それゆえ，消費地の特定の箇所（例えば，欧州市場でいえば，オランダやベルギーの港）を拠点として，日本からそこまで大型船で輸出し，そこで域内輸送を担う小型船に積み替えて，様々な消費地まできめ細かく輸送を行うという手段が採用されたのである。

　2つには，日本の自動車製造業は，日本以外にもアジア域内（タイ・インドネシア等）で輸出拠点を形成するようになった。比較的小口のロットでのアジア域内の自動車輸出，およびアジア域内での自動車貿易を睨み，やはりアジア域内で比較的小型の自動車船が配船され，必要に応じて適宜，大型船との接続がなされる。

5.7　海上輸送のこれからの課題

　海上輸送の担い手である船舶に関する技術革新の方向性は，これまでのところ，以下のようなものが求められてきた。
① 　大型化（輸送原単位当たりの輸送費用の引き下げ）
② 　荷役の機械化（荷役費用の引き下げと荷役時間の短縮化を企図したもの。貨物の種類ごとに，船の種類が多様化する形で対応）
③ 　高速化（ただし，船の増速には，消費燃料の増加をともなう。1971年の第一石油危機以降は，この方向での技術革新は，商業的に受け入れられたとは言い難い）
④ 　燃費節減（輸送原単位当たりの輸送費用の引き下げ）

第 2 部
グローバル・サプライチェーンロジスティクスを構築するための必須知識

⑤　環境負荷の低減
⑥　船舶の航行における，船員の正確な意思決定を支援するための機器の
　　開発や，社会システムの整備

　これらの技術革新の方向性は，今後も採用され続けるのだろうか。筆者は
技術者ではないが，技術は社会的有用性が認められて，はじめて採用される
ものである。筆者は，四半世紀にわたり船舶が（顧客に対して）生み出す効
用を貨幣に換える営みに対して，間接支援してきた自負がある。顧客，ある
いは，その背後にある社会に対して，船が求められるものは何か，というこ
とに照らし合わせて，上述の①から⑥について，検討してみる。

5.7.1 ｜ 大型化

　船舶の大型化は，原油タンカーについて言えば，大型化の限界が存在す
る。歴史的には，40 万載貨重量トン以上の ULCC（Ultra Large Crude Oil
Carrier）と称する超大型の原油タンカーが実現したが，結局は，それより
一クラス小型の VLCC（Very Large Crude Oil Carrier：20 ないし 30 万載
貨重量トン）と称する原油タンカーが卓越している。
　原油タンカー以外の船舶の大型化は，最近，鉱石専用船とコンテナ船の世
界で進行した。
　鉱石専用船については，ブラジルの鉱山会社 Vale 社の建造した 40 万載貨
重量トンの鉱石船が Valemax と俗称され，現在のところ最大の船型となっ
ている。これは，従来の鉄鉱石輸送が，20 ～ 30 万載貨重量トンクラスで
あったこと[18]を考えると，鉄鉱石 1 トン当たりの輸送費は相当廉価となった
と推測することができる。Vale 社は，主に中国への鉄鉱石輸出を考えた際
に，輸送距離において豪州よりブラジルは劣後するから，既存船より大幅に
大型化した船を投入して，輸送原単位当たりの輸送コストの引き下げによる
鉄鉱石の対中輸出価格（CIF 建）の競争力を高めようという意図を持ってい
た[19]。
　コンテナ船については，本書執筆段階で，2 万 TEU クラスの船の建造が
決まっている。ただし，コンテナ船の大型化については，OECD において

164

批判的な意見が出始めたことは注意を要する[20]。

5.7.2 | 荷役の機械化

　船舶の側の荷役機器の機械化は，概ね完了したと考えることができるだろう。コンテナに限って言えば，コンテナ港湾における荷役・荷捌きの自動化・無人化が全世界で進行している。日本では，この方面では飛島コンテナ埠頭㈱[21]のターミナルを重要な例外として除くと，概していえば取り組みが遅れていると考えられる。しかし，少子高齢化によってすでにトラック輸送の担い手である運転手の不足が2014年の秋口から顕著になっている。筆者は，この問題は喫緊の課題であると判断している。

5.7.3 | 高速化

　既存のディーゼル推進の船舶と航空機の中間の速度帯の海上輸送手段があると，荷主にとしては，輸送手段の選択肢の範囲が広がり，望ましいのではないか，という問いかけは，過去に何回か，海運会社ないし造船会社に投げかけられたことがある。

　そのような解として，いわゆるハイ・スピード・ベッセル（High Speed Vessel：高速船）ということが提案されたことがあった。アルミニウムの採用によって船殻・船体（双胴ないし三胴といった形で，揺れを抑える）を軽量化し，ウォーター・ジェット推進のエンジンを搭載して，30ノット，40ノットといった速度で航行するものである。大まかにいって既存船の2倍の速度で走ると考えてよかろう。

　旅客輸送という意味では，主に離島と本土を結ぶ航路で，航空機に対して競争力を有する場合がある。東京・竹芝桟橋（ないし熱海港）から伊豆大島（および利島・新島・式根島・神津島）を結ぶ航路（東海汽船が運航）に投入されている「セブンアイランド愛・虹・友・大漁」の4船や，佐渡汽船による直江津・小木航路に投入されている「あかね」，新潟・両津航路に投入されている「ぎんが」「つばさ」「すいせい」の3船が著名である。

　貨物輸送については，既存船との比較で割高となる燃料費を，既存船よりも高い運賃でカバーすることを，航海日数短縮のメリットで，どれだけ荷主

の理解を得ることができるか，ということに依存する。大西洋では，カナリア諸島とスペイン本土を結ぶカーフェリーなどが実現しているものの，日本関連では否定的である。筆者の経験による知見では，京浜地区と上海などをほぼ1日で結ぶ程度の話であれば，荷主の理解は乏しいと考えている[22]。そもそも，荷主が認識する貨物輸送の世界では，航空と船舶の棲み分けがなされている[23]。

5.7.4 | 燃費節減・環境負荷の低減

船舶の燃費の節減と環境負荷の低減は，今日の海運会社においては，同一の地平で論じるものとなっている。今の時点では船舶（貨物船）の燃料は，重油がほとんどである。温暖化ガス排出の削減には，燃料の消費量を削減することで実現されるから，燃費の節減を努力することが，環境負荷のうち，温暖化ガスの排出削減にそのまま直結する。

逆に言うと，運航費に比較的大きな割合を占める燃料費を節減するという経済上の利点と，温暖化ガス排出削減という環境上の要請が合致していることから，海運業においては，燃費節減が粛々と志向された。

燃料油の消費量というのは，船が航海する上で，船長が選択した航路によっても左右される。理屈で考えれば，大圏航路（最短距離）を走ればよいに決まっている。しかし，強い向かい風が卓越するとか，低気圧が進行方向にやってくるなどというならば，それを避けた方がよいし，うまく海流に乗ることも燃費節減になる。また，船のエンジンの回転数の適切さという問題もある。実際に船が受けている風・波浪も燃料消費の多寡に響いてくる。そこで，船の実海域の性能とはいったい何なのか？　という課題も見える。また，船が直面する環境データ（風速・風向・波浪・潮流など）と船の速度，エンジンの回転数・燃料消費といった航海・機関データを解析して，最適な運航とは何か？　ということを模索することさえ，今や行われている。洋上から得られるビッグ・データの処理はそれゆえに未来の船の大きなチャレンジのひとつである[24]。このことは次項で述べる「船舶の航行における，船員の正確な意思決定を支援するための機器の開発」ということにもかかわってくる。

ところで，船舶が大洋航海において利用しているC重油は，陸上産業が

使用している重油と比較して硫黄分の含有率が高いものである。もし，陸上であれば，大気汚染防止の観点から，その使用はまず許されない。ところが，国際海事機関（IMO）の条約により，2015年から排出規制が導入された。硫黄酸化物や窒素酸化物といった大気汚染物質の船舶からの排出が，段階を追って規制され，陸上と同じ扱いになるわけである。

それゆえ，もし，これまで通りの高硫黄のC重油を使うのであれば，船で脱硫・脱硝処理する必要が生じる。この場合，資本的支出が大きい。

上述の資本的支出を嫌うのであれば，燃料を転換する必要がある。A重油や軽油を用いるという方法が，既存船をほとんど改造しないで選べるが，燃料単価は従来の2倍以上になる。

であるなら，思い切ってLNGに燃料を転換するという選択肢もある。LNGはクリーン燃料なので，硫黄酸化物・窒素酸化物の排出を抑えることができて，かつ，温暖化ガスの排出が重油との比較では，削減できる。

燃料のLNG化（あるいは軽油とLNGの二元燃料方式のエンジンの導入）は，主に北欧のフェリー等で進みつつある。日本の外航船では，日本郵船がスウェーデンのワレニウス社との合弁企業UECC名義で，南通COSCO川崎重工のヤードで建造中の自動車船（3800台積，2016年竣工）がそのような船の第1号となる。

5.7.5 船員の正確な意思決定支援のための機器の開発や社会システムの整備

日本において消費者が求めるロジスティクスの理想は，わかりやすく言えば，セブン－イレブンとヤマト運輸の宅急便だろうと，筆者は考える。それは，「必要なモノを」「必要な時に」「必要なだけ」「良好な状態で」届けるということである。

海では，船舶は荒天に遭遇して当たり前であるが，よしんば，そうであっても，荷主と約定した日付に貨物を届けることが要求されるのが現代における海運である。台風や大きな低気圧をよけたからとか，そのような理由であったとしても，遅延は遅延というのが，今日の海運である。

さりながら，気象・海象というものは，人類が完全に掌握したとは言い難

い。1週間といえば，東京からロサンゼルスまでの航海時間に匹敵するが，北太平洋で，低気圧が発生，成長，衰退，消滅というプロセスを踏むのとほぼ匹敵する時間だ。東京で出帆する前に予定の航路上にはかけらもなかったはずの低気圧が待ち受けていたということもあり得る。1週間レベルでの気象予測が可能となるならば，その福利は大きい。海洋での気象予測の精度の向上には，観測値を多く入手するということも大切であり，気象予測会社と海運会社が二人三脚で模索することになるだろう。

　船舶へ陸上や人工衛星から様々な航行支援の情報を提供し，洋上の船舶から陸上へ様々なデータを送信する需要は大きい。しかし，案外知られていないことであるが，海陸間の通信速度は，陸上での通信の高速化・大容量化に比較するとまだまだ遅い。「船・海商の特殊性とは何か」と問われれば，それは，船員労働の場の特殊性にあるといわざるを得ない。陸上産業の従業員は仕事が終われば，家庭に帰り，そこで家族と共に休憩，休息し，労働の再生産を行う。船員は，家庭・家族から切り離され，職場で生活し，労働の再生産ができない日々が長く続く。わかりやすく言えば，陸上同様にスマートフォンやSNSの接続が自由にできて，陸上と同じ通信速度で利用できることは，人道問題である。船員も彼女（彼氏）や奥さん（夫）との絆は陸上と変わらない。

　筆者は，船の技術革新の課題という点で，何よりも海陸ブロードバンド通信における技術革新を求めてやまない。

参考・引用文献と注

1) 原油・天然ガスが発電目的で輸入されるというのであれば，輸出国側で発電し，海底送電線で電力輸出という方法が採用されてもよいはずである。

2) 原油・天然ガスの採掘は海洋でも行われている。洋上に何らかの海洋構造物を用意して，採掘・出荷がなされている。そのような事業を「海洋事業（オフショア事業）」と呼ぶ。オフショア事業に派生して特殊な海上物流が発生する。①洋上での海洋構造物（石油ガスの掘削リグ）を必要に応じて移動するとか，②洋上での海洋構造物における活動を維持するために，必要な物資を送り届け，事業活動で発生した廃棄物を陸上に持ち帰るという物流が生じる。このような物流を担うのが，オフショア支援作業船（Offshore Support Vessels）である。

第 5 章
海上輸送論

このような船舶は，古くからメキシコ湾・北海で多く活動してきたが，近年ではブラジル沖でも多く活動するようになった。日本では，排他的経済水域内で，石油ガスの開発がほとんど行われてこなかったから，この種の作業船には縁遠かったが，中期的には存在感を持つようになるだろう。メタンハイドレートや，海底熱水鉱床における非鉄金属，コバルトリッチクラスト，海底レアアース泥の商業採掘が行われる時代が到来するからである。

3) 裏を返せば，貨物船は汎用性を失った。また，荷役インフラが整備されていない港への輸送は困難になった。

4) 船で輸送される貨物で，コンテナ以外で陸上輸送との連続性が重視されるのは，内陸部の鉱山と積み出し港（輸出港）まで鉄道輸送される鉱石や石炭くらいであろう。戦前は，旧満州で収穫される大豆が欧州に輸出される際，南満州鉄道と船舶（ばら積輸送）の一貫輸送がなされ「通しの船荷証券」が発行されたことがあった。

5) 自動車は歴史的には，定期船（在来貨物船）で輸送されていた時代がある。そのため，海運会社が個品運送の形態で貨物輸送を引き受ける。自動車製造会社が船をまるごと 1 隻用船するということはない。

自動車製造会社は，船会社に対して，長期の船積みを保証するということは，自動車専用船が誕生したばかりの大昔ならともかく，今日ではありえない。自動車以外の貨物を輸送することが難しい特殊な船舶を，船会社が，転用が難しいというリスクを取って建造している。

6) コンテナ船（定期船）の世界は，建前としては，比較的最近まで，同盟と称する国際運賃カルテルが，独禁法の適用除外ということで各航路に厳然と存在することに「なっていた」。したがって運賃が安定している事業領域であると信じられてきた（独禁法の適用除外といっても，海事当局が別途，枠組みを与えて，カルテルの弊害を減殺すべく規制していた）。

しかし，実情としては，1980 年代半ばくらいには，定期船の運賃は変動をみせるようになった。その理由としては，2 つある。

ひとつには，米国の海事法が 1984 年に改正され，北米航路においては，同盟を形成する意義を失わせたこと。今ひとつは，勃興する自国製造業を背景に，日本以外のアジア船社が，同盟の外で大きく成長し，とくに欧州航路において，同盟の市場支配力が失われたことである。

7) 交通工学を専門としている研究者（工学部の出身者）が，コンテナ港湾インフラの整備の必要性などを主張する論文で，輸送コスト＝運賃と見做し，航海距離に比例したものとして，シミュレーション計算をしているものを少なからず見かける。しかしながら，そのような想定は実務家からみれば非現実的であり，

169

論文の中での論理的整合性は認められても，その想定が非現実的である以上，その結果は実務家としては全く尊重できない。

8) 海運業は，収入と費用のいずれもが大きく変動する業である。したがって，収益，ひいては投資家に対する配当を安定させることは難しい。したがって，船主業については，世界的には非公開の家業的企業であるか，国営企業が卓越する。ところが，日本という重大な例外が存在する。世界の船主の船腹量の番付表を作成すると，日本の大手海運会社（「邦船3社」と俗称する日本郵船株式会社，株式会社商船三井，川崎汽船株式会社）という公開上場企業が上位に位置するのである。

このことについて，筆者は以下のような仮説を立てている。

① 邦船3社は，その船隊について1/2程度しか，自分で所有しないので，収益が安定しないにもかかわらず上場するということのデメリットが半分程度しか存在しない。

② ①に加えて，必要とする船隊の1/3から1/4程度は，日本国内の家業的な非公開の船主（愛媛船主，今治船主と呼ばれる愛媛県，とくに今治市に多数存在する船主）から用船市場を通さず相対で長期用船して充当していることで，非公開の家業的船主の持つ特性を享受している。

9) 用船期間については，LNG船とそれ以外の船について事情が大きく異なる。

① LNG船は，ほとんどの場合，20年以上の長期の契約であることが，ほとんどである。それはガス田の開発プロジェクトの「付け足し」として，船舶が存在するからである。

LNGプロジェクトは，輸出側における液化プラント，輸入側の再ガス化プラントをともなう受け入れ基地の建設という多額の投資を要するものである。したがって，その投下資本を確実に回収することが担保されなければならない。そのベースとなるのが輸出側と輸入側（需要国の電力・ガス産業）が長期のガス購入契約である。そのガスの代金支払いが継続的になされることで，そのキャッシュフローを返済原資として，プロジェクト・ファイナンスが組まれるのである。輸出側と輸入側が相互に長期に法的に拘束される関係の下に，船も長期的にそのプロジェクトで産出されたLNGを決まった輸入先に運び続けるのである。

② LNG船以外，すなわち，石油元売との原油タンカー，製鉄会社向けの鉄鉱石，製鉄原料炭輸送のばら積み貨物船，電力会社向けの燃料炭輸送のためのばら積み貨物船，製紙会社向けの木材チップ輸送のための特殊なばら積み貨物船（チップ船）の用船期間については，かつては，10年が標準だったが，今日では5年の固定の用船料による長い契約と評価さ

れるであろう。

その経過は，以下のとおりである。

日本では，旧日本開発銀行が，計画造船融資という枠組みで，長期用船契約によって荷主から船主に支払われる用船料債権というキャッシュフローを返済原資として，船舶の建造資金を融資していた。その時の融資基準が，船の投資について10年回収ベースとなるようにすることであったので，用船期間10年というのがひとつの基準だった時代が長かった。1980年代後半から1990年代の前半くらいまでである。

計画造船融資は，戦災で戦前の船隊のほとんどを喪失し，かつ，その喪失された船への補償が政府に踏み倒されてしまった（担保的価値のある資産をすべて喪失して，市中銀行からの融資を受けることが難しくなった）日本の船主にとって，昭和40年代の半ばくらいまでは（船隊の復旧が終わる頃までは），船隊再建のための有力なファイナンス手段だった。用船契約さえ獲得できれば，極論を言えば無資産でも，開銀から融資が受けられたからである。

ただし，開銀の融資で建造する場合，日本籍船でなければならなかった。1970年代の半ば頃から，日本の船主は，便宜置籍船で船隊を整備するようになり，開銀の計画造船融資を使わなくなるようになった。そうなると，船主は，船舶建造資金を民間金融機関に求めるようになり，必ずしも10年回収ベース，用船期間10年というような形でファイナンスを組まなくなる。

また荷主も，用船期間のコミットを徐々に短縮するようになった。そしてこのあたりから，日本の船主は，船舶への投資の回収期間を10年から徐々に伸ばして，船の経済寿命（20年弱）に近付けていった。

10) 歴史的には，①の船の運航（船舶管理）と②の船の所有は，どこの国でも船主業の固有の業務として一体のものと考えられてきた。ところが，1970年代半ばから，欧州や日本の船主は，船舶管理業を分離独立させるようになった。その理由は，以下の通りである。

日欧の船主においては，自国船員の途上国の船員の賃金が，途上国船員のそれに比較して，高いものとなり，日欧の船員の能力にもかかわらず，船主は，船舶全体の価格競争力を維持するために，下級の職位の船員について，自国船員から途上国船員に代替する動きを見せるようになった。

①　欧州船主の事情

欧州船主は，途上国船主に比較して，船舶管理の業務に秀でていた。したがって，第三社の船舶を管理することを請け負うことで，欧州船員の雇用の場を確保しようとする意図を持った。

②　日本船主の事情

第2部
グローバル・サプライチェーンロジスティクスを構築するための必須知識

　　　日本船主は，1970年代に本格的に，便宜置籍船を建造し，外国人船員
　　配乗を開始した。便宜置籍船は，法の形式でいえば，日本船主と法人格
　　を異にする外国法人（書類上の存在で，実体はない）の所有する船であ
　　り，日本船主が当該外国法人から定期用船する船である。法人格を異に
　　する外国法人に委任されて，船員を配乗し，船舶の保守・整備をする（船
　　舶管理を行う）主体は，あくまでも日本船主とは，別の法人でなければ
　　ならない建前が必要であった。1970年代の時点では，日本政府の海運政
　　策や全日本海員組合への配慮の必要があった。ここに，当時，日本船主
　　と法人格を分離された船舶管理会社が群生されるようになった。

③　これらに加えて，1970年代半ば，石油危機の後，世界の海運業，とくに
　　タンカーやばら積み貨物船部門は，未曾有の不況に陥った。そのために
　　経営破綻した船社の船隊が，抵当流れという形で，金融機関に所有権が
　　移転された。金融機関は，船舶を所有するに至っても，船主として船を
　　管理する能力も意欲もなかった。ここに，第三者の所有する船舶を，船
　　舶管理するということの需要が生じた。このような船舶の管理は，欧州
　　系の船舶管理会社が引き受けた。日本船主系の船舶管理会社は，主に親
　　会社の便宜置籍船を管理するインハウスの管理会社であり，厳密な意味
　　での第三者の船舶を管理する例は余り多くなかった。

11）日本で輸出入される貨物のみならず，海外に進出した現地工場から輸出される
　　3国間貨物を管掌する。ただし，日本の荷主の中には，物流企画機能をシンガポー
　　ルなどアジアに移転し，日本では差配しなくなった企業が生じており，そのよ
　　うな荷主への対応は，日本ではなく当該国の営業拠点が行う。

12）定期船（コンテナ船）の蒐貨については，各港に地場の有力企業が存在するの
　　が普通で，そのような企業が蒐貨代理店として船社に任命されることが普通で
　　あった。

　　　日本のコンテナ船社は，1980年代あたりから，代理店の自営化と称して，外
　　国の蒐貨代理店を資本支配するようになった。これは，以下のような事情があっ
　　たからである。

①　1980年代あたりから，北米航路や欧州航路において，日本以外のアジア
　　からの輸出貨物が増えた。このような貨物は，FOBで輸入側（欧州，北米）
　　の荷主が船社の選定権限を持っていたので，欧州や北米において東京の
　　蒐貨方針を貫徹して，営業強化をする必要があった。

②　同じ時期，日本の製造業（既存荷主）が，アジアに生産拠点を移した。
　　このことへの対応のためにアジアの代理店を現地法人化する必要があっ
　　た。

172

第 5 章
海上輸送論

13) タンカーの場合は，タンカーとタンカーを横付けして，ホースを接続して貨物としての油を船のポンプで相手船に送り込む。これを日本語では瀬取り，英語では Ship to Ship Transfer（STS）という。

　これは① VLCC（Very Large Crude Oil Carriers）と呼ばれる大型タンカーで長距離輸送することが，原油輸送では単位当たりの輸送コストを最小化する上で，必要である。しかしながら，例えばバルト海（水深が浅い）の奥のフィンランド向けなどの場合，VLCC では，最終目的地まで航海できないから，VLCC が航行できるぎりぎりのところで小型船に積み替えるのである。

　日本関連では，LNG（液化天然ガス）について，内航の小型船と外航の大型船との越族輸送需要がこれから増えると考えられている。

14) このような航路の統合が進んだのは，この時代には，航路ごとに存在した定期船同盟（国際運賃カルテル）といった枠組みが，全世界で有名無実となったことに呼応すると筆者は考える。

15) 横文字の文献では Trans Pacific と表現することが少なくない。

16) 邦船社の一部ではトランクライン（基幹航路）と表現したことがあったが，定着したようには筆者は思えない。これはアジア域内航路の荷動き量が，2000 年あたりになると，こういった航路の貨物量よりも多くなってしまい，アジア域内航路＝支線（フィーダー航路），北米航路 / 欧州航路は幹線という考え方が，偏見あるいは時代遅れになってしまったからである。

17)『日本経済新聞』2015 年 2 月 3 日付。

18) 日本の製鉄会社の鉄鉱石輸入は，その輸送を担う船舶の大型化について中国と平仄があわないと，中国との比較で割高なものとなる。それは日本の製鉄会社が，最終製品の国際競争力を，中国との比較で損なうことを意味する。そこで，既存船より大型の船が入港できるように国が支援を行い，日本企業の競争力を涵養する政策が，国土交通省の「国際バルク戦略港湾」政策である。
（http：//www.mlit.go.jp/kowan/kowan_tk1_000033.html）

19) 2011 年末，中国政府当局は，この Valemax の中国諸港への入港について，船舶の安全性が確認されていないという言い分で，入港を阻止した。曲折があったが 2015 年 7 月に認められるにいたった。これは，要するに「中国の船社に船を所有させよ」という圧力であったと解することができる。Vale は，中国船社に船を所有させて，その船を定期用船とするという形で，船を支配する形で対処した。これも考えようによっては，Vale は船舶への投資については，中国船社に委ねて，自分の資本の投下先は，本業のコアである鉱山業に集中させたという点で，Vale にも利点がある取引であったと判断できる。

20) OECD, The Impact of Mega-Ships, 2015

173

21）http：//www.tcb-terminal.co.jp/index.html

22）この件については，2012年5月22日に早稲田大学ソーシャル・ロジスティクス研究所の月例コロキウムにおいて，筆者は「「テクノスーパーライナーの挫折」と「2006年春のHigh Speed Vesselに関する株式会社MTIによるFeasibility Study」」と題する講演を行った。

23）ただし，長い目で見ると，生鮮品の輸送についていえば，冷凍コンテナの技術革新の積み重ねで，航空から海上への誘致に成功した貨物品目が結構存在する。

24）例えば株式会社MTIのウェブサイト参照。

https：//www.monohakobi.com/ja/service/bigdata/sims/

第 **6** 章

航空輸送論

山村　毅

　本章においては，国際航空貨物の発送から到着までの流れを紹介し，その過程でどのような業者が携わり，どのような手続きを経て輸送されているのかを理解するとともに，航空貨物が実際の航空機にどのように搭載されているのかを説明する。

6.1　航空貨物の流れ：発送から到着まで

　図6.1は航空貨物輸送の基本的な流れを示したものである。

　まずは，荷送人と荷受人間で売買契約が結ばれる。その契約条件により，運賃・保険等，輸送に関わる諸費用をどちらが負担するかが決められる。それによって貨物代理店（フォワーダー）もしくは航空会社の選択権や決定権が，荷送人と荷受人のどちらにあるのかということが決まるため，輸送に携わる業者にとって，非常に重要なポイントとなる。

　貨物を輸送するためには様々な手続きが必要となるため，荷送人・荷受人の多くは，専門のフォワーダーと呼ばれる貨物代理店に業務を委託している。このフォワーダー業務は，混載・通関・配送等，様々な業務内容に細かく分類されるのだが，ここではそれらを包括してフォワーダー業務と表現している。

175

図 6.1 航空貨物の流れ

出典：日本航空資料。

　発地のフォワーダーは荷送人から貨物を受け取り，自社倉庫に搬入する。そこで梱包，通関に必要な書類の準備・作成，利用航空会社の選定やスペースの予約を行う。目的地空港に到着した後は，着地のフォワーダーが荷受人に代わって諸手続きを行うため，到着手続きに必要な情報は発地のフォワーダーから着地のフォワーダーに事前に送っておく。発地のフォワーダーは利用航空会社に貨物を搬入する前に，輸出に必要な通関・検疫・爆発物検査等の手続きを行い，予約便出発の締め切り時間に間に合うよう航空会社の上屋に貨物を搬入する。

　航空会社は，搬入された貨物を航空機に搭載するための ULD（Unit Load Device：専用器材）に積み付け後（詳細は後述），予約便に搭載し，目的地空港まで輸送する[1]。到着後，航空機から ULD を取り降ろした後，航空会社の上屋にて ULD を解体，個数や損傷の有無を確認し，フォワーダーへ到着通知を行う。

　到着通知を受けた着地のフォワーダーは，必要な通関・検疫手続きを行う。最近は，貨物が到着するまでにフォワーダーから税関へ申告内容をデータ転

第6章
航空輸送論

送しておくことで，到着後の処理がスムーズに進められるように，電子化によ
る事前通関システムを整えている国も多い。着地のフォワーダーは航空会
社から貨物を引き取り，自社倉庫へ搬送し，顧客ごとに貨物の仕分けを行い，
荷受人まで届ける。

　航空貨物の魅力のひとつは輸送のスピード（迅速性）にある。その迅速性
を高めるべく，ほぼすべての手続きは電子化されている。発地のフォワーダー
も，様々な仕向地ごとに毎日一定のスペースを航空会社から事前に仕入れて
おり，倉庫も空港内，または空港周辺に展開しており，例えば東京から米国
西海岸に貨物を送る場合，工場で生産された商品は同日に発送準備・手続き
を済ませ，夕方発の便に搭載することが可能であり，時差の関係で同日の昼
前に到着する。この迅速性こそが，各企業が物流を構築する際に大きなメリッ
トと認識している要素のひとつである。

6.2　航空機の貨物スペース

　ところで，航空貨物は航空機のどこに・どのようにして搭載されているの
だろうか。図6.2の航空機の断面図のように，旅客機の下部には貨物室があ
る。ここは旅客の手荷物・郵便・貨物を搭載するためのスペースである。大
型の旅客機（代表的なものは，ボーイング社の747・777・787・767型機，
エアバス社の330・340・350・380型機）の貨物室は，図6.2のような，
ULDを搭載できる仕組みになっている。貨物はこれらの専用器材に積み込
まれた後，航空機に搭載される。昨今の旅客機は機材の性能が大幅に向上
し，貨物の搭載能力が格段に向上している（ボーイング社777で約20トン・
150-265m^3）。また，小型旅客機は，ほとんどの機材にバラ積み用の貨物室
しかないため，ひとつひとつの貨物を手作業で搭載しなければならず，重量
物や大きな貨物の搭載には不向きである。

　航空機には，旅客機とともにフレーターと呼ばれる貨物専用機がある。写
真6.1はボーイング社の747-400型貨物機だが，旅客機では客席となってい
る上部スペースもすべて貨物室になっており，ノーズとサイドのドアを持ち，
大型や長尺の貨物が搭載できるよう設計されている（高さ最大3mまで搭載

177

第 2 部
グローバル・サプライチェーンロジスティクスを構築するための必須知識

図 6.2 航空機の貨物室と ULD

出典：日本航空資料。

写真 6.1 貨物専用機

出典：日本航空資料。

できる)。最新のボーイング社747-8型機は,最大130トンの積載能力を持ち,貨物を満載しても,日本から米国東海岸までノンストップで運航することが可能となっている。

また,旅客機・貨物機問わず,貨物室内も空調・温度の設定機能があり,気圧も客室同様の与圧機能を備えており,生き物・生鮮・定温輸送が必要な貨物等,様々なニーズに応えることができるようになっている。

6.3 航空貨物の特徴

本節においては,海上輸送との比較において航空輸送の特徴を説明することにより,その選好理由や利用価値についての理解を深める。

6.3.1 航空輸送の規模感と主要輸送品目

図6.3は日本発着の国際貨物輸送における,航空輸送と海上輸送(コンテナ船＋バルク船を含む)の割合を取扱い物量と金額で示したものである。航空輸送は,物量では全体の0.2％にすぎないが,金額では23％を占めており,輸送規模は非常に小さいものの,より高額な貨物が輸送されているということが分かる。

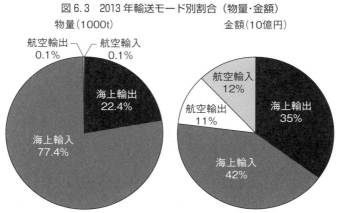

図6.3 2013年輸送モード別割合(物量・金額)

出典：国土交通省港湾統計,日本出入航空貨物路線別実績。

第2部
グローバル・サプライチェーンロジスティクスを構築するための必須知識

　表6.1は日本発着の取扱い金額における航空貨物と海上貨物（コンテナ船のみ）の品目別のシェアを比較したものである（海上貨物については，資源を輸送するためのバルク船の実績を含むと，それらの品目の比率が高くなるため，コンテナ船輸送実績との比較とした。なお，海上輸送の取扱い金額全体に占めるコンテナ船の割合は，おおよそ輸出が60％，輸入が45％である）。輸出品目の金額シェアを比較すると，比較的シェアの差が大きいもののうち航空貨物が優位なものは，半導体等電子部品，精密機器類であり，コンテナ海上貨物が優位なものは，一般機械・輸送用機器，原料別製品が挙げられる。輸入品目でも，同様に比較的シェアの差が大きいもののうち航空貨物が優位なものは，電気機器，医薬品・化粧品，半導体等電子部品，精密機器類であり，コンテナ海上貨物が優位なものは，衣類・雑貨，食料品・飲料，原料別製品が挙げられる。

表6.1　2013年輸送モード別品目シェア（金額ベース）

輸	出			輸	入		
航空貨物		コンテナ海上貨物		航空貨物		コンテナ海上貨物	
電気機器	21.2％	一般機器	28.0％	電気機器	25.0％	衣類・雑貨	20.2％
半導体等電子部品	18.8％	輸送用機器	15.4％	一般機械	14.0％	食料品・飲料	17.3％
一般機械	13.9％	原料別製品	14.7％	医薬品・化粧品	11.4％	原料別製品	14.5％
精密機器類	7.4％	電気機器	14.4％	半導体等電子部品	10.7％	電気機器	12.3％
化学品	7.2％	化学品	12.5％	衣類・雑貨	8.6％	一般機械	12.0％
原料別製品	6.1％	衣類・雑貨	3.4％	精密機器類	7.9％	化学品	8.8％
衣類・雑貨	4.2％	精密機器類	3.2％	原料別製品	5.5％	原材料	5.6％
医薬品・化粧品	1.7％	原材料	2.7％	化学品	5.3％	輸送用機器	3.3％
輸送用機器	1.5％	食料品・飲料	1.2％	輸送用機器	4.4％	半導体等電子部品	2.1％
食料品・飲料	0.3％	医薬品・化粧品	1.0％	食料品・飲料	1.4％	医薬品・化粧品	1.9％
原材料	0.2％	半導体等電子部品	0.9％	原材料	0.6％	精密機器類	1.3％
その他	17.4％	その他	2.5％	その他	5.1％	その他	0.8％

出典：財務省貿易統計より作成。

180

第6章
航空輸送論

このように，航空輸送と海上輸送は同じような品目を取り扱っているにも
かかわらず，品目によってこのような差が生まれるのはなぜだろうか。次に，
航空貨物の選好理由という観点からこの疑問について解明する。

6.3.2 | 航空輸送の選好理由

輸送に掛かる運賃は海上輸送に比べて割高であるにもかかわらず，航空輸
送が選好される理由は，航空輸送が持つ特徴である，安全性・迅速性・定時
性の3要素において優位性が高く，これらの要素を必要とする品目，場面に
おいて航空輸送が利用されているためである。

安全性とは，航空輸送は海上輸送に対し，事故率が低いということである。
海上輸送は，座礁・沈没等，船舶そのものの事故発生率が航空機に比べて高
いことに加え，輸送中の揺れによる損傷や，コンテナが直接風雨にさらされ
ることによる濡損・凍結，コンテナヤードでのクレーンによる搭降載時の衝
撃，貨物のコンテナへの積み込み・取り降ろしの際に発生する貨物自体への
損傷等，輸送途上の発生事故が航空輸送に比べて高いと言われている。

一方，航空輸送は貨物をULDに積み付け，その際に航空機の安全運航の
観点から，輸送する貨物が輸送中に動かないようしっかりと固定している。
さらにULD自体も貨物室の床面にロックされ，離着陸時の衝撃も非常に小
さいことから，輸送中に貨物に与える衝撃は非常に少ない。

また，航空輸送は海上輸送に比べて輸送中の温度・湿度の変化が小さい。
航空機内は温度調整が可能であり，湿度についても外気にさらされないこと
から輸送中の変化は少なく，外的環境が与える影響を抑えることができる。

迅速性とは，輸送にかかるスピードについてである。単純に船舶と航空機
の巡航速度を比較した場合，海上輸送が時速40km程度であるのに対し，航
空輸送は時速900km程度と，海上輸送のそれを大きく上回る。例えば，日
本から米国西海岸に輸送する場合，通関等の時間は考えず，単純に輸送時間
だけを比較すると，海上輸送は11日程度かかるのに対し，航空輸送は10時
間程度であり，その差は歴然である。また，航空輸送は着地空港に到着後，
同日中か遅くても翌日には通関可能な状態となるが，船舶の場合は輸送コン
テナ量が多いため，港での船舶からの取り降ろしや，コンテナ自体の解体作

181

業にも時間を要する。また迅速性は安全性にも大きく関係しており，輸送時間が短いことが事故率を低減させる大きな要因にもなっている。

定時性とは，定時到着率のことである。海上輸送は航路上の天候や経由港での作業遅れなどにより，到着日が予定よりも数日単位で遅れるということは珍しくなく，それを見込んだ輸送スケジュールを考える必要があるが，航空機の場合は悪天候であっても遅延が数日に及ぶようなケースの発生は極めて低くなっており，とくに日本の航空会社の15分以内の定時到着率は世界的にもトップクラスであり，90％近い実績を挙げている。

6.3.3 | 航空輸送・海上輸送の相対性とその利用動機

先に述べたとおり，航空輸送は安全性・迅速性・定時性の3要素が必要とされる品目や場面において選好されるが，表6.1のように，航空貨物と海上貨物で輸送されている貨物は，それぞれのシェアは異なるものの，同じ品目が輸送されている場合が多い。多くの企業において，輸出入については海上輸送が基本的な輸送手段であると考えてられており，航空輸送は特別な理由がある場合の利用に限られている。つまり，航空輸送と海上輸送には相対性があり，企業は常にマーケットの状況に合わせた物流を組み立てるべく，航空輸送と海上輸送のベストミックスを考えている，ということである。

次に，企業が航空輸送を利用する消極的・積極的の2種類の動機について述べ，両者の相対性とは何かということをより具体的に説明する。

消極的な利用動機とは，トラブル解決と防止のために選好される場合のことである。例えば，海外での生産計画の遅れにともなう部品の不足，通常は海上輸送している製品が計画以上の販売実績を挙げたことによる在庫不足，工場の設備故障修理のための部品の緊急輸送等，時間的な制約を受ける緊急事態において利用する場合である。また，振動や衝撃，温度・湿度の変化に弱く長時間の輸送を嫌う高価なもの，例えば半導体製造装置・光学レンズ・絵画・医薬品・化学品などの品目は航空輸送が選ばれる傾向にあることは，前掲した海上貨物と航空貨物の輸送実績データを見ても明らかである。

このように突発的な輸送，輸送品目の特性から航空輸送が選好されているケースが消極的な利用動機であり，主にトラブルシューティングを目的に利

用されている。記憶に新しいのは 2014 年末より発生した米国西海岸の港湾業務のスローダウンがもたらした影響である。日本においても，自動車・電化製品・部材等の米国への輸出，食料品や飲料等の米国からの輸入が計画通りに進まなくなり，様々な業界の物流に影響を与え，なかには欠品や生産計画の修正を余儀なくされた企業もあった。この影響を最小限に抑えるべく，年末から翌年 3 月末までの数か月間にわたり，通常は海上輸送されている貨物が急遽，航空輸送にシフトして日米両方の航空輸送の需要が一気に高まり，日米間の航空輸送スペースが不足する事態になったのである。これは，通常の輸送スケジュールが急に変更されたため，欠品の防止や生産・販売計画への影響を最小限に抑えるべく，航空輸送が持つ迅速性という特徴を活かし，トラブルシューティングを目的とした消極的な利用動機の代表例である。このように，航空輸送は物流のセーフティネットとして大きな役割を果たしているということが分かる。

これに対し，積極的な利用動機とは，航空輸送を戦略的・積極的に物流計画・事業計画に組み込むことで，新しいビジネスモデルの構築や，競合他社との差別化を図ろうとすることである。

例えば，商品サイクルの短いものについての活用ケースである。輸送時間と比例して商品鮮度が損なわれる生鮮品，商品サイクルが早い IT 関連品目については，海上輸送にかかる時間により販売機会を逸していることになる。こうした品目は，商品が売れる期間は発売してから 6 か月間〜1 年間と言われており，陳腐化の速度が速い。つまり，輸送に多くの時間をかけることが陳腐化損を発生させることに繋がるのである。また，デジタル家電・半導体等は競合他社よりもいち早くマーケットに投入することでマーケットシェアを確保・拡大させ，先行者利益を獲得することに繋がっている。

さらに，航空輸送にかかるコストだけに焦点を当てず，保管コスト，輸送・保管中の金利，人材育成・確保，システム投資に至るまでのトータルコストを考慮した上で航空輸送選択・利用することで，トータルコスト削減に繋げているというケースも多くなっている。

最近，在庫は「罪庫」という言葉を耳にするが，多くの企業は在庫管理についての課題認識を持っている。海上輸送の場合は大量の貨物をまとめて送

るという需要を想定した見込み輸送であるのに対し，航空輸送は短いリードタイムを活かし，必要な時に必要量を輸送するオンデマンド方式で輸送することを可能としている。この場合，不良在庫を減らせることは勿論のこと，着地に倉庫を持たずに，直接販売店や消費者に輸送するというサプライチェーンを構築することが可能となる。

　例えば，自動車メーカーは航空輸送と海上輸送を使い分けたサプライチェーンを構築している。完成車等は海上輸送を利用するものの，サービスパーツと言われる補修部品や，一部の組み立て部品の供給に航空輸送が利用されている。これは少量多頻度輸送により在庫を必要最低限に抑えることで，保管費と金利を抑制し，トータルコストを削減している例である。

　また，あるファストファッション企業は，製品のほとんどを航空輸送している。この企業のビジネスモデルは，2週間に1回，全世界同時に新商品をリリースし，2週間で売り切るというものである。これは世界各地で生産された全商品を一旦自国の倉庫に輸送・集約し，そこで世界中の販売店ごとに仕分けを行い，再度全世界に輸送する，というサイクルを2週間単位で行うことを前提にしており，航空輸送なしでは成立しない独自の仕組み展開し，他社との差別化を図っている例である。

　このように，従来航空輸送は，突発的な理由や品目の特性から航空輸送を利用せざるを得ないといった消極的な動機において選択されるケースが主流であったが，現在は在庫圧縮をはじめとするトータルコストの削減やマーケットの変化に瞬時に対応するための独自の販売戦略の展開のための手段等，積極的動機による航空輸送の選択が増加している。変化が激しい環境でそのニーズに合ったビジネスを展開していくためには，今後ますます物流における航空輸送の存在感は大きくなると考えられる。

6.4　航空貨物のマーケット

　本節においては，世界と日本の航空貨物マーケットについて，その規模・物量動向の推移を理解した上で，日本のマーケットについてはさらに細かく，輸出入品目の変化からみた日本経済との関係について説明するとともに，

マーケットプレイヤーである代表的な航空会社とその特徴を紹介する。

6.4.1　世界の航空貨物マーケット

図6.4は2014年の世界各地域の航空貨物輸出入物量実績（通関実績ベース）である。

マーケットシェアは，欧州が24％，日本を含むアジアが20％（うち日本は5％），北米が19％，中国が14％を占め，この4地域で全体の80％弱を占めている。とくに中国については，欧米や他のアジア地域のマーケット規模との比較においても，改めて航空貨物マーケットにおける重要性を確認することができる。

図6.5は2014年の各航空会社の輸送実績データをベースとした各地域のシェアを表したものである。例えば，中国から輸出される貨物であっても，その貨物が香港から航空輸送された場合には，香港の実績として算入されている。また，アジアから欧州に輸出した貨物が中東経由で輸送された場合，データ上は，アジアの輸出＋中東・西アジアの輸入・輸出＋欧州の輸入の実績として算入されている。図6.4は各国の通関データをもとに作成された

図6.4　世界の航空輸出入貨物市場規模（通関実績ベース）

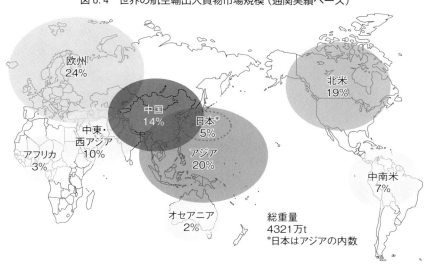

出典：SEABURYデータより作成。

図6.5 世界の航空輸出入貨物市場規模（航空機搭載実績ベース）

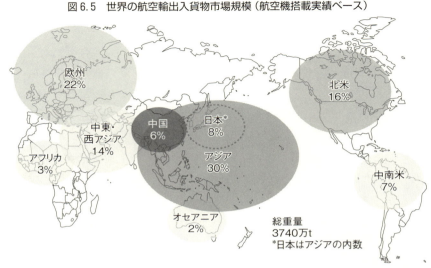

出典：SEABURYデータより作成。

ものであるため，先ほどの例であれば，中国から輸出される貨物の実績は中国の輸出として算入されており，アジアから欧州に輸出された貨物の場合，アジアの輸出と欧州の輸入の実績として算入されている。

　両者を比較すると，中国，アジア，中東・西アジアのシェアが大きく異なることが分かる。中国について，通関データと比較して航空機搭載データによるシェアが小さいのは，輸出入量は非常に大きいが，実際は香港をゲートウェイとして輸送が行われているためである。

　また，アジア，中東・西アジアについて，通関データと比較して航空機搭載データによるシェアが大きいのは，継越貨物（その地域の空港を経由して輸送される貨物）の取扱量が多いこと，つまりアジアでは香港・仁川（韓国）・シンガポール，中東・西アジアではドバイ・ドーハといった，路線ネットワークの充実したハブ空港が存在しており，中国やアジア地域への輸出入の中継基地となっていることを示している。このように，航空貨物マーケットを輸送の観点から考える上では，その国・地域の実際の輸出入量だけでなく，空港インフラ・路線ネットワークの状況等を考慮する必要がある。総重量が図

6.4 と 6.5 で異なっているのは、データリソースの違いもあるが、データのカバー率の差もあることを了承いただきたい。本来であれば図 6.5 では継越貨物を重複して実績カウントしているため重量は大きくなるはずであるが、データのカバー率が低いために逆転している。ここでは実際の重量ではなく、各地区が全体に占める割合を理解するための参考としていただきたい。

図 6.6 は 2000 〜 2014 年の地域ごとの輸出入重量実績の推移（通関実績ベース）である。各地区とも 2008 年 9 月のリーマンショックの影響を受け、2008 〜 09 年に大きく物量を落とし、その後急速に回復したものの、その後は再び伸びが鈍化していることが分かる。

地域別では中国の急伸が目立つ。2000 年時点では中東・西アジアや中南米以下の物量であったが、輸出入ともに急増し、現時点でアジア・欧米に次ぐシェアに成長し、未だ高い成長率を保っている。「世界の工場」として位置づけられていることの表れとして、輸出量が輸入量を大きく上回っている一方で、好調な国内消費により、伸び率では輸入が輸出を上回っている（2000 〜 2014 年の平均伸び率は輸出 10 %・輸入 13 %）。

アジアの実績は、2007 年以降鈍化あるいは下降傾向にある。アジア域内では、依然成長を続けている国々がある一方、日本や台湾企業の生産拠点が

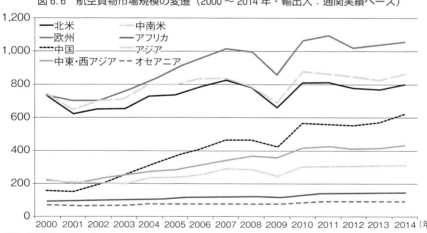

図 6.6　航空貨物市場規模の変遷（2000 〜 2014 年・輸出入：通関実績ベース）

出典：SEABURY データ。

中国に移転したことにより，それまでアジアの輸出実績として計上されていた数字が，中国の輸出実績に計上されるようになったことが影響していると考えられる。

　また，ここ数年，中東系の航空各社が新型機材を大量に導入し，路線ネットワークを急速に拡大させている。南米やアフリカについても，今後の経済成長，航空ネットワークの拡大により，物量も伸びていくことが期待されるが，現時点においては，南米は北米向けの輸出が，アフリカは欧州への輸出が中心となっており，中国・東南アジアのようなグローバルな生産拠点にまでは成長していない。

　次に，中国・アジア地域の貨物の流動を中心に，地域間の関係性について説明する。

　表6.2で示すように，物量が多いレーンは，中国・アジアから北米・欧州への輸出と中国からアジアへの輸出，そしてアジア域内の流動である。これは，中国・アジア地域の工場で作られた製品が，世界の消費の中心である北米・欧州各国へ大量に輸送されていることの表れである。また，アジア域内の物量が北米・欧州向け以上に大きい理由は，製品に加え，部材・部品の輸出入が活発に行われており，アジア域内で生産の水平分業が行われていることの表れと考えられる。

　こうした世界の航空貨物の流動の変化がもたらす日本への影響としては，

表6.2　中国・アジアからの輸出貨物の流動（2000～2014年）

	中国発				アジア発			
	2000年		2014年		2000年		2014年	
	重量 (1000t)	シェア (%)	重量 (1000t)	シェア (%)	重量 (1000t)	シェア (%)	重量 (1000t)	シェア (%)
北　米	378	32	1,237	29	1,138	28	1,987	23
欧　州	294	25	1,263	29	779	19	2,007	23
中　国	——	——	——	——	170	4	755	9
アジア	423	36	1,057	25	1,755	43	2,714	31
その他	90	8	737	17	233	6	1,188	14
計	1,185	100	4,291	100	4,074	100	8,652	100

注：四捨五入の関係で合計が必ずしも100となっていない部分がある。
出典：SEABURYデータ。

生産拠点の中国・アジアへの移転により、中国・アジア発北米・欧州向けの輸出が増えると、日本から中国・アジアへの部品供給のための輸出も増え、逆に中国・アジア発北米・欧州向けの輸出が落ち込むと、日本発の輸出も落ち込むという連関性がこれまで以上に強まっていると考えられる。

6.4.2 日本の航空貨物マーケット

図 6.7 は 1980 ～ 2014 年までの、日本発着貨物の取扱重量実績と円ドル為替の推移である。747 ジャンボ機の登場による大量輸送時代の到来、日本経済の急成長（バブル景気）により、80 年から 90 年代初頭にかけて輸出貨物は順調に伸びを示し、円高基調もあり、輸入貨物も急速に伸びている。1991 年のバブル崩壊後の数年間、伸びは停滞するものの、その後回復し、2004 年あたりまで堅調に成長を続けてきた。しかし、世界の航空貨物マーケット同様、リーマンショックを境に伸びは鈍化し、ここ数年は減少傾向にある。

図 6.8 は、1989 年と 2014 年の日本発着（輸出入）の方面別構成比の比較である。この 25 年間で物量が大きく増えたことに加え、アジアへの輸送シェアが大きく伸びていることが分かる。一概にアジアへの輸送といっても、90 年代には台湾や韓国、一部の東南アジアへの完成品の輸出、半導体関連

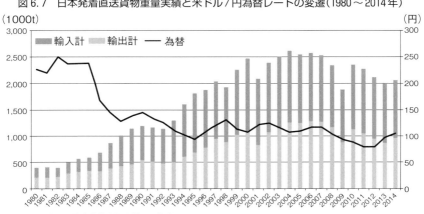

図 6.7　日本発着直送貨物重量実績と米ドル／円為替レートの変遷（1980 ～ 2014 年）

出典：国交省出入航空貨物取扱実績より作成。

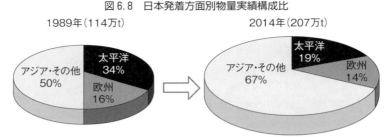

図 6.8　日本発着方面別物量実績構成比

出典：国土交通省出入航空貨物取扱実績。

の部品の輸出も多かったが，円高や中国への日本企業の工場進出が促進されたことが大きな要因であったと考えられる。また最近では，チャイナリスク（政治的・コスト面でのリスク）の回避や，ASEAN 自由貿易協定によるASEAN 域内生産の水平分業化促進により，東南アジアへの生産拠点移転・拡大も進んでおり，中国一辺倒から変化してきている。

では次に，航空貨物としてどのような品目が運ばれているのか，そしてその品目がどのように推移しているかについて説明する。

図 6.9 は貿易統計の年度別概況品目データによる，1990 〜 2014 年までの 4 年ごとの航空輸出貨物貿易金額の推移とその伸び率を示したものである。

依然として機械・機器類が航空貨物の大宗を占める品目であることに変わりはないが，伸び率では全体の伸びを下回っており，90 年代に 80 ％程度を占めていたシェアも年々下がり，絶対額でも 2006 年をピークに下降傾向にある。

一方，食料品はシェアが小さいものの，ここ数年で急激に伸びている。伸びているのは魚介類と青果であるが，これは，現在政府主導で取り組んでいる国内一次産品の海外輸出倍増計画の動きや，海外での日本食ブーム，食の安全意識の高まり等による動きと考えられる。

化学品・医薬品についても大きな伸びを示しているが，医薬品の占める割合は低く，化学品には，ポリアミド・セルロース・シリコン系の品目も含まれており，液晶・半導体に関係するシート類等，日本の高度な素材製品の輸出が伸びていることを示している。

図6.9 概況品目別貿易金額実績の推移（輸出）

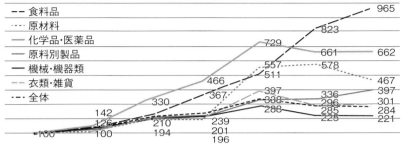

	1990年		1994年		1998年		2002年		2006年		2010年		2014年	
	億円	シェア(%)	億円	シェア(%)	億円	シェア(%)	億円	シェア(%)	億円	シェア(%)	億円	シェア(%)	億円	シェア(%)
食料品	54	0.1	79	0.1	111	0.1	198	0.1	276	0.1	445	0.2	521	0.3
原材料	77	0.1	85	0.1	149	0.1	150	0.1	427	0.2	443	0.2	358	0.2
化学品・医薬品	2,477	3.7	3,530	4.2	8,186	5.8	11,552	7.2	18,059	8.0	16,371	8.6	16,405	8.6
原料別製品	2,822	4.2	3,095	3.7	5,792	4.1	6,047	3.8	9,354	4.1	9,484	5.0	11,210	5.9
機械・機器類	54,292	81.2	69,034	82.2	107,981	77.0	118,111	74.0	156,223	69.1	121,979	64.1	120,100	63.3
衣類・雑貨	2,753	4.1	2,746	3.3	5,671	4.0	5,547	3.5	10,920	4.8	8,153	4.3	8,275	4.4
その他	4,401	6.6	5,449	6.5	12,321	8.8	17,980	11.3	30,932	13.7	33,405	17.6	32,864	17.3
輸出計	66,876	100	84,018		140,211		159,585		226,191		190,280		189,733	

出典：財務省貿易統計より作成。

　図6.10は，貿易統計の年度別概況品目データによる，1990〜2014年までの4年ごとの航空輸入貨物取扱金額の推移とその伸び率を示したものである。

　輸出同様，輸入でも機械・機器類が基幹品目となっているが，輸出と異なり，輸入は未だに伸びている（1990年対比約3.6倍）という点にある。伸び率では，化学品・医薬品の伸びが一番大きく，1990年対比で約4.2倍となり，2014年時点では2番目のシェアを占めるまでに成長している。これは医薬品の急激な伸びによるもので，20世紀に比べ，より高度な医薬品（抗がん剤等の新薬）の輸入が増えていることや，高齢化による需要増によるものと考えられる。前節で航空物流を前提としたファストファッションのサプライチェーンについて説明したものの，衣類の推移は下降傾向を示している。これは依然として衣類の多くは海上輸送であり，これまで航空輸送していた衣類は高級アパレル中心であったが，昨今それが安価なファストファッション

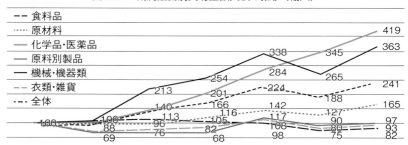

図6.10 概況品目別貿易金額実績の推移(輸入)

	1990年		1994年		1998年		2002年		2006年		2010年		2014年	
	億円	シェア(%)	億円	シェア(%)	億円	シェア(%)	億円	シェア(%)	億円	シェア(%)	億円	シェア(%)	億円	シェア(%)
食料品	2,922	3.8	3,118	4.6	3,291	2.3	3,056	1.9	2,862	1.3	2,187	1.1	2,408	1.3
原材料	666	0.9	637	0.9	637	0.5	774	0.5	948	0.4	808	0.4	1,099	0.6
化学品・医薬品	6,851	8.8	6,934	10.1	9,495	6.8	13,743	8.6	19,481	8.6	23,635	12.4	28,733	15.1
原料別製品	10,348	13.4	6,872	10.0	7,080	5.0	6,991	4.4	12,080	5.3	9,345	4.9	10,033	5.3
機械・機器類	33,116	42.8	35,004	51.1	70,637	50.4	83,968	52.6	111,840	49.4	87,899	46.2	120,074	63.3
衣類・雑貨	16,680	21.5	11,534	16.8	12,668	9.0	13,687	8.6	18,063	8.0	13,326	7.0	15,594	8.2
その他	6,855	8.9	4,387	6.4	4,724	3.4	6,608	4.1	8,284	3.7	8,719	4.6	8,692	4.6
輸出計	77,439		68,483		108,532		128,826		173,558		145,958		186,632	

出典:財務省貿易統計より作成。

に置き換わったため,金額ベースでは伸びていないと考えられる(貿易統計の物量データにおいては,1990年対比倍増)。

食料品関しては,前節で述べた,航空貨物の選好理由である,迅速性を必要とする貨物のひとつであり,冷蔵マグロ・アメリカンチェリー・アスパラガス・オクラ・マンゴー等特定の品物が航空で輸送されている。ここ数年の落ち込みの理由は,為替(円安)の影響や,日本の人口減少による購買力低下によるものと考えられる。

ここからは,航空貨物の主要品目である機械・機器類のうち,主な品目の動きを見ることで,航空貨物と日本経済の変化の連関性について説明する。

図6.11は輸出の品目別金額推移を示したものである。貿易金額の大きな半導体等電子部品は,2006年をピークに下降傾向にはあるものの,下降の幅は小さく,依然他品目に比べて高い実績を継続している。これは,技術革新・性能競争のスピードが非常に速く,つまり商品の陳腐化スピードが速い特性を持つこの品目が依然として国内で生産され,航空輸送を積極的に利用

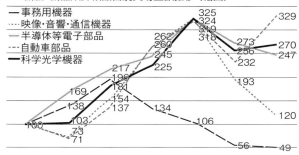

図 6.11　機械・機器類詳細品目別貿易金額推移（輸出）

	1990 年	1994 年	1998 年	2002 年	2006 年	2010 年	2014 年
半導体等電子部品	13,857	23,410	30,002	33,961	44,033	37,767	34,228
科学光学機器	5,104	5,249	9,256	11,509	16,532	13,087	13,777
映像・音響・通信機器	8,244	6,033	12,714	21,450	26,819	15,882	9,871
事務用機器	10,439	14,456	20,416	13,982	11,085	5,813	5,155
自動車部品	280	199	383	735	893	650	923

出典：財務省貿易統計より作成。

しているためと考えられる。また，科学光学機器（レンズ類・電子顕微鏡・計測機器・時計等）については堅調な伸びを示しているが，これはとくにハイエンドな製品がやはり依然国内で生産されており，衝撃や温度・湿度の変化に弱い特性を持つこの品目のため，半導体等電子部品同様，航空貨物の利用が選択されていることが分かる。

一方，映像・音響・通信機器と事務用機器については，ここ数年大きな減少傾向にある。この品目には，テレビ・ディスクプレーヤー・携帯電話・パソコン等の製品が含まれており，日系企業の国内生産の縮小や生産拠点の海外移転の影響が大きいと考えられる。自動車部品については，ほとんどが海外工場での組み立て用のパーツやサービスパーツである。自動車についても，組み立て工場の現地化が進んでいるが，一部のパーツ類は国内で生産されており，堅調な伸びを示している。

図 6.12 は輸入の推移である。ここで特筆すべきは映像・音響・通信機器の急激な伸びである。取扱金額においても，つい数年前までは半導体等電子

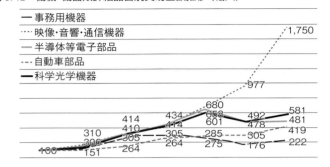

図6.12 機械・機器類詳細品目別貿易金額推移（輸入）

	1990年	1994年	1998年	2002年	2006年	2010年	2014年
映像・音響・通信機器	1,662	2,587	5,351	6,809	11,302	16,234	29,076
半導体等電子部品	4,287	6,723	13,124	18,600	28,187	20,500	20,623
事務用機器	6,759	7,721	18,341	20,637	18,605	11,921	14,974
科学光学機器	2,054	2,523	6,359	8,494	12,350	10,107	11,930
自動車部品	242	180	366	639	691	738	1,015

出典：財務省貿易統計より作成。

部品や事務用機器より少なかった品目がこれほど伸びたのは，携帯・スマートフォン・タブレット端末の急速な普及がその理由にある。また，半導体等電子部品，科学光学機器，自動車部品といった部品や計測機器も大きく伸びている。

一方で事務用機器は主な品目であるパソコン需要が，買い替え需要の鈍化やユーザーのスマートフォン・タブレット端末への移行等により，2002年以降下降傾向にあることが分かる。

ここまで品目に着目して航空貨物の輸出入の変遷を説明してきた。先にも述べたが，航空貨物の流動は，1990年代の円高，バブル経済崩壊後の不況，中国の台頭によるコスト力競争を経た日本経済の構造変化とともに，輸送される品目が大きく変化してきたことが分かる。80～90年代に花形輸出製品であった，パソコン・ゲーム機・液晶テレビといった製品は，企業の生産拠点の海外移転により，中国・東南アジアにシフトし，結果，生産国から直接消費国に輸送されるようになり，ここ数年輸出量は減少に転じている。一方

第6章
航空輸送論

でそうした製品に使用される部品や，工場の生産ラインで使われる工作機械の部品等は依然日本国内で生産も多く，こうした輸送に関しては，依然として航空輸送が利用されている。一方輸入は，一般消費者に直接届けられる完成品は，消費マインドや景気動向，人口減少等に大きく左右されるものの，日本企業が国内生産するのに必要な部品や計測機器等については，生産拠点の海外移転や為替の影響を受けつつも堅調に推移していることが分かる。

6.4.3 | 航空輸送に関わるプレイヤー

航空貨物輸送に関わる航空会社を，表6.3にていくつかのパターンに分けて説明する。

インテグレーターという言葉を聞いたことがあるだろうか。米系のFedEx, UPS, 欧州系のDHL, TNTといった国際小口宅配業者のことである。彼らはトラック輸送網だけでなく，航空機（貨物専用機）やシステム化された上屋を保有し，"Door to Door"の宅配輸送を生業とするプレイヤーである。

これに対し，一般の航空会社は，旅客便のベリー（下部貨物室）を使って輸送する旅客便事業者や，貨物専用機だけを所有する航空貨物専用会社，その両方を保有するコンビネーションキャリアの3つに大別できる（具体的航空会社については表6.3参照）。一般の航空会社は空港間（発地空港から着地空港）の輸送を担い，その両端（荷送人のドアから空港まで，空港から荷受人のドアまで）はフォワーダー（貨物代理店）が担っている。

インテグレーターは，システム・物流拠点に多額の投資を行い，顧客の要望する時間内にドアまで届ける利便性と迅速性を競い合っており，一般貨物より簡易に通関処理が可能なEXPRESS貨物（通常重量が30kg程度までで申告価額が一定額以下の小口貨物がそれにあたる）の輸送を生業としており，主に海外通販やサンプル貨物の輸送に利用されている。

一方一般の航空会社は，フォワーダーが集荷・梱包・通関等の処理を行い，混載化された貨物を空港で受領し，目的地空港まで輸送する。空港到着後は到着地のフォワーダーが通関・仕分け等の処理を行い，各顧客へ配送している。インテグレーターの取り扱う貨物より大きなサイズ・重量帯がメインだが，その他特殊なハンドリングを必要とする，例えば定温輸送品（生鮮・医

195

第 2 部
グローバル・サプライチェーンロジスティクスを構築するための必須知識

表6.3　航空会社の種類と代表的な航空会社

	アジア・中国	北米・中南米	欧州・中東/西アジア
旅客機のみ	日本航空 タイ国際航空 フィリピン航空 ガルーダインドネシア航空 ベトナム航空	アメリカン航空 ユナイテッド航空 デルタ航空 アエロメヒコ航空	英国航空 フィンエア スカンジナビア航空 アリタリア航空 スイス航空
コンビネーション キャリア	全日空 大韓航空 中華航空 キャセイパシフィック航空 中国国際航空 中国南方航空 シンガポール航空	ラン航空	ルフトハンザドイツ航空 エールフランス KLM 航空 アエロフロート航空 トルコ航空 エミレーツ航空 カタール航空
貨物専用機のみ	日本貨物航空 中国貨物航空 中国郵政航空 揚子江航空	ポーラーエアカーゴ航空	カーゴルクス航空 エアブリッジ航空
インテグレーター	SF（順豊）エクスプレス	FedEX UPS	TNT DHL(自社保有機材無し)

出典：日本航空資料。

薬品等）や危険物，生き物，超大型貨物（工作機械等），といった貨物の輸送も得意としている。

　ただ，ここ最近インテグレーターは一般貨物を事業領域に取り込み始めており，逆に一般の航空会社は急速に成長しているeコマースの需要を取り込むべく，フォワーダーとともに小口貨物の事業領域を開拓する等，両社の垣根は低くなってきている。また，一般的に海上貨物に比べ，曜日・月・年単位での需要の幅が大きい特性を持つ航空貨物マーケットにおいて，旅客機の大型化や，海上輸送器材の進化等により，貨物専用機による定期便輸送事業だけでは利益を得ることが難しくなってきており，チャーター便やインテグレーターの運航を肩代わりするといったいわゆる「機材オペレーター」となる会社も出てきている。

196

6.5 航空貨物輸送の課題と将来の見通し

　本節においては，航空貨物輸送における課題と将来の見通しや可能性について述べ，全体のまとめとする。

　これまでの説明で，輸出入貨物の輸送手段は海上輸送が基本であり，航空輸送は海上輸送と常に相対的な関係において成立し，物流のセーフティネットとして機能を果たしていることが理解できたであろう。

　需要面において，航空貨物は海上輸送に比べ，より緊急性の高い貨物が中心であるため，ボラティリティが高く，曜日・月・年の偏差が大きい。また，旅客需要と異なり，航空貨物は片道輸送であるため，例えば中国と欧州を結ぶ路線において，中国発貨物が高需要であっても欧州発貨物が低需要であるといった物量の偏りなど，不安定要素も多い。供給面においても，その多くを占めている旅客便はあくまで旅客需要に合わせたネットワーク・機材が配分されており，貨物需要に合っていないことも多く，貨物専用機事業においても発着地需要のアンバランスにより，運航路線・ネットワークの設定が難しい。こうした需給バランスの不安定性は，航空輸送業者にとって大きな課題となっている。

　ただ，在庫リスクの回避やマーケットへの先行投入等，航空輸送を物流戦略に組み込んだビジネスモデルを展開する企業はこれからも増えると考えられており，さらに，輸送に精度を求められる貨物も増えている。例えば温度・湿度・衝撃に弱い精密機器や光学レンズ・新素材，厳格な定温輸送が必要な医薬品等がそれである。これらは今後も欧米・日本を中心に新しい技術開発競争がくり広げられることは間違いなく，こうした貨物輸送の需要に応えるべく，各航空会社は付加価値輸送サービスの強化を図っているところである。

　また，図6.13の示すように，ここ数年のインターネットの普及によるいわゆるeコマースの急成長により，国際小口宅配・郵便の物量が急増している。中国・東南アジアの人々が海外からインターネットを通じて購入した商品の輸送も年々急激に増えており，欧米人が自国の販売サイトから注文した商品が，中国・東南アジアの生産地点から発送される場合も多く，アジアと

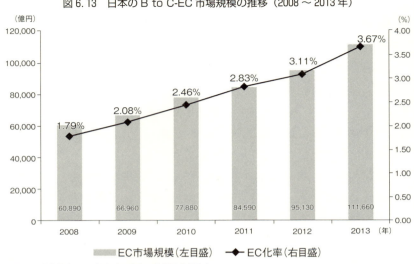

図6.13 日本のB to C-EC市場規模の推移（2008〜2013年）

出典：経済産業省 電子商取引に関する市場調査報告書.

　北米・欧州間の輸送については，こうした需要が増えていくことは間違いない。それ以外にも，例えばロシアやオーストラリア向けの需要も大きく伸びている。

　では今後，日本における航空貨物マーケットはどうなっていくであろうか。メーカーの海外への生産拠点の移管により，為替が円安傾向である昨今の局面でも輸出貨物が以前のようには増えていかない状況や，輸入に関しては，日本経済が回復傾向にあるとはいえ，円安・人口減少・高齢化・ハイテク製品の飽和化等様々な理由で年々減少しているといった課題もある中，世界全体のトレンドと同様，付加価値輸送とeコマースに関わる輸送においてはこれからも成長が期待できる。とくに日本の輸出航空貨物の特徴は，基幹産業である自動車産業やハイテク産業（半導体・素材・精密機械）のシェアが高いことにある。こうした品目は，平常時でも航空輸送を前提にした物流が構築され，付加価値輸送の対象となる品目である。さらにリコールや生産計画の遅れ等により，一時的に航空輸送の需要が急増することがたびたび発生している。為替の要素も関係するが，基本的に世界経済が好調で，ハイテク製

品や自動車の売上げが伸びる局面が継続すれば，日本からの部材・部品の高需要も継続するものと考えられる。

また，今後可能性のあるマーケットは，政府も推進しているクールジャパン関連と医薬品関連である。クールジャパン関連では，インバウンド需要の高まりによる日本食の認知度アップや食の安全等への意識の高まりにより，日本の高品質な生鮮品の海外輸出拡大が加速されることで，航空貨物の品目として大きな可能性を持っている。また，医薬品関連は，現在先行する欧米企業による新薬の研究開発分野において日本企業が活躍するようになれば，自ずと輸出入ともに増えていくことになろう。

日本はこれまでも，半導体・ゲーム機・パソコン・液晶パネルのように，新しい技術開発によって世界をリードし続け，それらの製品は，都度その時代を象徴する航空貨物の花形品目となってきた。航空貨物は，物流のセーフティネットとしてだけでなく，こうした成長マーケットや新しい技術開発によって生まれる新たな商品をこれからも運び続けていくと考えられる。

参考・引用文献と注

1) 航空業界では飛行機本体を「機材」それに搭載する ULD を「器材」と分けて表現している。

第 **7** 章

グローバル・サプライチェーン ロジスティクスにおける保険の役割

小幡 毅

　本章においては，グローバル・サプライチェーンロジスティクスに必要な保険の知識について述べる。その目的は貿易取引における保険の役割を理解し，適切なリスク管理を行うことである。

7.1　外航貨物海上保険とは

　外航貨物海上保険とは，国際間輸送される貨物が，その輸送中に被る損害を補償する保険である。国際間輸送貨物には，輸出・輸入・3国間貿易貨物がある。

7.2　貿易と外航貨物海上保険

　貿易取引における売買契約と外航貨物海上保険の関係について述べる。一般に売主が商品をオファー（offer：売り申込み）し，買主がそれをアクセプト（accept：承諾）することによって売買契約が成立する。その後，売主が商品を買主に引渡し，その代金の決済を受ける。売買契約は，契約自由の原則に従い，売買の当事者間で自由に取り決めることができるが，貿易取引は政治・経済・文化・伝統・慣習などが異なる外国との取引なので，ひとつの

200

第 7 章
グローバル・サプライチェーンロジスティクスにおける保険の役割

言葉の解釈を巡っても誤解が生じ紛争となるおそれがある。そこで，売買当事者間で事前に共通の認識を持っておく必要がある。

7.2.1 貿易取引における売買契約の基本条件

貿易取引における売買契約の中で骨組となり契約前に必ず取り決めておく必要がある取引条件は，品質条件，数量条件，決済条件，受渡し条件，価格条件の5つである。

① 品質条件

貿易取引は海外との取引なので，直接商品の現物を手に取ってみることができるとは限らない。したがって，買主に商品の品質をどのように知ってもらうかが課題となる。貿易取引における商品の品質決定の方法には以下のようなものがある。

ⓐ見本売買，ⓑ標準品売買，ⓒ銘柄売買，ⓓ仕様書売買，ⓔ規格売買

一般にプラントなどの高価品や巨大な商品については，技術的・経費的に見本を送ることが困難であるため，仕様書・写真・商品カタログ等を用いて説明による売買交渉を行う。また，国際的に規格が認められている商品の場合は，その規格をもとに品質を取り決める。

② 数量条件

数量についても品質と同様に，数量単位としてどのような基準を用いるか，数量の決定時点をいつにするかについて取り決める必要がある。数量単位については，例えば，英トン（Long Ton=2240 ポンド =1016kg），米トン（Short Ton=2000 ポンド =907kg），仏トン（Metric Ton=2204.6 ポンド =1000kg）のように，同じトンでも国によって重量が異なることもあるので，取引単位を確認する必要がある。また，貨物によっては液体商品のように輸送途中に蒸発等の自然現象で数量が微妙に目減りする場合もあるので，トラブルを防止するためにも数量の決定時点について当事者間で取り決める必要がある。

③ 決済条件

貿易取引においては，貨物代金の決済は売主の振り出す荷為替手形によって行われる場合と，荷為替手形によらない送金によって行われる場合とがある。荷為替手形を利用する場合，取引条件に応じて船積書類として保険証券

201

を添付する必要がある。

④　受渡し条件

商品の受渡しをスムーズに行うためには，引渡し時期・場所（いつどこで引渡すのか）について取り決める必要がある。

⑤　価格条件

貿易取引においては，仕入れ原価以外に電信料・倉庫費用・船積費用・通関費用・海上運賃・海上保険料等の諸費用が発生する。売主および買主が各々どの範囲まで費用を負担するか，すなわち決済時の「価格建て」をどうするのかについて取り決める必要がある。

7.2.2 | 主要取引条件

前述のとおり，貿易取引においてはトラブルを未然に防ぐために，売買当事者間で主要な取引条件について取り決めておく必要がある。しかしながら，売買の都度細かい条項に至るまで取り決めることは，当事者にとって煩雑で手間となる。また，売主と買主の間で商習慣・法律・制度が異なることによって，取引条件の解釈につき誤解が生じれば重大な紛争の原因になるおそれがある。そこで，貿易取引条件設定の効率性および誤解・紛争の発生防止のため，長い年月にわたり商習慣ともいうべき標準的な取引条件が形成され，一括してある略号で表現されるようになった。これが，「解釈に関する各種国際ルール」である。従来，いくつかの国際機関による国際統一ルールの発表が行われてきているが，現在広く用いられているのは，国際商業会議所による「インコタームズ（Incoterms）」である。これらの国際ルールは，貨物に対する売買当事者間の危険負担移転時期，義務と責任，保険手配等について規定している。

7.2.3 | 決済条件

売主は約定品としての貨物の船積みを終えると，代金の回収を図ることになるが，貿易取引における貨物代金の決済は，売主の振り出す荷為替手形によって行われる場合と，荷為替手形によらない送金によって行われる場合がある。

① 荷為替手形による決済方法

　貨物の売主が買主を名宛人とし，売主の取引銀行を受取人として振り出した為替手形（Bill of Exchange）に，輸送中の貨物を担保として船荷証券（Bill of Lading）あるいは貨物引換証，保険証券（Insurance Policy），商業送り状（Commercial Invoice）等の船積書類（Shipping Documents）を添えたものを荷為替手形（Documentary Bill）という。貿易代金決済は，荷為替手形によって行われるケースが多く，売買条件がCIF条件の場合は，船積書類として，保険証券を添付する必要が出てくる。荷為替手形による決済は，信用状取引と信用状なし取引に分かれる。

② 信用状取引

　信用状（Letter of Credit：L/C）[1]とは，買主の取引銀行が，買主の依頼に基づき自己の信用を提供して，当該信用状に規定された条件に基づいて売主が振り出す代金回収のための荷為替の引受け・支払いを約する証書である。今日では代金決済を確実なものとするためにこの信用状取引が一般的に利用されている。

③ 信用状を用いない決済

　海外子会社との取引や長期にわたる取引で買主の信用が確立している場合，あるいは信用状を用いない取引が慣習となっている国との取引の場合等については，荷為替手形による決済方法のうち信用状なし取引（D/P決済またはD/A決済），または，荷為替手形によらないT/T決済が採用されている。

　ⓐ　D/P決済（支払渡し決済）

　　買主が取引銀行に為替手形代金の支払いをしたときに，銀行が付属の船積書類を買主に引渡すという条件の決済方法

　ⓑ　D/A決済（引受渡し決済）

　　買主が期限付為替手形を引き受けたときに，付属の船積書類を買主に引渡す決済方法

　ⓒ　T/T決済（海外為替送金）

　　「振込」と同様に銀行を利用して代金を送る方法。手続きが簡単で手数料も安いが，通常は代金の支払いと関係なく船積書類を買主に引渡すため

代金回収リスクが高く，買主の信用が確立していることがとくに重要である。

今日では，貿易取引における売買契約や決済方法が国際ルール化される中で，外航貨物海上保険は貿易制度を支えるもののひとつとして，外国為替や国際物流とともに貿易制度の枠組の中に深く組み込まれていると言える。売買契約に関する国際ルールであるインコタームズでは，保険手配に関する規定が設けられ，また外航貨物海上保険証券は貿易取引の重要書類である「船積書類」のひとつを形成している。したがって，貿易取引を行う際には，保険の内容や保険手配の具体的実務等につき十分に理解しておく必要がある。

7.3　主要取引条件と外航貨物海上保険

7.3.1 輸出貿易と外航貨物海上保険

① 取引条件が CIF 輸出契約の場合

CIF 輸出契約の場合，売主は船積以降の危険を負担する買主のために，その貨物に対して自ら保険料を負担して外航貨物海上保険を手配し，他の船積書類とともに保険証券を買主に提出する義務がある。買主は売主から提供された保険証券をもって，もし輸送中の貨物に損害が発生していれば，保険会社にその損害の補償を請求することができる。

② 取引条件が CFR（C&F），FOB 輸出契約の場合

CFR（C&F），FOB 輸出契約においては，危険の移転時期については前述の CIF と同様だが，価格の中に保険料を含んでおらず，売主は買主の危険負担すべき期間について保険を手配する必要がない。売主は自己の危険負担すべき期間に対してのみ保険手配をすればよいことになる。ただし，売主は買主の保険手配のため，約定貨物の本船船積通知を買主に遅滞なく行わなくてはならない。なお，CFR は 1990 年のインコタームズ改正までは C&F と呼ばれ，現在でも C&F の表記が用いられることがある。

204

7.3.2 | 輸入貿易と外航貨物海上保険

① 取引条件が CIF 輸入契約の場合

売主によって保険の手配が行われる CIF 輸入契約において，輸入本船船積以降の危険を負担する輸入者として留意すべきことは，手配された保険が自己の要望する内容を満たしているかという点にある。したがって，可能な限り，売買契約において明確に取り決めておき，売主あてに開設される信用状の保険条項に，これらの保険条件を明示しておくことが必要である。CIF 輸入契約の場合は，適切な補償内容の設定，損害発生時の迅速・スムーズな処理といった観点から，保険を買主自らがコントロールできるよう売買契約を CFR（C&F），FOB 契約に変更することも検討に値する。

② 取引条件が CFR（C&F），FOB 輸入契約の場合

CFR（C&F），FOB 輸入契約では，買主は自己の危険負担開始以降の保険について自己の費用をもって手配する必要がある。とくに CFR（C&F）輸入契約の場合は，外国港での貨物の実際の船積日を予知することが困難であるため，事前に保険会社との間で予定保険契約を締結しておくのが一般的である。なお，近年では仕出地の工場搬出時に危険負担が買主に移転する形態での契約（Ex-Works や Ex Factory）も増えているが，この場合は買主が工場搬出時から保険を手配する必要がある。

7.4 英文貨物海上保険証券

7.4.1 | 保険証券とは

外航貨物海上保険証券は，保険契約の成立を証明するものであると同時に，当該契約の内容を表す書類である。保険事故が発生した場合，保険金を請求するにあたっては，保険金請求書類（Claim Documents）のひとつとして当該保険証券の提出が必要であり，当該保険証券の記載内容に従いクレーム処理が進められる。貿易取引は世界中の輸出入業者が当事者となるため，貿易取引にともなって手配される外航貨物海上保険証券も国際性が強く求められ

る。このため，外航貨物海上保険証券には，国際的に広く使用されている英語が使用されている。

CIF 契約の場合に売主（輸出業者）が保険の手配を行うことについては前述したが，保険証券は船荷証券（B/L）等の他の船積書類とともに売主から買主へ裏書譲渡（Endorsement）され，引渡される。

7.4.2 | 英文保険証券の構成

保険証券は大きく4つのパート，つまりスケジュール欄，4つの約款，Important Clause，適用約款（協会貨物約款；Institute Cargo Clauses）等に分かれる。

① 保険証券スケジュール欄

保険の対象となる貨物，輸送の明細，適用される保険条件等を表示する欄であり，具体的には次の項目について記載してある。

被保険者名／保険証券番号／インボイス番号／保険金額／船名（輸送用具名）／出帆日／輸送区間（仕出地・仕出港・仕向地・仕向港）／貨物（名称・数量）／適用保険条件／証券発行日・地／証券発行部数／クレーム支払い・地／クレームエージェント，サーベイエージェント

② 4つの約款

保険証券の保険契約書としての位置付けを明確にするため，以下の4つの約款が記載されている。

ⓐ 準拠法約款（Governing Clause）

保険金請求に関する事項について，英国の法律および慣習に準拠する旨を規定している。

ⓑ 他保険約款（Other Insurance Clause）

重複した他の保険があった場合の取扱いについて規定している。実務においては，重複したそれぞれの保険証券に他保険約款が適用される結果，それぞれの保険証券で支払われるべき金額に基づき保険金を按分する方法がとられている。

ⓒ 約因約款（Consideration Clause）

この保険約款における約因（契約当事者間の約束事）が，「保険会社に

保険料が支払われること，そしてその代償として保険会社は滅失，損傷，責任もしくは費用についての保険を引受けること」であることを規定している。

　ⓓ　宣誓約款

　保険証券上に保険会社（責任者）の署名がなされることによって，この保険契約の存在が認められ，保険引受けの証明となることを規定している。また，通常外航貨物海上保険証券は複数通発行されるが，そのうちの１通について保険会社が債務の履行，つまり保険金の支払いをしたときは，他の保険証券が無効となることについてもここで規定している。

③　Important Clause

保険事故が発生した場合に，被保険者が運送人や第三者に対する損害賠償請求権を保全するためにとるべき手続きや保険金請求に際し取り揃えるべき書類について規定した約款である。その重要性から赤字で印刷されている。

④　適用約款（協会貨物約款〔Institute Cargo Clauses〕等）

　保険証券の裏面には主に，普通保険約款である協会貨物約款（Institute Cargo Clauses：以下，ICC）および汎用性のある各種特別約款が印刷されている。

7.4.3 ｜ 海上危険と戦争・ストライキ危険

　英文貨物海上保険証券で対象となる危険は，大きく海上危険と戦争・ストライキ危険に分割される。海上危険とは，海固有の危険・火災・投荷等のほか破損，水濡れ，盗難などの危険を言う。戦争・ストライキ危険とは，戦争，内乱，革命およびストライキに参加する者による保険の目的物の滅失または損傷がこれにあたる。とくに戦争危険については，国際法におけるような厳格な意味の戦争による危険のみでなく，一般に変乱と呼ばれる状態があれば戦争とみなしている（ただし，原子力によって生じた損害は，免責となる）。戦争・ストライキ危険については，その危険が極めて突発的かつ人為的であり，一度勃発するとその損害は巨額に上るため，海上危険とは異なる約款を用い，料率も地域や状況により変動することがあるので別建てとしている。また，戦争危険は陸上に集積した貨物に甚大な損害を与えるため，原則，貨

物が海上にある間のみが対象となるように保険期間が定められている。

7.4.4 保険期間

通常，外航貨物海上保険の保険期間は，火災保険や自動車保険のように日付によって規定する期間保険（Time Policy）ではなく，「A 地点から B 地点まで」というように航海または運送の区間をもって規定する航海保険（Voyage Policy）が採用されている。

① 協会約款における保険期間（船舶による輸送の場合）

ⓐ 海上危険に関する保険期間

協会貨物約款において，次のとおり規定されている。

この保険は（この保険契約で指定された他の）倉庫または保管場所において，この保険の対象となる輸送の開始のために輸送車両またはその他の輸送用具に保険の目的物を直ちに積込む目的で，保険の目的物が最初に動かされた時に開始し，
・この保険契約で指定された仕向地の最終の倉庫または保管場所において，輸送車両またはその他の輸送用具からの荷卸が完了した時
・この保険契約で指定された仕向地到着前にあると仕向地にあるとを問わず，被保険者もしくはその使用人が，通常の輸送過程以外の保管のため，または割当もしくは分配のためのいずれかに使用することを選ぶその他の倉庫もしくは保管場所において，輸送車両またはその他の輸送用具から荷卸が完了した時，または
・被保険者もしくはその使用人が，通常の輸送過程以外の保管のため，輸送車両またはその他の輸送用具またはコンテナを使用することを選んだ時，または
・最終荷卸港における保険の目的物の航洋船舶からの荷卸完了後 60 日を経過した時，
のうちいずれか最初に起きた時に終了する。

ⓑ 戦争危険に関する保険期間

協会戦争約款において，次のとおり規定されている。

保険の目的物およびその一部についてはその部分が航洋船舶に積込まれた時にのみ開始し，

・最終荷卸港または荷卸地において航洋船舶から荷卸しされた時
・最終荷卸港または荷卸地に航洋船舶が到着した日の午後12時から起算して15日を経過する時

のうち，いずれか先に生じた時に終了する。

海上危険と異なり，保険期間はあくまで，保険の目的物が，積替港での例外的取扱いを除き本船上にある間のみとなっている。なお，戦争危険のうち“機雷および遺棄魚雷の危険”については，保険の目的物が本船上にある間のみならず，艀が利用される場合は，積込艀，陸揚艀および積替港において使用する艀にある間も補償される。

ⓒ　ストライキ危険に関する保険期間

協会ストライキ約款の第5条に規定されているとおり，海上危険の保険期間と同一である。

② 航空機積貨物に関する保険期間

とくに迅速性が要求される航空輸送の場合には，海上輸送に比較して，空港での荷卸し後はるかに短時間に荷捌きが行われ，荷受人へ早期に引渡しが行われるため，荷卸し後のタイムリミットが短く規定されている。具体的には海上危険とストライキ危険に関する保険期間が荷卸し後30日と規定されている。一方，戦争危険の保険期間については，船舶積みと同様に保険の目的物が航空機上にある間のみとなっている。

③ 郵便物に関する保険期間

郵便物に関しては，郵送の特殊性を踏まえ次のとおりとなる。

ⓐ　海上危険およびストライキ危険

Mail & Parcel Post Clause により「戸口から戸口まで」を保険期間とするとともに，宛先の住所変更にともなう転送期間中や宛先不在による返送期間中も保険期間は有効に継続する。

ⓑ　戦争危険

責任の始終が「戸口から戸口まで」と規定され，陸上の戦争危険も補償されるのが特徴である。

④ 保険期間設定の実務

実際の保険契約締結にあたっての保険期間の設定において考慮すべき点は以下のとおりである。

ⓐ 売買契約上の保険手配

貿易売買契約上，自ら危険負担している期間を明確にした上で保険手配は自らの危険負担期間のみを手配すればよいのか，または売買の相手方の危険負担期間もあわせ保険手配する必要があるのか，確認して保険期間を設定する必要がある。

ⓑ 協会約款上補償されない期間の有無

すでに述べたとおり，通常の輸送過程から逸脱する保管や区分け・分配作業等が発生した場合は，約款に従って保険は終了する。したがって輸送途上においてこれらの事態が想定，または予定されている場合には，必要に応じてこれらの期間が継続補償されるよう特約を設けて保険期間を延長する必要がある。

7.4.5 │ 保険条件

保険条件（Conditions of Insurance）というのは，損害が生じた場合の補償の範囲および保険期間をいう。保険期間については前述のとおりであるが，ここでは補償の範囲について見ていく。

① 海上危険に関する基本条件

海上危険に関する基本条件はICC（A）条件，ICC（B）条件，ICC（C）条件の3種類がある。契約者は，保険契約締結時に保険会社と協議の上，前記3つの基本条件のいずれかを選択することとなる。各条件の補償内容を整理すると表7.1のとおりとなる。

② ICC（A）条件の補償内容

ⓐ 補償の対象となる危険

ICC（A）条件はいわゆるオール・リスク条件であり，第4条〜第7条に規定されている免責事由を除き，一切の危険が対象となる。

ⓑ 補償の対象とならない主な損害

以下の事由による損害は補償されない。

・被保険者の故意による損害

第 7 章
グローバル・サプライチェーンロジスティクスにおける保険の役割

表7.1 ICC（A）（B）（C）の各条件の補償内容

危険・損害の具体例	基本条件		
	ICC（A）	ICC（B）	ICC（C）
火災・爆発	◯	◯	◯
船舶または艀の沈没・座礁	◯	◯	◯
陸上輸送用具の転覆・脱線	◯	◯	◯
輸送用具の衝突	◯	◯	◯
本船または艀への積込・荷卸中の落下による梱包1個ごとの全損	◯	◯	×
海・湖・河川の水の輸送用具・保管場所への浸入	◯	◯	×
地震・噴火・雷	◯	◯	×
雨・雪等による濡れ	◯	×	×
破損・まがり・へこみ，擦損・かぎ損	◯	×	×
盗難・抜荷・不着	◯	×	×
外的な要因をともなう漏出・不足	◯	×	×
共同海損・救助料，投荷	◯	◯	◯
波ざらい	◯	◯	◯
戦争等	×	×	×
	（協会戦争約款にて補償）		
ストライキ等	×	×	×
	（協会ストライキ約款にて補償）		

注：◯…お支払いの対象となる。
　　×…お支払いの対象とならない。ただし，特約をセットした場合にはお支払いの対象とすることができる。
出典：三井住友海上「外航貨物海上保険案内」2013 年 9 月。

　　　・貨物固有の瑕疵，性質による損害

　　　・梱包の不完全による損害

　　　（ただし，危険開始後に被保険者以外もしくはその使用人以外の者に
　　　　よって行われる場合を除く。）

　　　・通常の目減りによる損害

　　　・遅延による損害

　　　・戦争およびストライキによる損害

　　　・放射能汚染による損害

　　ⓒ　補償の対象となる費用損害

　　　・単独費用（Particular Charges）

　　　　　貨物の安全または保存のために被保険者によって，または被保険者

のために支出された費用。

・損害防止費用（Sue & Labour Charges）

　　損害が発生し拡大のおそれがある場合に貨物の損害を最小限に止めるために被保険者またはその使用人によって支出された費用。

・救助料（Salvage Charges）

　　船舶が座礁，衝突等の事故にあった際，その救助のために要する費用。

・共同海損費用（General Average Expenditure）

　　共同海損行為により支出された費用。

・付帯費用（Extra Charges）

　　損害の数量，程度等を調べるための調査料（Survey Fee），損品の売却費用等。

③　ICC（B）条件の補償内容

　ⓐ　補償の対象となる危険

　ICC（B）条件で対象となる危険は，第1条に列挙されている。危険の具体例については表7.1のとおりである。

　ⓑ　ICC（A）条件とICC（B）条件の違い

　ICC（A）条件が原則としてすべての危険を対象とする（包括責任主義）のに対し，ICC（B）条件では保険約款に列挙された危険のみを対象とする（列挙責任主義）保険条件となっている。

④　ICC（C）条件の補償内容

　ICC（C）条件で補償の対象となる危険は，上述のICC（B）と同様に，第1条に列挙されている。ただし，ICC（C）条件では対象とされる危険の範囲がICC（B）と比べ縮小される。各条件において対象とされる危険の具体例は表7.1のとおりである。

⑤　付加条件（付加危険に関する追加条項）

　前述のとおり，ICC（B）条件，ICC（C）条件で補償される損害は限定されている。したがって，貨物の種類，性質，荷姿，航路等によっては，盗難，不着，雨淡水濡れ，手かぎ損，破損等の特定の損害を補償の対象として追加する特約をセットにすることが実務上行われている。

⑥　戦争・ストライキ危険に関する基本条件

第 7 章
グローバル・サプライチェーンロジスティクスにおける保険の役割

戦争・ストライキ危険は協会貨物約款において補償の対象外とされているので、戦争・ストライキ危険は協会戦争約款（Institute War Clauses），および協会ストライキ約款（Institute Strikes Clauses）をセットすることで，補償の対象とすることになる。

7.5 保険金請求の手続き

保険の対象である貨物に事故が発生した場合，保険会社からスムーズに保険金の支払いを受けるためには適切な保険求償手続きをとる必要がある。例えば，船会社・運送業者に対する損害賠償請求権の保全等も保険金請求手続き上，非常に大切である。本節では貨物に事故が発生した場合の手続き（保険金請求手続き）について説明する。

7.5.1 損害が発生した場合の手続き

① 損害の発生と保険会社への通知

被保険者が，外航貨物海上保険により損害の補償を受けるためには，主に次の 3 点を明らかにする必要がある。

・保険期間中に生じた損害であること

・保険契約において補償されている危険により生じた損害であること

・損害額

損害発生後，時間が経過すればするほど上記の点を明らかにするとは困難になり，スムーズな保険金支払いに支障をきたすことになる。したがって，貨物が仕出地を離れてから受荷主の手元まで輸送される間に海難その他の事故によって損害を被ったことを知った場合，被保険者は遅滞なくその旨を保険会社に通知しなければならない。具体的には輸入貨物の場合は，直接保険会社へ，輸出および 3 国間貨物の場合には，あらかじめ保険会社によって指定された海損精算代理店（Claim Settling Agent）または査定代理店（Surveying Agent）に通知することになる。

損害発生の通知が遅れると，その損害がいつ，どこで発生したのかの認定が困難になるばかりか第三者への損害賠償請求権も失われるおそれがある。

213

また，貨物の種類，損害の状況によっては，受損したまま貨物を放置しておくと，損害の範囲および程度が拡大することにより，損害の一部が保険で回収できないという場合も生ずる。

② 損害調査

    ⓐ サーベイの手配

損害が発生した場合，それがどのような危険により発生し，また損害額がいくらになるかを証明する方法としては，後述のように立証書類を提出するだけで足りる場合もあるが，必要に応じ，損害の原因・数量・状態・損害額等ダメージの全容につきサーベイを依頼し，損害立証書類としてサーベイ・レポートを取り付ける。

通常，このサーベイは専門の知識を有する第三者機関のサーベイヤーにより行われ，損害の数量，程度の確認および損害の原因，発生時点について公正な判定が下される。さらに，サーベイヤーには損品の処理について専門家としての適切な助言を求めることができる。

    ⓑ サーベイ手配が省略できるケース

不着損害（Non-Delivery）のように Cargo Boat Note, Landing Report, Devanning Report, 入出庫報告書等に付されたリマークで，損害発生時点・損害数量が明確に分かる場合，あるいは，積地および揚地での Weight Certificate により，不足損害（Shortage）の事実が立証できる場合のように，輸送の各段階で発行される書類上の記録で損害が立証できる場合には，必ずしもサーベイを実施する必要はない。しかしながら，上記の損害形態であっても，損害が異常に大きい場合や，損害額などの立証が書類だけでは難しい場合は，詳細な調査を行うため，サーベイを手配する必要がある。

    ⓒ サーベイ実施に関する留意点

サーベイを実施する場合は，速やかにサーベイを手配することが重要である。保険が付けられた輸送区間終了後，時間が経過してからサーベイを手配した場合，保険期間内の損害の認定ができない場合がある。また，保険が付けられた輸送区間終了後，貨物がさらに奥地まで運ばれ，奥地でのみサーベイを実施した場合も同様である。サーベイヤーによる原因究明を

容易にするため，サーベイが実施されるまで，可能な限り損害が発見されたときの状態を保つことも大切である。荷役の関係上，どうしても貨物を移動させる必要がある場合には，保険会社へその旨を連絡し，処理の打ち合わせ（例えば，梱包を保管しておく等）をしておくことも大切である。

③　船会社その他への損害通知（Claim Notice）

輸送中の貨物に生じた損害の多くは，貨物が船会社をはじめ運送業者，倉庫業者，荷役作業者等荷主とそれぞれの運送契約，保管契約，荷扱い契約を結んだ受託者の管理下にある間に発生することから，最終的にはそれぞれの受託者が貨物の損害に対して，契約に基づいて責任を負うのが原則である。したがって，被保険者である荷主は保険求償とは別に損害について，それぞれの直接の損害の責任者である受託者に対して損害賠償請求権を留保する手続きを行うこととなる。この点は保険契約上も被保険者の義務となっており，保険証券裏面の協会貨物約款第16条に規定されている。

運送人への損害通知には期限があるので注意を要する。海上輸送の場合は，ヘーグ・ヴィスビー・ルール第3条6項で貨物の引渡しの際，滅失あるいは損傷がある場合には荷受人が運送人に書面で通知しなければ正品で引渡されたものとみなされ，また引渡しの際それらの損害が発見されず，その後に発見された場合には引渡しから3日以内に通知しなければならないと規定されている。航空輸送においては，モントリオール条約により，貨物の毀損（破損・汚損・濡損等）の場合には引渡しから14日以内に通知しなければならないと規定されている。

7.5.2 ｜ 保険金請求に必要な書類

保険金請求の際，必要となる書類は多数あり，また，それらの必要書類は保険条件や損害の種類によっても異なる。ここでは一般的な必要書類について説明する。

7.5.3 ｜ 保険金の計算方法

保険金の計算方法は損害の種類，処理方法によって異なる。主な損害形態ごとの保険金計算方法を以下に説明する。

第 2 部
グローバル・サプライチェーンロジスティクスを構築するための必須知識

表 7.2　保険金の請求に必要な書類

書類名	内　　容	コンテナ輸送	在来船	航空輸送
保険金請求書	保険証券番号，請求額，振込先銀行口座情報等を記載する。	○	○	○
保険証券	該当する保険証券を 1 部提出する。	○	○	○
Invoice	Shipper（荷送人）が Consignee（荷受人）に対して売買契約の中身（積荷の明細および価格）を通知するために発行する送り状。	○	○	○
Packing List	貨物の梱包ごとの内容物を示す明細書。	○	○	○
Bill of Lading	船会社が発行する書類で，輸送の内容を示すもの。	○	○	
Air Waybill (1) Master Air Waybill	実際の輸送を行う航空会社が混載業者に対し発行する書類で輸送の内容を示すもの。			△
(2) House Air Waybill	混載業者が荷主に対し発行する書類で，輸送の内容を示すもの。			○
Cargo Boat Note	本船から貨物を岸壁またははしけに荷卸しする際に本船側と荷主側との貨物受け渡しを証する書類で，本船からの荷揚げ時に貨物に異常があれば remarks（摘要）が記載される。		○	
入庫報告書または Landing Report	倉庫搬入時の貨物受領書で，貨物に異常があれば remarks（摘要）が記入される。	△	△	
Delivery Order	航空貨物引取り時に混載業者が航空会社に提出する書類。貨物に異常があれば remarks（摘要）が記入される。			○
Devanning Report	コンテナ入り貨物の場合に発行されるもので，コンテナから出された貨物に損害が生じていれば remarks（摘要）が記入される。	△		
Equipment Receipt	船会社がコンテナヤード搬出（および搬入）時のコンテナの状態を示すために発行する書類。	△		
内容点検確認書	航空貨物に異常があり，通関業者（荷主の代理人）からの依頼で実施される内容点検の結果報告書。			△
損害状況報告書（事故現認書）	サーベイを実施しない場合は，損害状況・程度・数量・修理の可否等具体的に記入して提出する。	△	△	△
輸入（納税）申告書	関税についても保険が付けられている場合に提出する。	△	△	△

Survey Report	第三者であるサーベイヤー（検査員）が損害の原因・発生時点および損害の数量・程度を調査確認のうえ作成した損害立証書類。	△	△	△
Survey Fee 請求書	検査機関の検査費用に関する請求書。	△	△	△
損害額立証書類	損害貨物を修理，手直しした場合にはその費用の明細書（請求書・領収書）を提出する。	△	△	△
写真	梱包ごとの不着の場合を除き，梱包および損害品の写真を撮って提出する	△	△	△
Notice of Claim （事故通知書）	貨物に異常があったことを船会社／航空会社に書面をもって通知することにより，求償権の保全を行ったことを示すもの。混載業者または通関業者（いわゆる乙仲）が代行して出状する場合もある。	○	○	○
Reply Letter	Notice of Claim に対する船会社／航空会社からの返事。	△	△	△
その他の必要書類	損害の内容に応じ上記以外の書類を提出する場合がある。	△	△	△

注：○印は原則必ず提出する書類。
　　△印は事故内容によって提出する書類。
出典：三井住友海上「外航貨物海上保険案内」2013 年 9 月。

① 貨物の一部が全損となった場合

貨物の一部が盗まれていたり，袋が破れ中身が不足して到着したような場合には，被保険貨物全体に対する滅失した部分の割合を保険金額に乗じて保険金を算出する。

ⓐ 貨物各荷口の単価が同じ場合

保険金額×滅失分数量／全体数量 ＝ 保険金

ⓑ 貨物各荷口の単価が異なる場合

保険金額×滅失部分の Invoice 価額／全体の Invoice 価額 ＝ 保険金

② 貨物の一部あるいは全体が損傷を被った場合

ⓐ 損率（Allowance）計算による処理

貨物の損害の割合すなわち損率を算出の上，損傷部分相当の保険金額に乗じて保険金を計算する。なお，損率は以下の計算で求めることを基本とするが，サーベイヤーを交え，関係者間で協定する場合もある。

損率（%）＝（正品市価－損品市価）／正品市価×100

損傷部分相当保険金額×損率＝保険金

ⓑ　救助物差引てん補（Salvage Loss Settlement）

前述の損率計算は貨物が損傷を被って到着した場合の一般的な計算方法であるが，場合によっては，中間港で貨物を処分せざるを得なくなり，到着地での正品市価，損品市価が算出できないケースもある。そのような際には，損傷部分相当の保険金額から貨物を処分して得られた純売得金を控除して保険金を算出する。これを救助物差引てん補（Salvage Loss Settlement）と呼ぶ。

損傷部分相当保険金額－純売得金＝保険金

③　修理費用実費てん補

機械類が破損して到着した場合は，協会機械修繕約款（Institute Replacement Clause）に基づき，保険金額を限度に，修理に要した諸費用の実費が保険金として補償される。ただし，修理のために代替部品が空輸されたとしても，もとの機械本体の輸送が船で行われた場合には，代替部品の運賃は海上運賃相当額が支払いの対象となる。また，再輸入代替部品に課せられる輸入税は補償の対象にならない。これらの費用を補償するためには，別途特約（Special Replacement Clause〔Air Freight〕または〔Duty〕）をセットする必要がある。

7.6　運送人の責任と外航貨物海上保険

貿易取引において売買契約が成立すると，売主または買主は運送人との間で運送契約を締結する必要がある。この運送契約に基づく運送人の責任は，責任の範囲，任責額などが制限されており，荷主として貨物の輸送中に生じた損害について十分な補償を得るためには，生じうる損害を十分カバーできる外航貨物海上保険の手配が必要となる。

また，外航貨物海上保険で輸送中の貨物の損害につき保険金が支払われた場合，その損害が運送人が責任を負うべき事由により生じたケースであれば，保険会社は後日，運送人に対し求償を行うことになる（荷主が運送人に対し

て有する損害賠償請求権を保険会社が代位して行使するもので，代位求償という）。運送人に対する求償は，保険契約の保険成績の悪化や，それにともなう将来の適用保険料率の引上げといった事態を防ぐためにも重要である。こうした求償を確実に行うために，荷主として事故発生時に必要な求償権保全の手続きを行っておく必要がある。また，運送人が責めを負うべき事故について，運送人に求償を行っていくことは，運送人に対する注意喚起となり，慎重な荷扱いや貨物事故の発生頻度の低下を促す間接的効果もある。

7.7 共同海損

7.7.1 共同海損と貨物海上保険

① 共同海損（General Average：GA）とは

共同海損とは，本来貨物海上保険とは全く別の制度であるが，協会保険約款第2条（General Average）で補償の対象となっており，貨物海上保険と強いつながりがある。海上輸送では，船舶および積荷は航海中の危険に対して運命を共にしている。例えば，座礁・火災・機関故障等が発生した場合，船舶，貨物共同の安全のために救助や消火作業が行われ，場合によっては，船脚を軽くするために一部の貨物を海上に投棄することがある。これらのように共同の安全のために要した費用や犠牲となった貨物の損害を当該航海に関わっていた船舶および貨物等の利害関係者で分担し合う制度が共同海損である。つまり，大きな経済的利益を生かすための費用やその身代わりとして犠牲になった小さな経済的利益を，航海関係者が公平に分担しようというわけである。そして，共同海損が成立した場合，その費用や損害は利害関係者によって公平に分担されるが，この分担作業のことを共同海損の精算という。また，この精算は専門家である共同海損精算人（General Average Adjuster）により行われるのが一般的である。

② 共同海損の成り立ち

共同海損制度は，海商に関する各種制度の中でも古くから存在し，昔から船舶に襲いかかった海難から脱出する方法として，積荷を投じて船脚を軽く

することが慣習となっていた。この場合，船舶と積荷の所有者が同一人であったならば問題は起こらないが，両者が異なる場合に投荷という特定の個人の所有権に対する侵害行為が正当化される反面，利害関係者による分担が行われ，それが慣習として定着し法を形成した。共同海損法はきわめて長い歴史を有し，その発展の過程においては各国とも相当異なる内容を持つに至り，そのため国際的統合の必要性が生じ，現在ではヨーク・アントワープ規則（Y. A. Rules）が制定されている（B/L〔船荷証券〕の裏面約款に共同海損はヨーク・アントワープ規則に従って精算される旨，規定されている）。

③　共同海損の精算

共同海損を精算するためには，一方において共同海損に認められる額として共同海損費用（General Average Expenditure）および共同海損犠牲損害（General Average Sacrifice）を決定するとともに，他方においてこれを分担する財産の額，すなわち共同海損負担価額（Contributory Value）を決定しておかなければならない。この負担価額とは，船舶では航海終了時の船価，貨物では到着時の価額を指す。そして，下記のとおり共同海損認容額に負担価額の総額に対する割合を乗ずれば，各利益の分担額が算出され，各利害関係者の負担すべき額，すなわち共同海損分担額（General Average Contribution）が確定されることになる。

共同海損分担額＝共同海損認容額×各々の負担価額／負担価額の総額

7.7.2　船会社からの通知

共同海損が発生すると，運送人または船主は各荷主に対して，船舶が仕向港に着く前に書面（Declaration Letter）にて事故発生の事実および船主が当該事故を共同海損として処理する意向であり，精算人を選任したことを伝え，あわせて貨物引渡しまで次の書類を提出することを要求する。

①　Average Bond（共同海損盟約書）

荷主が当該事故を共同海損として精算することに同意する書類である。通常 Lloyd's Average Bond という定型フォームが Declaration Letter とともに各荷主に送付され，荷主が署名して船会社に返送する。

②　Valuation Form（積荷価額申告書）

共同海損負担価額を決定するため，貨物の到着地価額を申告する書類である。共同海損が 1974 年以降に改正されたヨーク・アントワープ規則によって精算される場合，貨物の負担価額は CIF 価額となるため，この書類にはあまり意味が無くなっているが，提出を要求されることがある。

③　Invoice（仕切状）

貨物の共同海損負担価額を立証するために提出する。なお，仕切状価額が FOB のときは，運送賃請求書と保険料請求書の写も提出する必要がある。

④　Letter of Guarantee（L/G：共同海損分担保証状）

船会社は，共同海損精算後，貨物分担金（GA Contribution）の支払いの保証として，貨物を荷主に引渡す際に供託金（GA Deposit）または貨物の保険会社の保証状の提供を要求する。通常は保険会社がこの保証状を発行することによりスムーズに貨物の引渡しが行われる。

7.7.3　保険会社への連絡

船会社から保険会社に L/G および上記関係書類の提出の要求があれば，荷主から保険会社に速やかに次の書類を提出し，それを受け保険会社は L/G を発行する。

- ・Policy（Original）
- ・Declaration Letter（Copy）
- ・Average Bond（Copy）
- ・Valuation Form（Copy）
- ・Invoice（Copy）
- ・Bill of Lading（Copy）

7.7.4　海難救助

船舶が座礁した時の再浮揚作業や機関故障の時の曳航作業などの船貨双方のための救助作業は，通常共同海損行為のひとつである。救助の要否の検討，救助業者の選定，救助契約の締結等の手続きは，通常，船主により行われ，荷主が直接介入するのは，貨物の価額が大きく荷主の費用負担が大きな場合を除いては，稀といえる。救助契約の締結（契約書への署名）は，通常，本

船船長と救助業者との間で行われるが，船長は船主のみでなく荷主の代理人として署名する権限を持っているので，荷主も船主と同様に救助契約の当事者になる。したがって，救助業者は船主および救助報酬の保証として第三者の担保（保険会社の支払保証状）を要求する。

在来貨物（General Cargo）やコンテナ貨物のように荷主が多数の場合には，船主が船貨全体のために担保提供の手続きを行うこともあるが，船貨別個に担保を提供することが原則で，ばら積貨物（Bulk Cargo）のように荷主が少数の場合には，船主および各荷主にそれぞれ担保を要求されることが一般的である。

① 救助業者から担保の要求があった場合

救助業者が直接，積荷保険者に担保として保証状の発行を要求することもあるが，荷主に担保の要求をしてきた場合は，荷主は直ちに保険会社に連絡し，必要書類を確認する。必要書類を案内の上，保険会社が保証状発行の手続きをする。保険会社への連絡が遅れると，担保の発行が救助作業完了後の本船の出帆に間に合わず，救助業者の留置権により，本船や積荷（救助財貨）を差し押さえられるという思わぬトラブルが生じることとなるので注意が必要である。

② 担保発行後の手続き

担保（保証状）が発行され，救助完了後本船と積荷が解放されれば，荷主が救助業者と折衝することはほとんどなくなる。救助報酬額は，当事者間の交渉もしくは仲裁の裁定によって決定し，積荷の分担額が上記担保に基づき保険会社に直接請求され，荷主が負担すべき分担額は保険で補償されることとなる。

③ 救助費と共同海損の関係

共同海損と海難救助は別個に発達してきたので，両者の考えの基調は異なるが関係は深いものがある。船舶と積荷が同時に共同で救助された場合，共同海損分担保証状とは別に救助に関する保証状の提出を求められることがあるが，救助が共同海損の要件を満たしていればその報酬は最終的に共同海損として支払われる。実務的には，救助報酬額を船貨それぞれが別個に支払った後，それがほかの共同海損費用とともに共同海損として再精算されること

になる。

　救助報酬は一般的には救助完了時の救助完了地における被救助価額によって按分されるが，一方，共同海損は航海終了時の正味価額によって按分されるので，両者の間に差が出ることがある。このような場合は共同海損として再精算を行う必要が生じる。

7.8　リスクマネジメントと保険

　国際化の進展，企業責任の厳格化等，企業を取り巻くリスク環境が大きく変化している中で企業経営の安定化のために，「適切なリスクマネジメント」が必要不可欠となっている。本節ではリスクマネジメントについて一般的な解説を行うとともに，大切な貨物を守るために積極的に損害防止活動を推進することの重要性を，保険との関係から説明する。

7.8.1　リスクマネジメントとは

　企業を取り巻くリスクには，発生頻度の大小，いったん事故が発生した際の損害額の大小等様々なものがある。これらのリスクを最小限のコストで最も効果的に処理する手法がリスクマネジメントと言われるものである。リスクマネジメントの手法としては以下がある。

①　Risk Control
　ⓐ　Risk Avoidance
　フィジビリティ・スタディの段階で，商売にともなうリスクが他の手法を用いても軽減不能な場合，商売自体を諦めることもあり得る。これがRisk Avoidance と言われるものである。
　ⓑ　Loss Control
　損害の発生確率や損害発生時の損害額を引き下げる手法である。貨物の正品輸送対策や損害防止活動は Loss Control の一手段であり，メンテナンスのよい船舶を手配する，あるいは，積付けに際し Loading Survey を行うといったことにより事故発生率が低下することとなる。これらは，コストがかかるが，正品輸送という最も重要な目的の達成が可能になるとと

もに，間接的に保険料の削減にも寄与することになる。

② Risk Financing

①の Risk Control を経て残されたリスクを処理する手法として Risk Financing がある。

   (a) Risk Retention

   発生頻度が高く損害額が一定額以内のリスクを自ら負担する手法である。典型的な例として飼料や原料等の保険条件である Shortage Loss in Weight の Excess Point の引き上げが挙げられる。損害にともなう受取保険金の額は減少するが，その分保険料が節約できる上に，小損害にかかわる保険求償事務手続きに要するコストとロードが省略できるメリットがある。

   (b) Risk Transfer

   Risk Transfer とは発生しうるリスクを企業外の第三者に移転することである。Risk Transfer の手法は2つある。ひとつは売買契約等に基づき契約上にてリスク移転することである。例えば，冷凍貨物を輸入する際，本邦輸入検査で不適合となったものについては Ship Back する旨，契約条項にあらかじめ盛り込んでおく等が挙げられる。もうひとつの手法が保険の購入である。リスクを自社で負担することなく，保険を購入することでリスクヘッジしていく手法である。ただし，すべてのリスクを保険に転嫁しようとすると，保険コストは上昇するので，先に述べた Loss Control，Risk Retention 等の手法を用いて，リスクの防止・軽減を図った上で保険を購入すれば，保険コストを軽減していくことも可能となる。

7.8.2 　正品輸送対策と損害防止活動の必要性

輸送中に貨物の損害が発生した場合，外航貨物海上保険で損害に対する補償を受けることにより被保険者の経済的損失の軽減は図れるが，ビジネスそのものを考えると当然それだけで済むものではない。貿易取引に関与する者が日々損害の発生防止のため正品輸送対策・損害防止活動を推進している理由がここにある。貿易取引においては，輸出者は買主の信用を失うことになり，また，買主は納め先ユーザーの信用を失い，自身の商機を逸することに

なる。最悪の場合，取引自体を失うことにもなりかねない。とくに，高い品質管理が要求される日本の商社会では，事故の多発は取引先を失い，文字通り企業の存立を危うくしかねない。また，保険契約の観点からは事故の多発は保険料率の高騰，引受条件の制限を招き，企業のリスク管理とその資金計画に支障を来してしまうことにもなる。事故の発生頻度，損害額をコントロールすることは，結果として安定したコストで保険会社にリスクを転嫁することを可能とする。

　企業活動が国際化，多様化していく中で，リスクマネジメントはますます重要となっている。そして，輸送リスクの分野においても企業は物流計画を多面的に組み立てる中で，事故発生状況を分析することにより問題点を洗い出し，対策を練る作業を多くの企業が行っている。上記のとおり，保険契約の手配により事故による経済的損失に備えるばかりではなく，正品輸送対策・損害防止活動に積極的に取り組むことは貿易当事者にとって重要な課題といえる。

7.8.3 | 外航貨物海上保険の条件・料率の設定

　Risk Transfer の1手法としての外航貨物海上保険の条件・料率の設定方法について説明する。

　① 保険条件の決定

　例えば，日本からの輸出板ガラスで，契約条件は CIF であり，買主である輸入者が ICC（A）の保険条件を希望している場合を想定する。貨物は板ガラスなので，メインリスクは破損危険と考えられる。経験上貨物の約1％が破損すると分かっている場合，いかなる保険契約が適切と考えられるだろうか？　輸入者の希望どおり ICC（A）の保険条件で付保したとしよう。この場合，平均して保険金額の約1％の損害が発生することとなり，輸出者の保険成績はその分悪化してしまうので，これに見合った保険料率を適用することになる。一方，この1％を歩留りとして輸入者に負担してもらう場合，あるいは，輸出者と輸入者で折半することにより保険条件に免責歩合（エクセス1％あるいは0.5％）を入れた場合は，保険成績もその分良化し，結果として保険料率も低いものとなる。

② 保険料率の決定

　上述のとおりすべての損失を保険の補償の対象とすればよいという考え方は，適用される保険料率の観点からも好ましくない。ここでいう保険料率がどのように決定されるかについて述べる。保険会社には長年の経験と実績データに基づく豊富なノウハウを有しており，各種聴取事項をもとに料率を算出している。保険会社は基本的に保険料を受領し，保険金を支払うことで事業経営を成り立たせているため，一般に恒常的に保険金が保険料を超過するような状況では保険料率を引き上げざるを得ない。保険は元来予期しえない損害の発生により，企業が一時的に過大な財務負担を強いられるのを避けるために長期安定的なコストで購入するもので，その意味からも保険料が乱高下する状況は望ましくない。したがって，引受当初から適切な保険条件・料率を設定し，これを長期安定的に提供しうる保険会社を選択することはきわめて重要なことである。

参考・引用文献と注

1) 信用状には，信用状の種類，荷受人，発行依頼者，信用状金額，商品名，数量，価格，取引条件，保険条件，信用状の有効期限，船積港，仕向港等の内容が盛り込まれている。
2) 三井住友海上火災保険「外航貨物海上保険案内」2013 年 9 月。
3) 三井住友海上火災保険「外航貨物海上保険通信講座」2013 年 10 月。

第 **8** 章

アジアにおける
グローバル・サプライチェーン
ロジスティクス構築上の問題

岩間　正春

　第２章において日本製造業のアジア進出経緯について述べた。1970 年代から本格的にアジア進出を果たした日本製造業はアジアにおいて様々な形でサプライチェーン構築を図り，それを支援するロジスティクス構築についてもたゆまぬ改善努力を続けてきた。しかし，それは果たして成功したと言えるのだろうか。

　グローバル・サプライチェーンロジスティクスの観点からアジアにおけるその構築上の問題点を５つ挙げるとすれば，「輸送インフラ整備」「関税」「通関」「国別固有の阻害要因の除去」「物流人材の確保と育成」となろう。時として，これら５つの問題に阻まれ，グローバル・サプライチェーンロジスティクスの構築は思うように捗らなかった局面も多々あったのではなかろうか。とくに「輸送インフラ整備」「関税」「通関」の３つの問題は民間企業独自では解決の図れないものであり，これらの問題解決には官民の協力が必要になる。

　日本には各種業界団体があるが，その中でも日本機械輸出組合の「貿易・投資円滑化ビジネス協議会」は，ASEAN 域内において上記５つの問題も含めた「貿易阻害要因」について入念な調査を行い，『ASEAN における貿易・投資上の問題点と要望　2014 年版』としてまとめ上げている。物流関係では，日本ロジスティクスシステム協会（JILS）も ASEAN における「国別固有

の阻害要因調査」を行っている他，日本物流団体連合会もここ数年，インド
シナ半島地域（タイ，ベトナム，ミャンマー，カンボジアなど）に調査団を
派遣し『物流業界における内外格差の実態に関する調査』として報告書をま
とめている。

本章では，こうした報告書も参考にしながら，アジアにおけるグローバル・
サプライチェーンロジスティクス構築上の5つの課題について考察する。

8.1　アジアにおける輸送インフラ整備計画

表8.1は2010年10月にADBとADBI（Asia Development Bank Insti-
tute：アジア開発銀行研究所）が共同で発刊した『シームレス・アジアに向
けたインフラストラクチャー』の中で示された2020年までに必要とされる
アジア域内におけるインフラ整備総額である。

総額約8兆ドル（1ドル=110円換算で約880兆円）にものぼる規模で，
このうち輸送インフラ整備に必要とされる額は総額の約30%にあたる約2.4

表8.1　アジア域内インフラ整備必要額

（単位：10億ドル）

セクター	新規	更新	計
エネルギー・電力	3,176	912	4,088
通　　信	325	730	1,055
運　　輸	1,762	704	2,466
空　　港	7	5	12
港　　湾	50	25	75
鉄　　道	3	36	39
道　　路	1,702	639	2,341
水道・衛生	155	226	381
合　　計	5,419	2,573	7,992

注：2008年実質価格で表示。
対象国・対象地域：アルメニア，アゼルバイジャン，ジョージア，カザフス
　　タン，キルギス共和国タジキスタン，ウズベキスタン，ブルネイ，
　　カンボジア，中国，インドネシア　ラオス，マレーシア，モンゴル，
　　フィリピン，タイ，ベトナム，バングラデシュ，ブータン，インド，
　　ネパール，パキスタン，スリランカ，フィージー諸島，キリバス，パ
　　プアニューギニア，サモア，ティモール，トンガ，バヌアツ。
出典：ADB, *Infrastructure for a Seamless Asia*, 2010年10月。

兆ドル（約264兆円）となっている。

これに対応する形で，日本においては，2014年10月に「株式会社海外交通・都市開発事業投資機構」が発足した。資本金は107.975億円（内訳は政府出資54億円，民間出資53.975億円）で，その設立趣旨には「日本再興戦略の一環として，交通事業・都市開発事業の海外市場へのわが国事業者の参入を図るため，需要リスクに対応した「出資」と「事業参画」を一体的に行うために機構を設立する」ことが謳われている。そして具体的目標として，

① 新興国等の旺盛な交通インフラ整備需要（世界で年60兆円）および都市開発需要（世界で年11兆円）を内需化すること。

② 2020年に30兆円（現状10兆円）のインフラシステムの日本企業受注を実現すること（日本再興戦略（H25.6.14閣議決定）に基づく）。

③ うち，交通分野は7兆円，都市開発分野は2兆円を目指すこと（インフラシステム輸出戦略〔H25.5.17経協インフラ戦略会議決定〕に基づく）。

が設定されている。

一方で，日本のこうした動きに対抗するかのように，中国がAIIB（Asia Infrastructure Investment Bank：アジア投資開発銀行）を立ち上げた（設立：2014年10月24日）。AIIBには欧州連合の一部（とくに英国とドイツ）を含めた57か国が加盟を表明しており，52か国が出資参加を決定した。中国はユーラシア大陸全体を俯瞰した「海と陸のシルクロード」と呼ばれる「一帯一路戦略」を推進しようとしている。

こうした「輸送インフラ整備」は何を目指しているのか。もちろん，「地域経済発展に寄与する」というのは聞こえの良いスローガンであるが，肝心なのは整備される輸送ネットワークを使って具体的にどのようにして地域経済を発展させていくかということである。巨額の投資を行い，輸送インフラ整備をすることだけが目的であってはならない。そこで忘れてならないのは，次のような言葉である。

「莫大な資金と人，モノを要する公共事業は，「権力」の化身であり，時代を映す鏡である。公正さも求められ，私企業の手には負えない領域だ。道路や橋，河川にダム，鉄道，港湾，上下水道などのインフラストラクチャー

は，つくるときは喧々諤々の議論を巻き起こすが，出来てしまうと世間の関心の外に置かれる。インフラに命が吹き込まれ，生産活動や国民生活の役に立つのは建設した後なのだが，その維持管理に目が向けられるのは「壊れた」ときくらいだろう」[1]

これと同様の警鐘は『荒廃するアメリカ』（原題，*America in Ruins*）[2]でも鳴らされている。サプライチェーン構築においても reverse（回収）問題があるように，インフラ整備も先々において「朽ちてくる」ことを念頭に，本来はメンテナンスまで考えた整備がなされなければならない。

さて，以下において輸送インフラ整備と関係のある 3 つの過去事例を紹介する。

① 事例 1：重慶モデル

「重慶モデル」とは 2008 年から 2012 年まで重慶市長であった薄熙来氏が進めた「中国型グローバル経済モデル」のことである。リーマンショック直後ということもあり，薄氏の「行き過ぎた市場経済を追求した改革の結果，平等・公平という社会主義の本質が失われた」という当時の中国社会を非難する発言はセンセーショナルであった。これは中国のみならず，欧米を中心とする資本主義国家に対しても発せられた言葉でもあったが，薄氏が重慶においてどのような経済モデルを展開するのかに注目が集まった。薄氏は「高度経済成長と，社会の公正と正義を守る」ことをスローガンに掲げた。実際には，「外国資本や輸出に対する依存度を低くし，大規模な公営賃貸住宅の建設をはじめとする社会保障の充実を図り，もともと豊富な労働力資源を有効に活用しながら，所得格差が拡大しないようにする」というモデルを掲げ，実行に移していった。その結果，2009 年と 2010 年の比較では 17％ の経済成長を成し遂げた。その中で，「輸出に依存しない」としながらも，パソコンなどの情報機器工場を重慶に集積して，そこで生産された製品を鉄道でドイツ・デュイスブルグまで輸送した事例は画期的であった。

従来の方法であれば，重慶から水路または道路を使って約 2100km もの距離をコンテナ港湾のある上海もしくは寧波まで輸送し，そこでコンテナ船に積み替えて欧州の港（ロッテルダム港かハンブルク港あるいはブレーメン港）

第 8 章
アジアにおけるグローバル・サプライチェーンロジスティクス構築上の問題

図 8.1　鉄道を使用した中国内陸部と欧州間の輸送

海運に比べ運賃は高いが輸送時間を短縮できる

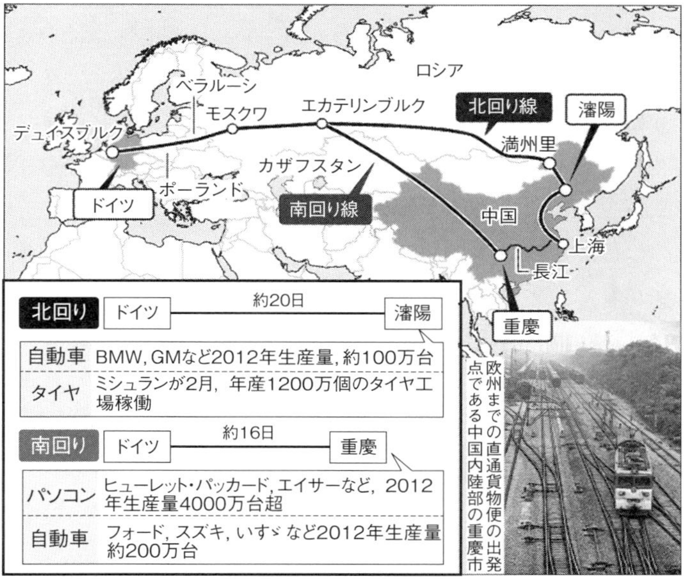

ロシア
ベラルーシ
モスクワ
エカテリンブルク
北回り線
瀋陽
デュイスブルク
ドイツ
ポーランド
カザフスタン
南回り線
満州里
中国
上海
長江
重慶

北回り	ドイツ	約20日	瀋陽

自動車	BMW, GMなど2012年生産量, 約100万台
タイヤ	ミシュランが2月, 年産1200万個のタイヤ工場稼働

南回り	ドイツ	約16日	重慶

パソコン	ヒューレット・パッカード, エイサーなど, 2012年生産量4000万台超
自動車	フォード, スズキ, いすゞなど2012年生産量約200万台

欧州までの直通貨物便の出発点である中国内陸部の重慶市

出典：日本経済新聞，2013 年 6 月 11 日。

まで輸送するのが一般的である。この方法だと Door to Door での輸送日数は 40 数日かかる。薄氏はそれを鉄道輸送に切り替えることによって，わずか 16 日（最短で 12 日）で輸送した。サプライチェーンの時間軸を 1/3 以上短縮させたのである。また，鉄道運行採算上の問題点となる「輸出入貨物のバランス」を意識し，ドイツからは中国への自動車完成品・自動車部品・タイヤなどの輸入推進を図った。かつて日本や韓国の企業がシベリア鉄道を用いて欧州まで輸送した事例は幾つもあるが，常に「片道輸送」になり，貨物量のバランスが取れないことから長続きしなかった。中国内部から中国鉄道（チャイナ・ランドブリッジ）で欧州まで輸送し，逆に欧州から中国への輸入品を持ち込むという配慮はこれまでになかったことである。

　中国は今，沿岸部地域と内陸部地域との間で拡大する所得格差是正に着手し始めている。このため，内陸部に新たな産業を興す必要がある。内陸部で生産された製品を消費の盛んな沿岸部まで輸送するとなると，輸送距離が長

231

くなる分，中国においては道路（河川）よりも鉄道輸送を選択する可能性が高まる。もっとも鉄道輸送の使い勝手がよければ（中国では，鉄道は国家貨物に優先使用されるという現実がある）ということが条件にはなるが，道路ではなく鉄道を選択するもうひとつの理由は CO_2 削減である。

このように，最近になって，中国では鉄道輸送を用いたビジネスモデルがまた見直されつつある。実際に，山東省や浙江省では，港湾から中国内陸部へ河川や鉄道を使った効率的な輸送方法の検討が行われている。

薄氏はその後，政治汚職が発覚し無期懲役となったが，この鉄道を使って欧州まで輸送したモデルケースは，AIIB が掲げるモデルと重なって見える。

② 事例2：アジアにおける海外工業団地と輸送インフラ整備

インドネシアの首都ジャカルタから車で東に1時間ほど行った所に，日系企業が開発した工業団地群が林立している。山手線内側の面積規模が63～65km² であるから，それを一回り小さくした程の規模である。

MM21（丸紅系）	800ha
EJIP（住友商事系）	320ha
SCI（住友商事が販売協力）	1400ha
KIIC（伊藤忠系）	1140ha
デルタマス（双日系）	1300ha
BIIC（大成建設系）	700ha
合計	5660ha（＝約56km²）

これらの工業団地地域にインドネシアに進出した日系製造業が集中して生産拠点を構えている。最初に開発を始め，すべての土地が完売しているEJIP（East Jakarta Industrial Park）だけで約90社の企業が入居している。ある時期，EJIP だけでインドネシア GDP の2％の貢献を果たしていた。

これら工業団地開発の重要なコンセプトは「電力，水，労働力の安定供給」であり，工業団地開発者は入居企業に「インフラ面で不必要な心配をかけない」ことを約束している。電力が不安定であると均一した製品をつくれない，

水はメッキ加工にとって重要だがその処理を間違えば環境汚染が起きてしまう，いざ海外進出してみても優秀な労働者を安定的に雇用できなくては工場経営に支障をきたす。こうした不安を一掃し，海外に日本の製造業を呼び込もうとしたのが，これら海外工業団地の始まりである。

　ビジネスモデルとしては，まず中核製造業を誘致し，その周囲に中核製造業に必要なサポーティング企業（主として部品製造業）を集め，団地内だけで生産のサプライチェーンが完成できるような試みを行っている。最初は家電やプリンター分野が進出し，次に二輪車分野が続き，2010年頃から自動車完成車分野と入居者が続いた。よく「1人当たりのGDPが3000米ドルを超えるとその国においてモータリゼーションが始まる」と言われるが，インドネシアでは2010年頃にその兆候が見られた。産業構造の変容にあわせ工業団地の入居企業の産業分野も変化してきた。このような工業団地開発は，インドネシアと同じ時期にタイでも始まり，その後ベトナム，ミャンマー，カンボジアへと展開された（補講7でベトナムにおける工業団地の開発事例が紹介されている）。後に韓国企業も，アジア各国で工業団地をつくり始めたが，韓国のコンセプトはあくまで土地を売るだけの不動産事業であり，日本のコンセプトとは根本的なところで相違があった。

　ところが，インドネシア政府は国の輸送インフラ整備という点で，こうした日本の取り組みに歩調をあわせることができなかった。現在でも輸送インフラは劣悪である。ジャカルタのタンジュンプリオク港とこの工業団地群を結ぶ高速道路はたった1本しかない。この高速道路で交通事故が発生したり，雨季シーズンになって道路浸水が起きたりすると，高速道路はしばらくの間使用できなくなる。通常でも朝晩の通勤時間帯には相当混雑する道路であるから（通常片道1時間が通勤時には2時間掛かることもある），事故や自然災害が発生すると，道路は完全麻痺の状態に陥る。道路への浸水が産業に悪影響を及ぼした例は，2012年と2013年にタイでも起きている。「サプライチェーンの時間軸」構成に重要な要素である輸送インフラの改善を求める声は，インドネシアでは2000年以降急速に高まっていたが，長い間放置されたままであった。2010年以降，インドネシアにもモータリゼーションの波が押し寄せると，タンジュンプリオク港のコンテナ取扱い本数は東京港す

ら超えるようになった。タンジュンプリオク港はもともと年間コンテナ500万 TEU の取扱いを想定してつくられた港であったので，物量が年間500万 TEU に迫り出した頃から，輸入の例でいえば「コンテナヤードからなかなかコンテナを引き取れない」といった実務上の問題が頻繁に発生した（海外からの調達部品が時間通りに引き取れず，生産に支障をきたす例が多発した）。これに加え，道路事情の問題である。港湾と生産地間の輸送連結をよりスムーズにして欲しいという声はさらに高まった。こうした声を受けて，工業団地地帯のあるブカシ県やカラワン県に近いチラマヤ地区に新港をつくり，輸送時間を短縮するための協議が日本政府も後押しして進められた。インドネシア政府もこれに同意を示し，「チラマヤ新港」が建設される予定であった[3]。しかし，2014年10月に就任したジョコ大統領によって，この計画は白紙に戻された。日本政府は巻き返しを図ろうと必死に交渉を続けているが，新港はチラマヤ地区以外の場所につくられ，その目的は「インドネシア経済全体のための新港」とされるようである。インドネシアはジャワ島，スマトラ島，スラウェシ島，カリマンタン島という4島から成るが（実際には1万3500を超える島がある），ジャカルタとスラバヤというインドネシア第1，第2の大都市を抱えるジャワ島と他の3島の間で深刻な経済格差が起きている。この是正のため，新政府はこの4島の経済を結びつける「総合的経済発展計画」を練っている。新港からRoRo（Roll-on/ Roll-off）船やフェリー

写真8.1　タンジュンプリオク港

出典：2014年8月20日筆者撮影。

での4島間往来を活発化することを優先課題とするようである（この具体的計画については第10章を参照されたい）。

中国における人件費高騰があったため，2012年，2013年において，インドネシアは日本にとって中国に次ぐ第2位の「海外進出先」になった。それだけに，この輸送インフラ整備の優先順位の変更は残念なことである。このように，進出先の政府の事情により，期待された輸送インフラ改善が後退を余儀なくされるケースもある。

③　インドシナ半島の輸送インフラ整備

2000年になって日本政府がアジア地域で力を入れてきたのはインドシナ半島である。道路整備が主体であったが，「東西回廊」や「南北回廊」などをつくりあげた。ベトナムからタイ，そしてラオス，カンボジア，さらにはミャンマーまでまたがる輸送インフラは相当整備された。この輸送インフラ整備を契機に，インドシナ半島地域の経済成長に関する多くの地域研究が行われ，発表される論文も増えた[4]。

こうした中で，2014年8月20日付の朝日新聞朝刊に掲載されたのが図8.2であるが，図からは日本の動きに対抗するかのように中国がチャウピューと昆明を結ぶ「パイプライン・鉄道・道路計画」を推進していたのが見て取れる。中国はこの他，パキスタンのグアダル港にも大水深の港湾を建設し，

図8.2　中国のミャンマーを巡る輸送開発プロジェクト

出典：朝日新聞朝刊，2014年8月20日。

その見返りとして 2013 年にパキスタン政府から中国企業にグアダル港の管轄権が委譲されている。それに続くミャンマーにおける港湾建設であった。これが完成すると，チャウピュー港から昆明とを結ぶことによって，何かと問題の多いマラッカ海峡を通らずに中国本土にアクセスする輸送ルートが確立できる。かつてミャンマーには中国が物資輸送に使用した重要なルート「援蒋ルート」[5]（ヤンゴン～昆明間ルート）があった。ただし，このとき新聞が記事として取り上げたのは「ASEAN への配慮からミャンマー政府が中国との鉄道計画を白紙に戻した」ということである。

　しかし，AIIB が創設され様々なインフラ開発が進むと，昆明を介してミャンマーのみならずカンボジアと結ぶルートも考えられる。すでに，中国の援助により「プノンペン新港」が開港済みである。インドシナ半島の「輸送インフラ整備」は日本が主導する ADB が先鞭をつけたものだけに，ADB が今後 AIIB とどのように協調していくのか注視していきたい。

8.2　アジアにおける海上輸送の問題点

8.2.1　コンテナ港湾寡占化問題

　2014 年 5 月 23 日，韓国の大宇造船海洋社で新造された Maersk Line の大型コンテナ船が「日本への顔見せ」として横浜港に入港した。しかし，このとき，横浜港での貨物積載は一切行われず，文字通りの「顔みせ」に終わった。各新聞は一斉にこのことに触れ「これが最後の大型コンテナ船の日本寄港か」と書き立てた。

　ここで問題になったのは，日本港湾の物理的な問題であった。1 万8000TEU 積の大型コンテナ船を受け入れるには，水深 16m 以上，ガントリークレーンのアウトリーチ 60m 以上を備えた港湾が必要であるが，横浜港といえどもその設備が十分ではなかった（辛うじて横浜港南本牧埠頭が対応可能である）。もうひとつは，大型船に対応可能な十分かつ継続的な貨物があるかということである。日本のコンテナ貨物量が，世界における貨物量の増加とは裏腹に，相対的に減少していることは第 2 章でも述べた通りである。

今後ともコンテナ船の大型化は続き，やがて2万TEU積船の時代になってくることが予想されている。このような船が日本に寄港せず，日本からハブ港機能が消失した場合，日本を拠点としたサプライチェーンの構築は極めて難しくなる。中国の上海港，および寧波港，韓国の釜山港を経由するサプライチェーンを真剣に考慮しなくてはならなくなる。

コンテナ港湾に関する問題点は他にもある。それは，港湾民営化への動きと特定企業による港湾運営寡占化の動きである。表8.2は特定港湾オペレーターの港湾支配率である。

シンガポールのPSA Internationalはシンガポール政府が国策として設立した港湾運営会社である。政府の投資会社であるテマセク・インターナショナルが全額出資している。PSAは2015年4月に世界第2位のHutchison Port Holdings（香港）株の2割を44億米ドル（約5280億円）で取得している。単独，合弁を含め米国で2港，日本で4港，欧州で4港，南アジアで7港，中国・香港・台湾で13港，東南アジアで35港の合計65港でコンテナターミナルを運営している[6]。

また，上記10社のうち，デンマークのAPM Terminalsはグループに世

表8.2　世界の港湾オペレーター（2012年のTOP10）

順位	オペレター名	国名	取扱量 （100万TEU）	世界の取扱量に 占める割合（%）
1	PSA International	シンガポール	50.9	8.2
2	Hutchison Port Holdings	香港	44.8	7.2
3	APM Terminals	デンマーク	33.7	5.4
4	DP World	UAE	33.4	5.4
5	COSCO Group	中国	17.0	2.7
6	Terminal Investment Limited（TIL）	スイス	13.5	2.2
7	China Shipping Terminal Development	中国	6.6	1.4
8	Hanjin	韓国	8.6	1.2
9	Evergreen	台湾	7.8	1.2
10	Eurogate	ドイツ	6.5	1.0
合計			222.8	35.9

出典：Drewry Maritime Research
（注）国名を筆者加筆。

界最大のコンテナ船運航会社 Maersk Line を，中国の COSCO グループは同様に COSCO を，スイスの TIL は世界第 2 位の MSC を，中国の China Shipping Terminal は China Shipping を，台湾の Evergreen は Evergreen をそれぞれ保有している。つまり，港湾運営とコンテナ船運航会社の運営一体化を目指し始めている。

8.2.2 コンテナ運航会社寡占化問題

　コンテナ船運航会社である Maersk Line は，すでにインターネットによる船腹予約（Booking）を実施しているが，これに続いて 2015 年 1 月よりインターネットではなく電話で船腹予約をする場合，MBF（Manual Booking Fee）と称して 1 件の船腹予約に対して 2160 円（消費税込み）の徴収を始めている。インターネットでやり取りを行えば，データをそのまま顧客情報とすることができる。一方，従来のように電話でやり取りをすれば，後に社員による手作業での顧客情報インプットが必要になる。それゆえ，電話での船腹予約にサーチャージを課すというものである。そもそも電話予約は一見顧客に近い中小顧客が多く，年間を通じた運賃取り決めを行っているような大口荷主はインターネット予約の方が簡単である。海運会社の方でも，インターネットで船腹予約を入れてもらえれば荷主管理が楽になり，また顧客の積載量を正確に把握できるので「荷主に運賃面でのさらなるインセンティブを与える」ことができるようになる。欧州の海運会社らしい合理的な発想である。

　2012 年末時点でのコンテナ船運航会社のシェア率は表 8.3 の通りである[7]。

8.3　関税と通関

　「貿易阻害要因」と呼ばれるものは多々あるが，その代表的なものは「関税」と「通関（手続き）」であろう。この 2 つとも，民間企業の手には負えず，政府の手を借りなければ先に進まない事案である。

　関税については，地域連携による多国間，あるいは FTA や EPA による 2 国間の自由貿易協定が進むと，次第に軽減されるか，ゆくゆくはゼロに近

表 8.3 世界のコンテナ船運航船復量上位 20 社（2012 年末現在）

順位	オペレーター	保有隻数	TEU 換算スペース	シェア（％）
1	Maersk Line	590	2,485,360	15
2	MSC	414	2,149,054	13
3	CMA & CGM	371	1,356,026	8
4	COSCO	161	724,248	4
5	Evegreen	184	711,558	4
6	Hapag-Lloyd	144	661,188	4
7	China Shipping Container Line	132	570,936	4
8	Hanjin Shipping	105	558,720	3
9	APL（NOL）	117	556,293	3
10	商船三井	112	509,711	3
11	Orient Overseas Container Line	98	425,523	3
12	Hamburug Sud	103	423,601	3
13	日本郵船	90	396,077	2
14	Yang Ming	88	371,809	2
15	川崎汽船	75	357,706	2
16	Hyundai Merchant Marine	60	352,970	2
17	Zim Integrated Shipping Service	85	328,619	2
18	CSAV	60	275,862	2
19	UASC	46	272,696	2
20	Pacific International Lines	123	270,577	2
上記 20 社合計		3,158	13,758,534	85
その他		1,915	2,432,150	15
全世界合計		5,073	16,190,684	100

出典：国土交通省統計。
原典：MDS2013 年 1 月版をベースに日本郵船調査グループにて集計。
（注）並べ方など筆者が加筆。

づいていく。言葉でいうのは簡単だが，関税の軽減や撤廃はその国の産業に多大な影響を与えるので，交渉の難しさは並大抵ではないし，交渉成立に至るには長い時間が掛かる。

　ユーラシア大陸全体を捉えると，日中韓，ASEAN，ベンガル湾多分野技術・経済協力イニシアティブ以外でも，地域経済連携の動きが起きている。第 2 章で紹介できなかった地域経済連携は表 8．4 の通りである（この他に TPP もある）。

かつて米国ミシンガン州立大学の Bowersox[8] は SCM 研究において，「ビジネスの本質は 4 つの基本的なパラダイムシフトから特徴付けられる」として，①グローバリゼーション，②即応性，③財務の高度化，④情報への対応を挙げた。この中で，グローバリゼーションと規制緩和（規制緩和ににによって即応性が出てくる）の先鞭をつけたのは「1993 年の EU 発足である」とも言われている。

次に「通関」に関する点であるが，グローバルビジネスに関係しているたいていの企業では，新人教育において「貿易実務」を必須科目にしている。大学では，主に商学部に「貿易実務」の講座をおいてあるところが多いが，ここで教育されていることは大きくは次の 2 点である。

①　インコタームズの解釈

現時点で最新のものは 2011 年 11 月 1 日から発効された「Incoterms 2010」である。

「あらゆる輸送形態に適した規則」と「海洋及び内陸水路輸送のための規則」に分類され，貿易契約の基本である FAS, FOB, CFR, CIF など 11 規則（条

表 8.4　ユーラシア大陸における地域連携の動き

EU 起源は 1951 年の 欧州石炭共同体 （28 か国）*	正式加盟国	オーストリア・ベルギー・ブルガリア・クロアチア・キプロス・チェコ・デンマーク・エストニア・フィンランド・フランス・ドイツ・ギリシャ・ハンガリー・アイルランド・イタリア・ラトビア・リトアニア・ルクセンブルク・マルタ・オランダ・ポーランド・ポルトガル・ルーマニア・スロバキア・スロベニア・スペイン・スウェーデン・英国
上海協力機構 2001 年より 協議開始	正式加盟国	中国・ロシア・カザフスタン・タジキスタン・キルギス・ウズベキスタン・インド・パキスタン
	オブザーバー参加	モンゴル・アフガニスタン
	パートナー参加	スリランカ・トルコ（加盟申請済）
	客員参加	ASEAN・トルクメニスタン
ユーラシア同盟 2011 年より 協議開始 （3 か国＋オブ ザーバー参加）	加盟国	ロシア・ベラルーシ・カザフスタン
	オブザーバー	タジキスタン・キルギス・アルメニア

出典：外務省ホームページより筆者作成。
（注）＊2016 年 11 月 24 日，英国は EU 脱退を決定した。

件）が定められている，これには売手と買手の間で「費用負担」「リスク負担」がどこで分岐点となるかが示されており，「インコタームズは貿易の基本中の基本であるから，これを知らずして貿易実務はこなせない」とまで言われるものである。

　②　信用状（L/C：Letter of Credit）の解釈

　「信用状」とは貿易決済を円滑に行うための手段で，銀行が発行する支払確約書である。様々な信用状があるが，通常は「取消不能信用状（Irrevocable L/C：一旦発行された信用状が関係者全員の了承無くして取り消しができない信用状）」であり，なおかつ確認信用状（Confirmed L/C；発行銀行が格付けの低い銀行であった場合，より格付けの高い銀行が支払いを確認している信用状）であることが望ましい。信用状については，国際商工会議所が「信用状統一規則（The Uniform of Customs and Practice for Documentary Credit：UCC）」を定めており，現在は2007年に改定された全39条からなるUCC600が最新版となっている。通常このL/Cに基づいて輸出通関書類が作成され，輸出申告書とともに税関に提示される。また，船積みが終了後，銀行に対しては銀行買取書類(L/Cで要求されたすべての書類)が作成され，海上輸送であれば船会社が発行するB/L（Bill of Lading），航空輸送であれば航空貨物代理店が発行したAir Way Billを添付して銀行に持ち込み，契約代金の回収が行われる。

　教育は，これに海上輸送知識や航空輸送知識，保険知識などが加わる。これらがグローバル・ロジスティクスを学ぶ上で最低限必要な知識である。本書の第4章から第7章において詳細が述べられている。

　輸入の場合，通常銀行経由で回ってきた買取書類（InvoiceやPacing List）に基づいて輸入申告書類を作成し，決められた関税額の支払いを行うことによって通関手続きが完了する。輸入通関が完了すると，貨物の引き取りに入るが，海上輸送の場合であれば「正当な」B/L（Bill of Lading：船荷証券）を海運会社に提示することによりB/Lと差し替えでD/O（Delivery Order：引渡し指図書）が発行され，海運会社から荷主あるいはその正当な代行人が貨物の引き取りをできるようになる。

日本の場合，こうした通関業務に関して「輸出入・港湾関連情報処理システム（Nippon Automated Cargo And Port Consolidated System：NACCS〔通称「ナックス」〕）」が使用されている。

NACCSとは，国際貿易における通関および輸入の際の関税の納付などを効率的に処理することを目的に構築された情報通信システムのことで，税関，運輸業者，通関業者，倉庫業者，航空会社，船会社，船舶代理店，金融機関等を相互に繋いでいる。それ以前は，「通関情報処理システム」と呼ばれてきたが，港湾手続，食品衛生手続，動植物検疫手続，入国管理手続等の他省庁関係手続きにも業務が拡大することを見越してNACCSと改称された。

まず1978年，成田空港においてAir-NACCSとして輸入通関業務のみに採用され，1985年に輸出業務にも使用されるようになった。海上輸送についても，1991年10月にSea-NACCSとして一部主要港で，そして1999年10月から全部の開港で使用されるようになった。その後，2007年の閣議決定を経て2008年5月にNACCSを管理する「輸出入・港湾関連情報処理センター株式会社（NACCSセンター）」が設立された。NACCSにより外国貨物の管理と通関業務は大幅に向上した。現在，日本では貨物の通関業務，外国貨物の管理の大半が，このNACCSを使用して行われている。

また，国際的なシステムとしては，EDIFACT（Electric Data Interchange for Administration, Commerce and Transport：「商業および運輸のための電子データ交換ACT」）がある。正式にはUN（United Nations Rules）/EDIFACTと言い，国連が監視しているEDIデータ交換規格である「行政・商業および運輸のための電子データ交換国連規則集」の名称である。これは，行政・商業および運輸のための電子データ交換のことを指し，電子文書を記述するための電子文書用語集や標準文例からなる。

グローバル化にともない，世界全体での標準化および普及が必要になってきているが，これらについては国連欧州経済委員会の貿易手続き簡易化作業部会が中心となり，世界6地域に設置されたEDIFACTボードが分担している。なお，NACCSは一部において，このEDIFACTとの情報交換が可能となっている。

8.4 国別固有の貿易阻害要因の除去

国別固有の貿易阻害要因の除去については，様々な機関がその要因を調査しているが，代表的なものとして「世界フォーラム」の「The Global Enabling Trade Report 世界貿易難易度ランキング」がある。これは，Market Access（市場参入の容易さ），Border Administration（国境手続の容易さ），Transport & Communication Infrastructure（輸送・通信インフラ整備状況），

表 8.5　アジア各国の貿易阻害要因の KPI（Key Performance Indicator）

アジア総合順位	世界総合順位	国　名	総合点数	市場参入の容易さ（世界順位）	国境手続の容易さ（世界順位）	輸送・通信インフラ整備（世界順位）	ビジネス環境（世界順位）
1	1	シンガポール	5.9	2	1	2	2
2	2	香港	5.5	41	11	3	1
3	13	日本	5.1	111	5	7	22
4	24	台湾	4.9	121	18	13	18
5	25	マレーシア	4.8	40	33	14	27
6	30	韓国	4.7	120	19	11	55
7	54	中国	4.3	119	48	16	37
8	57	タイ	4.2	51	56	28	75
9	58	インドネシア	4.2	20	69	60	61
10	64	フィリピン	4.1	11	71	96	82
11	72	ベトナム	4.0	34	86	73	81
12	84	スリランカ	3.8	104	87	62	53
13	93	カンボジア	3.7	129	108	113	74
14	96	インド	3.6	136	74	34	73
15	107	ブータン	3.5	102	102	90	72
16	114	パキスタン	3.5	133	72	67	116
17	115	バングラディシュ	3.4	57	123	120	99
18	116	ネパール	3.3	61	125	121	113
19	121	ミャンマー	3.2	25	117	138	134
20	130	モンゴル	3.0	126	137	125	105

出典：2014 World Economic Forum.
(注) 対象は 38 か国でラオス，ブルネイについては記載がなかった。
　　 並べ方などについては筆者が行った。
　　 中東・中央アジアを除いた。

Business Environment（ビジネス環境）の４項目ごとに点数化し，さらに総合点数化してランキングを決め，毎年発表している。表8.5は2014年のランキングの中からアジア各国を抜粋し，表にまとめたものである。これによれば，ASEAN各国もまだまだ改善の余地が多く残されており，それが改善されることによってさらなるビジネスチャンスが期待できよう。

この他，グローバルな動きとしては各種手続きの簡素化推進がある。国連のCEFACT（United Nations Centre for Trade Facilitation and Electronic Business：貿易円滑化と電子ビジネスのための国連センター）が中心になり，この円滑化に取り組んでいる。それを受けた形で，日本には「日本貿易関係手続簡素化協会」が設立されており，この普及に取り組んでいる。

冒頭に述べた通り，日本の各種業界団体も「国別固有の阻害要因」について調査を開始している。詳細は，北東アジアについては第9章，ASEAN地域については第10章を参照願いたい。

8.5　物流人材の確保と育成

「物流人材の確保と育成」は悩ましい問題である。その理由のひとつとして，日本の大学において体系だったロジスティクス講座がほとんど開講されていないことがあげられる。

インターネット検索で「ロジスティクス」と入力し，用語集を調べてみると下記のような内容に当たる。

　「日本におけるロジスティクス研究は米国に比べると10年以上の開きがあると言われている。代表的な研究機関は，流通経済大学流通情報学部及び同大学院物流情報学研究科や，東京海洋大学海洋工学部流通情報工学科，日本通運の子会社でシンクタンクの日通総合研究所，早稲田大学のネオ・ロジスティクス共同研究会，海洋ロジスティクス科学講座を持つ神戸大学大学院海事科学研究科など。また，普及振興等を図る組織として日本ロジスティクスシステム協会がある。」（『goo用語集』より）

第 8 章
アジアにおけるグローバル・サプライチェーンロジスティクス構築上の問題

幸いにわれわれの「早稲田大学ネオ・ロジスティクス共同研究会」も「代表的な研究機関」に加えて頂いているが，残念なことに，学生との接点が皆無であるのが実情である。

共同研究会は社会人中心の研究会である。なんとか研究会に学生の参加を促そうと試みているが，未だに実現できていない[9]。大学，大学院，研究所という枠の中で，どのように「ロジスティクス」を体系化していくべきかという課題を残している。

用語集では「ロジスティク研究は米国と比べると，10年以上の開きがある」と指摘されているが，実務家の中には「10年どころではない，20年以上の開きになっている」と言う方々すらいる。大学においてもロジスティクスに関する正統な教育現場や研究機関がほとんど存在しないのだから当然のことである。

かつて当時神奈川大学教授だった中田信哉氏（元物流学会長）は雑誌『LOGIBIZ』対談（2005年5月号，pp. 26-27）の中で，体系化について次のよう指摘していた。

① 物流マネジメントに関する人材教育について

「日本ではコンサルタントが偉そうなことを言い過ぎだし，学者がコンサルタント的なことを言い過ぎです。たいした理論もない学者が，企業はこうあるべきだなどと言う一方で，コンサルタントは平気で理論を口にする。よくありません。やはり，ここの機能はきちっと分けて，役割を分担する必要がある。」

② 体系化について

「（学者の役割は）理論体系をきちっと作ることです。これがなければ学部もコースも作れませんからね。新しい学部を作ろうとしたら，専修科目を全部で30科目くらい用意する必要があります。つまり物流を30科目に分けられるのかという話です。これを強引に作ってしまうと，流通論，マーケティング論，経済原論なんて科目を入れていかざるをえない。そうなると物流学部と言いながら，物流の話はいったい何科目あるんだとなってしまう。学生に詐欺だと言われますよ（中略）。」

「一例としては，マネジメントとしての物流管理の構造・物流政策の立案・

第 2 部
グローバル・サプライチェーンロジスティクスを構築するための必須知識

計画の策定・物流管理・管理体制・管理方法・管理基準・スケジュール管理コントロール・予算管理コストマネジメント・タイムマネジメント・エフィシェンシーマネジメント・スタッフマネジメント・アクティビティマネジメント・効率管理・人員管理・活動（施設，機器）管理などを盛り込む必要がある。」

この提言は今から10年程前にあったものだが，未だに日本の大学では体系化が一向に進んでいない。昨年『マテリアルフロー』の対談（2015年4月号）で愛知学院大学の丹波博文教授が再び「ロジスティクス教育問題」をとりあげているが，内容的には上記とほぼ同様のことを述べている。

表8.6は現在日本ロジスティクスシステム協会（JILS）が設置している物流講座の概要であるが，ハウ・ツー方式では大学では馴染まないし，実務的

表8.6　日本ロジスティクスシステム協会（JILS）が設けている物流講座

講座名	講座内容
ロジスティクス経営士資格認定講座	ロジスティクスを経営する視点からデザインするエグゼクティブのための専門講座
物流技術管理士資格講座	物流管理士および物流技術者に必要とされている物流・ロジスティクス全領域にわたる専門知識およびマネジメント技術を体系的に習得した物流・ロジスティクスのスペシャリスト育成講座
国際物流管理士資格認定講座	グローバル展開に不可欠な国際物流スペシャリストを育成する専門講座
グリーンロジスティクス実践コース（グリーンロジスティクス管理士資格認定試験）	社内外での活動を積極的に展開できるグリーン物流人材を育成する専門講座
物流現場改善士資格認定講座	物流現場をデータで議論，数値で管理し，改善を実践する物流現場改善リーダー育成の専門講座
物流技術管理士スクーリング	具体的な企業事例を用い，コストダウンを念頭においた物流合理化策の企画立案に取り組んでもらうグループ演習をカリキュラムの中心に据えた実践講座
ロジスティクス基礎講座	ロジスティクスの概念から，ロジスティクスオペレーションの基本機能（放送・輸配送・保管・荷役・情報システム），在庫管理ロジスティクスコスト，ロジスティクスの課題と展望までロジスティクスに関わる基礎知識を体系的に学ぶ講座

出典：日本ロジスティクスシステム協会ホームページ。

246

な内容だけでは学生も関心を示さない。また，サプライチェーンとロジスティクスの関係をきちんと学生に説明することも重要であるし，ロジスティクスを学べばその先に何が見えてくるかという出口についても学生に示す必要がある。ひとつの提案としては，最初から「製造業，流通・小売業，食品などの企業において，将来ロジスティクス分野を専門として経営層を目指す人材の教育を行う」，つまり「CLO（Chief Logistics Officer）教育を目指す」といったようなことを打ち出し，それに必要なカリキュラムを立てることである。出口が見えなくては，いくら立派な講座があったとしても学生はドアを開くことすらしない。ロジスティクス教育の推進については，ロジスティクスが「現在進行形である」がゆえに研究を主体とする大学の先生には敬遠され勝ちになる。そこで，ロジスティクスの現場で様々な経験を積んでいる民間企業の協力が必要になる。

　現在，アジア各国においても，少しずつではあるがロジスティクスの重要性が認識され出してきている。今，日本でロジスティクスの体系化に取り組まないと，欧米で学習・研究したアジアの他の国にこの分野も先を越されてしまう。日本が先行してロジスティクス教育の体系化を図り，アジアに展開を図っていきたい。

参考・引用文献と注

1) 山岡淳一郎『インフラの呪縛—公共事業はなぜ迷走するのか』ちくま新書，2014年。

2) Choate, P. & Walter, S.（岡野秀次訳）『荒廃するアメリカ』開発問題研究所，1982年。

3) 2014年12月25日，国際協力機構が『チラマヤ新港計画概要』を発表している。

4) 代表的なものに，大泉啓一郎「大メコン圏（GMS）開発プログラムとCLMVの発展〜経済回廊整備で広がる可能性と日本の役割」『環太平洋ビジネス情報RIM』Vol. 8 No. 30，2008年などがある。

5) 日中戦争の最中，中国の蒋介石を援護するため，連合国が軍需物資を支援したとされる輸送ルート。

6) 2015年5月31日現在のPSA Internationalのホームページ記事による。

7) 2016年10月31日，邦船3社（日本郵船／商船三井／川崎汽船）は2018年4月を目指し，コンテナ運航を本社から切り離し，共同運航会社を設立すると発

表した。韓国の韓進海運（Hanjin Shipping）は，2016 年 8 月 19 日に会社更生法手続きを宣言している。

8) Bowersox, D. et al., *Leading Edge Logistics: Competitive Positioning for the 1990's*, CLM, 1989.

9) 高橋輝男はジョージア工科大学の Edward H. Frazelle との交流を深め，最新の米国流サプライチェーン理論を日本に導入しようと試みた。Frazelle の *Supply Chain Strategy* を高橋輝男監訳・中野雅司訳『サプライチェーン・ロジスティクス』（白桃書房，2007 年）として出版している。

第 **9** 章

グローバル・サプライチェーン
ロジスティクスを阻害する各国事情
【中国編】
─中国の輸出入通関体制と
国内物流の効率化に関わる諸課題─

陳　麗梅

　30 年余り続いた高度経済成長により，いまや中国の経済規模は，米国に続き世界第 2 位となった。積極的な外資の誘致により，現在では外資企業が中国経済の必要不可欠な一部分となっている。2014 年の中国への外資直接投資は前年比 1.7％ 増（実行ベース）と伸び幅は小さくなったものの，政府による消費主導型経済への誘導もあり，サービス部門向けの投資額は 7.8％ 増となり，外資をより深く，より広く活用する傾向が見られる。一方，中国企業の海外への投資・進出も推進され，2014 年は 14.1％ の伸張と過去最高となった。中国は，こうした外資と内資の活発なグローバル展開を背景に，輸出入貿易額が世界貿易総額の 10％ 以上を占める世界最大の貿易国となり，13 億人以上の人口を抱える大国としてのスケールとあいまって，その法規制，経済運営のメカニズム，ビジネス慣行等が，各国企業のグローバル・サプライチェーンロジスティクス構築に大きな影響を及ぼす存在となっている。

　中国におけるグローバル・サプライチェーンロジスティクス構築の阻害要因については，一昔前まではインフラの整備状況に関する議論が多かったと思われる。貨物量の大幅な伸びと比較して，一般道路や高速道路の総延長，鉄道総延長や港湾・空港設備の状況などを議論するというものである。しかし，1997 年のアジア金融危機と 2008 年のリーマンショックを乗り越えて，中国のインフラの急速な拡充と整備が進む中で，近年では徐々に物流機器，

249

第 2 部
グローバル・サプライチェーンロジスティクスを構築するための必須知識

物流 IT 関連等のハードの充実が進み，国際的な経済情勢の変化や中国の国内経済構造の改革等により，市場のニーズを先取りしたサービスの提供や，それを一歩進めた提案を行うことが重要となってきていることから，より効率的なロジスティクス体制の構築に向けた法整備や適正価格が維持できる仕組みなど，物流サービスを含むソフト面の向上に向けた基本政策に関わる問題が議論の中心となってきている。

　本章においては，グローバル・サプライチェーンロジスティクス構築に対する障害について，中国の輸出入通関体制の諸課題と輸出入業務の延長線上にある中国の国内物流の諸課題に関し，それらを左右する商慣行や人材育成も含め考察する。

9.1　輸出入に関わる中国通関の現状と課題

　地球規模で事業活動を展開する企業は，グローバル・サプライチェーンロジスティクスの合理性と効率性を追求しつつある。本節では，日系企業を含めた外資系企業の中国における貿易体制，具体的には通関管理体制，輸出入規制，製品規格，検査検疫および貿易商品に対する各地税関管轄部門の不統一な対応などに起因する日々の現場での現象に着目しつつ，現在の中国における通関改革の動向についても触れることとする。

9.1.1　「貿易形態」の変化にともなう「通関体制再構築」の動向

　①　「加工貿易」から「一般貿易」へのシェアシフト

　2014 年の中国の貿易額は 4 兆 3030 億ドルとなり，1978 年の 206 億ドル，2000 年の 4740 億ドルから大きく飛躍している（図 9. 1）。しかし，貿易の変化は量的側面に止まらず，近年では多くの企業の貿易形態そのものが，従来の「加工貿易」から「一般貸易」へと変化してきていることに留意すべきである。

　貿易形態が「加工貿易」から「一般貿易」にシフトする背景には，2 つの要因があると考えられる。ひとつは，中国で生産した製品を海外に輸出してきた従来の貿易パターンが減少し，中国を市場として捉え，中国で生産した

250

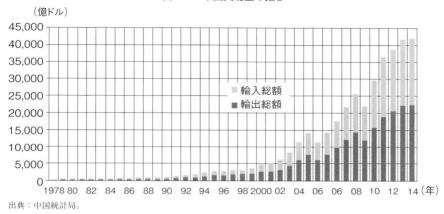

図9.1 中国貿易量の推移

出典：中国統計局。

物を中国国内で販売する割合が増えたということであり，もうひとつは，企業の国際間取引が，従来の企業グループ内取引によるグループ内貿易の枠組みを超え，いわゆる「アームズレングス」的関係にある企業グループ外との取引にも拡大し，中国における現地調達率を向上させてきたということである。

企業は，国際的経営形態において，グループ内ネットワークとグループ外ネットワークの二次元のネットワークを形成する中で，管理をよりシンプルにするため，一般貿易の枠組みを広げたとも考えられる。

1981～2009年にかけて最盛期を迎えた中国の加工貿易は，年平均20％以上の成長率で拡大し，貿易総額に占める加工貿易の割合は，1981年の5.98％増から1998年に53.42％のピークに達し，その後徐々に下降してきたものの，2009年には依然として41％前後で推移していた。しかし，近年，国内販売の自由度が高い「一般貿易」への切り替えに踏み込んだ企業が増え，2014年の加工貿易の割合は貿易全体の32.7％まで低下し，一般貿易が全体の52.8％を占めるようになった（図9.2）。これにともない輸出入貨物のカテゴリーの変化がもたらされ，輸出入現場における「通関」業務がこれに対応しきれないという新たな阻害要因が生まれ，多くの問題を惹起している。

② タテ割り・ヨコ割りに分断された通関管理体制

図9.2 中国貿易における加工貿易の割合

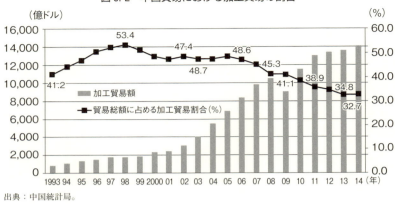

出典：中国統計局。

　加工貿易主流時代の輸入貨物は，中国国内市場向けの最終製品よりも中間材の割合が高かった。輸出入関税の免除等の優遇策を受ける反面，輸入部材と輸出商品にの物量については，歩留まり率を確定した上で，税関を含む行政，金融部門，検疫検査部門，業界管理部門等のタテ割り型の管理に委ねられ，一方でヨコ割りの地方政府の権限も大きく，全体的にみると，細かいマス目となって厳格に輸出入を監視・監督・管理する体制がとられ，密輸入の防止を念頭に，加工貿易モデル的な通関体制が構築されていたといえる。
　従来の中国の具体的な通関運営は，全国33の一級行政レベルをベースとして44の税関管轄区が設けられ，それぞれの管轄区内にある企業の通関業務を当該地域の税関が管轄する体制をとってきた。
　輸入港が企業所在地税関とは異なる通関管轄区域にある場合には，企業の所在地税関は輸入港での通関と関税・増値税の納付を認めず，「税関監管車」という指定車両により税関区間移動（「保税転送」）をさせ，貨物検査を含めた輸出入通関手続きは，企業所在地の税関で行わねばならなかった。どうしても輸入港での輸入通関を行おうとする場合には，特定の煩雑な手続きを行う必要があったが，その手続きを行ったとしても，地域保護主義的慣行のため，貨物が確実に輸入できる保証はなく，企業にとって多大な時間と費用のロスになっていた。
　加工貿易体制では，原材料／部品／製品の横流しや密輸入を防止するため

には，このような手続きも有効であったが，一般貿易の観点から見れば，貨物のスムーズな輸出入の阻害要因となり，拡大する中国国内の流通活動，企業の経済活動の実態にも合致しなかった。

③　輸出入規制をめぐる通関トラブル

中国の通常の輸出入業者が輸出入業務を行う際には，事前に輸出入許可証の取得が必要か否か，また中国の工業規制または国家標準規制などに該当するかどうか等について，確認する必要がある。しかし，このような規制内容の確認が容易にできるような体制が整えられていない場合が多く，管理部署・業界ごとに該当貨物に関してバラバラに規制文書が発行されているため，企業のチェック漏れを招きやすい。また，輸出入貨物が規制に該当するかどうかについては，用途に基づく自主的な判断を求められることもしばしばある。

例えば，電機製品の輸出入について中国では，人の健康と安全，動植物の生命と健康，環境保護，公共の安全等に影響のある製品に対して，日本のJAS規格に類似した安全認証制度（China Compulsory Certification：以下，CCC）が施行されており，この制度の適用対象に該当するかどうかを確認するための「CCC目録」が公表され，該当する製品の出荷，輸入，販売の際には，事前に認証を受け，貨物に認証マークを付すことが義務づけられる。

このような規制を受けて荷主企業は，CCC認証の取得が必要か否かを自主的に判断しなければならない。

しかし，「CCC目録」だけをみれば判断できるわけではなく，その他「国家基準規格（GB)」などを確認する必要もある。また，用途によって，その貨物が，(1)最終製品に組み込むため，あるいは委託加工のために輸入する部材であって，最終製品完成後100%輸出することを前提とするのか，(2)貿易契約に基づき，輸入後100%再輸出する製品であるのか，(3)生産ラインに組み込むために輸入する部品なのか，(4)保守および修理を目的として，製品最終ユーザーが直接輸入する部品なのか，(5)すでに製造停止となっている製品の保守および修理のために輸入する部材であるのか等々の判断が必要となり，場合によっては，CCC認定を受けなくてもよいこともあり得る。

現状では，企業が多岐にわたる公示／規制を的確に確認することは難しく，CCC認証を取得しないまま，輸入しようとして貨物が差し止められるケー

スもある一方で，実は CCC 認証不要なものについても，判断が難しいため
にあえてコストをかけて認証を取得しているケースも頻繁に見られる。

中国政府は通関の効率化やサービス向上のため様々な努力を行っており，
以前に比較し状況はかなり改善してはいるものの，CCC 該当品目，危険品
など規制管理品目に関しては極めて数多くの規制があり，所管官庁も多いた
め，各地の CIQ（中国質検総局）が対応に苦慮するなどの問題が依然とし
て存在している。

④　検疫検査手続きの煩雑性

貨物が実際に輸入される際の現場には，税関と検疫局が大きく関わってい
る。他の国と同様に中国も，輸出入商品に対する検査・検疫制度を設けてお
り，税関および検査・検疫総局（CIQ 質検総局）は，法令が遵守されているか，
申告書と現物が合致しているかの確認等，合理的な理由がある場合には，い
かなる貨物についても検査する権限を有している。

税関が輸入申告内容に対して貨物の種類，数量，税率を確認し，関税を徴
収するのに対し，検査・検疫総局（CIQ 質検総局）は多くの場合，輸入貨
物が中国の国家規格（GB）・工業規格・安全規格等に一致するかを検査確認
する。

中国では，輸入貨物が「法定検査品目」とそれ以外の「抜き取り検査・検
疫品目」に区分されており，「法定検査品目」に該当する貨物は，2015 年現
在で税関の HS コード 4565 品目に及んでいる。

貨物の現物検査が要求された場合には，輸入者に代わって通関業者が，検
査検疫機関指定の検査場で，期限内に検査を受けなければならない。税関と
検疫局がそれぞれ別々に検査を実施するため，輸入者にとって二度手間にな
るだけではなく，輸入リードタイムが伸びる事態も頻繁に発生する。検査後
に発行される証明書についても，例えば食品輸入手続きにおいては，検疫局
の検査，商品試験，衛生証明取得から中国国内販売許可の取得に至るまでに
多大な時間（30 ～ 60 日間）を要するため，貨物の港頭内での保管費用が嵩
み，賞味期限が短い商品については，最悪の場合輸入許可・販売許可を得た
時点で期限切れのため機会損失が発生することもあり，食品輸入ビジネスの
拡大を阻害している。ゆえに，事前審査やサンプル分析の結果を適用する等，

手続き時間の短縮が喫緊の課題となっている。

また，電子情報製品汚染制御管理弁法（中国版 RoHS）による認証（合格評定）制度の導入が懸案となっているが，国内外およびサプライチェーン全体の企業負担の軽減を図りつつ，有害物質の削減を効率的に実施するためには，生産者自身が適合性を証明できる仕組みも導入し，欧州等の制度を参考にした最適な制度設計が必要であると考えられる。

⑤　統一見解体制の欠如

輸出入通関に関して中国は，膨大な法律・法令を有しているが，その規則の位置づけや相互の関連性が極めて不明確である。日本を含む先進諸国では事前に十分検討した上で法制度化を行うのに対し，中国で規制・制度の変更を実施する場合には，実施の一定期間前に税関ホームページに掲載する情報開示の義務等，具体的な実施までのプロセスも明確ではなく，まず法制化を優先し，施行後の運用の中で内容の修正を重ねるという特徴がある。実施にあたって事前にガイドラインが作成されないため，運用は現場の判断に委ねざるをえないというのが実態である。商務部，衛生部，交通部，労働部等中央国務院各部から地方へのラインと，国家税務総署，中国質検総局（CIQ），海関総署等のライン間の情報と認識の共有が十分でないため，解釈の相違が頻繁に発生する。

例えば，関税を決定する HS 番号の事前教示制度については，申請した税関においてしかその結果の適用が認められず，実効性が薄いために，ほとんど活用されていない。通関拠点数が 4000 近くあるだけに全国で統一的に実施することには一定の困難がともなうが，企業が活用しやすいよう今後手続きの簡素化を図ることが必要であろう。

9.1.2　「一般貿易」形態が主体の状況下での通関体制改革の動向

①　「区域通関一体化」が残した課題

一般貿易が主流となりつつある状況下で中国市場向けの最終製品の割合が高まり，とくに 2013 年以来消費財と一次産品を含む原料・資源の輸入が急増している。

これまで中国の通関運営については，44 の税関管轄区にある企業の通関

第2部
グローバル・サプライチェーンロジスティクスを構築するための必須知識

業務を当該地域の税関がそれぞれ管轄する体制をとってきた。しかし，この体制は，拡大する企業の経済活動の実態に合致せず，貨物のスムーズな輸出入に対する障害要因となっていた。

そこで，このような細分化された通関管理体制を改革し，集約化，高効率化，統一化，健全化，一体化された通関管理新体制の構築を目指し，2015年5月1日にいわゆる「区域通関一体化」体制が実施され，それが31の省・市・自治区の全行政地域に広げられた（表9.1）。

これにより，全国を，①京津冀エリア，②長江経済ベルトエリア，③汎珠江エリア，④東北エリア，⑤シルクロード経済ベルトエリアの5つの大きなエリアに集約・再編し（図9.3），一級行政レベル単位ごとの税関管轄区に分断されていた従来の通関管理システムを，各エリア内で集約・連携させた。

新体制による通関の仕組みでは，従来の税関管轄区を連携させ，実質的にひとつの大きな税関として機能させることになる。企業が，通関地・貨物検査について，ともに自主的に選択でき，関税・増値税についても従来の所在地税関で納付する必要がなくなった。

このような「区域通関一体化」の実現に向けて，統一化された通関申告プラットフォーム，申告書審査プラットフォームおよび申告書受付窓口プラットフォーム，危機管理プラットフォームなどの構築を進めるにあたり，各地域に「応急協調センター」とも言うべき機構が設置され，改革当初の突発的事態への対応にあたることになっている。このような通関体制下では，新しい通関区域内での税関コード分類審査と価格審査，原産地事前確認と許可証等の認定結果については，エリア内各通関地で共有され，異なる地域間での

表9.1 「区域通関一体化」におけるエリア別地域

京津冀エリア	北京市，天津市，河北省の3つの一級行政区域
長江経済ベルトエリア	上海市，江蘇省，浙江省，安徽省，江西省，湖南省，湖北省，重慶市，四川省，貴州省，雲南省の11の一級行政区域
汎珠江エリア	広東省，福建省，広西チワン族自治区，海南省の4つの一級行政区域
東北エリア	遼寧省，吉林省，黒龍江省，内モンゴルの4つの一級行政区域
シルクロード経済ベルトエリア	山東省，河南省，山西省，陝西省，甘粛省，寧夏回族自治区，青海省，新疆ウイグル自治区，チベットの9つ一級行政区域

出典：中国交通運輸部資料より著者作成。

図9.3 税関管轄区域の変化

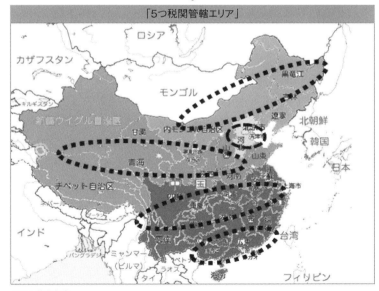

出典：著者作成。

重複検査を省くことができることとなった。

この新たな通関の仕組みをテストケースとして先行的に実施した京津冀通関区域（北京市，天津市，河北省）での非公式統計によると，企業の通関にかかる費用は20～30％低減され，「保税転送」という輸送行為などの減少により，物流コストは2割強削減され，加えて通関所要時間は従来に比べて，輸入で9時間，輸出で0.3時間短縮されたという。

新しく編成された「5つの通関管轄エリア」をみると，内陸地域，中西部地域と沿岸地域の経済連携が強化されるという特徴が見られる。例えば，「シルクロード経済ベルトエリア」では，山東省青島から新疆ウイグル自治区の阿拉山口まで直線距離で4000キロ以上あるが，中国の東と西を横断する9つの一級行政地域をひとつの通関エリアにすることで，区域内の自由な流通を促進することにつながると思われる。また，中国の経済発展の新動力である「一帯一路（シルクロード経済ベルトと21世紀海上シルクロード）」構想を念頭に置いて，通関エリアの集約も行われている。

中国の新通関体制の実施により，伝統的な直轄税関管理型モデルの抜本的改正が図られ，グローバル展開企業が期待してきた「統一見解体制」の構築に大きな一歩を踏み出したものと評価できる。しかし，新体制においても依然として全国が5つの地域に分けられていることから，5つ地域の間で隔たりが存在していることが指摘されている。今後，中国は，「内陸地域への通関拠点の設置」や「国境地域の通関地の開放加速」「沿海地域の通関地の開放水準向上」という構図に向けて，通関体制の改革を加速させていくと考えられるが，全国規模での統一した見解，通関一体化の早期実施が課題として残されている。この課題が解決できれば，中国に関わるすべての輸出入企業が恩恵を受け，中国の貿易全体にとっても大きなプラスになると思われる。

②　通関資源の有効活用に向けて

一方，税関／検疫など関連通関部門の限られた資源を効率的に運用するため中国は，輸出入企業をその信用度によって分類し，差別化するAEO（Authorized Economic Operator）制度を実施している。

日本では「認定優良事業者制度」として認知されているAEO制度は，2001年の米国における同時多発テロにより，まずは米国でC-TPAT（Customs-Trade Partnership Against Terrorism）として 2002 年に確立され，それをもとに 2008 年に欧州連合（EU）が AEO 制度を確立した後，ニュージーランドやアジア諸国でも取り組みが広がっている。

　日本の「認定優良事業者制度」の場合には，一定期間法令違反がなく，法令遵守の体制が整っている企業が「AEO 事業者の認定」を取得し，税関での輸出入手続きの優遇措置を受けることができる。インセンティブの一例としては，輸出の際に自社の工場や事業所で輸出手続きができ，港の保税地域などで待ち時間なしで船積みが可能になるため，半日から数日程度，物流の所要日数を短縮することができること等が挙げられる。

　一方，中国が従来実施してきた「税関企業分類」制度は，税関が各企業の法令遵守や経営管理の状況，税関の管理・統計記録等に基づき評価・分類した企業別の管理類別である。上位から順に AA 類から D 類まで 5 ランクあり，税関への登録直後はまずは B 類に分類される。AA 類は，A 類が 1 年以上適用され，前年度輸出入通関申告の誤謬率が 3% 以下等の条件を満たす企業に適用される。A 類は，B 類が 1 年以上適用され，連続 1 年間密輸等の違反規定がない等の条件を満たす企業に適用される。B 類は，上述の通り税関への登録後に適用，C 類は，密輸行為がある場合や，税関監視規定への違反行為が 1 年に 3 回以上ある場合等に適用され，D 類は，密輸による刑事罰を受けた場合や，密輸行為が 1 年に 2 回以上あった場合等に適用される。このように「税関企業分類」は，密輸入の有無を重点において行われてきたものと考えられる。

　しかし，「一般貿易」の進行にともない，この分類による管理が現状にそぐわなくなってきたため，2014 年 12 月に「中国税関企業信用管理暫定規則」（税関総署令第 225 号）に基づく再分類が行われ，認証企業区分を従来の 5 段階分類から 4 段階分類に変更するとともに，従来の AA 類企業を「高級認証企業」に，A 類企業は「一般認証企業」に，B 類企業は「一般信用企業」に，C，D 類企業は「信用喪失企業」と区分した。

　また，この新たな分類による認証企業は，税関総署の公布した税関認証企業基準公布（税関総署公告 2014 年 82 号）に規定された「税関認証企業基準」に合致することを要求されている。例えば，「高級認証企業」には，内部統制，

財務状況，法令遵守，一定額の貿易量の確保，付加価値基準の5項目につき，18条32項目にわたる達成基準が設けられており，総得点95点以上が必須とされている。一方，「信用喪失企業」には，密輸などの犯罪行為，税や罰金の滞納，全国平均の2倍以上の通関申告誤謬率等がある企業が該当する。「高級認証企業」と認められた場合には，輸出入貨物検査率が低減され，優先的な輸出入貨物通関手続き等の優遇措置を享受することができ，輸出入手続きが簡略化されることに加えて，貨物分類（HSコード），申告価額確定，原産地認定またはその他の税関手続きの前に，貨物を引き取ることが可能となるなどのメリットがある。また，「高級認証企業」は「AEO認定事業者」として扱われ，AEO相互認証国における通関上のメリットも享受することができる。

　ここまで述べてきたように従来中国は，細かいマス目のような通関管理体制をとってきたため，輸出入企業にとって，規制の確認が難しく，検査検疫手続きは煩雑であり，とくに通関管理部門の統一見解体制が欠如しているといった大きな阻害要因が存在していた。これらの阻害要因を排除するために，これまで述べたような「区域通関一体化」の措置が実施されてきたが，それに加えて，輸入・生産に関する危険化学品登記や生産・使用に関する危険化学品の環境登記のような手続きについては，一定数量（例：年間1000kg）以下の取引に対しては登記を免除する，当局が規定するデータ・ソース以外であっても，試験方法の明記等を条件として企業が保有するデータの利用も認める等の制度を導入することについても，早急に検討を進めるべきであると考える。

　中国政府は，「区域通関一体化」政策によってより広い税関管轄体制の構築を推進し，新たな企業分類に基づき，より国際社会に近づけた「AEO制度」を推進することにより，通関資源の効率的な活用と通関サービスの差別化に大きく乗り出した。これらは，一歩の前進として評価することはできるものの，「全国通関一体化」の完成や「AEO制度」の定着と拡大等，大きな課題が残されていると言えよう。

9.2 国内物流の効率化に関わる諸課題

中国においては，これまで述べてきたような輸出入の玄関口である通関上の課題に加えて，その延長線上にある国内ロジスティクスについても，多くの課題が残されている。以下，これらの問題点について，道路貨物輸送への偏重，貨物セキュリティ，物流のソフト部分の整備や標準化，安全意識，人材の不足，物流専業化の課題，都市内配送のネック，さらに商慣行によるロジスティクス構築への障害等といった切り口から確認する。

9.2.1 「道路インフラ」整備の進展と「道路貨物輸送」への偏重

中国では現在，各輸送モードのインフラの整備状況は，すでに世界の中進国レベルに達し，先進国に追いつく勢いにあると言える。各インフラの今後の構築計画によると，2020年には中国国内の道路および鉄道，空港，港湾を含むインフラネットワークがほぼ完成し，同時に沿海部と内陸地域とのインフラのギャップも縮小に向かい，ハード部分におけるインフラネットワークが着実に完成に近づく見込みとなっている。

2014年現在，中国の道路総延長は446.39万kmに達し，道路密度は

図9.4　中国道路総延長の推移

出典：中国交通部。

46.5km/ 百 km^2 となっている（図 9. 4）。高速道路は 11.19 万 km となり，道路延長全体の 2.5% である（日本の高速道路の総延長は 9208km）。また，農村や貧困地域の道路への投資も強化されている。さらに，「2030 年までの国家道路網企画」においては，現状の国道網の調整と補充を行い，幹線道路網のシームレース化を目指し，道路網へのアクセス効率を向上させ，国家幹線道路とその他の輸送モード間の連結，一般国道と国家高速道路の結節の改善，道路網全体の効率向上等を図ることとなっている。

図 9. 5　中国の輸送機関別分担率（2013 年）

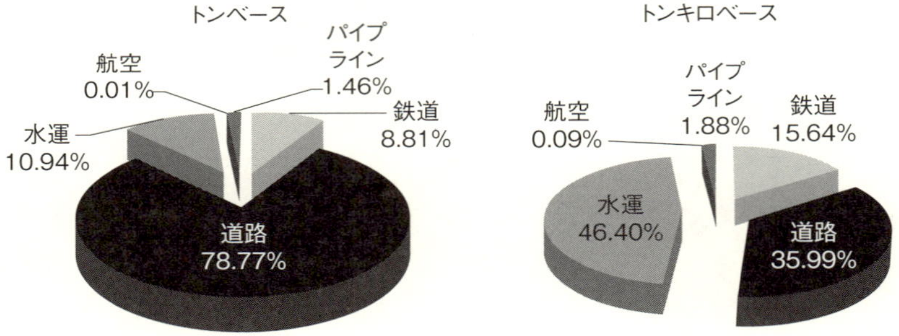

トンベース

航空
0.01%
パイプ
ライン
1.46%
水運
10.94%
鉄道
8.81%
道路
78.77%

トンキロベース

パイプ
ライン
1.88%
航空
0.09%
鉄道
15.64%
水運
46.40%
道路
35.99%

出典：中国統計局。

図 9. 6　輸送モード別投資額

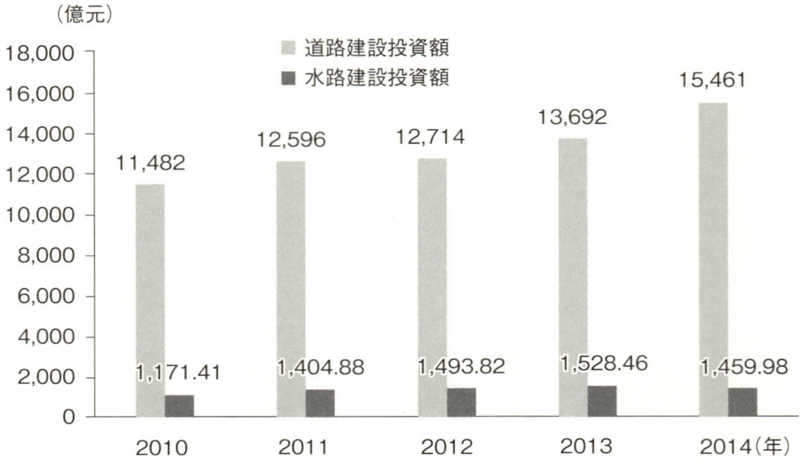

（億元）

	2010	2011	2012	2013	2014（年）
道路建設投資額	11,482	12,596	12,714	13,692	15,461
水路建設投資額	1,171.41	1,404.88	1,493.82	1,528.46	1,459.98

出典：中国交通部。

道路輸送については，2008 年以後高速道路インフラの広範囲な整備によっ
て輸送距離が大幅に伸長してきた。道路輸送1トン当たりの平均輸送距離は，
日本が 86 km となっているのに対して，中国が約 420 km と日本の約 5 倍となっ
ている。また，国内貨物輸送については，重量ベースで道路貨物輸送の比率
が全体の約 78% を占め，かなり高い割合となっている。

急速な環境悪化を視野に入れ，鉄道輸送と内航輸送へのモーダルシフトが
推進されているものの，鉄道と内航のインフラ建設および運営体制の問題に
より，十分な実効が上げられていないのが実態である（図 9.5，図 9.6）。

9.2.2 物流のソフト部分の未整備

一方，制度や規制，既存のインフラ設備を活用するための方策など，物流
のソフト部分の整備は，ハードに比べかなり遅れているのが実態である。

中国の物流産業は，すでに量的成長から質的成長の段階に入りつつあり，
荷主のロジスティクス・サービスのレベルの向上とコストの削減へのニーズ
が一層強まるものと思われる。整備されつつあるインフラをいかに有機的に
機能させるかという物流のソフト面の充実が大きな課題となっている。

現在，沿岸部大都市周辺の人件費上昇による内陸部への工場移転にともな
い，内陸部の消費力が向上し，中国の経済成長の新たな牽引力となっている
「一路一帯」の取り組みにおいても，東部沿岸部から中西部・内陸部までの
物流連携が目標とされているため，それらにより増加する東西間・南北間の
輸送は長距離化し，物流コストは増加する傾向にある。

一方，全国を網羅する各輸送モードをリンクさせた複合一貫輸送システム
が確立されておらず，輸送モードごとに異なる行政部門が管轄し，相互の連
携が図られていないことも大きな問題となっている。複数の輸送モードによ
る一貫輸送の遅れは，長距離輸送になればなるほど，高コストとリードタイ
ム延長につながり，大きなネックとなる。こうした課題の解決に向けて，一
部輸送モード間連携の事例も出てきているものの，大きく改善が図られるに
はまだ長い歳月が必要であると思われる。

9.2.3 安全管理体制の未成熟

2014年3月5日の中国第12回全国人民代表大会第2次会議の「政府工作報告」において，今後の中国の物流市場のあり方に関する施策方針と重点推進項目が提起された。その中で，とくに物流市場の秩序の確立・調整の強化，生産から消費までの全プロセスの管理体制の確立，追跡体系の構築等が挙げられており，さらに食品・薬品の安全監督体制を健全化し，食品・薬品・化学危険品などの物流の安全，道路輸送の安全，宅配サービスにおける個人情報の保護などの監督を強化し，物流ブラック企業リストアップ体制と社会信用体系を構築する等の方針が打ち出された。

さらに，「道路輸送車両の動態管理」の推進についても，道路旅客車両，危険品輸送車両，セミトレーラおよび総重量12トン以上（12トンを含む）の普通貨物輸送車両が，動態管理の対象として規定された。

しかしながら，これらを実施するためのガイドラインが不明確であるために，現場での実施が混乱に陥り，とくに外資系企業が対応に苦慮している実態がある。

9.2.4 物流標準化の遅滞

製造業と比較し物流業では，標準化の進展はかなり遅れている。輸送車両・荷役機器・梱包などの規格統一が遅れているため，積載効率が低いにもかかわらず，荷主・物流業者等の間において，物流標準化に対するニーズが未だ具体化されていない。例えば，一貫パレチゼーションが普及しておらず，現在でも手荷役が主流となっている。さらに，梱包の欠陥などによる破損，誤配等の頻発による莫大な損失が発生しており，物流コストを押し上げる原因となっている。

また，標準化は計画経済関連部門ごと，地域ごとに，ばらばらに管理されており，提携や協調が進まず，相互に矛盾する多くの問題が発生している。

9.2.5 物流人材の不足

中国統計局のデータによると，輸送業界の就労者数は約800万人であり，

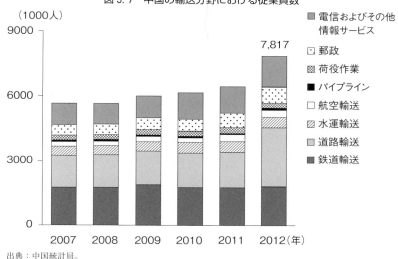

図9.7 中国の輸送分野における従業員数

出典：中国統計局。

その35%は道路輸送に従事している（図9.7）。

このように多くの就労者を抱えている物流業界ではあるが，各物流企業による人材育成の仕組みは極めて脆弱であり，これが中国における物流コスト増や品質低下の大きな原因のひとつとなっている。物流企業における優秀な人材の不足により，物流効率の低下，知識や訓練の不足による貨物事故，物流センターの稼働率の低下などを招き，それらが原因となって，企業の物流コストを押し上げている。物流企業による人材育成の推進，行政による政策的支援が強く求められている。

9.2.6 物流専業化の課題

2013年の中国の総貨物輸送量は403億トン，16兆4516億トンキロで，トン当たり平均輸送距離は約408kmであった。これに対して，営業用トラックによる貨物輸送量は約308億トン（全体の76%），5兆5738億トンキロ（全体の34%），トン当たり平均輸送距離は約181kmであり，前年比8%増であった。営業用トラックの輸送分担率が少しずつではあるが，上昇し輸送の専業化が進んでいると思われる。

しかし一般に中国では，荷主が物流業務を自社で抱え込むという傾向があり，明確かつ十分な物流市場が形成されていないため，専門性の高い物流業者は少ない。道路輸送の分野では，零細または中小輸送業者が輸送供給市場の約9割を占めていることが，物流高度化の阻害要因のひとつと考えられている。提案力と現場力を兼ね備えた物流企業はほとんど存在せず，言われた通りに運ぶという意識しか持たない零細または中小物流輸送企業が多く，荷主が満足できる物流サービスを受けることはなかなかできないのが実情である。

9.2.7 都市内配送のネック

中国の流通業界では，いわゆる「進場費」に代表される商品の代金以外の収入への依存体質が問題として挙げられることがある。取引先に対する優越的な地位の乱用，小売業の自主的なマーチャンダイジングの阻害といった問題が指摘されており，日系小売業の中にも苦労している企業が少なくない。

また，いわゆるラスト・ワンマイルの配送業務にも，多くの無駄が生じている。中国の都市部では，環境汚染減少のためトラックの市街地進入が規制されており，トラックが市街地に入るためには，「市街地進入許可証」を取得しなければならず，都市によってその許可証の発行件数が厳しく制限されているため，この「市街地進入許可証」は配送業者にとって貴重な経営資産となっている。

この許可証を持たない業者の中には，配送業務のためにワゴン車の後部座席を取り外して貨物配送に利用している業者があるが，これは違法行為であり，捕まらないように遠回りするため配送効率が落ち，1日3〜4軒しか配達できないこともあり，燃料費や人件費などの輸送コスト増，リードタイム延長を招いている。

一方，許可証を所持していても市街地への進入時間の制限があり，例えば午前7時から9時まで間，および午後4時から8時までの間についてはトラックの市街地内運行は認められず，違反すれば罰金が課されるため，時間内に引取りや配達を終えるには1分1秒を争うことになる。制限時間内に引取りや配達を終えて市街地から出て行くことができない場合には，一旦トラック

を駐車場に入れ待機するしかないが，その場合には駐車料金がかかることに加えて，車両稼働率を大きく低下させてしまうことになる。その意味では，市街地進入通行証を持つ企業が優位であるとは言え，それだけでは本質的な物流サービスレベルの向上には繋がらず，都市配送車両の統一的な管理や生鮮食品・薬品などの車両通行の利便性を向上させる等の課題に早急に取り組む必要があろう。

9.2.8 中国の商慣習によるロジスティクス高度化への阻害

企業が海外に進出し事業活動を行う際には，自国や自社が持っている製造技術・調達販売ルート・資本力が重要な要素となるが，それだけではグローバル経営を成功させることはできない。最も重要なポイントは，進出先の国の文化・商慣習を十分理解し，それに対応した経営を行うことであり，それができない場合には，自国とその国の文化や商慣習の違いが，グローバル経営の展開やロジスティクスシステムの構築に対する阻害要因となる。ゆえに，進出先の国の文化・商慣習にいかに対応し，いかにそれをうまく経営に取り込んでいけるかが，非常に大きな課題となる。

中国の商慣習の例をひとつ挙げれば，人的ネットワークの有無が極めて重要な社会であるということであろう。人的ネットワークを持たない日系の物流企業は，たとえ輸送技術を持ち，競争力ある価格を荷主に提示できたとしても，必ずしも重要な物流プロジェクトや輸送業務に参画できるとは限らない。優れた提案力と実力を有し，事前審査やセールスのプロセスを通じて，「行ける」という感触を得ていたとしても，裏に隠れた人脈によりトップの意思であっさりひっくり返されてしまうような事例はいくらでもある。このような状況下では，物流企業側のレベルアップが阻害されるとともに，荷主側の物流の品質も低下し，延いては物流業界全体のサービスレベルも低下することとなる。

一方，実務においても，個々の現場レベル，作業員レベルで「融通を利かせた」対応をしなかったために，日々円滑な運営ができなくなる例が多々ある。中国ビジネスに関し，「人間関係学」が最も重要な要素とされ，学習するよう勧められる所以である。

267

第2部
グローバル・サプライチェーンロジスティクスを構築するための必須知識

　中国政府としては，統一的，開放的かつ秩序ある競争の行われる市場の建設を目指し，統一的な市場参入制度の実施，公平な競争の障害要因となっている各種規定や運用の撤廃などを進めようとしている一方，伝統的な商慣習・商文化も根強く存在し，ロジスティクスの高度化を阻害していることを十分認識する必要がある。

9.3　結び

　物流は，輸送，保管，梱包，荷役，流通加工，物流情報処理といった機能をもって調達・生産から消費までの時間と空間を流れているが，物流業者が事業展開する国の物流インフラや社会制度等によって，その流れの生産性・効率性が大きく変わってくる。

　とくに，国をまたがるクローバル・サプライチェーンロジスティクスの場合には，長時間の国際輸送，輸出入通関業務に加えて，川上のサプライヤーから，川下の流通業者，さらに最終消費者まで多くの関係者が関わっており，フォワーダー企業，通関業者，キャリア（船舶または航空会社），トラック業者，港湾業者など関係者の数多くのプレヤーが存在しているために，その内容は極めて複雑である。そのような状況下では，輸出入に関わる法規制のような表だった障壁のみならず，低品質な輸送・通関サービスのような裏に隠れた障壁も輸出入リードタイムを不安定化させ，長期化させることになる。

　グローバル企業は，グローバル・サプライチェーンロジスティクスの効率化の指標として，在庫，コスト，リードタイム，品質などを用いているが，現在総合的に物流コストが他国より相当に高いと言われている中国では，水際の通関や国内での供給活動に対する過剰な政府規制の緩和が図られるとともに，法治政府・サービス型政府への転換が推進されることが不可欠である。行政手続きの簡素化・迅速化，また市場メカニズムが有効に機能する分野に対する許認可や認証の撤廃あるいは大幅な緩和等を，一層強力に進めていく必要があると考えられる。

第10章

グローバル・サプライチェーン
ロジスティクスを阻害する各国事情
【ASEAN 編】

金澤　匡晃

　多くの地域が第二次世界大戦の戦場となった東南アジアは，第二次世界大
戦終結後もインドシナ戦争やベトナム戦争，ベトナム・カンボジア戦争や中
越戦争など，長らく戦乱の絶えない地域であった。

　こうした中で，「東南アジア諸国が地域としての独自性を確固なものとし，
地域の問題を自らの手で解決していくことが，地域の平和と安定に繋がる」
との理念に基づいて1967年に設立されたのが東南アジア諸国連合（ASEAN）
であり，その発足の経緯から単なる地域協力機構ではなく反共同盟的な性格
も併せ持っていたが，冷戦の終結とこれに前後する各国の民主化や政策転換
とともにその性格を変え，現在は社会主義国を含む10か国で構成され東南
アジア地域の地域共同体として発展している。

　わが国と ASEAN は設立当初から緊密な関係を保っており，ASEAN 初の
首脳会談が行われた翌年の1977年には日本と ASEAN との首脳会議が開催
されている。これを機に日本と ASEAN との経済関係も深まっていったが，
1985年のプラザ合意とその後の急激な円高の進展を背景として，1980年代
後半には日本の対 ASEAN 直接投資が急拡大，日系の自動車メーカーや家電，
電子メーカーなどの進出が増加していった。

　東南アジアへ大手メーカーが進出してくると，これに併せて各部品メー
カーも同様に進出してきたため，域内における物流網が構築されてきた経緯

269

があり，こうした日系メーカーの物流面をサポートすることを主目的として日系物流企業も ASEAN 諸国に進出，現地での生産量の増加に合わせて日系物流企業も ASEAN 域内外での輸送量を増加させてきた。

また，ASEAN 諸国の安定と経済的な発展のため，わが国は ASEAN 最大の ODA 供与国として，道路，港湾などの社会インフラ整備を中心に経済協力を継続しており，2015 年にはメコン川流域 5 か国首脳との「日本・メコン地域諸国首脳会議」においてその後 3 年間で 7500 億円規模の ODA 実施を表明するなど，政治経済ともにますます関係の深化が進捗するとともに，メーカー，物流業のみならず小売業，サービス業など多様な日系企業の進出もますます増加するものと考えられる。

本章では，わが国にとって重要なパートナーである ASEAN 諸国について，その成立から経済統合の動きまでを概観するとともに，この地域のさらなる発展に向けての阻害要因について，ロジスティクスの観点から考察する。

10.1 ASEAN と GMS

東南アジア諸国連合（Association of South-East Asian Nations：ASEAN）は，インドネシア，マレーシア，フィリピン，シンガポール，タイ 5 か国によって，タイのバンコクで 1967 年 8 月 8 日に設立された。

その後，1984 年 1 月 8 日にブルネイが，1995 年 7 月 28 日にベトナムが，1997 年 7 月 23 日にミャンマーおよびラオスが，1999 年 4 月 30 日にカンボジアがそれぞれ加盟，現在はこれら 10 か国により構成されている。

これら 10 か国に加えて，1986 年にはパプアニューギニアが，2011 年には東チモールが，それぞれ ASEAN への加盟申請を行っているが，まだ加盟の見通しは立っていない。

ASEAN 設立当初の主な活動内容は，年に 1 回行われる外相会議を通じた経済・社会分野での地域協力であったが，年々その活動内容は拡大され，2007 年 11 月に制定，翌 2008 年 12 月に発効した ASEAN 憲章においては，経済・社会分野のみならず，政治・安全保障分野でも連携を深めていくことが志向されており，経済的に統合された単一市場と生産基地としての

第10章
グローバル・サプライチェーンロジスティクスを阻害する各国事情【ASEAN編】

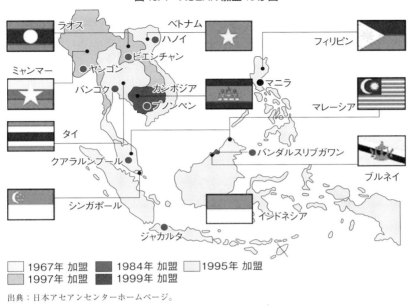

図10.1　ASEAN加盟10か国

出典：日本アセアンセンターホームページ。

ASEAN経済共同体（AEC）の設立に向けた基本原則も盛り込まれている（AECについては第2節で述べる）。

ASEAN10か国を合計した2014年における名目GDPをみると，総額で約2.5兆ドルで世界第7位に位置し，全世界の約3％を占めている。総人口でみると約6億人で世界第3位，全世界の実に9％を占めており，生産地，消費地としての重要性が高まってきている。

また，ASEAN10か国を合計した輸出入規模からみると，輸出額では世界第4位，輸入額では世界第3位となっており，輸出入を介した世界のモノの流れの中でも，この地域が重要なポジションを占めつつあることがわかる。

これら10か国のうち，メコン川流域に位置するタイ，カンボジア，ラオス，ベトナム，ミャンマーのインドシナ半島5か国に，同じくメコン川流域である中国雲南省，広西チワン族自治区を加えた地域をとくに大メコン圏（Greater Mekong Sub-region：GMS）と呼び，アジア開発銀行（Asian Development Bank：ADB）の主導により，これらの国で経済開発協力プロ

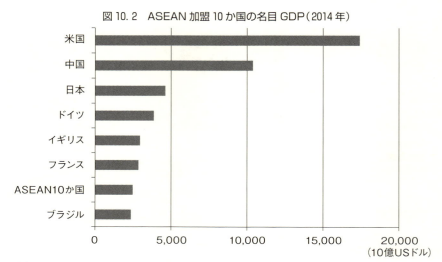

図 10.2　ASEAN 加盟 10 か国の名目 GDP（2014 年）

出典：World Economic Outlook Database, April 2015, IMF.

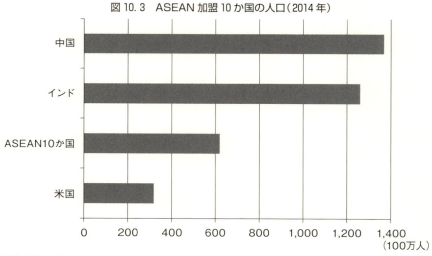

図 10.3　ASEAN 加盟 10 か国の人口（2014 年）

出典：World Economic Outlook Database, April 2015, IMF.

グラム（GMS プログラム）が進められてきた。

　当初はタイ，カンボジア，ラオス，ベトナム，ミャンマーと雲南省の 5 か国 1 省で 1992 年から取り組みの始まった GMS プログラムであったが，

第 10 章
グローバル・サプライチェーンロジスティクスを阻害する各国事情【ASEAN 編】

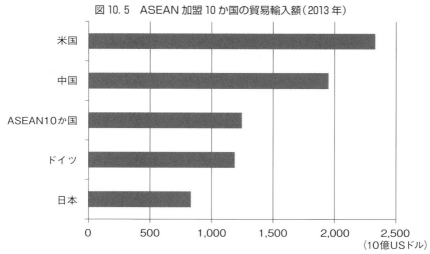

図 10. 4　ASEAN 加盟 10 か国の貿易輸出額（2013 年）

出典：UNCTAD Statistics.

図 10. 5　ASEAN 加盟 10 か国の貿易輸入額（2013 年）

出典：UNCTAD Statistics.

2005 年からは広西チワン族自治区を加えた 5 か国 2 省の地域を「大メコン圏」とした上で，メコン流域の経済開発と発展を促進することを目的として進められた。具体的には GMS をまたがる道路インフラの整備や，国際貿易

第2部
グローバル・サプライチェーンロジスティクスを構築するための必須知識

の円滑化，民間部門の参加による競争力の強化などを促進しながら，中国とASEAN 地域とを結ぶゲートウェイとしての機能充実に向けた様々な取り組みが進められた。

　GMS に含まれる国の中で，カンボジア，ラオス，ミャンマー，ベトナムの4か国は，ASEAN10 か国の中でも比較的経済開発の遅れている国として，4 か国それぞれの頭文字をとって CLMV 諸国と呼ばれている。中国が社会主義市場経済を提唱し，積極的な海外企業の誘致を始めた 1990 年代以降，日本をはじめとして各国の製造業が中国へ海外生産拠点をシフトさせる動きが盛んであったが，その後の中国国内における賃金水準の上昇やストライキの頻発，知的財産の流出などのチャイナリスクが顕在化してきたことに加え，日系企業に関してはとくに 2012 年以降に強まってきた反日運動などの影響もあり，中国への一極集中投資から，他の地域への拠点配置を模索する動き，いわゆる「チャイナ・プラスワン」と言われる動きの中で，経済開発が遅れており，まだ賃金水準の低い CLMV 諸国が注目されてきている。

　また，近年では，中国と同様に拠点進出の多いタイにおいて事業展開している日系企業にも，主にコストダウンを狙って生産工程の中から労働集約的な部分を CLMV 諸国へ移転させる，いわゆる「タイ・プラスワン」と呼ばれる動きも出始めている。このように，GMS を中心とした ASEAN 地域に対しては新たな生産拠点としてのみならず，約6億人の人口を擁する一大消費地としても，日本のみならず世界からの注目が集まっているところである。

　こうした中で，ASEAN では 2015 年内を目標として AEC の発足へ向けた準備が進められており，ASEAN 諸国の経済活性化や周辺諸国からの投資活発化がさらに進むことが期待されている。

　第2節では，AEC 創設の経緯やその内容についてみていく。

10.2　ASEAN 経済共同体（AEC）の創設

　ASEAN は，2003 年に「ASEAN 共同体」の創設に関して基本的な合意を行っている。その後，2007 年1月に開催された ASEAN 首脳会合において，2015 年までに社会・文化・政治・安全保障などの諸分野でのさらなる深化

274

に向けて，ASEAN 共同体の設立を加速させる内容を盛り込んだ「セブ宣言」が署名された。

同年 11 月開催の ASEAN 首脳会合においては，ASEAN の法的根拠となる「ASEAN 憲章」が制定され，翌 2008 年 12 月には発効，さらに翌 2009 年 4 月には，「ASEAN 政治・安全保障共同体（ASEAN Security Community：ASC）」，「ASEAN 経済共同体（ASEAN Economic Community：AEC）」，「ASEAN 社会・文化共同体（ASEAN Social and Cultural Community：ASCC）」の 3 つからなる ASEAN 共同体の設立に向けた中長期的な取り組みを示す「ASEAN 共同体ロードマップ（2009 〜 2015）」が公表されている。

翌 2010 年 10 月の ASEAN 首脳会議において，物理面，制度面，人的交流面での連結性強化を柱として東アジア・アセアン経済研究センター（Economic Research Institute for ASEAN and East Asia：ERIA），国連アジア

図 10.6　ASEAN 経済共同体のマスタープラン

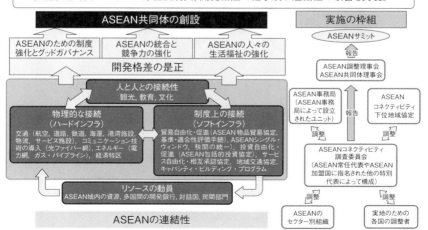

出典：経済産業省。

太平洋経済社会委員会（United Nations Economic and Social Commission for Asia and the Pacific：UNESCAP），ADB，世界銀行などの支援のもと「ASEAN 連結性マスタープラン」を採択，ASEAN 共同体の形成に向けた取り組みを加速させているところである。

　「ASEAN 共同体ロードマップ（2009 〜 2015）」の中では，ASEAN 経済共同体の創設に向けて以下の 4 つの柱の実施計画が盛り込まれている。

1）単一市場と単一生産基地
　①物品，②サービス，③投資，④資本移動，⑤人の移動，⑥優先統合分野，⑦食料・農業・林業
2）競争力のある経済地域
　①競争政策，②消費者保護，③知的所有権，④インフラ開発，⑤税制，⑥電子商取引
3）公平な経済発展
　①中小企業，② ASEAN 統合イニシアチブ
4）グローバルな経済への統合
　①対外経済関係，②グローバルサプライネットワークへの参加

　1992 年 1 月に先行加盟 6 か国（シンガポール，マレーシア，タイ，フィリピン，ブルネイ，インドネシア）による ASEAN 自由貿易地域（ASEAN Free Trade Area：AFTA）創設以来，ASEAN 域内では物品・サービスの貿易や，投資・熟練労働者・資本の移動などについて段階的な自由化が行われてきた。こうした中で，2010 年 1 月からは先行加盟 6 か国間において，一部の例外を除いて域内における物品関税は基本的に撤廃されており，2015 年の AEC 創設後，2018 年までには CLMV 諸国を含めた ASEAN10 か国全体を自由貿易地域として関税を撤廃することが予定されている。

　2010 年 5 月には，より包括的な枠組みによる ASEAN 物品貿易協定（ASEAN Trade in Goods Agreement：ATIGA）が発効している。ATIGA は ASEAN 経済共同体の基盤となる物品の自由な移動を実現するための物品貿易に関する基本的協定で，これまで個別に結ばれていた諸協定を一本化することに加え，自由化の対象品目等を拡大するとともに，関税の自由化，

貿易円滑化，適合性評価手続等を盛り込むことで，より包括的な内容となった。

こうした段階を経ながら 2015 年 1 月 1 日の発足へ向けて取り組みが進められていた AEC であったが，進捗計画の遅れにより 2012 年 11 月の ASEAN 首脳会議で 2015 年末に目標年次が修正されていた。

一方，ともに GMS を形成する中国との関係においては，ASEAN と中国の包括的経済協力枠組み協定（ASEAN China Free Trade Agreement：ACFTA）が結ばれている。ACFTA は物品貿易協定，サービス貿易協定，投資協定の 3 つの主要な協定から構成されており，先行加盟 6 か国とは 2010 年に一部のセンシティブ品目を除いて関税を撤廃，CLMV 諸国については 2015 年から 2018 年にかけてゼロ関税を実現する予定となっている。

10.3　物流インフラ整備の進展

ここまでみてきた ASEAN の経済的・制度的な統合過程の一方で，道路インフラの整備などを中心とした物理的な統合の強化も進められている。

ADB の主導により進められている GMS プログラムの中でも，道路インフラの整備にはとくに重点が置かれており，域内の主要経済回廊を特定した上で，優先的な開発を推進している。構想の当初は，タイからラオスを経て雲南省・昆明へ至る南北経済回廊，ベトナム中部のダナンからラオスを経てミャンマーへ至る東西経済回廊，ベトナム南部のホーチミンからカンボジアを経てタイに至る南部経済回廊が先行して特定されていたが，2007 年には，バンコクからラオスを経てベトナム北部のタインホアへ向かう東北経済回廊，中国・広西チワン族自治区と雲南省を横断してミャンマーへ至る北部経済回廊などの新たな回廊を特定し，GMS 域内の各国を網の目のように結ぶ地域経済回廊が整備される構想となっている。

GMS はその中央をメコン川が流れ，その多くの部分がタイ－ラオス国境を形成しており，経済回廊の整備に向けてはメコン川への架橋が必須であったが，1994 年にラオスの首都・ビエンチャンとタイ東北部の都市・ノンカイを結ぶ第 1 タイ－ラオス友好橋の開通を皮切りに，2006 年には日本

写真 10.1　第 1 タイ - ラオス友好橋

出典：タイ国政府観光庁ホームページ。

のODAを活用して建設されタイ・ムクダハンとラオス・サバナケットで東西経済回廊を結ぶ第2タイ-ラオス友好橋が，2011年にはタイ・ムアンナコーンパノムとラオス・ターケークを結ぶ第3タイ-ラオス友好橋が，そして2013年にはタイ・チェンコンとラオス・ファイサーイで南北経済回廊を結ぶ第4タイ-ラオス友好橋が開通している。

　タイ・ラオス国境からカンボジアへと入ったメコン川は，カンボジアの首都・プノンペンを通り，国境を越えてベトナム南端で南シナ海へ抜けるが，プノンペンからホーチミンへと至る南部経済回廊にも日本のODAにより2015年4月にネアックルン橋が開通している。もともと，わが国では南部経済回廊の一部を構成するカンボジア国道1号線の修復工事をODAにより実施しており，この一環としてカンボジア政府からの要請により無償資金協力により建設されたものである。

　ネアックルン橋架橋前には，メコン川を渡る手段はフェリーしかなく，通常時で待ち時間を含めて30分～1時間，混雑時には7～8時間かかっていたが，ネアックルン橋の開通により5分で対岸へ渡ることができるようになり，南部経済回廊における連結性の向上とGMSのさらなる経済発展に寄与することが期待されている。

　2国間の国境をまたがったクロスボーダー輸送を円滑に実施するためには，道路や橋など道路インフラを中心としたハード面での整備だけではなく，

第 10 章
グローバル・サプライチェーンロジスティクスを阻害する各国事情【ASEAN 編】

図 10.7　GMS 回廊ネットワーク（①〜④はタイ - ラオス友好橋の位置）

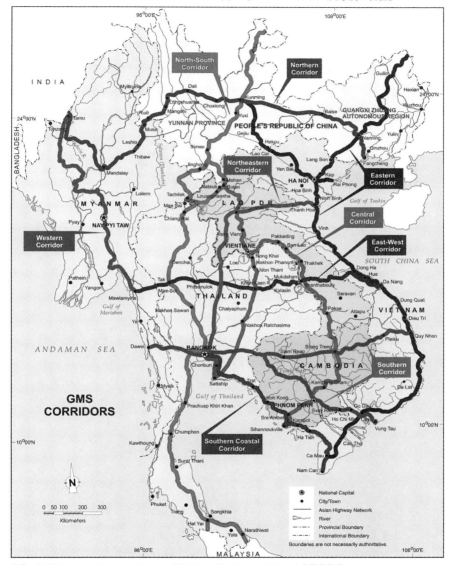

出典：GMS Transport Secretor Strategy, 2007 Asian Development Bank より筆者作成。

写真 10.2　ネアックルン橋

出典：独立行政法人国際協力機構ホームページ．

輸出入手続きや通関手続き，出入国手続きや交通法規，車両の保安基準など，多岐にわたる法制度を中心としたソフト面からの整備も不可欠である。

　現在，GMS における物流の円滑化をソフト面から進める枠組みとして，GMS 諸国による多国間協定として越境交通協定（CBTA）の締結，実施が進められている（CBTA に関しては第 4 節で述べる）。

　陸上輸送インフラの整備の一方で，海上輸送インフラである港湾の整備も進められている。東南アジア地域における港湾整備のうち GMS に着目すると，タイのバンコク港（チャオプラヤ川），カンボジアのプノンペン港（メコン川），ベトナム北部のハイフォン港（ソンコイ川），南部のホーチミン港（サイゴン川），ミャンマーのヤンゴン港，ティラワ港（ヤンゴン川）など，いずれも都市部中心を流れる河川に整備された河川港での物流が中心であった。

　しかし，これらの河川港はいずれも水深が浅く，かつ上流から流出する土砂を絶えず浚渫して水深を確保する必要があるため，近年の貨物船の大型化に対応することが困難になっていた。

　こうした中で，各国では外洋に面した地域に新たな大水深コンテナ港湾の整備を進めており，タイのレムチャバン港，カンボジアのシハヌークビル港，ベトナム南部のカイメップ・チーバイ港については，すでに供用を開始しており，ベトナム北部においてはラックフェン港が 2016 年の一部供用開始を

第 10 章
グローバル・サプライチェーンロジスティクスを阻害する各国事情【ASEAN 編】

目指して整備が進められてきた。

またミャンマーにおいては，ヤンゴン中心部に近いヤンゴン港は河川港が背後の拡張可能性に乏しいことから，日本からの政府開発援助を活用してヤンゴン郊外の河口に整備されたティラワ港がすでに稼働しているが，これに加えてインド洋に面した地域にさらなる深水港としてダウェイ港の整備が進められようとしている。

ダウェイ港は，バンコクの西 300 キロに位置し，バンコクから最も近いインド洋への玄関口となる可能性を持っていることから，その整備に対するタイの期待度も高く，タイとイタリアの合弁資本による企業により整備計画が進められているところであるが，開発企業の資金不足や港湾背後での用地買収，環境問題などにより，現在のところ着工の目処は立っていない。

このほか，インドネシアにおいては，既存のコンテナ港湾であるタンジュンプリオク港のキャパシティ・オーバーにより慢性的な港湾混雑が生じていることから，2017 年供用開始を目指して，タンジュンプリオク港沖に北カリバル港の整備が進められている。

しかし，この北カリバル港はタンジュンプリオク港の既存の防波堤の外側に整備される計画であるにもかかわらず新たな防波堤の整備計画がなく，海側岸壁の利用可能性に対して懐疑的な意見がある。また，北カリバル港と既存のタンジュンプリオク港とを結ぶ道路が 1 本しか計画されておらず，港湾背後における渋滞の緩和に向けて高架道路の整備が進められているものの，これも上下 1 車線ずつの計画であるため，その効果が疑問視されるなど，北カリバル港で計画されるコンテナ数量を捌ききれないのではないかとの指摘もある。第 8 章でみたように，チラマヤ地区で計画されていた新港計画も延期となっており，タンジュンプリオク港の混雑解消は現状では不透明である。

一方，こうした ASEAN 諸国における港湾整備計画と合わせて，ASEAN では陸の GMS 回廊ネットワークに対して，海の回廊を整備する構想を持っている。

具体的には，インドネシア – フィリピン間での RORO 船（フェリーの一種）等ネットワークおよび短距離航路の整備促進や，船舶航行安全システム運用能力向上，上述のタンジュンプリオク港の拡張工事などで，わが国も政府開

281

図 10.8 ベトナムのラックフェン港整備計画

出典：Dinh Vu Industrial Zone ホームページ。

図 10.9 ミャンマーのダウェイ港整備計画

出典：Dawei Development Company ホームページ。

図 10.10 インドネシアの北カリバル港整備計画

出典：PT. Pelabuhan Indonesia Ⅱ ホームページ。

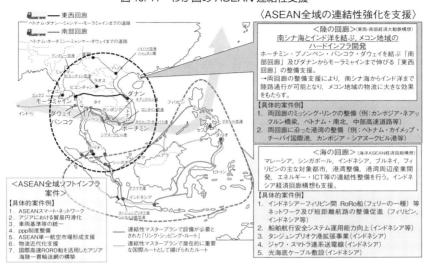

図 10.11 わが国の ASEAN 連結性支援

出典：ASEAN 連結性と日本の役割，平成 26 年 1 月 29 日，ASEAN 日本政府代表部。

発援助などを通じて，ASEAN の海の回廊整備への支援を進めているところである。

10.4 越境交通協定（CBTA）

越境交通協定（Cross Border Transportation Agreement：CBTA）とは，GMS におけるクロスボーダー輸送の円滑化に向けて進められている国際運輸協定であり，協定書本体と 17 の付属文書，および 3 つの議定書から構成されている。

1999 年にタイ，ベトナム，ラオスの 3 か国の協定に始まった CBTA は，2001 年にはカンボジア，2002 年には中国，そして 2003 年にはミャンマーが署名したことで，GMS6 か国すべての合意形成が成された。その後は各付属文書および議定書に関して段階的な署名が進められた結果，2007 年 3 月にはすべての付属文書と議定書の署名もすでに終了している。

CBTA の発効に向けては，署名されたすべての付属文書および議定書に

第 2 部
グローバル・サプライチェーンロジスティクスを構築するための必須知識

表 10.1　越境交通協定（CBTA）付属文書，議定書へのタイ，ミャンマーの批准状況

文書番号	文書名	署名日	批准状況	
			タイ	ミャンマー
付属文書 1	危険品の運搬	2004 年 12 月 16 日	未批准	済
付属文書 2	国際交通に関する車両登録	2004 年 4 月 30 日	済	済
付属文書 3	生鮮品の運搬	2005 年 7 月 5 日	済	済
付属文書 4	越境関連手続きの簡素化	2004 年 4 月 30 日	未批准	済
付属文書 5	人の越境移動	2005 年 7 月 5 日	済	済
付属文書 6	トランジット輸送と内陸通関態勢	2007 年 3 月 20 日	未批准	済
付属文書 7	道路交通規則および標識	2004 年 4 月 30 日	済	済
付属文書 8	車両の一時的輸入	2007 年 3 月 20 日	未批准	済
付属文書 9	越境輸送業務のための運搬事業者認可基準	2004 年 12 月 16 日	済	済
付属文書 10	輸送条件	2005 年 7 月 5 日	未批准	済
付属文書 11	道路・橋梁設計と構造基準	2004 年 4 月 30 日	済	済
付属文書 12	越境・トランジット施設およびサービス	2004 年 4 月 30 日	済	済
付属文書 13a	マルチモーダル輸送事業者の責任体制	2004 年 4 月 30 日	済	未批准
付属文書 13b	越境輸送業務のためのマルチモーダル輸送事業者の認可基準	2004 年 12 月 16 日	済	未批准
付属文書 14	コンテナ通関体制	2007 年 3 月 20 日	未批准	済
付属文書 15	商品分類システム	2004 年 4 月 30 日	済	済
付属文書 16	運転免許基準	2004 年 12 月 16 日	済	済
議定書 1	回廊・ルート・輸出入ポイントの指定	2004 年 4 月 30 日	済	済
議定書 2	トランジット輸送に関する料金	2005 年 7 月 5 日	済	済
議定書 3	輸送サービスの頻度と有効範囲および許可と割当の発行	2007 年 3 月 20 日	済	未批准

出典：Asian Development Bank 資料より作成。

　対して，協定各国内で批准されることが必要であり，現在までにラオス，ベトナム，カンボジア，中国はすべての文書の批准を終えているものの，未だ（2016 年 3 月時点）タイ，ミャンマーは一部の付属文書，議定書に関して批准が完了しておらず，CBTA の導入遅延につながっている。
　クロスボーダー輸送の円滑化に向けては，前節でみたような道路インフラ

284

図 10.12 CBTA の枠組み

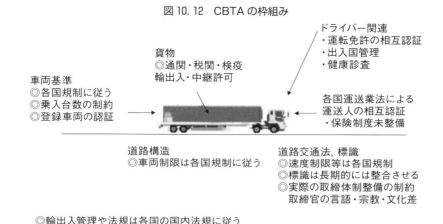

注：運輸協定は既存の輸出入制度や各国法規の適用を妨げない。
出典：GMS CBTA（越境交通協定）解説編，2012 年，（一社）国際フレイトフォワーダーズ協会。

等の整備とともに，各種制度，手続き関連の整備も必要となってくるが，CBTA は主にこうした手続き面の整備を主眼に置いたものとなっている。

具体的には表 10.1 に示したように，越境輸送業務に従事する事業者の認可基準や車両基準，税関手続きや検疫を含むヒト，モノ，車両の越境手続きの簡素化，道路や橋梁越境基準など，非常に多岐にわたっている。

このうち，越境手続きの簡素化については「シングル・ストップ」「シングル・ウィンドウ」として，協定本文および付属文書 4 で規定されている。「シングル・ストップ」とは，一般的には出国側と入国側で個々に行われる諸手続きについて，越境交通に関しては 1 回で済ませようというもので，「シングル・ウィンドウ」とは，通関，検疫，入管，車両確認など出入国時に必要となり，かつ所管機関が複数にわたる各種諸手続きについて，越境交通に関しては窓口を一元化させようというものである。

前述のように，CBTA はタイ，ミャンマーが一部の文書に批准していないことにより全面実施がなされていないなか，現時点で行われている陸送の多くは，従前からの 2 国間協定の枠組み内で行われている。この中で，ベトナムからラオス，タイを経てミャンマーを結ぶ東西経済回廊においては，「シ

ングル・ストップ」「シングル・ウィンドウ」のパイロット事業がADB主導で行われている。

この事業では，国境のゲートに越境交通を認められたトラック専用の「ファストトラックレーン」を設け，このレーンを通過する車両に関しては貨物，車両，コンテナなどに関する申告手続きを一元化した特別のフォームを提出することでシングル・ウィンドウ化を，両国から越境審査のために公認された職員が共同で手続きを行うことでシングル・ストップ検査（Single Stop Inspection：SSI）を，それぞれ実現するものである。

さらに東西経済回廊のラオス－ベトナム国境では，出入国にかかる関連機関の横断的な検査場（Inter-agency Control Station：ICS）を設置，さらにその中に両国の共通検査エリアを定め，2015年1月からSSIの本格運用が開始されている。このような動きを受け，2015年5月に行われた第3回東西経済回廊開発副大臣会議においては，ラオス，ミャンマー，タイ，ベトナムの4か国の間で回廊の接続性と経済協力の加速化に向けて，国境での税関規則等を統一した上でSSIを展開することで合意している。

写真10.3　ムクダハンのファストトラックレーン

出典：Greater Mekong Subregion Cross-Border Transport Facilitation Agreement Instruments and Drafting History, 2011 Asian Development Bank.

また，CBTA の一部文書に批准していないタイ，ミャンマーにおいても，これら文書への早期批准に向けた国内手続きが進められていることから，近いうちに CBTA が全面的に施行できる体制が GMS 6 か国すべてで整うことが期待されている。

10.5　ASEAN 地域における物流課題

　ここまでみてきたように，ASEAN 地域においては 2015 年内の AEC 発足に向けて「ヒト，モノ，カネ」の流動を円滑化する様々な取組みがハード，ソフトの両面から進められてきた。

　しかし，それらの整備は未だ完成していないものも多く，その進捗には国によって跛行性もあり，GMS や ASEAN 域内でクロスボーダー輸送がシームレスに行われるためには，まだ多くの課題が残されている。

　ここでは，そうした課題について第 8 章で挙げられた「アジア物流の問題点」に沿って個々にみていきたい。

10.5.1　輸送インフラ整備

　第 3 節でみたように，道路，港湾ともに輸送インフラの整備は着実に進められている。とくにコンテナ港湾に関しては，従来の河川港湾から外洋に面した大規模コンテナ港湾が供用されている国も多く，将来的な整備計画もそれぞれにある程度進捗している。

　しかし，陸上輸送インフラがこれに追いついていないため，せっかく整備された港湾がそのポテンシャルを発揮し切れていない状況が見受けられている。わが国においては歴史的に自動車輸送が始まる前に鉄道輸送網が整備されていたが，ASEAN 諸国においては鉄道網が整備される前に自動車輸送が始まり，かつ道路網が整備される前にモータリゼーションが進んでしまったため，鉄道網が脆弱なまま放置されている一方で，車両数の増大に道路網の整備が追いつかず，ASEAN 各国の都市部を中心に慢性的な渋滞を引き起こしている。ジャカルタではタンジュンプリオク港が都市の中心部に位置していることから，港頭地区の道路ではトラック等による物流動線と一般車両の

動線が明確に分離されておらず，港湾周辺の道路においても一般車やバイク等の通行により深刻な渋滞を引き起こしており，前述のようにその解消の目処は立っていない。

　また，ホーチミンでは，すでに供用を開始しているカイメップ・チーバイ港がホーチミン市街地の南側であるのに対し，ホーチミンにおける主要な工業団地がホーチミン市街地の北側に位置していることに加え，ホーチミン市内とカイメップ・チーバイ港を結ぶ道路の整備が進んでないこともあり，カイメップ・チーバイ港でフィーダー船に積み替えてホーチミン市街地近くに位置するホーチミン港まで輸送されるケースも多く，従来のシンガポールを利用したトランシップからカイメップ・チーバイ港への利用転換が進まない要因のひとつとなっている。

　ミャンマーでは，ヤンゴン郊外の河口に整備されたティラワ港がすでに稼働しているものの，ティラワ港とヤンゴン中心部との間を隔てる川には橋は2本しか架かっておらず，うち1本は鉄道との併用橋で拡張余地がない上，最大で36トンの通行制限が設けられており，老朽化も進んでいる。新しい橋は片側3車線で最大70トンまで通行可能であるものの，ティラワ港と結

写真10.4　ティラワ港背後地における道路状況

出典：2015年2月9日筆者撮影。

ぶ道路は未舗装部分も多く，物流量の増加に耐えうるにはほど遠い状況にある。

　ミャンマーからタイへ抜ける国境ルートには，未だにすれ違いのできない道路があるなど，ASEAN 各国におけるインフラ整備には跛行的な面が多く，シームレスな物流網の構築に向けては課題の多い状況である。

10.5.2 ┃ 関税

　ASEAN 諸国においては法制度の変更が頻繁であり，予告なくルールが変更されることも多く，荷主，物流企業ともに対応に苦慮している。また，その運用に関しても不透明な部分が多く，関税分類の認定基準が不明瞭で，税関職員の解釈が異なることにより同じ品目であるにもかかわらず関税の適用が変わることも少なくない。税関職員に対する教育が行き届いていないことも要因のひとつではあるが，課税評価の査定が不明瞭で，税関職員による恣意的な解釈とみられるケースや，これに基づいて過去に遡り追徴課税が課されるケースも発生している。

　また，関税納付手続きに際して関係各所をたらい回しにされた上，そのたびに手数料を徴収されるケースや，以前よりは減ってきているものの，税関職員から公然とティーマネー（賄賂）を要求されることもあるなど，まだまだ課題が多い。

10.5.3 ┃ 通関

　ASEAN 地域における通関に関しては，自由貿易港として発展してきたシンガポールなど先進的な一部の国を除いては，貿易手続きが煩雑であったり，提出書類が多かったり，申請から許可までに時間がかかりすぎるなど，多くの問題が指摘されてきている。

　こうした課題の解消，ASEAN 諸国の貿易を円滑化させることにより，わが国企業の貿易促進や，貿易ビジネス環境の改善につなげることを目的として，日本の通関システムである「輸出入・港湾関連情報処理システム（Nippon Automated Cargo and Port Consolidated System：NACCS）」および「通関情報総合判定システム（Customs Intelligence Database System：CIS）」の

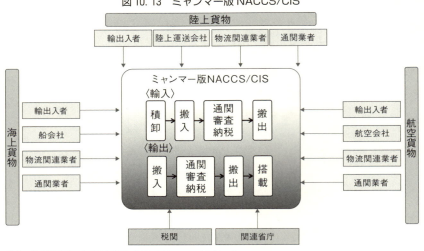

図10.13　ミャンマー版 NACCS/CIS

出典：㈱NTTデータ 2014年11月18日付ニュースリリース。

ODAを活用した海外展開を進めており，その第1号案件としてベトナムにおいて2014年4月よりVNACCS（Viet Nam Automated Cargo Clearance System）が稼働を開始している。

また，ベトナムでVNACCSの開発・導入を手掛けた㈱NTTデータは，2014年11月にはミャンマー政府からNACCSおよびCISを活用したミャンマー版NACCS/CISの開発を受注したと発表した。NTTデータでは2016年11月の完成へ向け，輸出入・港湾関連情報処理センター㈱と連携してプロジェクトを推進，また将来のシステム保守運用体制を想定して，NTTデータ・ミャンマー㈱と連携して開発を進めることとしており，ミャンマーにおいてもリードタイムや通関などの貿易手続き時間の短縮，貿易コストの低減など貿易ビジネス環境の改善が進むことが期待されている。

10.5.4　国別固有の阻害要件の除去

前述のようにASEAN域内においては陸の回廊，海の回廊の整備が進められており，域内各国の連結性が高まってきている。また，第4節でもみたように，GMSにおけるクロスボーダー輸送の円滑化に向けてCBTAが結ば

れるなど，域内におけるシームレスな物流の実現に向けてハード，ソフトの両面からの整備が進められているものの，現状では未だ多くの課題が残されており，その中でも最も大きなものが各国ごとの制度の違いである。

CBTAにおいては「輸出入管理や法規は各国の国内法規に従う」とされており，車両の保安基準や環境基準，免許制度などに関してはCBTAの中で車両の相互通行に係る安全規則の統一化が謳われているものの，前述のようにCBTA自体が本格的な発効を迎えていない状況であり，各国間での諸制度の相互承認が成されていない中で，車両の相互乗り入れに関しては，国境を接する個々の2国間で運送協定を締結した上で，これに基づいて1日当たりの通行台数や乗り入れ可能な範囲などを制限した運用が行われているのが現状である。

例えば，東西経済回廊で結ばれるタイ－ラオス－ベトナムではADB主導によるパイロット事業が行われる中で，手続き面ではシングル・ストップ化，シングル・ウィンドウ化が進められており，2国間協定上はタイ－ラオス間，およびラオス－ベトナム間での車両乗り入れは可能であるが，現時点ではタイ－ラオス－ベトナム間を同じトラックで一貫輸送することは認められていない。また，タイだけが日本と同じ右ハンドル・左側通行で，ラオス，ベトナムはいずれも左ハンドル・右側通行であるため，タイからベトナムへの輸送が行われる際の実際の運用では，タイからラオス側へ越境したところで左ハンドル車両へ貨物を積み替えるケースが多い。

物流事業者のマインドとしても，回廊ネットワークにはまだ道路状況の悪い区間も多いことや，ドライバーが乗り入れ相手国の交通標識を読めない等の理由から，他国で自社のドライバーが事故を起こしてしまうリスクを考慮し，積極的に越境輸送をやりたがらない傾向があることに加え，一部の国境地域では治安の問題などもあり，SCM構築の阻害要因となっている。

10.5.5 物流人材の確保と育成

ASEAN諸国でのローカルスタッフのクオリティはそれほど高くない。とくにワーカークラスではいずれの国においても作業効率や品質面での信頼性に欠くようである。これはシンガポールなどの物流先進国においても同様で

あり，わが国と同じくそもそも物流業界自体が若年層の就職先として忌避される傾向にあるため，トラックドライバー不足なども各国で問題視され始めている。

こうした状況下で，シンガポール，タイなど賃金水準が比較的高い国々においては，作業員として近隣のマレーシアやミャンマー，ラオスなどから外国人労働者を雇い入れているが，優秀な人材は中東地域などASEAN域外のより賃金水準の高い国で仕事を求める傾向にあり，外国人労働者であっても人材確保に苦慮しているのが現状である。

一方，ミャンマー，ラオスなど相対的に人件費水準の低い国においては，荷役機械を導入するよりも人手をかけた方がコストセーブができることから，物流事業者に荷役効率化へのインセンティブが働かず，日系企業などからは物流品質の向上など望むべくもないという声すら聞かれるほどである。

また，ASEAN諸国ではいずれの国においてもジョブホッピングが極めて一般的であり，社内における人材の育成に力を入れたとしても，一定のスキルに達した時点でより賃金の高い他社へ転職してしまうことも多く，指導・

写真10.5　ヤンゴン貨物駅での荷役風景

出典：物流業の海外進出に向けた諸外国の物流事情実態調査—ミャンマー編—2014年3月，（一社）日本物流団体連合会．

教育の蓄積がなかなか進まないことや，そもそも自社内での教育自体を諦めてしまうこともあり，これも物流品質の向上に向けた阻害要因のひとつとなっている。

10.6 結び

東南アジアでは，タイなどの工業化で先行した国においては賃金水準や土地・建物賃料等の高騰，労働力不足の顕在化などにより，労働集約型の部材工場などを中心に安価な労働力を求めて生産拠点を分散化，タイの組み立て工場を中心とした多国間でのASEAN域内調達物流へと拡大していく傾向が顕著になってきている。

こうした傾向は今後ますます拡大するとみられるが，ここまでみてきたように，こうした輸送需要をロジスティクスが下支えできるかどうかに関しては，AECの発足やCBTAの施行とともに現時点では先行きが不透明であるとみられる。

ただし，上述の「タイ・プラスワン」の動きや，日本からの大手量販店やコンビニなどの進出が加速していることなどをみても，工業製品の調達物流だけでなく日用品や食料品，生鮮品に関しても，コールドチェーン輸送や正確なリードタイムが求められるケースも増えてくるとみられる。

このように，ASEAN域内の国際物流は量的に増大しているだけでなく，新たな物流ニーズが発生するなどの質的な変化が予想される中で，ロジスティクス分野がASEAN地域の経済的発展のボトルネックとならぬよう，加盟国間で地域の連結性をさらに高めていくための努力が望まれるとともに，ハード，ソフトの両面についてわが国を含む諸外国からのサポートが引き続き不可欠であると言える。

補講 6
保険によるトラブル回避事例

小幡　毅

　ここでは，保険会社の役割および正品輸送対策の進め方について説明し，損害防止活動の実例を紹介する。

補講 6.1　保険会社の役割

　保険会社は，保険料を受領し，事故の際に保険金を支払うことで事業経営を成り立たせていることは前述の通りであるが，保険会社の役割はそれだけではない。外航貨物海上保険の引受に際し保険会社の役割は以下の通りである。

① 過去の引受経験に基づいた適切なノウハウの提供とグローバル・ネットワークを活用した迅速な情報提供

② 適切なアンダーライティングによる長期安定的な保険条件・料率の提供

③ 事故責任者に対する求償活動の実施

④ ロスデータの分析と損害防止策の提案

補講 6.2　正品輸送対策の進め方

① 輸送環境の情報収集

　国内・海外を問わず，貨物の取扱い，輸送方法，気候などの輸送環境に関する情報を収集することが損害防止対策を検討する第一歩である。具体的には次のような点を事前に把握しておくことが重要である。

・輸送用具：どのような輸送用具（船舶，航空機，トラック，鉄道等）を利用するのか。

・輸送時間：上記輸送用具で，どれくらいの時間輸送されるのか。

・輸送事情：海上輸送ルートの気象・海象はどうか。道路の状態はどうか（舗装，未舗装）。ダイレクト航路か，経由か。貨車の編成換えはあるのか。連結時の衝撃はどうか。

・気　　候：いつ輸送されるか。温度変化，湿度はどうか。航海中，荒天に遭遇しないか。

② 輸送計画の設計

　ⓐ 優良な運送人，荷扱い業者の選択

　　国際輸送の場合，どのように工夫したとしても船舶輸送，トラック輸送，ターミナルでの貨物の移動，輸送用具への積付け，荷卸し，積替えなど荷主の手を離れ運送人，荷扱い業者の手で取り扱われることになるため，優良な船会社・運送人の選択が重要になる。

　ⓑ 輸送用具への適切な積付けおよびコンテナ内の積付け方法の選択

　　それぞれに該当する輸送環境に耐えられるように，適切な積付け方法を前述の輸送事情調査に基づき選択する必要がある。例えば，船舶においては海上輸送中に生ずる揺れに耐えうるよう，貨物に適切なラッシング（固縛）を施し，またコンテナ内スペースに緩衝剤を入れる等の措置をとることとなる。

　ⓒ 輸送環境に適した梱包の採用

　　輸送環境を代表的な障害別にとらえ，それに対応する貨物の性質と可能性のある損害形態とを関連させ，それに対処する梱包方法を整理する

第 2 部
グローバル・サプライチェーンロジスティクスを構築するための必須知識

表補講 6.1　輸送環境に適した梱包

輸送環境	障　害	損害形態	貨物の性格	梱包方法
輸送用具での輸送 荷役 保管	〈物理的障害〉 振動・衝撃 打撃・圧縮	破損・擦損 曲損	重量 材質 形状・寸法 固有振動数 外力への耐性	緩衝梱包
	〈気象的障害〉 温度・湿度 降雨・荒天	錆 水濡	熱伝導性 吸収性	防錆・防水 梱包

出典：三井住友海上「外航貨物海上保険案内」2013 年 9 月。

と表補講 6.1 のようになる。

　それぞれのケースに応じて必要な緩衝梱包，防錆・防水梱包を選択する。前述の通り輸送に想定されるリスクをもとに正品輸送対策を講じるが，いくら科学的な分析を行ったとしても，実際の輸送を通じて，初めて判明する問題があることも事実である。したがって，実際の輸送の実績（とくに事故発生の実績）から当初策定した積付け方法や梱包をはじめとする輸送計画を見直すことが必要となる。

③　事故発生を踏まえた損害防止活動の展開

　次に，実際に事故が発生した場合，その教訓を生かした損害防止活動の進め方について説明する。

ⓐ　事故発生状況の分析

　発生している事故の状況を分析し，原因を洗い出す。事故が多発しているのはどのような損害種類か，発生場所か，特定の運送人に事故が集中しているか等を調査する。データの分析だけではなく現状分析が進まないときは原因を追究するため，積出港や荷卸港におけるサーベイや，内陸輸送調査を実施することを検討する。

ⓑ　関係者との打ち合わせ

　特定の案件について損害防止策に取り組むべきことを関係者に申し入れ，認識を統一することが必要である。つまり，損害防止活動を有効に進めるためには少なくとメーカー，出荷主，受荷主，ユーザーの協力は必須の条件といえる。さらには船会社，荷役業者など運送人にも損害防

止活動への協力・参画を依頼する。

ⓒ 損害防止策の立案，実施，検証

事故の原因分析を踏まえて，有効と考えられる損害防止策を関係者一体となって立案の上，実施する。対策を検討するにあたっては具体的に誰がどういう作業を行うかを取り決めることが必要である。漠然と"注意して運ぼう"という結論だけではほとんど意味がない。さらに，損害防止策を具体的に実施した効果の検証を必ず行い，効果が挙がっていなければ損害防止策を再検討する必要がある。

補講 6.3 損害防止活動の実例

① 輸出精密機械に発生している破損事故の損害防止策

〈原因・発生形態〉

ミニランドブリッジ輸送と呼ばれる米国内陸輸送中に損害が発生した場合の損害防止策について述べる。ミニランドブリッジ輸送とは，米国西海岸のロサンゼルスやロングビーチ港等と米国東海岸を結ぶ鉄道輸送のことである。コンテナを積んだ貨車は，通常，輸送途上で編成換えが実施され，その際に貨車と貨車を連結するときの衝撃に加えて，列車走行中に長時間継続して振動・振動が加わる。ある調査結果によれば，列車走行中には，貨物に対して鉛直方向に 2 ～ 5G，車軸方向に 1.5 ～ 3G の振動・衝撃が継続的に発生していることが確認されている。この貨車連結時の衝撃，列車走行中の継続的な振動・衝撃が，精密機械等に損傷を与える場合がある。

〈対策〉

米国国内の鉄道輸送の場合，上記の通り，数度にわたる貨車の編成換えによる連結時の衝撃や長時間貨車が振動することが十分想定される。したがって，この衝撃に耐えうる梱包とすることに加え，振動への対策を事前に十分検討する必要がある。具体的な方策として，下記の方法が考えられる。

ⓐ ミニランドブリッジ輸送にあたっては，ワイヤー，鋼帯による固縛といえども，長時間にわたる振動のため，緩みが生じる。したがって，多少緩んでも貨物が移動しないよう角材，平割材による根止め，突っ

ぱりを施すことが必要である。

ⓑ 上下方向の振動による貨物自体の「踊り」を防ぐため，ワイヤーだけでなく，貨物自体を床にアンカーボルト等で固定し，貨物とコンテナを一体にする。

ⓒ 機械類の場合，ⓐとⓑで述べた貨物本体のほかに，荷重のかかる突出部分や可動部分はさらに個別に支え，固定する。

また，上記とは別に根本的な対策として，輸送経路を見直すことも挙げられる。性質上，振動を嫌う商品を米国東海岸に輸送する場合は，輸送期間は長くなるが，根本的に輸送経路を変え，このミニランドブリッジ輸送を使わず，船舶で米国東海岸まで輸送することもひとつの方法である。

② 航空輸送で輸出している家電製品に発生している抜荷，化粧箱の損害防止策

〈原因・発生形態〉

家電製品は汎用性が高いため盗難リスクが高いと言える。航空輸送の場合，ULD（Unit Load Device：貨物を積付けて，直接貨物室に搭載するためのパレット，コンテナ等）に貨物を積付けるが，多くの場合，パレット状のULD に貨物を積載し，その上に透明のビニールシートとナイロンネットを掛ける方法がとられる。この場合，外観上高額な家電製品であることは一目でわかるため，荷扱いの間は常に盗難リスクにさらされることになる。また，ネットの張力は強く，ネットにより商品の化粧箱にへこみ損が生じる可能性がある。

〈対策〉

盗難リスクに対しては，外観上貨物が何であるかが判別できない工夫が必要である。貨物全体に黒色のシートを掛ける，社名や製品名が記載されていないマスターカートンに入れる等の対策が有効である。化粧箱へのへこみ損に対する損害防止策としては，ⓐ強度が高いマスターカートンに入れる，ⓑ強化段ボール製のコーナーアングルを使用して，コーナー部分のへこみ損を防止する，等の対策が考えられる。

③ 家電製品に多発している海外における内陸トラック輸送中のコンテナごと強奪または詐取の損害防止策

〈原因・発生形態〉

　貨物がトラックごと，またはコンテナごと盗難にあうケースが後を絶たない。盗難の形態としては地域によって異なるが，盗賊による強奪，貨物引取証を窃取または偽造することによる詐取，ドライバーが車を離れた隙をつく乗り逃げと様々である。北米，メキシコ，ブラジルやイタリア等が盗難の頻度が高いことで有名であるが，その他の地域でも発生している。

〈対策〉

　本件の場合，盗難という事実ははっきりしており，考えられる原因・発生形態につきひとつひとつ対策を講じることが重要である。地域，貨物，発生形態に従って以下の対策を組み合わせて損害防止策を検討することが考えられる。

　ⓐ　輸送は日中に行い，夜間を避ける。

　ⓑ　滞留が発生しないような輸送計画を立案・実施する。

　ⓒ　輸送中の仮置き，夜間の駐車は必要最小限とし，やむを得ず夜間や週末等に仮置き・駐車する場合は，フェンス，照明や防犯カメラ等盗難防止設備を有し，ガードマンを配置した保管場所を事前に確保して利用することをドライバーに徹底する。

　ⓓ　単独ではなく，2〜3台で同時に輸送する。この場合，武装ガードを雇い同行させることが望ましい。

　ⓔ　高価品に限らず，カートン外装上中身が判別できるようなラベルは貼らないようにする。

　ⓕ　輸送情報の関係者への伝達（ドライバーに対する貨物明細や行き先，目的地の倉庫担当者に対する貨物到着予定時刻等）は，ぎりぎりのタイミングまで遅らせる。これは，実際の事故例においても，受渡日時・場所等の物流情報が事前に外部に漏れ，犯罪の発生につながっているケースが多いためである。

　ⓖ　貨物を引取りにきたドライバーに対し，可能な限り本人証明を求め記録しておく。これは，万一ドライバーが犯罪に加担していた場合，その後の捜査と盗品の捜索に役立つからである。

　ⓗ　受渡書類およびそのブランクフォームの管理を見直す。貨物を引取

るドライバーが便利なように，誰でも立ち入れるトラック駐車場の事
務所内レターボックス等に重要な受渡書類が保管されているケースは
意外に多く，また，運転席に受渡書類を残したまま，ドライバーがト
ラックを離れることもしばしばあるが，これは，非常に盗難リスクが
高い行為であることを認識する必要がある。

参考・引用文献と注

1) 三井住友海上火災保険「外航貨物海上保険案内」2013 年 9 月。
2) 三井住友海上火災保険「外航貨物海上保険通信講座」2013 年 10 月。

補講 **7**

海外工業団地がアジアで
果たしてきた役割

藤林 聡

　住友商事㈱は大手総合商社で唯一独立した部を擁して工業団地事業を推進しており，1994年の発足以来「海外工業団地部」という名称を継承している。東南アジア6か国で9つの工業団地の取扱いを行っているが，この内，住友商事が開発・販売・運営を手掛ける工業団地は5か所（インドネシアで1か所，フィリピンで1か所，ベトナムで2か所，ミャンマーで1か所）である。他にも地場資本の工業団地の販売代理店として，日系製造業の海外進出のお手伝いをする工業団地が4か所（インドネシアで1か所，タイで2か所，カンボジアで1か所）ある。自社開発の5か所の工業団地の総開発面積は1784haで，381社（内，日系298社）が入居し，その就業人口は約17万人に上る。以下，これまで海外工業団地がアジアで果たしてきた役割について述べる。

補講 **7.1**　海外工業団地とは

　一例としてベトナムで手掛けるタンロン工業団地を紹介する。タンロン工業団地はハノイ中心部より北へ16kmの場所に位置し，1997年に住友商事58%，パートナー42%の出資で設立された。2015年7月末時点で総開発面積は274ha，98社（日系93社）が入居し，団地内の総従業員数は約6万人

301

写真補講 7.1　ベトナム タンロン工業団地

出典：住友商事資料。

に上り，入居企業の年間輸出額は 29 億米ドル（2013 年度）とベトナム全体の 2.3% を占めている。タンロン工業団地の今日の姿は，ベトナム政府によるベトナム北部の経済発展を図りたいという強い思いと，その思いに応えて実施された日本の ODA による周辺インフラ整備，また，入居企業の努力の賜物に間違いない。

　6 万人の雇用の創出，輸出による外貨獲得，技術移転，地元政府の税収などを考慮すると，そのプラットフォームを形成している工業団地も，ベトナム北部の経済発展に少なからず貢献しているものと自負している。

補講 7.2　日本製造業の海外進出の動きと海外工業団地

　東南アジア地域で工業団地事業がこれほどまでに拡大したのは，各国が自国の経済発展のために外資を活用しようと各種の優遇政策を導入したことに加え，コスト競争力や為替対応を求めて，さらには成長著しい市場を狙って大手企業のみならず，中小企業も海外展開を図る動きが進み，この受け皿として工業団地が必要であったためと考えられる。日系製造業の海外進出は，

1985年のプラザ合意以降の円高にともない安価な人件費を求め，タイやマレーシアに進出したことから始まり，1990年代前半になると，この動きがインドネシアやフィリピンにも広がりをみせた。その後，1997年のアジア通貨危機により，一時的に進出スピードが減速したが，2000年代半ばにチャイナプラスワンの輸出拠点として，ベトナム，フィリピンが注目を集めるようになると，そのスピードは加速していった。2008年のリーマンショック以降，進出スピードが再び鈍化したものの，これまで国内に止まっていた中小企業も海外に目を向けるようになり，初期投資を抑えることを目的に工業団地が提供するレンタル工場を活用して進出する動きが増え，現在に至っている。実際に2002年に6903社あった日系製造業の海外現地法人数（全世界）が，2011年には，8584社にまで増加しており，今後も人件費を含めたコスト競争力のある生産地，あるいは内需の拡大が期待される地域を求めて，海外に進出する日本の製造業の増加が期待される。

補講 7.3　工業団地事業のコンセプト

　住友商事の工業団地事業のコンセプトは，「日本仕様のハードとソフトの工業団地インフラで，海外における「日本のモノづくり」を支える」ことである。具体的には，一般的な工業団地事業のように「不動産業事業」として捉えるのではなく，「ご契約頂いた時が御付き合いの始まり」をモットーに，①高品質のハードのインフラ，②ソフトのインフラ，③進出国の経済への貢献，地域社会との共生，④環境への配慮──の4つに取り組むことである。

　①については，生産活動において不可欠な電力，上下水，通信等のインフラを整備し，安定的に運用し，②については，ベトナムの2つの工業団地では，パークコンシェルジュという日本人専門職員が，入居企業へのコンサルテーション，各種法律の情報提供，税務，労務面に関する入居企業からの質問への対応などの日本語による木目細やかなサポートを提供している。また，土地を提供してくれた地域に対して，③や④を心掛けることで，開発業者，入居企業とそこで働く従業員とその家族，地域社会や国といったすべての関係者の夢と豊かさの実現を目指している。

補講 7.4 物流機能の提供

物流機能も入居企業の生産活動に不可欠である。前述のタンロン工業団地では，住友商事が出資する物流子会社ドラゴンロジスティクスが団地内に物流センターを構え，同じ敷地内に輸出入手続きを行うハノイ市税関を誘致し，通関手続き，国内輸送，倉庫サービス等の物流機能を提供して入居企業をサポートしている。さらには，進出企業のニーズを捉え，税関等との調整を通じ，中越，泰越陸路輸送などの新たな物流ルートや非居住者在庫物流サービスを確立する等のサポートも行っている。また，三菱商事，丸紅，住友商事が参画するミャンマーのティラワ経済特別区開発では，港湾物流大手の上組と物流総合会社ティラワ・グローバル・ロジスティクスを設立し，既に入居企業に対し物流サービスを提供開始している。単なる物流サービスの提供だけではなく，ミャンマーの投資環境のさらなる改善へ繋げていくことを考えている。

補講 7.5 今後の工業団地の役割

今後も，より低廉な労働力を求め，あるいは，内需の拡大が期待される地

写真補講7.2　ベトナム第二タンロン工業団地

出典：住友商事資料。

写真補講7.3
ベトナム ドラゴンロジスティクス

出典：住友商事資料。

域を求め，道路，電力，上下水，通信といったインフラが未整備な国・地域に進出する日本の製造業の数は，増えていく見込みである。このような見通しの中で，製造業が，独力で現地行政府と交渉し，安定した電力，アクセス道路を確保すること，法規制が未整備な環境で，会社設立手続きや各種申請手続きに対応していくことは，決して容易ではないため，引き続き，日本仕様の工業団地の開発が期待されるものと思われる。住友商事は，今後もこの期待に応えるべく，前述した「日本のモノづくり」を支えることをコンセプトに，「ハード」「ソフト」のインフラを整備し，日本の製造業が安心して操業に専念できる環境を提供していく。その結果として，雇用機会の創出，輸出による外貨獲得，税収の増加など，その地域の経済発展に貢献することを目指している。

第3部

「これからの」
グローバル・
サプライチェーン
ロジスティクス
構築上の留意点

第**11**章

グローバル・サプライチェーン ロジスティクス改革を 支援する情報技術
―設計と運用面―

戒田 元子

　近年のグローバル事業環境では，新興国の経済発展とともに調達，生産，販売にいたる一連の企業活動が世界規模で変化しながら拡大しており，多くの日本企業は，従来のロジスティクスを改善するレベルでは経営目標の達成が困難になっている。そのような環境下において，生産工場や物流拠点の国をまたいだ最適な配置，拠点間をつなぐネットワークの最適化などは，企業において重要な経営課題のひとつである。本章においては，経営課題解決に向けたロジスティクス改革の課題と，改革実現に向けたプロセスおよび情報技術の活用，そして，さらなる改革に向けて取り組むべき課題について述べる。

11.1　ロジスティクス改革が必要な理由

11.1.1　背景

　1980年代のバブル景気による製造コストの高騰にともない，日本企業は，コスト削減のために中国などに生産拠点を移すという形でグローバル化を加速してきた。その後，中国は，WTO（World Trade Organization：世界貿易機関）加盟を契機に世界の工場と呼ばれ，経済の急成長とともに世界最大規模の消費地へと変化を続けた。インドネシアなどASEANの経済発展も

加わり,生産拠点のみならず,市場も日本国内から海外へ広範に広がりつつある。経済産業省の「2014年度版ものづくり白書」によると,2011年度以降,企業全体の海外生産比率が上昇しており,その中でも海外需要の高い輸送用機器,電気機器は,高い水準で拡大を続けている(図11.1)。グローバル化により日本企業の事業構造は,主要工場から全世界に供給するツリー型の後,国内外の複数工場から供給するウェブ型へと段階的に生産体制を海外に移転しながら変化してきた。今後も市場の拡大とともに,製品特性や製造技術移転の難易度によっては地産地消のクラスター型へとさらなる多極化に向かい,高付加価値品の研究開発や本社機能も含めたグローバルな適地分業へと変化していくと考えられる(図11.2)。

海外拠点の展開は,大規模投資に見合った中長期的な効果が見込めることを前提として,既存の拠点と多くの新たな拠点候補の中から戦略的に最適な拠点を選ぶことが必須であり,経営層の意思決定を困難にしている。さらに,関税の緩和や撤廃など貿易自由化を推進するFTA(Free Trade Agreement:自由貿易協定)などの活用により国際競争力を強化すること,自然災害や事故など緊急事態が発生しても被害を最小限に抑えるためのBCP(Busi-

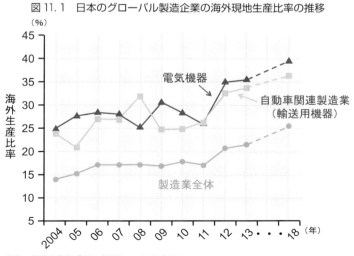

図11.1 日本のグローバル製造企業の海外現地生産比率の推移

出典:経済産業省「2014年版ものづくり白書」。

第 3 部
「これからの」グローバル・サプライチェーンロジスティクス構築上の留意点

図 11.2　グローバル化による事業構造の変化

日本をハブとした構造から多極化構造へ

○管理単位　➡製品供給　➡部品供給　製品組立工場　部品製造工場　中継倉庫

	ツリー型	ウェブ型	クラスター型
ロジスティクスの形態	ひとつの部品・製品工場から全世界供給 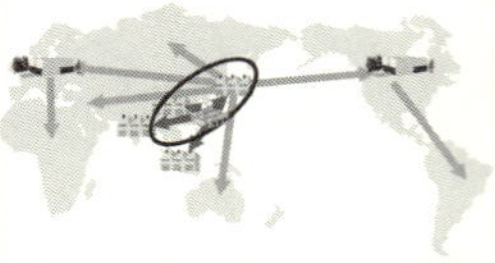	複数の部品工場から複数の製品工場へ供給 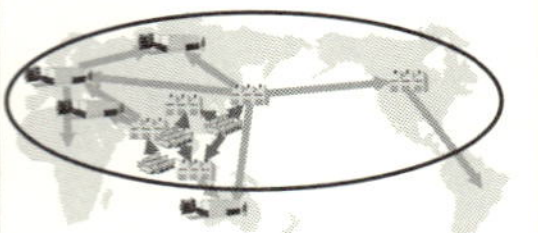	地域ごとの部品・製品工場の最適構成と地域間融通 
課題と施策	急激な需要変動への追従　➡　計画サイクル短縮（月→週）	事業全体の効率運営　➡　拠点配置/ロジスティクスネットワークの適正化	グローバルリスク増大　➡　リスク可視化/地域間融通の効率化
適応性	・海外進出の初期段階 ・製造技術移転が困難	・海外事業の拡大段階 ・グローバル生産体制 ・製造技術移転が困難	・海外事業の拡大段階 ・製造技術移転が容易 ・地産地消の生産体制 ・市場性の高い製品

出典：Palmisano, S. J., *The Globally Integrated Enterprise*, 2006, 筆者一部修正。

ness Continuity Plan；事業継続計画）など，リスクを先読みした対策も求められ，ますます意思決定が複雑になっている。

11.1.2　従来の改革方法と課題

　従来の改革は，(1)物流ネットワーク上の物量分析により現状を把握し，将来構想とのギャップを分析することで課題を明らかにした後（診断），課題を解決するため，(2)ネットワーク構成の立案（構想立案）や，(3)業務フロー設計など，構想策定から着手する（業務設計）（図11.3）。例えば，輸配送経路の見直し，共同配送やミルクランによる集荷など，物流拠点単独で対応可能な合理化，物流コスト低減に取り組んできた。このような取り組みは，拠点単体や特定の地域では効果を発揮してきた。

　しかし，グローバル化による市場拡大に対応するためには，調達・生産・物流の各拠点間をつなぐロジスティクスネットワークの複雑化と，より安価

図11.3 従来の改革手順

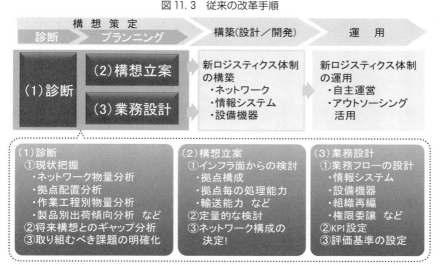

出典：日立製作所。

でかつ計画変更に柔軟に対応できる製品供給機能面の高度化という，両面への対応が必要である。

以上のことからロジスティクス改革では，将来構想を見据えた長期的な視点でロジスティクスネットワークを設計・構築することが求められる一方，属人的な分析作業では扱える情報量に限度があるため，短時間で効果的な解決策を導き出すのは困難である。そこで，従来の手順とは異なるアプローチとして，情報技術を有効活用した取り組みが必要となっている。

11.1.3　ロジスティクスが複雑になる理由

構想立案時の重要なアウトプットに，ロジスティクスネットワーク構成の決定がある。

多くの企業は，資材の調達，生産，保管，輸配送などのプロセスを通じてモノを生産し，市場に供給している。これをネットワーク構成図にすると，サプライヤー，生産工場，物流倉庫，市場などの「拠点」と，拠点間を結ぶ「経路」から構成され，サプライヤーの供給能力，調達コスト，調達リードタイム，工場の生産能力や製造コスト，生産リードタイム，倉庫のキャパシ

図11.4 工学的アプローチによるロジスティクスネットワーク設計

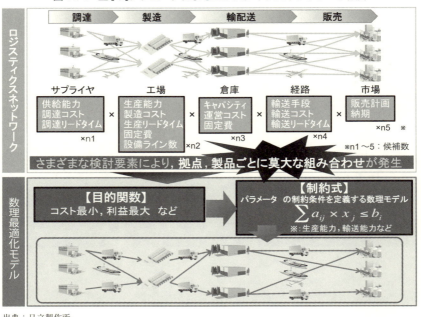

出典：日立製作所。

ティや運営コスト，輸送経路の輸送能力と輸送コスト，輸送リードタイムなど，多くの検討要素があることが分かる（図11.4）。

　また，目標とする各市場の販売計画は需要予測に基づき作成するが，中心的な見通しに対して上下に振れる様々なケースが想定される。ある製品を製造できる工場や，同じ資材を調達できる調達先，市場への供給方法がおのおの複数あると，販売計画の変更も考慮した組み合わせの選定は，より一層複雑になる。

　さらに，要素間でトレードオフが複数同時に発生するため，グローバルに拠点数を増やしてネットワークを拡大させると，拠点と経路の大量の組み合せの中から最適な組み合わせを選ぶことがますます複雑で困難となってくる。

【トレードオフの例】
・製造コストが安い拠点は市場から遠く，輸送が長距離化して物流費が高く

なる。

・歩留まりの良い工場は生産設備が充実し熟練工も確保できており，製造コストが高い。

・作業者を集めやすい倉庫は都市圏に多く，固定費や人件費や光熱費などの運営コストが高い。

・まとめて発注すると資材の調達コストは下がるが，棚卸資産が増える。

　以下，改革を成功に導くための，意思決定を支援するアプローチ方法と情報技術の活用についてさらに詳しく述べる。

11.2　複雑な問題を解く技術

　どこでどの製品を生産し，どの経路で供給するとトータルコストを安くできるかを検証するためには，多くの検討要素と同時に複数のトレードオフが発生する複雑な問題を解決しなければならない。このような場合に有効な工学的アプローチについて述べる。

11.2.1　工学的アプローチの有効性

　従来のロジスティクスネットワーク設計では，表計算ソフトなどを用いて現状のコストをベースに原価を積み上げることが多い。この方法では，複数の新設拠点も交えた試算を行う場合，あらかじめ想定した数種類のネットワークパターンに限定してコスト比較することを余儀なくされる。

　しかし，実際には製品群ごとに，どこの工場でいくつ生産するのか，工場新設や設備増設をするのか，どこの倉庫を経由して市場へ供給するのか，輸送手段はどうするかなどを検証する必要があり，これらすべての組み合わせ数は膨大な数になる。工学的アプローチでは，このような現実に起こる問題を数理モデル化し，コンピュータや解法プログラムなどの情報技術を活用することで，以下のような効果を得ることができる。

・グローバルで想定される多数の選択肢やトレードオフの発生により，人手では扱えない複雑な問題にも，短期間で定量的な評価が行え，より良

い戦略案を探索する。

・属人的な長期間にわたる分析作業を省け，戦略立案のスピードアップにつながる。

・定量化することで，複数部門による検討を行う場合も，検証結果の共通認識が容易になり，迅速な意思決定ができる。

・数理モデル化する過程で，ロジスティクスネットワークを定義するマスターデータが蓄積される。さらにデータベース化することで，工学的アプローチを活用しやすい環境が次第に整備されるとともに，改革後の運用段階での活用も期待できる。

以上のことから，工学的アプローチは，ロジスティクスネットワーク設計のような複雑な問題を解く技術として有効であり，より良い意思決定へと導く手段として必要不可欠である。

11.2.2 意思決定を支援する工学的アプローチ技術

複雑なロジスティクスネットワーク設計において，主に使用される2種類の技術について以下に述べる。

① 数理最適化技術

数理最適化技術とは，生産能力上限など各拠点の制約条件とコスト最小などの経営戦略に基づく評価指標が決まっているとき，条件を満たす範囲内で可能な限り良い解を見つける技術であり，数理計画法とも呼ばれている。最大化または最小化したい評価指標を目的関数と呼び，パラメータが満足しなければならない式を制約式と呼ぶ（前出の図11.4参照）。

例えば，本技術を活用して市場へ供給する最適な生産拠点を求める生産拠点計画の手順は，以下の通りである。

ⓐ 生産拠点の条件（生産拠点の生産能力，製造コスト，生産リードタイム，投資額，拠点間の輸送コスト，輸送リードタイム，輸出国から輸入国ごとの関税，市場の需要変動など）をパラメータとして数理モデル（定式）化する。

ⓑ 各パラメータに値を設定し，数理モデルを線形方程式として解く。これまでの研究により，線形計画法や分枝限定法など最適な解を高速に探

索するアルゴリズムが開発されている。

ⓒ　市場の販売（中期・長期）計画や不確実性のあるパラメータの設定値を変えるなど，複数のシナリオで評価し，結果を比較検討する。

上記のように，実際に拠点選択上の制約としている条件および評価指標を数式として表現し，数理最適化技術を用いることで，経営戦略にとって重要な最適解を定量的に求めることが可能となる。

なお，上記によって得られた解に基づき作成される生産拠点計画案に対して，実際に工場設立が可能なのか，カントリーリスクや作業者確保の実現性など定性的な事項も含めた最終決定は，人が総合的に判断し確定する。

本技術は，ロジスティクス関連では，配車計画，コンテナへの積付計画などにも活用されている。

② シミュレーション技術

シミュレーションとは，コンピュータ内に実世界を再現し，挙動を擬似リアルに見る技術である。擬似世界を表現するパラメータを変えることによって，挙動がどう変化するかを検証することができる。実際のシステムを変更することなく，様々な条件における挙動を擬似再現することができるため，どのような異常状態が想定されるのか，それはどのように発生するのか，どうすれば回避できそうか，などを検証することができる。例えば，あらかじめ決まっている配送ルートに対して，ある日物量が突然増えた場合，現状の配送能力（トラック台数など）で充足できるかどうかを検証するには，シミュレーション技術を用いる。

本技術の活用には，対象とする世界をどのような数理モデルで定義するかが重要となる。

どちらの技術も，対象とするロジスティクスネットワークをコンピュータ上に再現することで，ネットワーク構成の決定に活用できる。数理最適化技術は，多数の構成案のどれが良いのか分からない場合に，おおまかな挙動を再現する技術である。一方，シミュレーション技術は，日々起こりうる条件変更に対する詳細の挙動を再現する技術である。以上の特徴から，数理最適化技術を用いて，目的に見合った最適なネットワーク構成を探索し，その結

果，詳細の挙動の検証，および日々の運用の中で発生する状況変化への対応を検討する場合は，シミュレーション技術を用いる，というように技術を使い分けるとよい。

ロジスティクス改革において，多数の候補から拠点を絞り込む初期段階では，数理最適化技術が有効であり，以下，本技術を活用したネットワーク設計プロセスについて述べる。

11.3 ロジスティクスネットワーク設計プロセス

数理最適化技術を活用した工学的アプローチによる，ロジスティクスネットワーク設計プロセスについて述べる（図11.5）。

11.3.1 目的の明確化

改革の対象とする範囲と目的を明確にする。例えば，下記の例のような，ロジスティクスの範囲と改革の目的を具体的に設定する。

範囲：	目的：
製品供給（工場→新市場）	新市場に製品供給する新工場立地の選定
資材調達（海外サプライヤー→工場）	海外調達のコスト低減
グローバル生産体制	価格競争力を強化した分業体制の立案

図11.5　数理最適化技術による設計プロセス

出典：日立製作所。

11.3.2 最適化条件の設定

数理最適化技術の適応にあたり，評価対象とする項目と制約条件，および評価指標を設定する。

① 制約条件の設定

対象とする市場の販売計画の実現に向けて，前提となる資材調達先の供給能力，工場の生産能力，倉庫の処理能力，輸配送経路の輸送能力など，ネットワーク設計上の制約として考慮する項目を定量的に把握する。

例えば，単価が安く，小さい製品の輸配送は，コンテナ積載率を考慮しないと物流費が割高になる場合があるなど，製品特性により必要な制約を設定する。

また，拠点の候補地には，生産性の高い／低い，品質の良い／悪い，拠点間リードタイムの長い／短い，人件費の高い／安いなど，立地ごとの特徴がある。数理モデルを用いた評価のためには，これらを定量的に捉えるため，必要な情報の入手手段の有無を確認することが重要である。

② 評価指標の設定

膨大な拠点の組み合わせの中から目的にあったものを選定するために，各組み合わせの評価指標を選定する。製造費，物流費などのトータルコスト最小，移動中在庫最小，利益最大，キャッシュフロー最大などがある。

11.3.3 評価モデルの定義

制約条件と評価指標をコンピュータ上で扱える制約式で表し，定義する。

多数の候補の組み合わせから候補を絞り込んでいくプロセスでは，大まかな制約条件でロジスティクス全体の方向性を知りたい，特定の製品に着目して生産性も考慮して詳細を検証したいなど，様々なケースがあるので，目的に応じてモデルを定義する。また，多数の組み合わせを比較評価する最適化の実行は，繰り返し計算が得意なコンピュータに任せられるが，評価に必要な拠点や輸配送経路ごとに異なるコスト情報などは，人が介在して収集する必要があるため，すぐに入手可能な情報から実施することも有効である。

次に，部品を調達し，コンポーネントを製造，完成品に組み立て市場に供給

する一連のロジスティクス（図11.6）において，市場への供給量を満たす拠点構成を選択する代表的な3ケースの評価モデルについて，以下に述べる。

①　コスト積み上げによる生産拠点の立地選定

資材購入費，直接労務費，輸送費など，主要なコストを中心に拠点単位に積み上げ，コスト合計が最小となる拠点選定と生産量の配分を行うケース。多数の候補地の一次選考や現地調査など費用がかかる詳細な検討の前の準備段階に適したモデル。

②　能力を考慮した生産拠点の立地選定

①で工場ごとに配分された生産量は，低い稼働率の生産ラインや輸送効率の悪い経路が含まれる可能性があり，実用的な構成とは限らない。この②は製品群ごとの製造に必要な一連の設備からなるライン別生産能力，さらに，サプライヤーの供給能力，倉庫の入出庫処理能力，輸配送経路ごとの輸送能力などの制約を考慮した立地選定を行うモデルである。活用できるFTAがある場合は，適応条件も考慮した選定も行うことで，より具体的な検討となる。

図11.6　ロジスティクス設計の事例

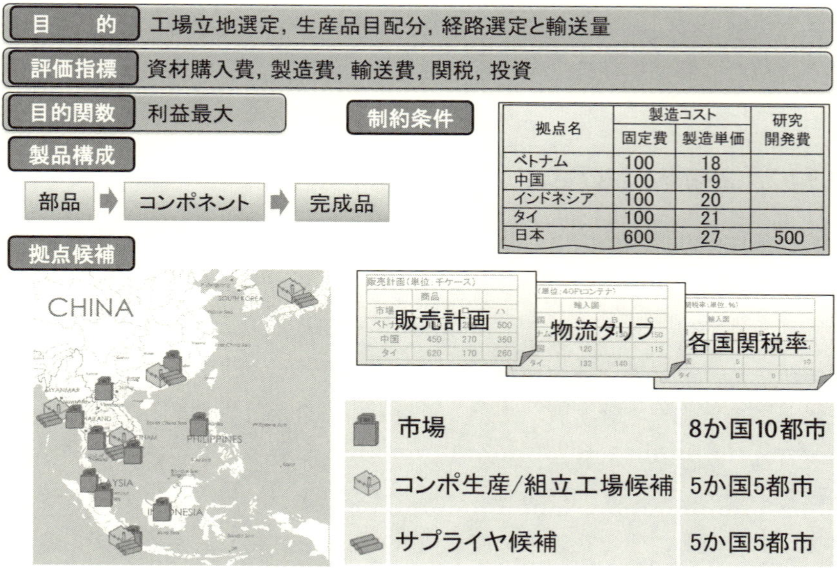

出典：日立製作所。

第 11 章
グローバル・サプライチェーンロジスティクス改革を支援する情報技術

表 11.1　ネットワーク設計に必要な入力データ例

ケース	入力データ項目				
	サプライヤ選択	工場立地選択	設備ライン選択	倉庫立地選択	輸配送経路選択
①コスト積み上げ	資材購入費	直接労務費		賃貸料	輸送費品目別関税
②生産能力考慮	●供給量上限 ●調達リードタイム	●生産リードタイム	●ライン別生産能力	●入出庫処理能力	●輸送能力 輸送リードタイム
③拠点別損益バランス		固定費 [減価償却費, 運営費, 研究開発費] 変動費 [外注加工費]	固定費 [減価償却費]	固定費 [減価償却費, 運営費] 変動費 [外注費]	

注：●制約条件として定義する項目。
出典：日立製作所。

③　ロジスティクス全体の損益バランスを考慮した立地選定

工場や設備などの固定費（減価償却費，運営費）や研究開発費，外注加工費などの変動費は立地ごとにバラつきがあることが多い。拠点ごとにこれらも含めてコスト評価対象にすることで，より拠点ごとの損益のバランスを考慮した立地選定を行うモデル。

以上のように，様々な評価モデルのバリエーションがあるので，最初からデータの精緻さに固執せず，目的に応じた粒度のデータを収集し（表 11.1），モデル定義する。検討の段階が進むに従い，より詳細の制約条件，データを追加していくとよい。

11.3.4 　最適化評価と結果の検証

評価は最適化の専用ツールと収集したデータを活用することにより実行できる。ツール活用に関しては，一旦評価モデルが定義できれば，販売計画値や生産能力などパラメータ変更により，様々な条件によるロジスティクスネットワークの構成案を検証できる利点もある。

本節 3 項で述べた 3 つのケースについて，日立製作所が技術開発した専用

319

ルーツを活用した評価結果を比較する（図11.7）。

①ではとにかく安価な生産拠点を選んだ結果，コンポーネント製造も組み立てもベトナムを選定している。②では生産能力の制約も考慮に加えたところ，ベトナムだけでは足りず，2番目に製造コストが安い中国も選定されている。③では，新工場や設備の投資，日本でのみ発生する研究開発費の投資回収も考慮し，トータル利益最大と各拠点の黒字化の両面を満たすため，日本でのコンポーネント生産を一定量確保する結果となっている。

生産拠点の選定をするだけでも，工場ごとの生産能力まで評価するのか，設備投資や拠点ごとの損益まで考慮した比較をするのか，同じ評価指標を用いても結果に差が出る。とくに，本事例のように研究開発の拠点でもある日本が含まれる場合は，固定費，変動費ともに高水準にあり，ネットワーク構成に顕著な違いが現れている。①，②のケースのように，コストや拠点の能力だけで検討すると，コストの高い日本は不利になり選択されない可能性がある。日本を含めたグローバル分業体制を確立するための，意思決定の難し

図11.7　複数シナリオによる評価（例）

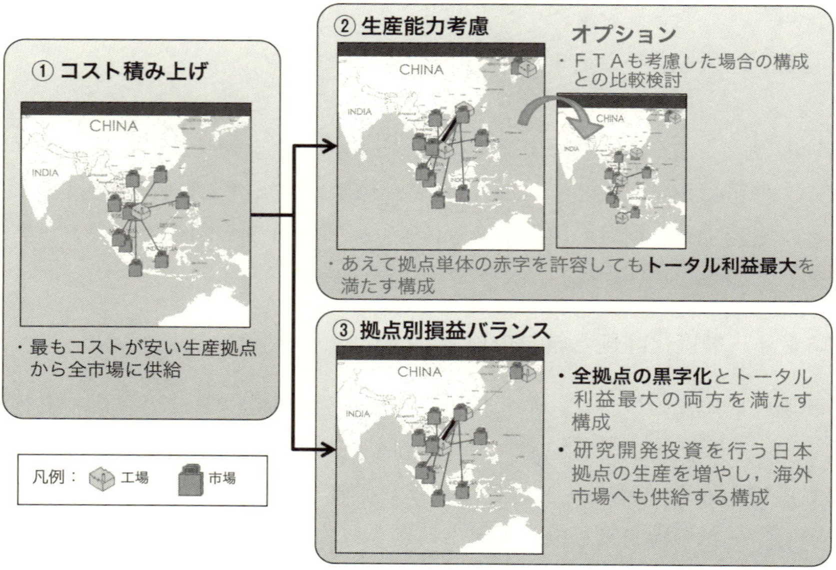

出典：日立製作所。

320

さが現れているといえる。

11.3.5 | 最適化技術活用のポイント

ロジスティクスネットワーク設計時に，数理最適化技術を有効に活用するポイントを以下にまとめる。

① 最適化技術活用リテラシー

最適化の目的に合わせた目的関数や制約条件を数理モデルとして定めるためには，現状を細かく忠実に再現することにこだわらず，対象とするロジスティクスの課題の本質を抽象化したモデルを構築する必要がある。一方で，抽象化の過程で重要な条件を取りこぼすことがないよう，モデルへの影響が大きい制約条件から徐々に細かな条件を加減していくことでモデルの完成度を高めていくシナリオ作成能力も求められる。

さらに，本技術を活用するためには経験やノウハウが必要となり，この分野の教科書などで基礎から学ぶだけでは，実際の問題に活用することを困難にしている。当面は外部の専門家の支援を得ながらノウハウを習得し，活用ノウハウ集として蓄積する方法が有効である。

② 最適化専用ツールの活用

表計算ソフトでは，限られた組み合わせの評価しかできない。図11.6の事例では，評価モデルとパラメータのバリエーションによっては，10^{10} とおりを越える組み合わせの評価結果から良いものを選ぶことになり，専用ツールの活用なしでは難しい。図11.8は，日立製作所が技術開発したツールによる評価結果一覧のアウトプット例である。ロジスティクスネットワークをフロー図や地図上に表示でき，拠点構成の違いが一目で分かる。

③ 評価モデルの検証

ネットワーク設計に必要な制約式や，入力したデータ粒度が適切であるかを確認する。

11.3.3で述べたように，様々な評価モデルのバリエーションがあるので，最初は多くの拠点候補と大まかなデータで検証し，候補を絞りながら制約式や詳細のデータも加えていくことで，意思決定を効率的に進めることができる。

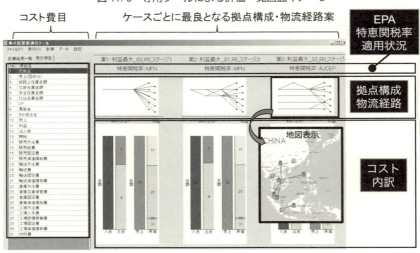

図 11.8 専用ツールによる評価一覧画面イメージ

出典：日立製作所。

④ 人による判断との連携

本技術は，多くの組み合わせの中から，ときには人が思いもよらない組み合わせを選定できる特徴がある一方，数理的に表現できない定性的な要素は扱いにくい。企業がこれまでに培った拠点設立のノウハウ，対象国の政治経済の状況など，定量的な評価が難しい要素も踏まえ，最終的な判断は人が行う。

11.4 ロジスティクスを支える情報管理技術

従来，必要とされるモノを，指示されるタイミングで必要とする場所へ確実に届けることが求められるロジスティクスの機能を効率的に実行するため，モノの流れと情報の流れを一元管理する情報システムが導入されてきた。代表的なものには，倉庫における入荷・検品・ピッキング・出荷などの作業をリアルタイムで支援し，在庫管理を行う WMS（Warehouse Management System），出荷拠点から配送先までの配車計画立案と運行中の車両動態管理を行う TMS（Transportation Management System）があり，導入事例も

第11章
グローバル・サプライチェーンロジスティクス改革を支援する情報技術

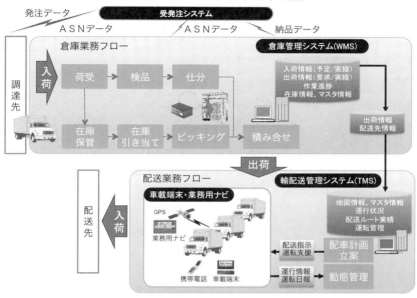

図11.9 ロジスティクスを支援する代表的な情報システム

出典：日立社内資料。
（注）ASN：Advanced Ship Notice，事前出荷予定データ。

多い（図11.9）。

　前節までに述べたような改革後の運用段階では，グローバル・サプライチェーン全体を俯瞰し，実際の需要・供給に変動が発生した場合の早期発見と，迅速な意思決定，需給調整などの計画の見直せることが重要である。そこで，世界規模で行われる調達・生産・物流・販売の現状の情報共有を図るための，グローバル・サプライチェーンロジスティクスを支える情報管理技術について，以下に述べる。

11.4.1　統合データベース

　統合データベースは，グローバル・サプライチェーンロジスティクスの運営を支える情報基盤であり，調達・製造・物流・販売などの一連の業務プロセスにおける計画に対する進捗情報を取得し，関係者が情報共有する仕組みである。企業のグローバル化は段階的に進むことが多い。当初，ある国に生

323

産拠点として進出し，市場の拡大や自社のシェアアップと同期して事業規模を大きくしていく。そのため，情報システムについても，地域別・業務別に構築されることが多く，グローバル企業に成長しても情報システムは地域別・業務別にばらばらであることが散見される。このような状況では，新たに世界規模の統合情報システムを導入することには莫大な投資が必要となり，現実的ではない。そこで，既存の個別システムから必要なデータを収集し，必要な粒度で統一化して見える化する仕組みとして，統合データベースの構築へのニーズが高まっている（図 11.10）。

　これにより，生産進捗の遅れや販売状況の停滞に気づくことができ，需給調整などによる対応へ導くことが可能となる。例えば，海外の組み立て工場の生産計画に合わせてコンポーネントを生産する場合，進捗情報を共有できていれば，コンポーネント生産遅延が発生しても，組み立て工場側で計画変更などの早めの対策を打つことが可能となる（図 11.11）。

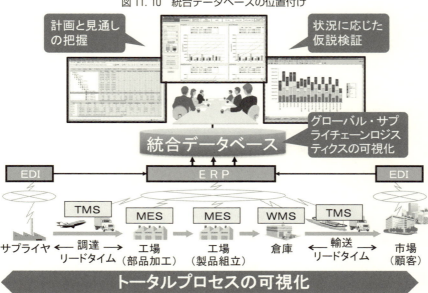

図 11.10　統合データベースの位置付け

ERP：Enterprise Resource Planning．EDI：Electronic Data Interchange．
MES：Manufacturing Execution System

出典：日立製作所．

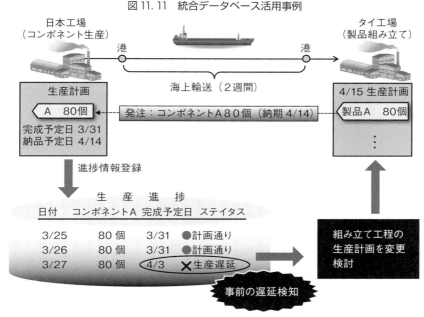

図 11.11 統合データベース活用事例

出典:日立製作所。

また,経営,計画,運用の3つの階層からデータ活用レベルを捉えると,運用層では粒度の細かい実績データを日々の改善活動に活用でき,計画層では事業計画,実績管理に活用し,経営層では,経営判断のために全社の事業ポートフォリオの観点から情報を活用するなど,統合データベースは,計画層,経営層に必要な情報を編集し提供する仕組みと位置づけられる。

11.4.2　異変を早期発見するロジスティクスKPI

KPI(Key Performance Indicator)とは,目標の達成度合いを測る定量的な指標であり,事業戦略の観点から業務をモニタリングするときに,業務が適切に実行されたかどうかを判断するのに有効である。

ロジスティクスは,その性質上,複数の部門が連携する仕組みであるが,各部門の評価指標は連携しておらず,全社最適にはつながらなくなっていることが多い。全体最適化を図るためには,全体を評価する指標が必要となる。

第 3 部
「これからの」グローバル・サプライチェーンロジスティクス構築上の留意点

　例えば，市場の変化は把握していても，需給調整や調達・生産計画見直し
サイクルが追いつかなければ，柔軟に対応できる販売体制の確立は難しい。
そこで，ロジスティクスに関連する各業務プロセスを，応答性，信頼性，柔
軟性，コスト，資産効率の5つの評価軸ごとに，KPIを設定して業務を評価
していくことで，グローバル・サプライチェーンロジスティクスの全体最適
の達成を支援することができる（表11.2）。
　業務改善プロセスの流れ PDCA（Plan-Do-Check-Action）において，統
合データベースは計画立案（P），KPI は異変の早期発見（C）に寄与し，結
果として次の改善（A）へと導くものである。

表11.2　ロジスティクス KPI

	業務評価軸	経営計画業務	調達業務	生産業務	営業／受注業務	倉庫／配送業務
全体最適KPI	応答性		・資材納入サイクルタイム	・生産リードタイム	・オーダー充足サイクルタイム ・資金回収期間	
	信頼性		・調達計画達成率 ・サプライヤー完納率	・生産計画達成率	・完全オーダー達成率 ・需要予測精度	
	柔軟性	・サプライチェーンレスポンス時間	・調達能力柔軟性	・生産能力柔軟性		・出荷能力柔軟性
	コスト	・製品別原価／売上／損益見通し		・品質コスト（返品含む）	・販売管理コスト	・ロジスティクスコスト
	資産効率	・キャッシュ・コンバージョン・サイクル ・資産回転率				・在庫日数
部門KPI			・納期遵守率	・製造費／ロット	・返品率 ・品切れ率	・誤出荷率 ・スペース効率

出典：サプライチェーンカウンシル日本支部「サプライチェーンの実力を測定する」『LOGI-BIZ』2001，筆者一部加筆。

326

11.4.3　IoT の活用に向けて

　情報技術の発展は目覚しく，最近では IoT（Internet of Things）の進化により，コンピュータなどの情報機器だけではなく，あらゆる人・モノ・コト（出来事）が通信機能を備え，インターネットにつながり，情報交換できる環境を整える活動が活発になっている。代表的な活動を挙げると，ドイツ政府が主導するプロジェクト「インダストリー 4.0」は，第 4 次産業革命と称し，工場間をつなぎ連携した操業を可能とするスマート工場を目指している。もうひとつは，米国の GE が提唱する「インダストリアル・インターネット」で，様々な産業機器から得られる大量のセンサ情報を分析し，運用・保守や次の製品開発に活用することを目指している。これらの取り組みは，モノの移動，それに携わる作業者や物流設備を持つロジスティクスへも大きな影響を与えると考えられる。

　IoT により，詳細なデータをリアルタイムに情報機器やセンサ，カメラなどから収集できると，物流倉庫においては，作業者の位置や動態情報と出荷

図 11. 12　IoT 時代のロジスティクス

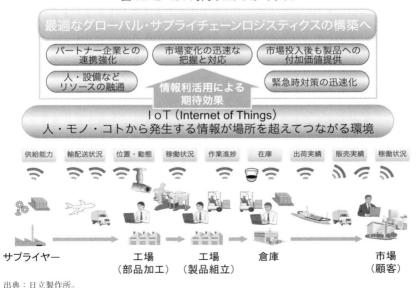

出典：日立製作所。

実績との関連を分析し，動線や保管ロケーションの変更による生産性向上につなげることが可能となる。さらに，収集したデータを企業内の部門間や企業間で共通に活用できるようになると，ロジスティクス部門間や生産部門との間でより密な業務連携や，人，設備などのリソースの融通なども可能となり，急激な市場変化への対応や緊急時の対応策の実施などに，大きな効果が期待できると考えられる（図11.12）。

11.5 さらなる進化に向かって取り組むべき課題

11.5.1 | FTAの活用

FTA（Free Trade Agreement）とは，貿易取引を自由化するための国際的な国家間協定であり，関税の緩和・撤廃や貿易の障害となる非関税障壁を取り除いたりする条約のことである。さらに，サービス貿易の自由化，知的財産権保護，電子商取引，中小企業支援，技術支援，社会基盤（インフラ）整備など，貿易・経済発展の促進につながる分野についても，経済的な相互協力を行うことが一般的となっている。

アジア・環太平洋圏では，ASEANを中心に2か国または数か国間でFTA，EPA（Economic Partnership Agreement：経済連携協定）が数多く発効されている。TPP（Trans-Pacific Partnership Agreement：環太平洋経済連携協定）も含め基本的にはFTAという言葉に集約されるが，現在協議中のものも含めると，その総数は全世界で数百（200〜300）件も存在するといわれている。

JETRO（Japan External Trade Organization：独立行政法人日本貿易振興機構）調査によると，ASEAN進出日系企業によるFTAの利用率は年々拡大しており，関税削減を考慮した調達・輸出戦略立案や，将来の関税を考慮した生産・販売ネットワークの最適化が着実に進展している，としている。

今後はさらに，TPPのようなFTAの広域化の動きも活発になると見込まれており，広域FTAでは，域内での生産品がFTAの特恵関税を享受するために，代表的な以下の2つの基準のどちらかを満たす必要がある。その

図 11.13 付加価値基準による優遇関税率の適応判定

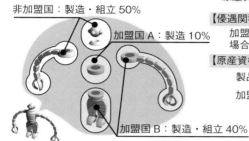

出典:日立製作所。

基準とは,①製品の価値に占める FTA 締結国の原産資格割合が基準以上である「付加価値基準」(図 11.13),あるいは②完成品とすべての非原材料が実質的に異なることを示す「関税番号変更基準」である。FTA を活用できるか否かはどこで何を生産するのかという,ロジスティクス・ネットワークの在り方と密接に関係しており,構想段階では,今後も発効が見込まれる FTA の動向を見据えながら,発効後にどのようなメリット・デメリットがありうるのか,どの FTA を活用すべきかなどを想定した計画の精査が重要である。

11.5.2 経営評価指標 CCC

CCC とは,キャッシュ・コンバージョン・サイクル (Cash Conversion Cycle) の略で,企業の仕入れから販売にともなう現金回収までの日数を示す。この日数が短いほど,企業の現金回収サイクルが短い,すなわち資金効率が良いと見なされるため,キャッシュフロー経営にとって重要な指標となっている(図 11.14)。

国をまたがる生産分業体制をとる企業では,キーパーツは日本から供給,アジアで資材調達,製品に組み立て,欧米で販売するということが起こる。

リードタイムが長くなりがちなグローバル事業だからこそ,この CCC に

図 11.14 ロジスティクスと CCC の関係

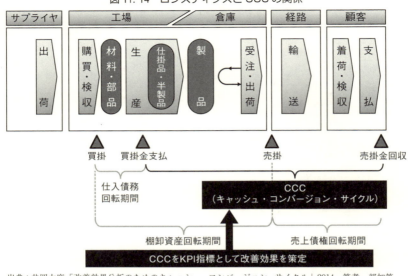

出典：井岡大度「改善効果分析のためのキャッシュ・コンバージョン・サイクル」2014，筆者一部加筆。

着目したコスト検討へのニーズが高まりつつある。今後は，精度の高い需要予測の提示，取引条件の改善など通じて，調達先や販売先からの協力が得られる範囲において，売掛金回収サイトの圧縮，買掛金支払サイトの延期による収益への影響を把握しながら，契約交渉を進めることも重要である。

11.5.3 BCP 対応への備え

BCP（Business Continuity Plan）とは，企業が大規模な自然災害，火災などの事故，テロ，情報システムへの攻撃などの予期せぬ緊急事態が発生しても，中核となる業務の継続，早期復旧を行うために事前に策定する行動計画である。

2011 年に発生した東日本大震災やタイでの洪水は，グローバル・サプライチェーンロジスティクスの脆弱性を浮き彫りにした。これを契機に多くのグローバル企業は BCP への対応に追われ，主な施策として調達先や生産拠点の分散化などが検討されてきた。

しかし，世界中の震災や洪水の発生リスクは依然として残っており，また，

グローバルならではのリスクには，インフレや燃料価格の高騰などマクロ経済動向，労働者確保の問題など，様々存在する。

今後のBCPへの取り組みでは，構想策定の段階から分散化によるコスト増や効率悪化に陥ることなく，グローバル・サプライチェーンロジスティクス全体の柔軟性を考慮したネットワークを構築するとともに，BCPの計画を実行する際には，進捗状況をPDCAサイクルでマネジメントできる施策を講じていくことが必要である。

11.6 まとめ

事業環境のグローバル化は今後もますます拡大していくことが予想され，多くの企業では，広域化複雑化するロジスティクス・ネットワークをいかに構築し，効率的に運用していくかが経営上の最重要課題のひとつに位置付けられている。これまで日本企業は，部門ごと，地域ごとの最適化を図ることや，日本拠点では独自の職人技も交えて品質を高めることを得意としてきたが，これまで述べてきたように，今後は全世界，全社的な最適化がどうあるべきかの視点において，各部門，地域がどうあるべきかに落としこんでいくアプローチも重要性を増してきている。本章では，このように，従来の業務改善を超えた改革のレベルでも有効と考える，情報技術を活用したアプローチについて述べた。今後，日本企業がグローバル市場で競争力を高め，成長していくために，全体最適に活かせるものは何か，不足する部分はどのように充足していくのかを，経営層から現場まで一体となって取り組んでいくことが求められている。

参考・引用文献と注

1) 経済産業省『2014年年版ものづくり白書』2014年。
2) JETRO『通商弘報』2015年。
3) 日経エレクトロニクス編集『稼ぐビッグデータ・IoT技術─徹底解説─』日経BP社，2014年。
4) 戒田元子・細田順子・前田久米男「グローバル拠点戦略支援エンジニアリング

の紹介」『流通ネットワーキング』2013 年 11 月号，pp. 124-127。

5) 前田久米男・戒田元子・細田順子・前林和幸「グローバルサプライチェーンマネジメントの革新― BCP/BCM を事業戦略に取り込むソリューション」『日立評論』Vol. 94 No. 3, 2012 年，pp. 37-40。

6) 片山直登「多品種を考慮したロジスティクスネットワーク設計問題の数理的解法に関する研究」流通経済大学大学院，平成 21 年度博士論文。

7) 森戸晋「離散型シミュレーション技術の現状と動向」『精密工学会誌』1992 年 7 月，pp. 1115-1119。

8) 壇寛成「最適化技術が現場で真価を発揮するには」『オペレーションズ・リサーチ』Vol. 59 No. 5, 2014 年，pp. 260-266。

9) 寺内邦郎・末崎将司他「物流のスマート化によるグローバルロジスティクスサービス」『日立評論』Vol. 97 No. 2, 2015 年，pp. 51-54。

10) (公社) 日本ロジスティクスシステム協会「ロジスティクス KPI とベンチマーキング調査報告書 2014」。

11) サプライチェーンカウンシル日本支部「サプライチェーンの実力を測定する」『LOGI-BIZ』2001 年 11 月号，pp. 42-49。

12) 杉山成正「目標と指標（KPI）の設定」『LOGI-BIZ』2003 年 8 月号，pp. 78-80。

13) FTA ビジネス研究会編著『FTA/EPA でビジネスはどうかわるか―メリットを活用する実務ガイド―』東洋経済新報社，2014 年。

14) 梶田ひかる「在庫削減からキャッシュフロー改善へ」『LOGI-BIZ』2009 年 6 月号，pp. 10-13。

15) 井岡大度「改善効果分析のためのキャッシュ・コンバージョン・サイクル」国士舘大学経営学会論文，2014 年。

第12章

グローバル視点での在庫問題

黒須 誠治

　本章においては，グローバル視点での在庫問題について述べる。在庫問題は，ロジスティクス活動を行う上で避けては通れない課題である。

12.1　ロジスティクス活動とは何をどうすることか

　在庫問題について述べるにあたって，まず，本章で扱うロジスティクス活動を明確にしておこう。ロジスティクス活動とは，次のように行うことである。

　　必要とされる物を
　　必要とされる時に
　　必要とされる場所に
　　供給する活動

　ここで，「必要とされる物」とは何か。それは各産業・各会社によって異なる。また，時期によっても異なる。例えば春のシーズンと秋のシーズンでは，必要とされる物は異なるかもしれない。そして，ロジスティクス活動をする場所によっても異なる。つまり，日本という場所で必要とされる物と，中国で必要とされる物とでは必ずしも同じではないかもしれない。同じ商品

でも，仕様が異なる物にする必要もありうる。

「必要とされる時」も同様である。毎日一定時に供給することを求められる場合もあれば，1週間に1回供給することを求められる場合もある。あるいは，突然明日持ってこい，と言われることもある。

次に，「必要とされる場所」にその物を届けることがロジスティクスでは必須である。「必要とされる場所」とは，B to B取引では多くの場合決まった場所であってそのつど場所が変わることはない。ただし，B to B取引ではあっても建設業（建設ロジスティクス）では，建設現場が変われば，供給すべき「必要とされる場所」もそのつど変わる。一方，B to C取引では場所はそのつど変わる。消費者は1人1人異なる場所にいるためである。

ロジスティクス活動とは，上記の太字のような活動をすればいいのだが，実際には上述したように，時間，場所，（供給すべき）物によって種々異なることが普通である。そこが，同一製品を規則的に繰り返し生産する製造業との大きな違いである。

このようなロジスティクス活動を円滑に行うには，大きく分けると2つの作業，すなわち物流作業と保管作業を行うことが必要になる。

12.2　物流と保管の2作業からなるロジスティクス活動

物流作業とは，字の通り，物を流す作業である。それはつまり，ある地点から別のある地点まで物を移動させることである。物を移動させることによって，物を必要とされる場所に供給することができる。

しかし，時間的には，つまり必要とされる時に，（必要とされる）物が供給できるとは限らない。例えば，寒い冬の日，温かいうどんを食べたいと思ったとき，そこに，（移動された）うどんがあったとしても，温かい食べ頃のうどんでなければその用をなさない。このときもし，保温された食べ頃の状態のうどんがそこにあれば，この要求は満たすことができる。ここで，保温された食べ頃のうどんとは，調理済みでかつその美味しさや温度を保ったまま保管されたうどん，という商品の保管があるということである。このよう

な状態にしておくには，場所的な移動だけでは満たせない。食べ頃の状態のままで，（たとえわずかな時間であっても）そこに保管する作業が必要なのである。このような例は，うどんのような食べ物に限らず多くある。薬などは，"必要な時に"という要件が極めて重要である。

　一方，だからといって，常に温かいうどんを大量に保管しておくのは，無駄である。売れずに残ってしまい，あとで廃棄せざるを得ないことが起こる可能性があるからである。このことは，多すぎずかつ少なすぎない適正量の在庫を常に保有するようにしていく必要があることを意味している。ここに在庫管理という作業の必要性が発生する。多すぎず少なすぎない必要量の必要な物を保有するようにする作業を在庫管理という。

　適正量の在庫を保管していくには，それらを保管する空間が最低限必要である。その空間の大規模なものが倉庫といわれる。小規模なものは，単に"置き場"というくらいの表現がなされる。

　このことを物の流れから見ると，物流とは，物を流すことであるのに対し，保管とは物の流れをとどめることであるといえる。流すこととその流れを止めること，この相反する作業を適切に行っていくことがロジスティクスの基本作業である。

　では，どのようなときに物を流し，どのようなときに物の流れを止めるのか。それは，プッシュ（Push）とプル（Pull）の2つの概念を対比させながら考えるとよい。

12.3　プッシュとプルの考え方

　プッシュとは，押すことである。それに対してプルとは引っ張ることである。物をつくる過程では，通常，原材料から部品をつくり，部品から完成品をつくっていく。そして完成品を問屋に持ち込み，問屋から商店に供給し，最後に消費者に届ける。この作業はあたかも物を，製造から消費者に向かって押しこんでいくようにみえるので，プッシュといわれる。図12.1では，この流れを模式化して表した。実際の製造の流れでは，原材料メーカーは複数存在したり，部品メーカーも多数関与していたり，さらには問屋が存在し

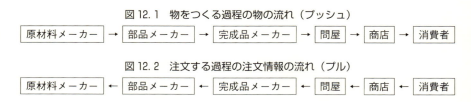

たりしなかったり,種々変形がある。ここでは典型的なプッシュを図式的に表した。

　それに対して,消費者がある物を欲しい,と言ったとき,つまり注文したとき,その注文情報は商店から問屋,問屋から完成品メーカー,そして完成品を構成する部品・材料メーカーに伝えられていく。その伝えられ方は,図12.2に示したように引っ張るように見えるので,プルと呼ばれる。これもまた,図では典型的なプルを描いたが,実際には種々の変形がある。

　さて,プッシュとプルとでは,保管の発生の仕方とその場所が異なるのではないだろうか。

　まず,プッシュでは,お客から注文が来ることを予想して,原材料メーカーが部品メーカーに原材料を供給する。部品メーカーは,原材料から製作した部品を完成品メーカーに供給する。さらに,完成品メーカーは部品から製作した完成品を問屋に供給する。そして問屋は完成品を商店に供給し,商店は完成品を商品として消費者に販売する。

　もし,消費者が,途切れることなくこの商品を買いに来るのであれば,原材料メーカーから商店までの過程は常に連続的に物が流れていけばよい。かつまた,各メーカーや流通過程および消費者の購買が互いに同期化していれば,物(原材料・部品・完成品)は円滑に流れる。ここで,同期化とはタイミングを合わせることである。

　つまり物は滞ることなく,また枯渇することなくこの過程上の加工や組立作業などを受けながら,流れていく。物の流れがとどまることはない。このような状態では,保管という作業が発生する余地はないし,その必要もない。つまり,物の在庫は発生しないし,在庫を持たなければならないということもない。

　ところが,現実には,物は滞ることなく,また枯渇することなく流れてい

くことは，ない。なぜなら，消費者は常に"途切れることなく，この商品を買いに来る"ということはないからである。時期によっては，消費者が少なくなったり，来なくなったり，逆に消費者が急激に増加することもある。これは需要の変動という現象である。ほとんどの物について，多かれ少なかれ需要の変動がある。

　もし，急激に需要が増加したら，あるいは，需要が減少したら，上記のような物の流れはどうなるだろうか。それには，図12.2のプルの模式図を見ながら考えるとわかりやすい。

　図12.2で，消費者が商店に商品を注文したとする。このとき，商店に商品の在庫があれば，すぐに消費者に商品を手渡すことができる。しかし，在庫がなければ，つまり，すぐに商品を手に入れることができなければ，消費者はこの商店からその商品を購入することをやめて，他の商店に買いに行ってしまうかもしれない。このとき，この商店は，機会損失を被ったことになる。このような機会損失ができるだけ発生しないようにするため，商店は商品在庫を持つことを心がけることになるだろう。すると，ここに商品の保管作業が発生する。そして，商店と問屋の間でも，同様の問題が生じ，問屋は完成品の在庫を持つことを心がけることになるだろう。さらに，問屋と完成品メーカーとの間でも同様の問題が生じ，完成品メーカーは，完成品の在庫を持つことを心がけることになるかもしれない。

　こうして，プルでは，商店・問屋・完成品メーカー・部品メーカー・原材料メーカーの各場所で在庫を持つ必要性が出てくる可能性がある。

12.4　サプライチェーンの考え方の導入

　前節では，プッシュとプルの考え方から，物の流れのとどまる点，すなわち保管の発生場所について考えた。そして，プルの考え方でいくと，消費者の注文要求を速やかに満たすためには，商店で商品在庫を持つ必要があることを述べた。そして在庫は，商店だけでなく，問屋・完成品メーカー・部品メーカー・原材料メーカーの各場所で在庫を持つ必要性が出てくる可能性があることになる。

図 12.3 製造と販売をそれぞれまとめた場合

しかし，必ず各場所で在庫が必要になるということはない。図 12.1 を変形して，図 12.3 のようにしてみよう。このようにするには，原材料メーカーと部品メーカーと完成品メーカーが合体して 1 社になってしまうことを想定すればよい。この 1 社を仮に一貫メーカーと名付けよう。また，問屋と商店も合体させて 1 社になってしまうことを考える。この 1 社を仮に販売店と名付けよう。

一貫メーカーは，販売店からの注文にすぐに対応できるように，完成品在庫を持てば，部品在庫や原材料在庫を持つ必要はなくなる。なぜならば，図 12.1 のプッシュで説明したように，原材料から完成品までプッシュでつくっていけば各場所での在庫は考慮する必要がないからである。ここで，"原材料から完成品までプッシュでつくっていけば" という仮定をおいたが，それは，原材料メーカーと部品メーカーと完成品メーカーを合体して，一貫メーカーという 1 社にまとめたから可能になったのである。1 社内なら，原材料生産と部品生産と完成品生産の同期化が図れるからである。原材料が整ったときすぐに部品生産にとりかかることができる場合，同期化がなされている，という。同様に，すべての部品が同時に揃って完成品の組み立てがすぐに可能になるようにできる生産状況を，同期化がなされているという。

販売店からの注文が急激に増加したとしても，それは完成品の在庫で一時的に対応し，その間に，生産計画の立て直しをして，急増した完成品を原材料から同期化して製造していけば，原材料の在庫や部品在庫は不要にすることができる。

問屋と商店を 1 社にして，販売店化した部分も同様のことがいえる。1 社にする前は，問屋にも，商店にも在庫が必要であった。しかし，両者をまとめて 1 社にして，商店の部分に商品在庫を持てば，問屋部分に在庫を持つ必要はなくなる。

さらに，もし，一貫メーカーと販売店をも 1 社にまとめたとしたら，例え

図 12.4 製造と販売を 1 社にまとめた場合

ば図 12.4 のように，製販社というような会社にしたとしたら，商品在庫を1か所だけにまとめてよいことになる。

これらのことから次のことがわかる。すなわち，需要変動のあるお客との接点にある部門では，在庫（商品在庫や完成品在庫）を持つ必要はあるが，1 会社の内部では，その最終工程以外の場所では在庫（原材料在庫や部品在庫や中間在庫）を持つ必要はない。

このような考え方が，「在庫不要論」とか「ゼロ在庫」の基本的な考え方である。サプライチェーンマネジメントの考え方は，この原理に則っている。サプライチェーンマネジメントでは，上記の例のように 1 社にまとめる代わりに，あたかも 1 社にまとめたかのような提携を各会社間で行う。つまり，サプライチェーンでは，各会社を統合して 1 社にまとめることは必ずしもせずに，互いに情報を交換し，生産計画を統合的に組むようにし，1 社にまとまっているかのように活動していくようにする。こうしてサプライチェーンでは，物の流れを円滑にし，滞ることのないように，つまり物の流れをできるだけ止めることのないような方策をとっている。この考え方は，国際間に跨ってグローバル生産するときにも応用される。

ところが，それでもまだ別の種類の在庫が発生してしまう。それはどのような在庫でどのような場合に発生するのだろうか。

12.5　需要変動以外の要因から発生する在庫

物がどこかで留め置かれるのは，その場所で生産などの作業を加えられるか，移動されることを待つためである。しかし，上に述べたように，生産などの作業を加えるために留め置くのは，在庫とはいわないし，保管ともいわない。在庫とは，何らかの作業が始まるまでの，何の作業もなされない状態の物をいう。また，何の作業もされないまま，移動されることを待つために

置かれる物は在庫といってよい。では，このような在庫とは，具体的にはどのようなものか。そしてそれはどのようにして発生するか。

　加工作業や組立作業などの生産作業は，あらかじめスケジュールが組まれており，そのスケジュール通りに作業されるように準備されているが，スケジュール通りにいかなかった場合は，在庫が発生する。これは作業待ち在庫といわれるものである。また，スケジュールの変更で作業を待たされる場合もある。これも在庫という。同様に，スケジュール通りに移動できなかった場合や，スケジュールの変更で移動を待たされる場合がある。これも在庫ということになる。

　他方，スケジュールを組まずに，生産作業を行っていく場合もあるが，この場合，生産作業が円滑に進まず，物が滞留することが起こりうる。これもまた在庫となる。例えば，加工作業を行う作業者が欠勤や事故などの何らかの理由で作業を加えられなかった場合や，設備や道具などの機器が突然故障したりして，加工などの作業を加えられなかった場合，そこに停滞が発生し，一時的な在庫となってしまう。それらを通常，仕掛り在庫という。

　移動作業では，スケジュールを組まずに，移動することが少なくないが，この場合は，移動前になされた作業が終わり次第速やかに移動すれば，在庫は発生しない。しかし，移動前になされた作業が終わったのにもかかわらず，移動作業が速やかに行われなければ在庫が発生する。

　例えば，トラックで移動させようとしたとき，トラックの荷台に載せる物が少ない場合は，荷台が満杯になるまで，積載すべき物が到着するまで発車を待ちたくなることがある。このとき，すでにトラックに載せられた物は，在庫になる。このような在庫をロット待ち在庫という。

　ロット待ち在庫は，トラックの場合だけでなく生産工程でも発生しうる。組み立て工程などでは，組み上げるべきいくつかの部品が揃わないと組み立てができない。このとき在庫が発生する。つまり，1部品でも揃わないとき，すでに工程に存在する部品は，他の部品が工程に到着するのを待つ必要がでてくる。このときすでに工程に存在する部品は，在庫していることになる。このような在庫は比較的多く発生する。そして，すべての部品が揃うまで，倉庫に本格的に他の部品を在庫しておくことにもなる。

第 12 章
グローバル視点での在庫問題

　また，1 個 1 個製造作業を加えるのではなく，何個かをまとめて製造作業を加えようとする場合，（同時に同一製造作業をすれば，生産能率が上がると思って），もしその個数が揃って製造開始できる状態になかったとき，数が揃ってすべてが製造作業の開始ができる状態になるまで，待たなければならない。このときすでに開始可能状態にある物は，在庫になる。これもロット待ち在庫である。

　以上，本節で述べた在庫は，前節で述べた在庫とは性質がやや異なる。本節で述べた在庫は，発生させたくなかったのだが，結果として発生してしまった在庫である。それに対して，前節で述べた在庫は，品切れ損失を避けるために意図的に持つ在庫である。このことは次のように整理できる。

在庫 ┬ 意図的に持つ在庫…………品切れ損失を防ぐために持つ在庫
　　 └ 発生してしまった在庫……作業待ちが起こったために発生した在庫

12.6　グローバル視点での在庫

　前節に述べた，意図的に持つ在庫であろうと，発生してしまった在庫であろうと，これらの在庫が，単にひとつの工場だけではなく，いくつかの工場や会社に跨って発生するかあるいは持つことになると，次のような問題が発生する。それは，物の移動をどうするかという問題である。

　いくつかの工場や会社に跨って在庫が発生するということは，図 12. 1 や図 12. 2 と形態状似たものになる可能性がある。12.3 の節では，原材料をつくっている会社と部品を製造している会社との間，あるいは，部品を製造している会社と完成品を組み立てる会社との間，さらには，完成品を組み立てる会社とそれを納める問屋との間などに発生する在庫を問題にした。そして，サプライチェーンを組めば，それらの在庫を極力少なくすることが可能になることを述べた。

　しかし仮に，サプライチェーンを組んでいた場合でも，もし，これらの会社や工場が距離的に離れている場合は，物の移動に手間とコストがかかることになる。もし，その距離が長ければ，物の移動に時間がかかる。すると，

341

移動している時間にもまた在庫が発生する可能性が出てくる。

　そしてさらに，いくつかの工場が国と国に跨って存在している場合，すなわち，グローバルになると，さらに互いの距離が長くなる。そして，長い距離を船や鉄道やトラックなどで移動させると，スケジュール通りにそれらが進行しない場合が増加する。すると，目的地に早く到着する物，遅く到着する物が発生する。同一時点ですべての部品が1か所に集着すれば問題ないのだが，そうでない場合は，互いに待ち合わせをする必要が出てくる。待ち合わせするときに待ち時間が発生するが，そのとき同時に一時留め置きのための場所が必要になる。つまり，待ち合わせをするには，待ち合わせの場所が必要である。その結果，待ち合わせの場所を中心に在庫が増加することになる。そして同時に作業の同期化がなされにくくなる。グローバル生産では，こうした保管場所，すなわち在庫場所が，各所・各国に必要となることが多い。港には昔から，多くの倉庫が建てられ使われてきた。その理由のひとつがここにある。

　ここで，従来から存在している港の倉庫の存在意義を改めて考えてみよう。そのひとつは，上記に述べたロット待ちのための倉庫である。例えば，現地で組み立てるためにいくつかの部品が必要なとき，一隻の船ですべての組み立て部品を運搬してこられなかったときは，残りの部品を運搬している他の船が到着するのを待たなければならなくなる。このとき，先に到着した部品をどこかに一時的に保管しておく必要が生じる。その保管を港にある倉庫で行えば便利ではある。

　ある国から別の国に物を移動する場合は，税関の審査を受ける必要がある。審査を受けている間，船の積み荷は一時的な在庫となる。このとき，港にある倉庫に一時保管するということもある。

　さらに，やはり上記に述べたように，港から陸上輸送しようとするとき，それが円滑に（同期的に）いかないときは，港の倉庫に保管するということがある。

　このように，港では，（船に載っていた）物の流れを，港に着いたがためにとどめることになる。どうせとどまるなら，一時的かどうかはともかく倉庫に保管しておくとよい，という考え方がある。

さて，自国においてもであるが，とくに他の国で生産活動をしようとする場合，物の移動をどのように行っていくべきかを十分考慮しておく必要がある。上に述べた税関審査をどこで受けるかということだけでなく，物をどこからどこに移動させる必要があるかを，原材料や部品，完成品，商品などについてあらゆる観点から考えていく必要がある。

　物の移動に関して理想をいえば，移動作業をゼロにすることである。物の移動は本来余計な作業なのである。つまり，1か所で原材料から完成品をつくることができ，かつその場所で販売できるようにすれば，物の移動はしなくてよい。地産地消という言葉があるが，その土地で生産したものをその土地で売って，その土地で消費すればほとんど移動費はかからない。同時に在庫管理費も最小限ですむ。

　この原理をグローバル生産にも応用することができる。例えば，関連工場は分散しないようにし，できれば1か所の工業団地に集めてしまう。そしてこの工業団地の立地は，なるべく消費地に近い場所を選ぶ。さらに，できるだけ，在庫が発生しないような方策をとることである。

参考・引用文献と注

1) 高橋輝男＋ネオ・ロジスティクス共同研究会『ロジスティクス』白桃書房，1997年。

2) 高橋輝男＋ネオ・ロジスティクス共同研究会『ロジスティクス・イノベーション』白桃書房，2005年。

3) 吉岡洋一他『先進的サプライチェーン・ロジスティクス・マネジメント』ふくろう出版，2013年。

第**13**章

ユニットロード論

山崎　純大

　まず物流用語と定義，および歴史におけるユニットロード化の概念と技術の発達経過について述べる。その目的は，物流概念と技術の体系化の必要性を知るためである。これをもとにSCM，一貫輸送，シームレス物流へと展開し，グローバル・サプライチェーンロジスティクスとユニットロードの関係を論じる。

13.1　はじめに

　本章を理解するには，物流用語と定義を良く知っている必要がある。よって，最初にJIS（日本工業規格）の「JIS Z 0111-2006」（物流用語：Glossary of terms for physical distribution）を示すので，用語と定義の理解を深めて頂きたい。

① 「物流（physical distribution）」：物資を供給者から需要者へ，時間的及び空間的に移動する過程の活動。一般的には包装，輸送，保管，荷役，流通加工及び，それらに関連する情報の諸機能を総合的に管理する活動。調達物流，生産物流，販売物流，回収物流（静脈物流），消費者物流など，対象領域を特定して呼ぶこともある。

② 「ロジスティクス（logistics）」：物流の諸機能を高度化し，調達，生産，販売，

回収などの分野を統合して，需要と供給との適正化を図るとともに顧客満足を向上させ，併せて環境保全，安全対策などをはじめとした社会的課題への対応を目指す戦略的な経営管理（第1章注を参照）。

また，物流には「包装，輸送，保管，荷役，流通加工，情報」の6つの機能があり，そのうちの「情報」を除く機能は「物流の5大機能」として重要視されている。よって，その定義を下記に示す。いずれも「JIS Z 0111-2006」で定義されている。

① 「包装（packaging）」：物品の輸送，保管，取引，使用などに当たって，その価値及び状態を維持するために，適切な材料，容器などに物品を収納すること及びそれらを施す技術，又は施した状態。これを個装，内装及び外装の3種類に大別する。パッケージングともいう（JIS Z 0111 および JIS Z 0105，JIS Z 0108）。

② 「輸送（transportation）」：貨物をトラック，船舶，鉄道車両，航空機，その他の輸送機関によって，ある地点から他の地点へ移動させること。

③ 「保管（storage）」：物資を一定の場所において，品質，数量の保持など適正な管理の下で，ある期間蔵置すること。

④ 「荷役（materials handling）」：物流過程における物資の積卸し，運搬，積付け，ピッキング，仕分け，荷ぞろえなどの作業及びこれに付随する作業。マテリアルハンドリングともいう。

⑤ 「流通加工」：流通過程の倉庫，物流センター，店舗などで商品に加工すること。生鮮食品又は繊維品の二次加工，小分け商品化包装，値札付け，鉄鋼・ガラスなど生産財の裁断，注文に対応する機器の組立て，組替え及び塗装替えなどをいう。

さらに，本章の主点である「ユニットロード」とそれに関連する用語とその定義も理解しておく必要があるので下記に示す。「JIS Z 0650-1995」（ユニットロードシステム通則）

① 「ユニットロード（unit load）」：複数の物品又は包装貨物を，機械および器具による取扱いに適するように，パレット，コンテナなどを使って一つの単位にまとめた貨物。この目的に合致する1個の大形の物品に対しても適用する。貨物をユニットロードにすることによって，荷役を機械化し，輸送，保管などを一貫して効率化する仕組みをユニットロードシステムという。

② 「ユニットロードサイズ（unit load size）」：ユニットロードの大きさを表す寸

第 3 部
「これからの」グローバル・サプライチェーンロジスティクス構築上の留意点

法。ユニットロードの最突出部を囲み，互いに直角をなす四つの垂直面と床面との交わりで決められる平面の長さ及び幅の実測値をプランビューサイズ（plan view size）という。ユニットロードを構成する物品又は包装貨物が，正しく並べられた状態における計算上の平面の長さ及び幅をネットユニットロードサイズ（net unit load size）という。

③　「パレット（pallet）」：ユニットロードを推進するために用いられ，物品を荷役，輸送及び保管するために単位数量に取りまとめて載せる面をもつもの。上部構造部をもつものを含む（JIS Z 0106-1997）。

④　「パレチゼーション（palletization）」：物品又は包装貨物をパレットに積み，パレット単位で物流を行うこと。パレットによるユニットロードで荷役を機械化し，物流の効率化を図る手段である。発地から着地まで一貫して同一のパレットに貨物を積載したまま物流を行うこと，一貫パレチゼーションという。

⑤　「パレタイズド貨物（palletized load）」：一つ若しくは幾つかの物品又は包装貨物を，発地から着地まで一貫して，物流機器を使用して機械荷役し，安全，かつ，能率的に輸送・保管できるように，パレットを用いて一つの単位にまとめた貨物。

⑥　「パレットプールシステム（pallet pool system）」：構造，寸法，材質などが統一された互換性のあるパレットを，応範囲の利用者間で共同運用する仕組み。

⑦　「コンテナリゼーション（containerization）」：物資をコンテナに積んでユニット化し，機械荷役によってトラック，船舶，鉄道車両，航空機などへの積込み，取卸しを行い，物流の効率化を図る手段。

⑧　「包装モジュール（packaging module）」：ユニットロードシステムによる流通効率化を目的として，体系化された輸送包装寸法を得るための基準となる数値。包装モジュールの倍数値又は分割値を組み合わせて導き出した，一連の平面寸法（長さ×幅）を包装モジュール寸法という（JIS Z 0108）。

⑨　「荷姿（type of packaging）」：輸送，保管および荷役される物資の外形。包装されたものと無包装のものとがある。

13.2　歴史に見るユニットロード化の概念と技術の発達経過[1)]

人類は，この地球上に登場してから今日に至るまで，様々なモノを消費し

第 13 章
ユニットロード論

て生き続けてきた。そうしたモノの消費の在り様は人類史上の年代で異なる
として，どの時代においても共通に消費されるモノの代表は食料と水である。
食料と水は生命維持の源。その意味において，食料と水の確保は人類存続の
重要課題として，今日でもなお懸命な取り組みが続いている[1]。

　時代をずっと遡って，太古の昔に生きたわれわれの遠い祖先は，生きるた
めの本能活動として，日々の生活の大半を食料と水の獲得活動——自生する
食料と自然発生する水の在りかの発見——に費やした。食料は林や森で，水
は泉や河川で獲得したが，その活動の範囲と距離，すなわち労力負荷は相当
なものだったろう。獲得物をある一定の単位にまとめて移動する概念も技術
も持たなかった時代において，食料や水は動物と同じように獲得した場所で
消費するのが常であったことは想像に難くない。そうした概念と技術が発達
して，われわれの祖先が食料と水を自分の住処（あるいは集落）まで持ち帰
れるようになるには，長い年月の経過を待たなければならなかった。

　時代が進んで，その間の数多くの苦難（生存の危機）を乗り越え生き抜い
てきた私たちの祖先は，生きるための知恵を身に着けて，食料と水が安定的
に手に入れられる地に大集落（都市）を構えた。そして，世界各地で文明が
勃興した。古代四大文明（メソポタミア文明，エジプト文明，インダス文明，
黄河文明）はつとに有名である。四大文明では食料と水の確保（すなわち調
達）が偶発的ではなく計画的に行われた。この背景には農耕の発明と定着が
ある。そしてさらにその背景には，確保した食料と水——肉類や果物類や穀
物類は陸地で，魚介類および水は泉や河川で——を少ない労力で平易に移動
させるためのユニットロード化の概念と技術の発達が，さらにその背景には，
壺や箱や袋などの容器（すなわち包装）を製造する技術の発明，それらを効
率よく運ぶための荷車と船（すなわち輸送機器）の発明，そして陸地に限定
されるが荷車を引く牛馬（すなわち輸送機関）の活用があったことは言うま
でもない。

　さらに時代が進んで，4世紀中頃から5世紀中頃にかけて北アジア〜ヨー
ロッパにかけての広大な領域を大群の馬を駆って移動し支配したフン族（遊
牧騎馬民族）は，他民族領土への侵入と略奪を延々と繰り返してゲルマン民
族の大移動を誘発した。同時期に成立していた東ローマ帝国や西ローマ帝国

との間で激しい戦いが行われたことが史実にも記されている。遊牧騎馬民族にとっても，食料と水の調達は生きる上での必須課題であった。しかし，その主たる手段を侵略した土地での略奪としたため物流技術の発展は見られなかった。一方，当時の農耕民族においては，住み暮らす土地から離れられない宿命（すなわち土着的生活の維持）を抱えていたこともあり，現代の系譜に繋がるような物流技術の発達を見た。壺や箱や袋はより堅牢性が増し，牛馬が引く荷車はより可動性能を増した。荷車を通すための道の開発も活発に行われた。この時代に開発・発明された物流技術の各要素は体系化されることはなかったが，生きるための経験知としてその地に住み暮らす後世世代に伝承された。

かつて，地中海全域を支配する世界帝国となった古代ローマは，全支配地域を網羅するローマ街道の敷設を行って統治の安定化に資した。敷設の目的は主に軍事用途であったが，平時は地域間交易を活発化させる目的で商人他の一般市民の利用を可としたため，首都ローマでは地域特産食料が豊富に手に入れられる環境が創出された。とかく，ローマ街道の意義として軍事活用と文化の伝播と隆盛に着目する人が多いが，平和的物流に資する目的もあったとことをわれわれは知っておく必要がある。ちなみにローマ街道は建設方法から道路幅まですべて規格が統一されていた。通行する荷馬車も規格が統一されていたことは刮目に値する。物流標準化の原点をここに見ることができる。

15世紀半ばから17世紀にかけて大帆船が風を操り7つの海を制覇した大航海時代は，物流技術の発展を語るのに看過することができない。大航海時代の大帆船の使命は，各大陸特産の物資を欧州列強各国の国元に運び届けることであった。したがって，船倉はそうした物資をできるだけ多く積載するために空けておく必要があった。このため，乗船員の生活消費必需品（食料と水，調味料，ワイン等の酒類）の搭載は最小限に留められるとともに，すべて容器（樽，箱，袋，瓶，缶）に詰めて整然と船倉に収納保管するのが常であった。

これらの生活消費必需品のうち食料（肉類，野菜類，果実類，穀物類）はそのままの姿，あるいは加工を施した姿で荷車に載せて運び，容器詰め作業

は港（物流施設）で行った。水や酒，オリーブオイル等の液体物の容器詰め作業は各々の生産場所で行われた。要するに物流技術の各要素の主たるものはこの時代に開発されたのである。こうして大帆船航海用途として開発された諸物資のユニットロード化技術は，その後に到来する鉄道時代においても大いに活用されたのは言うまでもない。

翻ってこの時代のわが国——江戸時代の初期に鎖国に入り，その体制が長く続き大航海時代と相見えることはなかった——では，島国という地政学上の特性をもって列島を巡る海運航路と内陸部水運ルートが開発されていた。内陸部水運ルートは中国王朝への朝貢と交易の関係で古代王朝時代にすでにあったとされるが，室町時代に大発展を遂げた。江戸時代には北前船が登場し，これにより幕府や地方大名などの有力権者たちが，日本全国の物産品を可能な限り入手できるようになった。北前船に積み込む物産品はすべて大きさを測定し，石単位で重量を計算し，壺や箱や袋等の容器に詰めて（あるいは物産品の特性によっては裸で）輸送を行った。無論，積み込み作業は人夫の人力頼りだったので，積み込む物産品の大きさと数量と重量は十二分に考慮された。陸路輸送は牛馬と荷車が活用された。飛脚や早馬も大いに活用された。

北前船の運航路は対馬海峡の季節潮流の変化に抗して，西廻りと東廻りが用意された。この２つの航路の重要性が深まるにつれ全国各地の寄港地が大いに発展し，とくに西廻り航路の起点である酒田港は，明治時代になって鉄道が敷設されるまでわが国の海運と陸運を結ぶ重要地として存在感を誇っていた。陸路は，東海道や中山道等の街道が敷設され，宿場（即ち物流施設）も整備されていた。なお，明治時代以降の鉄道建設がわが国の物流発展に寄与した件については，周知のことという認識に立ち詳述を避ける。

以上の例からも分かるように，いつの時代でもその時代が求める物流が形成され，それなりの物流技術の発展があった。しかし，こうした技術の地球規模の体系化（すなわちグローバル化）は，産業革命による輸送機関の近代化——エンジンを搭載して駆動する鉄道，トラック，船舶の登場——が成された19世紀を経て，それらを大いに活用した物流が世界の先進諸国で日常

的に行われるようになり，そして航空機が輸送機関に加わる 20 世紀になるまで待たなければならなかった。

13.3　物流とロジスティクスの体系化

　物品（製品）を移動しやすくするユニットロード（unit load）の概念を原点とする，物流の知識と技術が学術的に体系化されたのは 20 世紀初頭の米国においてである。フィジカル・ディストリビューション（PD：Physical Distribution）がそれである。この PD の概念は，わが国では，高度成長期に向かう 1964 年（昭和 39 年）の経済審議会答申「中期経済計画」の中で取り上げられ，翌年 1965 年（昭和 40 年）の産業構造審議会の答申で「物的流通とは，有形・無形の物財の供給者から需要者に至る実物的な流れのことであって，具体的には，包装，荷役，輸送，保管および通信の諸活動を指している」と論じられた。

　PD の日本語訳は物的流通であるが，わが国でいつ頃から物流と称すようになったのかは定かでない。いずれにしても，その後は米国を中心に研究が進み，先進諸国のマーケティング活動の活発化とともにロジスティクスの概念が確定し，さらに時代が進んで様々な企業が連携を進め，SCM 論へと深化していった。こうしたことがバックグラウンドにあって，グローバル経済はますますの発展を遂げている。

　今日のわれわれの社会的生活は，すべからく SCM で成り立っている。意見はいろいろあり（第 1 章編者注参照），われわれは普段の生活でこれらの関係性を直接に意識することはないが，モノを製造・販売するビジネスの世界では，この関係性を良く理解して臨む必要がある。まして，物流事業者は言わずもがなである。われわれがこの関係性を意識するのは，何か大災害が起きた時ばかりである。先の東日本大震災はその典型例であろう。連日連夜，ありとあらゆる報道機関が，「SCM が寸断されて被災地企業や被災地企業をサプライヤー（supplier）とする遠隔地所在企業の操業がストップしている，日本再生のためにはロジスティクスの再構築が不可欠」と論じ，また，「物流が滞って被災地に日常品が届かなくなっている，被災者が普段通りの生活

を送れるようにするためには，物流の一刻も早い回復が望まれる」等の報道をし，われわれが曲がりなりにも，しかも受動的に，物流，ロジスティクス，SCM の意義と意味を理解するようになったのは，何とも皮肉である。

現代において，物流とロジスティクスに求められるのはコスト削減である。これを実現するには，製品の包装（packaging）と包装モジュール（packaging module）を良くしてユニットロード化を推進し，どのノードにおいても機械荷役（mechanical loading and unloading）を徹底して行ってパレチゼーション（palletization）やコンテナリゼーション（containerization）を計画的に一貫して行い，輸送機関（トラック，鉄道，船，航空機）への適合を前提とする全体最適を図ることである。そのように取り組めば，結果としてコスト削減につながる。

ロジスティクスは SCM の一部として，マーケティング（marketing）の研究と共に発達してきた経緯がある。1985 年に米国物流管理協議会（NCPDM）が「顧客の要求を満たすため，生産地点から消費地点までの効率的なモノの流れと，保管，サービス，および関連する情報の計画，実施，およびそれを管理する過程」と定義したのを契機に，わが国でも JIS により定義づけされた。

13.4 SCM の登場

SCM は，クリストファー（Martin Christopher：クランフィールド大学名誉教授）が「製品の供給業者から最終消費者までの各セグメントの連鎖プロセスを，統合的に見直して全体最適を実現するための戦略的な経営管理手法。原材料の供給者から最終需要者に至る価値提供活動の全過程で，各セグメントの業務プロセスをひとつのビジネスプロセスとしてとらえ直し，企業や組織の壁を越えてプロセス全体の最適化を継続的に行い，顧客視点で製品やサービスの付加価値を高め，企業に高収益をもたらす」[2]と定義して，その意義と意味が明らかになった。日本における SCM の概念は，ISO 定義の翻訳の置き換えである。直近では，この SCM にロジスティクスを融合させたサプライチェーン・ロジスティクス（supply chain logistics）という概念が登場している。いずれにしても，SCM は物流とロジスティクスの上位概

念として，さらなる研究取り組みが活発に行われている。

13.5 物流における階層概念と国際規格，国内規格

本節においては，物流の階層概念と国際規格と国内規格について述べる。その目的は，このグローバル化の時代においてわが国だけの規格では，効率的かつ合理化的な物流システムの実施ができないことを理解するためである。

13.5.1 | 物流の階層概念

ユニットロード化をより良く行うためには，物品（製品）の「包装」をより良く行う必要がある。その際，製品を何かの容器（包装材）に詰めることを「包装」するといい，そのように包装して荷役・保管・輸送がしやすいように活性化させた荷姿のことを「ユニットロード貨物（unit load freight）」と呼ぶ。

包装材の種類は，製品の形状，大きさ，重量により様々だが，代表的なものは段ボール箱（carton case）である。製品が詰められた段ボール箱は，さらに移動しやすくするために上位概念の包装機器に集合包装するが，その代表例はパレット（pallet）である。このように段ボール箱をパレットに積み付けることを「パレタイズ（palletize）」するといい，その活性化された荷姿のことを「パレタイズ貨物（palletize freight）」という。

このパレタイズ貨物を移動させるには，フォークリフト（forklift）等の荷役機械や器具を使用してトラックの荷台やコンテナに積載する。パレタイズ貨物を輸送する最終手段は輸送機関（トラック，鉄道，船，航空機）である。この一連のフローを仕組みとしてシステム的かつ連続的に行うのが，パレチゼーションであり，コンテナリゼーションである。

まず，製品の段階は「階層0」，製品を個包装（内箱入れやラッピング等）する段階が「階層1」，個包装を段ボール箱等の外装箱に詰める段階が「階層2」，段ボール箱をパレットに積み付けるパレタイズの段階が「階層3」，パレタイズ貨物をコンテナや海上コンテナに積み込む段階が「階層4」，最

352

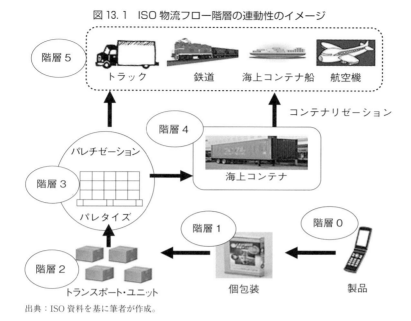

図 13.1　ISO 物流フロー階層の連動性のイメージ

出典：ISO 資料を基に筆者が作成。

終的に輸送機関（トラック，鉄道，海上コンテナ船，航空機）を使用して輸送を行う段階が「階層5」となる（図 13.1 参照）。

ISO が規定する物流階層は，パレチゼーションやコンテナリゼーションを実施する上で確実に理解しておかなければならない概念である。したがって，荷主企業の物流担当者は，委託物流事業者に対してこの階層を十分に理解してサービス提供を行っているかどうかの確認をする必要がある。それをしないとシステム設計を良くすることができない。

13.5.2　グローバル化時代の物流の国際規格と国内規格

わが国では高度成長期に入ると，活発化する国際貿易を背景に今後の国際物流の発展を視野に入れた物流システムの標準化——各要素の国際標準に照らした日本標準の規定化——を望む声が大きくなっていった。

こうして JIS に落とし込まれた規格の代表例が「JIS Z 0161」である。国際物流の主たる輸送機関は船舶で，輸送機器としては海上コンテナが主に使

われる。所謂，コンテナリゼーションの活用である。コンテナリゼーションでは，海上コンテナに製品を詰めること自体がユニットロード化することになるので，製品を荷扱いしやすいように包装することが重要になる。また，包装された製品を海上コンテナに積み降ろしする荷役作業（すなわちバンニングおよびデバンニング）を効率化，合理化するために，製品をパレットに積み付けて海上コンテナに詰めることも重要になる。

　ISO は輸送機関を海上輸送に資するコンテナ船に限定して規格化している。一方，JIS はトラック輸送と鉄道輸送を主眼に置き，海上コンテナ輸送との整合性を考慮して規格化している。製品を海上コンテナに直詰めするにしても，パレタイズ貨物にして詰めるにしても，パレット寸法と海上コンテ寸法への適合性——すなわちユニットロード寸法——を最大に考慮する必要がある。この点に関し，「JIS Z 0161」の考え方を整理したのが図 13.2 である。また，国際標準の「ISO3676」の考え方を図 13.3 に示すので，この 2 つを対比して参考にされたい。

　現代の国際物流の中心はコンテナ船輸送である。大航海時代の大帆船が世界の海を勇躍したように，今日では大型コンテナ船が世界の海を行き交い，世界各国の主要港には大型コンテナ船に積載する海上コンテナが溢れ返っている。

　わが国では，このような世界の物流の実態を受けて，ISO に対して日本標準を世界標準にする働きかけを積極的に行ってきた。産業界としては，わが国の輸送機関（トラック，鉄道）に適合しない ISO 規格を受動的に導入すると，物流実施環境整備のための労力と資金負担が膨大になる。その被る影響は輸送機関産業（トラックおよび鉄道）においてとくに大きいという観点から，日本標準を世界標準として認めてもらうという動きにつながった。ことパレット規格に関しては，1970 年にわが国の輸送機関（トラック，鉄道）に適合する一貫輸送用パレットとして，JIS T11 形（1100mm × 1100mm × 144mm）を国家標準パレットとして JIS 規格化していたこともあり，国際標準への格上げは積年の課題であったが，1992 年にスペイン・マドリードで開催された TC51/WG6 の ISO 6780 の改正審議に（一社）日本パレット協会が出席して，国際海上コンテナ規格にも適合するパレット規格である旨

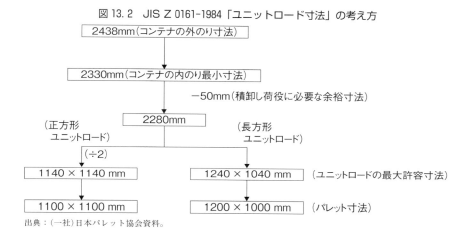

図 13.2　JIS Z 0161-1984「ユニットロード寸法」の考え方

出典：(一社)日本パレット協会資料。

図 13.3　ISO 3676-1983「ユニットロード寸法」の考え方

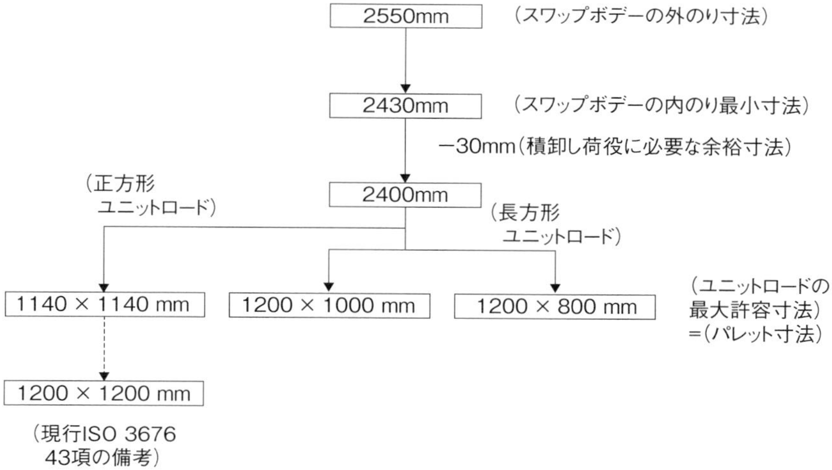

出典：(一社)日本パレット協会資料。

の主張を粘り強く行った結果，国際標準規格とすることに成功した（表 13. 2 参照）。なお，わが国で使われている JIS パレットと輸送機関の適合を知るため，表 13.3 に T11 形，12 形，14 形の輸送機関適合における積載効率を示したので参考にしていただきたい。

　なお，車輛の道路通行を主管する国土交通省は，2015 年（平成 27 年）に，

第3部
「これからの」グローバル・サプライチェーンロジスティクス構築上の留意点

表 13.1　ISO 海上コンテナ規格

種　類		20 フィート (8'6H)	40 フィート (8'6H)	40 フィート (9'6H)	45 フィート (9'6H)
外法寸法	長さ	6058mm	1 万 2192mm	1 万 2192mm	1 万 3716mm
	幅	2438mm	2438mm	2438mm	2438mm
	高さ	2591mm	2591mm	2896mm	2896mm
自重		2400Kg	3810Kg	3970Kg	4800Kg
最大積荷重量		2 万 8080Kg	2 万 6670Kg	2 万 6510Kg	2 万 5680Kg
最大総重量		3 万 480Kg	3 万 480Kg	3 万 480Kg	3 万 480Kg
内容積		33.0m³	673.7m³	76.0m³	86.0m³

出典：ISO 資料を基に筆者が作成。

表 13.2　ISO とアジア・欧米主要国のパレット規格

（単位：mm）

国別	国際	日本	中国	韓国	米国	独国	英国
規格名	ISO	JIS	GB	KS	ANSI	DIN	BS
寸法	1100 × 1100	1100 × 1100	1100 × 1100	1100 × 1100	1219 × 1016	800 × 1200	800 × 1200
	1200 × 1000	1200 × 1000	1200 × 1000	1200 × 1000	1219 × 1981	1000 × 1200	1000 × 1200
	1140 × 1140	1100 × 800		1100 × 800	1219 × 1219	600 × 800	1140 × 1140
	1200 × 800	1100 × 900		1100 × 900	1219 × 1067		1219 × 1016
	1067 × 1067	1100 × 1300		1100 × 1300	1219 × 914		
	1219 × 1219	1100 × 1400		1100 × 1400	1168 × 1168		
		1200 × 800		1200 × 800	1118 × 1118		
					1067 × 1067		
					1016 × 1016		
					914 × 914		
					1194 × 889		
					762 × 762		
種類数	6	7	2	7	12	3	4

出典：ISO 資料を基に筆者が作成。

第 13 章
ユニットロード論

表 13.3　JIS 規格パレットと日本の輸送機関および国際海上コンテナへの積載適合

車種等	積載数（枚）	11 型			12 型	14 型
		仕様（内寸：mm）	床面利用率		床面利用率	床面利用率
トラック（4t）	8	2340 / 4800	86.2%		85.5%	82.3%
トラック（10t）	16	2340 / 9600	86.2%		85.5%	82.3%
国内貨物コンテナ（20ft）	10	2280 / 5850	90.7%		90.0%	92.4%
国際貨物コンテナ（40ft）	20	2330 / 5850	86.6%		85.9%	88.1%

出典：山崎純大『パレットで物流が変わる』ダイヤモンド社，2008 年。

　従来は国際海上コンテナ輸送車両にのみ許可されていた駆動軸重 11.5 トン
を，現行 10 トンに制限されているバン型などセミトレーラー連結車にも適
用する規制緩和を実施した。また，45 フィートコンテナなどの輸送におけ
る車両長の許可基準を 17 メートルから 18 メートルに見直すことにしている。
　このような規制緩和が行われる背景に，国際競争力確保があるのは言うま
でもない。新たに登場した ISO45 フィートコンテナは，直近の国際物流に
おいてその利用が急速に増してきているという現実がある。今後は海上輸送
の主力コンテナになると目されていただけに，国内輸送への対応措置は喫緊
の課題であった。その意味において，国土交通省の今回の措置は，物流の効
率化が国力を保つためにいかに重要であるかのひとつの証左でもある。

13.6　わが国における政府の取組み

　わが国の物流を主管する国土交通省と経済産業省は，物流の効率化と合理
化を促進するための施策と方針を総合的に取りまとめた「総合物流施策大綱」
を発表している。この総合物流施策大綱は 1997 年に第一次が発表されて以
降，第五次まで更新されている。この大綱の中で，一貫して取り上げられて

357

いるのがユニットロード化とそれに関わる包装モジュールと標準化の推進である。国内物流であろうと，国際物流であろうと，物流は日々の暮らしを支えるライフライン社会システムである。したがって，その改善と合理化を行うことは，グローバル化の現代に生きるわれわれにとって必須の課題と言える。そして，この課題解消の鍵は，ユニットロード化に関わる包装モジュールが握っているとしても過ぎることはない。

やはり，民の活動は官の後押しなくしては発展を見ることはない。わが国の物流施策を主管する国土交通省と経済産業省は，「総合物流施策大綱」（平成9年4月4日閣議決定）を発表している（第16章参照）。この大綱は，物流システムの効率化・合理化を切望する民意を反映したものではあったが，その実効性の裏付けに乏しかった。実効性とはすなわち国家が保証する資金援助（補助金）である。

しかし，この「物流総合効率化法」が制定されて以降は様相が一変する。民と官が一体となって「総合物流施策大綱」に謳われた主旨を実現しようとする気風が醸成されたのである。そして，今日に至っている。なお，第三次〜第五次の大綱には「国際競争力のある社会実現と環境問題の深刻化，循環型社会の構築等の物流に関わる新たな課題に対応する高度かつ全体効率的な

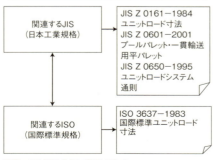

図13.4　ユニットロード化の定義

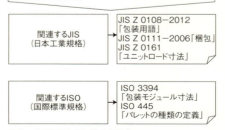

図13.5　包装モジュールの定義

物流システムを構築するためのユニットロード化，包装モジュールと標準化をより強力に推進する。併せて国際的に評価される物流サービス実現に資する物流標準化を徹底して行う」旨の主旨が記されている。

ここで着目しなければならないのは，物流コスト削減と環境負荷低減を法制面で後押しする「物流総合効率化法」（平成17年10月1日施行）が制定されたことである。この法律は，物流を総合的かつ効率的に実施することにより物流コストの削減や環境負荷の低減を図ろうとする事業者に対して，その計画の認定と関連支援措置を定めたものである。具体的には，国際競争力

表13.4　総合物流施策大綱 閣議決定日一覧

○第一次「総合物流施策大綱（1997-2001）」（平成9年4月4日閣議決定）
○第二次「総合物流施策大綱（2001-2005）」（平成14年7月6日閣議決定）
○第三次「総合物流施策大綱（2005-2009）」（平成17年11月15日閣議決定）
○第四次「総合物流施策大綱（2009-2013）」（平成21年7月13日閣議決定）
○第五次「総合物流施策大綱（2013-2017）」（平成25年6月25日閣議決定）

出典：筆者作成資料。

表13.5　物流総合効率化法の概要

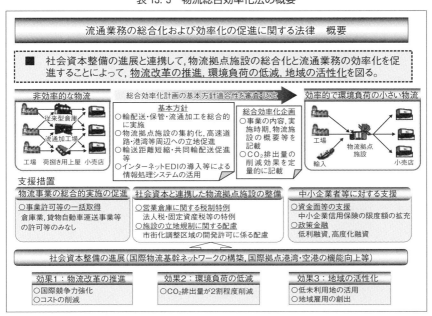

出典：国土交通省HP資料。

第3部
「これからの」グローバル・サプライチェーンロジスティクス構築上の留意点

の強化を背骨に，輸配送網の集約，輸配送の共同化，モーダルシフトに取り組む事業者に国家的支援を確実に行うことであった。

13.7　政府の取組みの実例

　わが国の物流施策を主管する国土交通省と経済産業省は，「総合物流施策大綱」に記した物流施策の確実実行に資するための様々な実証事業を行っている。国土交通省が 2010 年（平成 22 年）3 月に実施した「コールドチェーンの効率化の推進に関する調査」が，本章を理解するのに最も適した例と思うので以下に紹介する。なお，この実証事業には，調査報告書の他に「カートンケースの標準化推進マニュアル」（PDF 資料）が添付されているので，国土交通省 HP にアクセスして入手し，本節の理解に役立てていただきたい。国土交通省は，この実証事業の主旨を次のように宣言している。

　「近年，冷蔵・冷凍貨物のサイズの多様化により，T11（1100mm × 1100mm）及び 12（1200mm × 1000mm）パレットへ冷蔵・冷凍貨物を梱包したカートンケース（ダンボール箱）を積み付けた際に不要な空間が生じたり，逆にはみ出しが生じたりしており，汚破損リスクや保管・輸送の非効率が生じる一因になっています。国土交通省ではコールドチェーン（冷蔵・冷凍貨物の品質を保持するための低温物流）の効率の一環として，容積あたりの輸配送効率・保管効率の向上，汚破損リスク低減による廃棄物の減少，貨物の品質維持を推進することを目的に効率的なカートンケース規格を研究し，カートンケースの標準化案，標準化のメリット，推進手順等をまとめた」。

　JIS では 7 種類のパレット（表 13.2 参照）が規定されているが，この事業の対象パレットは，国際標準に認定されている 11 形と 12 形である。パレット普及率に関する正確なデータはないが，パレット等物流機器を製造するメーカーを主会員とする（一社）日本パレット協会では，会員が毎年製造するパレット数量統計から，わが国の国家業準パレット（JIS T11）の普及率を 40% 超と想定している。この数値でも分かるように，パレット規格ひとつをとっても標準化が一筋縄にはいかないのがわが国の物流の現実である。

　今日，わが国でパレチゼーションを実施する業界は数多くあるが，その中

360

でも自動車部品業界，加工食品業界，日用雑貨業界，医薬品業界，酒類業界での実施率はほぼ100%とされる。しかし，利用されるパレットの規格はひとつではない。自動車部品業界では JIS 11 形および JIS 12 形，加工食品業界，日用雑貨業界，医薬品業界では JIS 11 形，酒類業界では JIS 9 形が使用されている。自動車部品業界で JIS 12 形が使用されるのは，12 形が海外で主に普及している ISO 規格であり，海外に SCM 展開する自動車部品業界にとっては使用拒否の理由が無いからである。また，酒類業界で JIS 9 形パレットが使用されるのは，国内流通フローにおける配送業務チャネルで大量に使用するトラック（2 トン積み以下）の荷台内幅が 2000mm と狭く，一辺が 1100mm の T11 パレットでは適合性が良くないからである。それに加え，かつての主力商品，瓶ビールの販売において大瓶が 20 本入る木箱を使用しており，この木箱の平面寸法からパレットサイズ（すなわち JIS 9 形パレット）を割り出したこともある。

　パレチゼーションは，国家全体として物流の効率化，合理化（すなわち全体最適化）を図るための基本要件である。したがって，全業界が同じ規格のパレット――例えば JIS 11 形――を使用するのが理想である。しかし，各

図 13.6　カートンケースのパレットモジュール化の意義

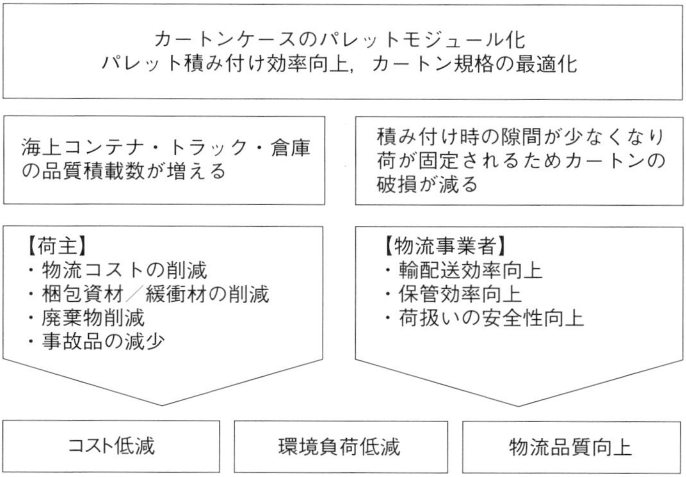

カートンケースのパレットモジュール化 パレット積み付け効率向上，カートン規格の最適化

海上コンテナ・トラック・倉庫の品質積載数が増える	積み付け時の隙間が少なくなり荷が固定されるためカートンの破損が減る

【荷主】 ・物流コストの削減 ・梱包資材／緩衝材の削減 ・廃棄物削減 ・事故品の減少	【物流事業者】 ・輸配送効率向上 ・保管効率向上 ・荷扱いの安全性向上

コスト低減	環境負荷低減	物流品質向上

出典：国土交通省発表資料。

第3部
「これからの」グローバル・サプライチェーンロジスティクス構築上の留意点

業界にはそれぞれに製品の特性と形態を考慮した従来からの物流のやり方があって，それゆえにパレット規格の標準化（規格統一）ひとつをとっても一筋縄には進まないのが，わが国の物流標準化の取り組みの現状である。

　国土交通省では，こうした現状を踏まえて「コールドチェーンの効率化の推進に関する調査」を行った。調査対象の冷蔵・冷凍食品の国内消費量は増大傾向にある。しかし，従来から製品詰めするダンボール箱の質も規格もバラバラであったこと，またそれを要因として，パレチゼーションが未実施であったことから，まずはその前段階として製品詰め段ボール箱の標準化に取り組むことが急務とされていた。

　調査報告書には，「第1章 調査概要，第2章 カートンケースのモジュール案，第3章 カートンケース標準化の検証，第4章 カートンケース標準化推進手順，第5章 今後の展開」が記載され，資料編として 1.カートンケース・モジュール案（詳細）と，2.カートンケース・モジュール案（一覧）が添付されている。パレチゼーション実施を阻害する最大要因は，ユニットロード化する製品包装の不揃いである。よって，この調査報告書は，今からパレチゼーションを実施しようと検討しているものの，何をどうすればよいか分からずに，取り組みが一向に前進しないあらゆる業界・企業が参考にすべき好資料だと筆者は評価している。

　ユニットロード寸法とパレット寸法，パレット寸法と輸送機関の積載面寸法に整合性がなければ，国家全体として物流標準化を実現するのは望むべくもない。物流の実施主体である産業界では，パレチゼーションが物流の効率化と合理化を実現する重要要素だと頭の中では分かっていても，それではどの要素を基準として標準化を行うかという，まさに鳥が先か卵か先か的な議論が，未だに行われていることを本節の最後に報告しておく。

13.8 ユニットロードシステムの実際[3)]

　本節においては，わが国で行われているユニットロードシステムの実際について述べる。その目的は，ユニットロードシステムが物流の全体最適を実現する重要要素であり，その有用性をもって物流が営まれていることを理解

するためである。

13.8.1　ユニットロードシステムとは

　ユニットロードシステムとは，物流の各工程間を切れ目なく繋ぐ技術のことをいう。まず，図13.7をご覧いただきたい。この図は，ユニットロードシステムの概念を図示したものである。これで分かるように，物流の各工程は連続している。例えば，起点となる工程で，あるいは中間に位置する工程で，ひいては最終工程で，ユニットロードシステム実施の体制を整えていたとしても，それは部分最適に過ぎない。各工程が連続的に機能してこそ全体最適は実現される。このようにユニットロードシステムとは，物流において全体最適を実現するための技術とも言える。なお，JISでは，これの実践に資するために「ユニットロードシステム通則（JIS Z 0650:1995）を定めている。

図13.7　ユニットロードシステムの概念図

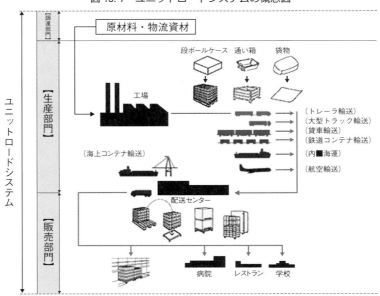

出典：(一社)日本パレット協会資料。

13.8.2 わが国におけるパレチゼーションの実施例

　わが国には，パレチゼーションを企業の枠を超えて実施する例がある。その代表例として，加工食品業界の「P研」と酒類業界の「㈳Pパレ共同使用会」を紹介する。

　「P研」は，正式には「JPRレンタルパレット共同利用・回収推進会」という。わが国経済のバブルが弾けた1991年に，日本パレットレンタル㈱と加工食品業界7社により発足した。今日では加盟223社の一大勢力となって，まさに名実ともにわが国のパレチゼーション実施の代表団体になっている。

　P研の目的は，加工食品業界のパレチゼーションシステムのプラットフォームを構築することである。実施するシステムの最大の特徴は，パレチゼーションに資するパレットをレンタルパレット（日本パレットレンタル㈱保有物件）に限定していることである。このレンタルパレットを利用して川上（加工食品業の工場）から川下（流通業の物流センター）まで一貫してパレチゼーションを行う手順（システム）を整えることで，加工食品業界の効率的かつ合理的なパレチゼーション実施を実現した。この手順には，加盟社はもとよりシステムに関与するすべての物流事業者（運送事業者，倉庫事業者等）が従うよう義務付けられている。流通事業者はこの限りではないが，今日では加工食品業界がパレチゼーションを実施する意義と意味を良く理解して持続的な協力を行っている。

　「㈳Pパレ共同使用会」は，2013年にビール4社により設立された。会の活動目的は，加盟各社が得意先や物流業者と一緒にパレットを管理することでパレットの100%回収を行い，酒類業界物流の効率化と環境負荷の軽減を図ることである。加盟社はビールメーカー，日本酒メーカー，焼酎メーカー等で今日の加盟者数は89社である。もともとは1992年から「ビール酒造組合」として活動していたが，加盟社数の増加を見て社団格を持つ団体に転じた。システム実施に供されるパレットは，加盟社がそれぞれに自社保有するJIS 9形パレットである。

　わが国には，パレチゼーションの推進に資するパレット（主にJIS T11パレット）をその利用者に平易かつ安定的に供給する目的でレンタル会社が設

立されている。パレットをレンタルするか自社保有にするかの判断はパレチ
ゼーション実施企業の経営事情や物流事情によって異なるところだが，P研
のように多数企業，業態が参加してひとつのシステムを運営する場合（す
なわち共同化），パレット管理（調達，回収等）を平準化するという点でレ
ンタルが適している。酒類業界もその点は同じと言えるが，1960年代から
JIS9形パレットを大量に自社保有してパレチゼーションを実施してきた経
緯があるため，レンタルパレットの利用には至っていない。しかし，酒類業
界の，とくにビール業界のパレチゼーションの取り組みは日本産業界におけ
るパレチゼーション実施の先駆けであり，わが国の物流史上におけるパレチ
ゼーションの発展に大きく貢献したことは言うまでもない。

　他に日用雑貨業界でJIS T 11パレットを用いたパレチゼーションが行わ
れているが，こちらの方は運営主体がないため，決められた手順が未だ定まっ
ていないのが現状である。

13.9 シームレス物流とパレットシステムの未来[4)5)]

　本節においては，シームレス物流を実現するための取り組みとパレットシ
ステムの未来について述べる。その目的は，シームレス物流にはパレチゼー
ションが欠かせない要素であり，そのパレットチゼーションにパレットが果
たす役割がいかに大きいかを理解するためである。

13.9.1 　シームレス物流を実現するための取組み

　シームレス物流は，この地球上で暮らすすべての人々にとって必要不可欠
な物流概念である。その現実的な実施システムの構築は，地球環境保全の見
地からも必ず果たされなければならないと筆者は考えている。

　シームレス物流の実施に関する検討は，わが国でも各方面で盛んに成さ
れている。例えば，㈳日本パレット協会では2006年に創立されたアジアパ
レットシステム連盟（APSF）の活動においてこれに取り組んでいる。主眼
は，APSFで定めたアジア標準パレット（T11形パレットとT12形パレット）
を用いた加盟国間のシームレスなパレチゼーションの実施である。APSFの

加盟国は，日本，中国，韓国，タイ，マレーシア，インドネシア，フィリピン，ベトナム，ミャンマー，インドの 10 か国で，後述の「日中韓物流大臣会合」と緊密に連携して，アジア圏全体でパレチゼーションが実施されるためのシステム化に取り組んでいる。ちなみに，わが国は 2006 〜 2008 年，2012 〜 2014 年と会長国を務めた。なお，現在の会長国（2017 年まで）は中国である。

「日中韓物流大臣会合」は 2006 年に，北東アジア物流の安定化に資するシームレス物流を実現する目的で設置された。現在段階では共有課題が 12 項目設定されていて，例えば，通関手続きの簡素化，各種情報共有化のための IT システムのネットワーク化，物流車輌（トラックおよびトレーラーシャーシ）の相互乗り入れ通行，各国間のパレチゼーションおよび国際物流用途の各種物流機器のリターナブル化等が論じられている。

わが国の主管は国土交通省である。国道交通省は，2010 年に中国・杭州で開催された第 3 回会合において，3 国間のパレチゼーションに用いる標準パレットを 11 形パレットと 12 形パレットにすること。この標準パレットを北東アジアのみならずアジア全体のパレチゼーションに資するための物流環境整備を早急に行うこと等を，「共同宣言書」に明記するに当たって主導的な役割を果たした。なお，この会合は主催持ち回りで隔年開催されて，2014 年 8 月には第 5 回会合が横浜で開催された。

ちなみに，コンテナリゼーションに資せられる海上コンテナには安全と通関に関する「国際条約」があり，条約を締結した各国において取扱いのシームレス化が実現している。一方，パレチゼーションに資せられるパレットには未だ国際条約がなく，各国間のパレチゼーションの取扱いをシームレスにするシステム化は実現されていない。

13.9.2 パレットシステムの未来

パレットは，パレチゼーションの主役である。しかし，「されどパレット，たかがパレット」と揶揄される代物でもある。パレットは，使用中はなくてはならないものとして実に重宝がられ大切に扱われるが，一度製品を積んでいない空の状態になると邪魔者扱いされるのが常である。保管スペースの確

第 13 章
ユニットロード論

保，修理と廃棄，得意先からの回収，必要場所への横持ち，新規調達，それら一連の作業の管理者の確保等，パレチゼーションを維持するためには相応の費用もかかる。まさにパレット管理は，その保有者にとって一大事業と言える。

わが国のパレチゼーションの黎明期，取り組みは大手企業を中心に進められてきたが，その大手企業の物流担当者でさえ，「たかがパレット，されどパレット」と愚痴をこぼすほどにパレット管理は難しくも大変な作業である。がしかし，パレチゼーションは物流の効率化と合理化を促進する最高にして最大の手段。パレット管理に手間がかかるからと言ってシステムを止めるわけにはいかない。まして，全体最適に目覚めたあらゆるビジネスチャネルがシステムの実施を要求するようになった今日，ようやくにしてパレットはその存在価値を認められるようになったと言っても過言ではない。パレットには様々な素材がある。表 13. 6 は生産数量統計を（一社）日本パレット協会がまとめたものである。2012 年からリサイクルパレット（木製とプラスチック製）の生産数量も加わっている。

この表 13. 6 で分かるように，わが国のパレットで最大生産されているのは木製であるが，近年の生産数量が停滞もしくは減退の傾向にある。その原因として挙げられるのが，木製は産業品としての規格精度に欠け，かつ，重

表 13. 6 日本の素材別パレット生産数量統計

（単位：枚）

種 別年度	木製	金属製	プラスチック製(PP，PE)	シート形状パレット	紙製パレット	リサイクル木製	リサイクルプラ製	生産数量合計
2004	47,545,491	3,742,453	9,081,500	2,811,160	1,982,772			65,163,375
2005	52,568,550	3,687,305	9,378,000	3,427,490	2,087,096			71,148,441
2006	59,663,120	3,769,310	9,283,000	3,054,823	1,929,587			77,699,840
2007	64,470,305	3,590,765	9,140,622	2,836,240	1,982,776			82,020,709
2008	57,439,900	2,773,035	8,010,333	1,843,794	1,777,523			71,844,585
2009	37,051,860	2,109,403	7,975,962	1,567,224	1,688,646			50,393,095
2010	59,226,365	1,287,533	9,712,321	2,068,735	2,230,281			74,525,235
2011	56,011,024	2,257,552	11,065,324	1,958,593	2,111,538			73,404,031
2012	44,371,543	2,136,700	10,028,279	2,056,522	1,849,868	4,430,225	1,931,741	66,804,878
2013	41,225,411	2,154,134	10,998,169	2,159,348	1,942,361	3,841,405	1,575,038	61,814,616

出典：（一社）日本パレット協会資料。

量が重く軽量化すると強度が弱くなり耐久性に欠けるという点で，近年急速に普及した自動化システム用途に耐えられず，また，環境に配慮したリターナブル使用にも耐えられない等である。加えて，衛生的でないとする向きや，木製パレットの原料となる木材価格が世界的に高騰し，それに連動して国内価格も高騰するので経済性に欠けるという指摘もある。

　木製パレットに替わって生産数量が伸びているのはプラ製パレットである。プラ製は石油精製の過程で生じるPP（ポリプロピレン）およびPE（ポリエチレン）を原料とする。化学技術と生産技術を駆使した製造ができるので規格精度が高く，機械荷役と自動化が進んだ今日のパレチゼーションシステムにより良く適合しているとされる。石油価格も一時暴騰したので経済性に欠けるのではないかと心配する向きもあったが，プラスチックは可能な限りリサイクルできるということも手伝い，近年の循環型社会を創生する機運と相俟って急激に生産数量が伸び始めた。

　現状，世界のパレットの主流は木製であり，国外から輸入されるユニットロード貨物（海上コンテナにバンニングされた貨物）にも木製パレットが多く使われている。用途としてはワンウェイが圧倒的に多い。しかも，木製パレットを海外輸出に使用するには，木材に寄生する虫の駆除を定めた「ISPM15」の手続きに従い燻蒸処理を厳密に行わなければならないので経済性に欠けるという指摘もある。また，ワンウェイ用途では環境に配慮したリターナブル化（輸出先からの回収）に寄与しないとの指摘もあり，アジア圏をはじめとする世界的なシームレス物流（コンテナリゼーションを前提としたパレチゼーションの実施）の実施には，この点の改善が不可欠との意見も出始めている。筆者としては，この点に関し，（一社）日本パレット協会，およびアジアパレットシステム連盟（APSF）の会長を歴任し，日中韓物流大臣会合をはじめとする多くの物流国際会議にパレチゼーションに関するプレゼンテーターとして出席した経験上，シームレス物流をより確実なものにするための，レンタルプラスチック製パレットを使用した国際間リターナブルパレットシステムを可能にする，全地球規模での国際レンタルパレットプールシステムの構築を急ぐべきだと考えている。

　この地球上には環境保全に関する問題が多々あるが，ことシームレス物流

第 13 章
ユニットロード論

の国際間パレチゼーションの実施に関しては，近年，わが国で成長を続ける
プラ製レンタルパレットプールシステムを，地球環境保全に資するシームレ
ス物流の展開に寄与する日本発の仕組みとして，アジアのみならず広く全世
界の国・地域にアピールして，国際間リターナブルパレットの実現に一刻も
早く漕ぎ出すべきであろう。

　この技術の最終的な要諦は，各工程で使用される様々な物流機器・物流機
材・設備機器の整合性とそれを担保にした標準化，そして各種輸送機関への
適合性の確保である。この点においてわが国では，経済産業省主管の物流関
連団体 22 法人が組織する「物流標準化懇話会」（座長：高橋輝男早稲田大学
名誉教授，事務局：日本規格協会)[6]にて，物流の各段階に係わる輸送機関・
物流機器・物流機材が連携した標準化の可能性について，この数年間真摯な
論議（調査研究と体系化）を積み重ね，その結果を JIS 規格に反映させる努
力をしている。さらに，物流標準化懇話会では，整合性が求められる物流機
器・機材の関連性の調査を実施し，ユニットロードのための機材と MH 輸
送機器の体系化を行い，JIS 規格の今後の見直しの方向性を示唆している。
これはパレットにとどまらず，容器，荷棚，コンテナ，トラック荷台，トレー
ラーなどの機材とフォークリフトやトラックなど物流機器との整合性を求め
ることとなる。

参考・引用文献と注

1) 平原直『人間の知恵』流通研究所，2000 年。
2) Christopher, M., *Marketing Logistics*, Butterworth-Heinemann, 1997.
3) 山崎純大『パレットで物流が変わる』ダイヤモンド社，2008 年。
4) （一社）日本パレット協会『ユニットロード年鑑』2006 年。
5) （一社）日本パレット協会『ユニットロード実態調査結果報告書』2002 年。
6) 「対談　大庭靖雄・高橋輝男「55 年の日本経済発展を支えた物流・ロジスティ
　　クス・マテハン・SCM」『月刊マテリアルフロー』666 号・667 号，2015 年。

第**14**章

アジアにおけるモノと
ヒトのロジスティクスの融合

戸崎 肇

　アジアでは経済発展にともない，ヒト，モノの移動が活発になっている。ヒトとモノの流れを統合的に捉えて研究していく分野を「ソーシャル・ロジスティクス」という。これまでの研究では，ヒトとモノの流れは別々のものとして扱われる傾向が強かった。しかし，ヒトの動きはモノの流れをともなう，あるいは誘発させるものである。また逆も真なりで，モノの移動が促進されるためには，ヒトもそれに関わって移動せざるを得ない側面がある。本章ではそうした視点に立ちながらも，とくにヒトの移動に重点を置き，その最新の動向を追いつつ，今後のアジアにおける経済発展の在り方を考える上での一助としたい。

14.1　航空輸送の優位性，今日的・社会的意義

　本章では，ヒトの流れの中でも，とくに航空輸送を前提として議論を展開する。アジア地域におけるヒト，モノの輸送体系を考えていく上で，今後大きな期待が寄せられる分野であるからだ。その大きな理由としてはとくに陸路輸送に比べて，航路開発に関わる期間と労力が少なくて済むことが期待できることがある。空港を建設すれば，その間は空路で飛ばせばよい。鉄道などのように，出発地から目的地までを連続して開発する必要はないのだ。

これはちょうど固定電話と携帯電話の関係に似ている。固定電話は回線網を地上に張り巡らさなければならないので，その普及には時間がかかる。しかし，携帯電話の場合にはそのようなインフラ整備は必要なく，よりスムーズに普及を図ることができる。この結果，発展途上国などは固定電話の普及で出遅れても，携帯電話の普及ではかえって先行する，つまり有利になる。こうした事例は現実にアジアの国々で起こっている。これを「飛び越し情報化」と呼ぶ。交通の分野でも，LCCの展開が東南アジア諸国で顕著であることは，これに近い現象として捉えることができるだろう。

そして，航空については，何よりもその速さが他の輸送手段に対して大きな優位性を形成している。海上輸送や地上輸送など，他の交通モードと比べて運賃・料金は割高にはなるが，時間価値が高い分野ではその優位性は揺るがない。とくに現在では情報化が進み，ヒトについてもモノについても，移動・輸送に関する時間価値が高まっている。そうした社会的需要に的確に応えていくことが，現代において航空を中心とした国際交通体系に求められている。

14.2 生産拠点の海外展開との関係

生産活動の国際的展開と航空輸送との関係について考えてみよう。アジア地域内では，生産に関わるコストがより安い場所を探して，生産拠点を国際的に展開する動きが活発化している。

その中でも，日本は早い段階からこうした取り組みを進めてきた。1985年のプラザ合意を起点とした円高基調への転換により，日本国内で生産を行うことのコストが高くなり，海外に生産拠点を移す動きが続いてきた。そして今日にいたるまで，より安い人件費を求めて，メーカーをはじめとして，生産拠点はアジア全域にわたって広範に展開されてきている。

こうした展開過程においては，いずれは進出先の地元の人材を育成して管理職として登用し，その業務を任せていくにせよ，当面は進出を行う企業の側で管理し，人材の育成を行っていかなければならない。そのため，ヒトの派遣が必要となり，それは人流の増加を促していく可能性を生む。

第3部
「これからの」グローバル・サプライチェーンロジスティクス構築上の留意点

また，海外に生産拠点を移す場合，その進出当初は，工場の周辺に部品や資材を供給する体制が整っていないために，本国からそうした物資を送りださなければならない。このため，日本から当地への輸出が短期的に増加するという現象が現れる。これを「輸出振興効果」という。こうして物流面では双方向的な流れが形成される。

発展途上国に進出する場合には，現地における政府との直接交渉が重要となる。その折衝においては，現地の責任者が大きな職責を果たさなければならないのは当然のことながら，本社からの人的サポートも重要である。対面を保つことを重んじる社会では，なるべく上席にある経営陣が交渉相手に対して誠意を尽くすことが交渉を成功に導く上で大きなポイントとなってくる。さらに，二次的情報だけに頼らず，実際に現地を見，経営判断の正確さを追求することも重要である。しかし，そうした役員クラスの人たちの時間的価値は極めて高い。そのため，後に見るように，そうした人たちにどれだけ効率的に移動できる手段を提供できるかが，その国の産業競争力を規定する大きな要因のひとつとなってくる。

14.3　ソーシャル・ロジスティクスの観点から見る観光

次に観光面から考えてみよう。観光は，ソーシャル・ロジスティクスを考える上で重要な観点となる。

観光は日本では従来，経済政策上はあまり重要視されてこなかった。それは，明治以来の殖産興業政策の推進，そしてそうした中で育まれた労働に大きな価値観を見出す社会的環境にあって，余暇をいかに過ごすかといった問題は重要なものとは捉えられてこなかったためである。これはアカデミズムの世界でも同様で，日本で観光研究がその価値を本格的に認められるようになったのは近年のことであるといっても過言ではないだろう。つまり，1990年代に入ってバブル経済が崩壊し，会社に対する信頼性が揺らいでからの社会的価値観の変化，個人の在り方に対する関心の高まりに基づくものである。つまり，個人，家族の生活の重要さが再評価されるようになり，その中で自己，あるいは家族の生活を充足させるためのツールとしての観光が

372

第 14 章
アジアにおけるモノとヒトのロジスティクスの融合

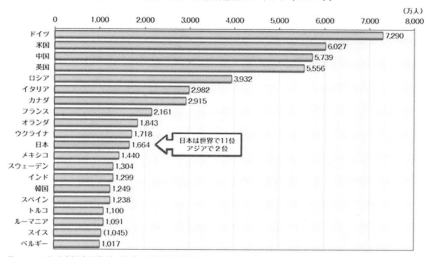

図 14.1　日本からの出国者数ランキング（2012年）

注：1　日本政府観光局資料（出典：世界観光機関〔UNWTO〕，各国政府観光局）に基づき観光庁作成。
　　2　数値は，2012 年 4 月時点の暫定値。
　　3　スイスは 2010 年の数値が公表されていないため，2009 年の数値を利用した。
出典：観光庁 HP（原典は観光白書）。

再評価されるようになったのである[1]。

　しかし，工業化の進展に大きな展望を見出すことができにくくなっている現状から，経済振興における観光に対する期待が近年大いに高まってきた。

　これに対して，すでに欧米諸国では，観光の重要性を理解し，その促進を通じて経済成長のかなりの部分を観光に負ってきた。その差が，現状においてその受入者数の状況に表れている。

　長期的な経済の停滞状況から脱するため，日本では近年，国の成長戦略を掲げて取り組んでいるが，その重点領域のひとつとして，観光も明確に位置付けられ，実践されることになった。そのさきがけとして，2008 年には観光庁が発足した。

　こうした取り組みが最近になって実を結び，2013 年にははじめて日本への入国者数が 1000 万人を超え，2014 年には 1400 万人を突破するまでにいたっている。国が 2020 年度までに入国者数を 2000 万人まで増やすという政策目標を掲げたときには，到底無理で夢物語のように捉えられたが，この勢

373

いでは，その早期達成も確実な状況になってきた。ただし，その後も入国者数を伸ばしていくためには一層のビザの緩和，入国管理官，税関職員の増員，空港の整備など，インフラ整備も急ピッチで進めていかなければならない。

　観光が，国の発展戦略上重要なものとして位置づけられていることは，アジアにとって共通していることである。むしろ，アジアにおいては，日本よりも早い段階から観光に対する期待は高かった。ただし，その背景には，観光振興はそれほど資本を必要とせず，短期間に成果を上げることができるという安易な発想がないわけではなかった。

　しかし，観光振興によって自国の自立的発展を図ることは実際には簡単なことではない。現実には，観光地において収益を上げるのは，ホテルなどのインフラを建設する経済力のある外国資本であることが多く，その場合，その利益が地元に還元される割合は極めて限定的なものとなり，その多くは海外に流出してしまうことになりがちである。

　さらには，様々な副作用もともなう。後にも触れるが，例えば環境問題を引き起こすことがある。観光客が増えれば，その分，確実に自然環境，文化的環境に対して何等かのマイナスの影響が与えられることになる。

　とはいえ，観光振興は，数々のプラスの側面を持つこともちろん事実である。

　国際的に観光が振興されれば，まず政治的な安定化につながることが期待される。情報化の発展によってインターネットが普及することは，匿名性に守られた投稿者による偏向した見方がネット上で氾濫し，国家間の対立，あるいは社会の不安定化を醸成するような方向に機能することがある。そして，実際にネット上での情報操作によって，過度の社会不安をもたらす職業的テロリストも存在している。これに対し，実際にヒトが移動し，自分の目で状況を確認することで，状況の正確な判断が行われ，そうした声がネット上に反映されることで，情報による影響が中和化される効果が期待できる。

　ただ，実際に異なる文化に属する人々が直接接すれば，そこに摩擦が生じることも確かである。この点に関しては，異文化理解に対する啓発活動をしっかりと学校教育などを通じて行っていかなければならない。そして，多様な価値観を受け入れることは新たな発想を生み出し，経済・社会の活性化にも

第14章
アジアにおけるモノとヒトのロジスティクスの融合

表 14.1　政府の新成長戦略における 7 つの戦略分野

環境・エネルギー	■「固定価格買取制度」等により再生可能エネルギーの急拡大 ■ スマートグリッドや電気自動車を組み合わせた「環境未来都市」
健康（医療・介護）	■ 先進医療への規制緩和や疾患ごとの重点投資で医療の実用化促進 ■ 外国人患者の受入れ等国際医療交流
アジア	■ パッケージ型インフラの海外展開 ■ 法人税率引き下げと，日本を外国企業のアジアを拠点に ■ アジア太平洋自由貿易圏
観光・地域活性化	■「オープンスカイ」の推進 ■ 訪日外国人 3000 万人，休暇取得の分散化
科学技術・情報通信	■ 世界的に活躍できる博士人材を養成する「リーディング大学院」 ■ 国民 ID 制度，自治体クラウドなど情報通信技術の利用促進
雇用・人材	■ 幼稚園と保育園の一元化 ■ 職業能力養成・評価制度
金融	■ 証券・金融・商品など総合的に扱う取引所

出典：日本経済新聞（2010 年 6 月 19 日付）。
原典：BBT 総合研究所。

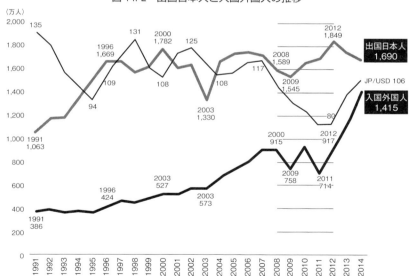

図 14.2　出国日本人と入国外国人の推移

注：年為替レート（JP/USD）は月末単純平均（右目盛り）。
出典：出入国管理統計。

375

つながるだろう。そして，国際政治の安定化は，ヒトだけではなくモノの流通についても重要な環境となる。安全な環境下でなければ円滑な物流もあり得ないからである。

そして，もちろん観光振興は経済振興につながる。それは，単に観光という範囲にとどまることはない。当初は観光目的である土地を訪れたヒトがその地に興味を持ち，あるいはその地の持つ潜在的可能性に目を付け，その地をめぐる新たなビジネスを立ち上げようとするかもしれない。場合によっては，その訪問が機縁となってその地に定住し，地元経済に大きな経済的貢献を果たすことも大いに期待できるのだ。これは，後にみる MICE においてとくに当てはまるだろう。

また，観光によってこれまでにない環境に身を置くことによって，人々は新たなインスピレーションを喚起されることもあろう。日常とは異なる空間に身を置くことは，個人の成長を促し，ひいては社会の発展に大きく寄与する働きにつながっていく可能性がある。

これに関連することとして，バリアフリー・ツーリズムについて考えてみよう。身体障害者は以前外の世界と接する機会があまり保障されていなかった。しかし，バリアフリー政策が徹底されていくなかで，彼らが出歩く機会も厚く保障されるようになってきた。彼らは観光についても強い欲求を持っている。この需要を取り込んでいくことは観光業界にとっては新たな市場開拓となるし，彼らの生きがいがそれによって充足され，自立的な生活により取り組んでいくようになれば，社会保障の在り方も見直されることになるし，彼らからもたらされる新たな発想が社会を動かす力になることも期待できる。

また，エコツーリズムもそれに通じるものがある。環境保護と観光振興の両立を図ろうとするエコツーリズムは，啓発的な性質が強く，実際にそこから収益を生み出すことは難しいと言わざるを得ない。しかし，それが長期的な目でみた場合，社会に新たな発展の在り方を模索することの重要性を関係者に認識させ，そこから新たな発展のダイナミズムがもたらされることも期待できる。

繰り返しになるが，確かに観光には文化的摩擦を引き起こすというネガティブな面もあることは否定できない。観光がその対象となる地域の固有の

文化を変容させ，その地の魅力を逆に低下させていくというジレンマはある。例えばジャワ文化は多数の観光客の訪問によって変質を遂げたという研究結果がある。こうしたマイナス面も十分に理解し，その対策を講じた上で観光振興を進めることは極めて重要である。

14.4　LCC の台頭

　経済発展による所得水準の向上によって，アジアでも QOL（Quality of Life：生活の質）の向上が強く求められるようになってきた。そのひとつに観光需要の増大がある。そして，それを加速させることになったのが LCC の躍進である。

　LCC（Low Cost Carrier）は米国でサウスウェスト航空として誕生し，イージージェット，ライアンエアなど，欧州で大いに発展を遂げたが，2000 年代に入ってからアジアでも急速にその存在感を増してきた。これによって，これまで航空を利用するなどとは夢にも思わなかったような人々まで航空機を利用するような環境ができ上がってきた。そして，既存の航空会社にも大きな刺激を与え，サービスなどの改善につなげるとともに，業界の再編にまでつなげている。

　その代表的なものがマレーシアのエアアジアである。CEO であるトニー・フェルナンデスの下で急速な拡大戦略を図り，アジアの航空市場に大きなインパクトを与え続けてきた[2]。これによってアジア域内の人の移動は大いに促進され，経済活動に強い刺激を与えている。

　日本でも 2012 年，国内に 3 つの LCC が就航した。ピーチ・エビエーション，エアアジア・ジャパン，そしてジェットスター・ジャパンである。

　この年は「LCC 元年」と呼ばれた。しかし，どれも JAL，ANA と資本関係を持ち，完全にフリーに動くことはできない。それは，航空法によって，外国企業は日本の航空事業に対して 3 分の 1 までしか出資できないことになっているからだ。また，日本の航空免許を取得するためには国土交通省との複雑な交渉が必要となり，その面に力のある JAL，ANA と組むことが，日本市場に参入する上で最も効率的な選択となる。

第 3 部
「これからの」グローバル・サプライチェーンロジスティクス構築上の留意点

図 14.3　東南アジアにおける LCC の台頭

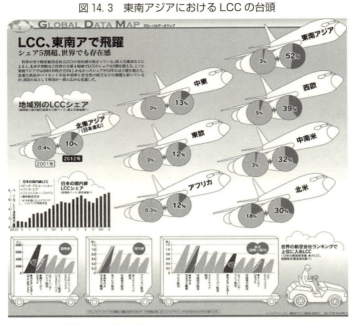

出典：日本経済新聞（2014 年 12 月 8 日）。

写真 14.1　AIR ASIA と創立者トニー・フェルナンデス氏

出典：AIR ASIA。

378

しかし，参入後はいずれの会社も苦戦を強いられることになった。日本の場合，新たに開拓できるような路線がなかなか見いだせない。それは鉄道網や高速道路網が極めて発達していることが大きな要因のひとつとして挙げられるだろう。もちろん，国土がそれほど広くないこともある。結果的にどのLCCも大手航空会社がすでに飛ばしている路線に参入している。それによって一定の需要は喚起できたものの，東南アジア諸国のようなとくに爆発的な伸びにまではいたっていない。

14.5　ビジネスジェットの今日的重要性と日本における現状

ビジネスジェットは日本ではまだ社会的認知を得られていない。ビジネスジェットというと金持ちのための贅沢財であるという認識が強く残っている。しかし，ビジネスにおいて時間的価値が高まり，高い機動性が求められている時代において，ビジネスジェットの重要性は社会的に深く理解される必要がある。アジア地域全般において，これは共通する事項である。

日本では航空輸送において旅客はできるだけ平等に扱われるべきだという認識が強い。確かにファーストクラスやビジネスクラスといった，支払った料金に見合ったサービスの違いは許容するものの，極めて特別な扱いを受けるビジネスジェットの利用者に対しては社会的反発が強く，そのために，実際に必要上ビジネスジェットを保有している企業の中でもそのことを公表することを拒む例は多く見ることができる。しかし，時間価値が極めて高いエグゼクティブ層，VIPといった人々にとっては，機動性に優れた移動手段を用いて効率よく移動することが生産性を高め，勝機をつかむ大きな要因となる。例えば，近年アフリカのレアアースをめぐる争奪戦では，中国人や韓国人のビジネスパーソンたちは，ビジネスジェットを駆使してアフリカ諸国に対して積極的に進出を遂げ，大きな影響力を持つにいたっている。また国際的な企業がミーティングを行う際，その場所の選定において，ビジネスジェットが有効に使えるかどうか，つまり乗り入れと駐機がきちんとできるかどうかが基準のひとつとなる。その結果，日本での開催が見送られるという「ジャ

パン・パッシング」の現象が起きているという報告がある。

　さらに言えば，MICE の推進においてもビジネスジェットは重要なツールのひとつとなる。MICE とは Meeting, Incentive, Conference, Exhibition の頭文字をとって並べたもので，日本では「会議観光」と訳されている。このツアースタイルは，滞在型に近く，また家族を帯同する場合も多いので，宿泊期間を通じてかなりの支出行為が行われることが期待できる。近年日本でもこうした会議観光の需要をより積極的に取り込むべく環境整備が進められている。そのひとつが IR（統合リゾート：Integrated Resort）である[3]。そして，MICE の推進にせよ，IR の実質化にせよ，ビジネスジェットで移動する層への対応が重要となる。この点，日本では対応が遅れているため，実際の統計以上にこの分野の先進国であるシンガポールとの差は大きく開いているとみなされる。

　ビジネスジェットを推進することは，単に観光振興を通した経済振興につながるだけではない。例えばホンダは，自社でビジネスジェットを開発し，その独創的な発想にともなう革新的な機材によって北米市場において販売数を伸ばしている[4]。そして 2015 年 4 月には日本でのデモフライトも実施した。

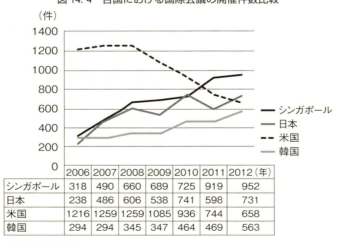

図 14.4　各国における国際会議の開催件数比較

	2006	2007	2008	2009	2010	2011	2012（年）
シンガポール	318	490	660	689	725	919	952
日本	238	486	606	538	741	598	731
米国	1216	1259	1259	1085	936	744	658
韓国	294	294	345	347	464	469	563

出典：国際団体連合。

しかし，日本ではビジネスジェットを保有するコストは極めて高く，その保有数は諸外国に比べて著しく劣っていると言わざるを得ない状況にある。

日本でのビジネスジェットに対する需要が増え，それに対する生産が行われるようになれば，雇用も増加するし，さらなる開発にもつながっていくだろう。実際，ボーイング787の生産においては，日本のメーカーがその部品生産において大きなシェアを獲得し，収益を得ている。この経済浮揚効果も見逃すべきではない。

そして，そもそも観光政策において，入国者「数」を増やす，といった「数」を目標とすることが本当に現状において望ましいのかという問題がある。

マカオの観光政策を担当する責任者は，あるインタビューの中で，「質の高い観光客をより多く獲得することがこれからの方向性である」と語っている。マカオは面積が小さいにもかかわらず，カジノを通じた観光政策が成功し，人口の40倍に相当する観光客が訪れている。その結果，これ以上の受け入れには限界が生じており，より多くの経済効果をもたらす観光客に絞り込みをかけようとしている。こうした視点は今後の観光政策の在り方を考え

写真14.2　ホンダビジネスジェット

出典：Honda Aircraft Company。

第3部
「これからの」グローバル・サプライチェーンロジスティクス構築上の留意点

表14.2 各国のビジネスジェット機の保有数（2011年末）

国　別	保有機数
米国	12284（415）
メキシコ	667　（18）
ブラジル	655　（31）
カナダ	487　（7）
ドイツ	416　（9）
英国	300　（13）
オーストリア	259　（0）
マン島（イギリス）	243　（0）
フランス	206　（48）
ポルトガル	180　（4）
UAE	80　（11）
サウジアラビア	89　（11）
南アフリカ	177　（6）
オーストラリア	163　（5）
ロシア	119　（6）
中国	148　（26）
インド	153　（17）
日本	90　（55）

注：括弧内軍所有機（通常その多くは政府専用機）。
出典：Flightglobal 社 Biz-Jet 2012。

る上で大いに参考となるだろう。

　観光客の数が増えることは確実に短期的な経済効果が期待できる。しかし，先にも述べたことだが，長期的に見た場合，場合によっては当地の文化，自然環境にダメージを与え，観光地としての魅力をむしばんでいく。それは，長期的に観光業を衰退させることにつながる。それまでの間に資本を蓄積し，他の産業振興に取り組み，それを軌道に乗せることができれば問題はないかもしれない。ただ，観光産業は雇用吸収力が高く，とくに多くのアジア諸国のように，これから人口が増大しながら経済発展を遂げていこうとしているところでは，観光産業はその成長を支える上で今後も大きな貢献を果たしていくことが期待される。持続的発展の考え方は，単にエコツーリズムだけのものではなく，広く観光政策全体に適用されなければならない。

382

14.6 おわりに

以上，航空輸送と観光振興を中心に，アジアの今後の発展の可能性について考えてきた。この分野は今後もホット・イシューであり続けることは間違いない。アジア諸国では，お互いに競争しながらも，ビザの相互免除の拡大，航空協定のよりオープンな形へのシフトなど，共通の受け入れベースを構築していくことで，共存共栄を図っていくことが求められる。そして，それがより一層の物流の展開へと結びついていくだろう。

参考・引用文献と注
1) 実際には，観光は明治以前にも「伊勢参り」という形で庶民にひとつの生きがいを与えてきた。詳しくは拙著『旅行産業の文化経済学』芙蓉書房出版を参照されたい。
2) 2014年12月，インドネシアのカリマンタン島沖で墜落事故を起こし，その拡大戦略は見直されている。
3) IRに関しては，カジノを含む構想であるために，治安の悪化やギャンブル中毒への危惧が根強く，その日本における進展にはまだ時間がかかりそうな見通しである。
4) これまではタブー視されてきた，翼の上にエンジンを設置することによって，機内空間を広く保ち，快適性を高めることに成功した。

第15章

政治的リスク，地政学的問題[1]
—ホルムズ海峡問題を例に—

渋谷 祐

　ロジスティクスというシステムがグローバルな対象を扱うことになれば，そこには全世界的な課題が条件として盛り込まれることになる。石油供給問題，イスラム国によるテロがもたらす政治不安，難民問題など，例を挙げればきりがない。

　ロジスティクスが取扱う課題は単に技術的問題ばかりではない。こうした政治リスク，地政学的時間問題はロジスティクスを設計する際には避けては通れない課題となる。

　本章では，一例としてホルムズ海峡問題を例に挙げ，この問題がロジスティクスにどのような問題を提起しているのかを考えてみたい。

　2014年7月1日，日本の集団的自衛権の行使を初めて認める閣議決定が安倍政権のもとで行われた。集団的自衛権行使が認められる事例のひとつに，ペルシャ湾・ホルムズ海峡の機雷掃海が挙げられた。

　その理由について，安倍晋三首相は「日本に向かう原油の8割はホルムズ海峡を通る。我が国の国民生活に死活的影響が生じる」と強調した。

　本章は，日本の集団的自衛権行使の容認のきっかけになったホルムズ海峡とはなにか，なにが問題なのか——について，石油・エネルギー供給の視点にたって概説する。

第 15 章
政治的リスク，地政学的問題

15.1 ペルシャ湾の石油・ガス資源の存在

2014年末現在ペルシャ湾（アラビア湾）地域の原油埋蔵量と生産量は，それぞれ世界比56%，42%の割合を示し，「世界の燃料庫」といわれる。ペ

図 15.1 ペルシャ湾と周辺の石油地図

出典：ウエスタン・オレゴン大学（米国）。
http://www.wou.edu/las/physci/Energy/oil.html map of the middle eastern oil corridor

第 3 部
「これからの」グローバル・サプライチェーンロジスティクス構築上の留意点

ルシャ湾からチグリス・ユーフラテス川の流域に伸びる産油地帯は「肥沃な三日月地帯」と呼ばれるが，地域の政治不安定のため「中東の火薬庫」といわれる。

ペルシャ湾の東側陸域はイランが占め，西側はアラブ首長国連邦（UAE），カタール，バーレーン，サウジアラビア，クウェート，オマーン（ムサンダム半島部分）とイラクのアラブ 6 か国から構成され，アラブ側から「アラビア湾」と呼ばれる（図 15.1，表 15.1）。

ホルムズ海峡はペルシャ湾の入り口に位置し，イランとオマーンの間の国

表 15.1　中東の石油

	埋蔵量		生産量	
	100 万バレル	構成比	1000 バレル／日	構成比
イラン	157.8	9.3%	3,614	4.0%
イラク	150.0	8.8%	3,285	3.6%
クウェート	101.5	6.0%	3,123	3.6%
オマーン	5.2	0.3%	943	1.1%
ア首連	25.7	1.5%	1,982	2.0%
サウジアラビア	267.0	15.9%	11,505	12.9%
イエーメン	97.8	5.8%	3,712	4.0%
中東その他	3.0	0.2%	145	0.2%
中東計	810.7	47.7%	28,555	31.7%
世界合計	1700.1	100.0%	88,673	100.0%

出典：BP 統計集（2014 年）。

表 15.2　中東産の石油輸出先（2014 年）

	100 万バレル	構成比
米国	1,869	9.4 %
欧州	2,066	10.4 %
中国	3,457	17.6 %
インド	2,440	12.4 %
日本	3,166	16.0 %
その他	6,763	34.2 %
中東計	19,761	100 %
世界合計	56,736	34.9 %*

注：＊中東計の対世界比。
出典：BP 統計集（2014 年）。

際海峡である。

中東産の原油輸出量は日量計 2000 万バレルに達し（2014 年），そのうち 1700 万バレルがペルシャ湾からホルムズ海峡を通って搬出され，世界の石油海上貿易の約 35% の割合を示す（表 15. 2）。

ホルムズ海峡を通る石油の 85% 以上はアジア市場向けであるが，一方，米国向けはゼロ実績に近いと推定される。

日本が輸入する原油の 82% がホルムズ海峡を通り，主要国では最高の数字である（2014 年度石連輸入統計）。韓国は日本並みで，次いでインド，中国，シンガポールの順である。

ホルムズ海峡は，国際海峡であるが，同時に世界のシーレーン（海上輸送路）のチョークポイント（隘路）といわれる。

15.2 「安保法制懇報告書」の提起と国会審議のスタート

15.2.1 | 安保法制懇の提起した事例課題

2003 年にイラク戦争が勃発し，小泉政権は陸上自衛隊部隊のイラク派兵とインド洋給油艦を派遣した。この目的はサマワの復興支援とシーレーン防衛の後方支援（アフガン紛争）であったが，時限的な措置であった。

2009 年麻生政権はソマリア沖の海賊対処のためアデン湾に自衛艦を派遣し，商船護衛活動を米中などの海軍と共同パトロールしているが，この措置が集団的自衛権の行使を「事実上前倒し」となったとの解釈がある。

前掲のインド洋給油艦の派遣とソマリア海賊対処の護衛艦の派遣の経緯を受けて，安倍内閣は誕生し，2015 年 6 月から国会における安保法制の本格論議がスタートした。

前掲の通り，安倍政権の閣議決定を促したのが，安倍首相の私的諮問グループ（有識者）による「安全保障の法的基盤の再構築に関する懇談会（以下，安保法制懇）」の報告書（2014 年 5 月 15 日）である。

本章では，安保法制懇の提起する 2 つの事例を検証しながら，ホルムズ海

峡問題の核心を探求しつつ，集団的自衛権の行使との関係を検証することとする。

安保法制懇は，ペルシャ湾・ホルムズ海峡における機雷除去（事例1）とイラクによるクウェート侵略のケース（事例2）を列挙し，いわば海と陸の紛争に分けて集団的自衛権行使容認の論拠を提示した。

前者は，ホルムズ海峡の機雷の除去に関して海上輸送路（シーレーン）にかかわる紛争で，シーレーンは国際公共財であるので，国際法上，集団的自衛権行使の法的根拠になるというものである。

後者は，イラクによるクウェート侵略（1991年湾岸戦争）の事例が取り上げられ，武器弾薬や燃料補給などの後方支援を認める論拠を示したものであった（いずれも下線は筆者）。

事例1：我が国の船舶の航行に重大な影響を及ぼす海域（海峡等）における機雷の除去

　——湾岸戦争に際してイラクは，ペルシャ湾に多数の機雷を敷設し，当該機雷は世界の原油の主要な輸送経路の一つである同湾における我が国のタンカーを含む船舶の航行の重大な障害となった。今後，我が国が輸入する原油の大部分が通過する重要な海峡等で武力攻撃が発生し，攻撃国が敷設した機雷で海上交通路が封鎖されれば，我が国への原油供給の大部分が止まる。これが放置されれば，我が国の経済及び国民生活に死活的な影響があり，我が国の存立に影響を与えることになる。

　——武力紛争の状況に応じて各国が共同して掃海活動を行うことになるであろうが，現行の憲法解釈では，我が国は停戦協定が正式に署名される等により機雷が「遺棄機雷」と評価されるようになるまで掃海活動に参加できない。そのような現状は改める必要がある。

報告書「事例1」において，安保法制懇は，停戦後の「遺棄機雷」の掃海活動のみを認める現行憲法（個別自衛権の行使）の解釈を変更して，集団的自衛権行使のもと，戦時において機雷掃海（武力行使）を行うことを容認するよう提言した。

第 15 章
政治的リスク，地政学的問題

事例 2：イラクのクウェート侵攻のような国際秩序の維持に重大な影響を及ぼす武力攻撃が発生した際の国連の決定に基づく活動への参加

——イラクのクウェート侵攻のような国際秩序の維持に重大な影響を及ぼす武力攻撃が発生し，<u>国際正義が蹂躙され国際秩序が不安定になれば</u>，我が国の平和と安全に無関係ではあり得ない。例えばテロが蔓延し，我が国を含む<u>国際社会全体へ無差別な攻撃</u>が行われるおそれがあり，我が国の安全，国民の生命・財産に甚大な被害を与えることになる。

——我が国は，国連安全保障理事会常任理事国が一国も拒否権を行使せず，軍事的措置を容認する国連安全保障理事会決議が採択された場合ですら，現行の憲法解釈では，支援国の海軍艦船の防護といった措置が採れないし，また，支援活動についても，後方地域における，しかも限られた範囲のものしかできない。加えて，現状では国内法の担保もないので，その都度特別措置法等のような立法も必要である。

——国際の平和と安全の維持・回復のための<u>国連安全保障理事会の措置に協力</u>することは，国際連合憲章に明記された国連加盟国の責務である。国際社会全体の秩序を守るために必要な貢献をしなければ，それは，自らのよって立つ安全の土台を掘り崩すことになる。

　報告書「事例2」において安保法制懇は，イラクのクウェート侵攻の例を挙げ，国連安保理の全会一致決議に対してさえ現行憲法の解釈上，支援国に対する海軍艦船の防護がとれず，かぎられた範囲における後方支援しか認められないので，集団的自衛権行使による国際貢献ができるよう現状を改める必要があると提言した。

15.2.2　衆議院特別委員会の審議と集団的自衛権

　前項において示された安保法制懇の提言は，安倍政権においてほぼそのまま了承され，2014年7月1日，日本の集団的自衛権の行使を初めて認める閣議決定が行われた。

　安倍首相が示した集団的自衛権の武力行使の「新・3要件」は次の3つで

ある。

① わが国に，またはわが国と密接な関係にある他国に対する武力攻撃が
発生し――（省略），「明白な危険」があること。

② 「他に適当な手段がない」こと。

③ 「必要最小限度の実力行使にとどまるべき」こと。

なお，閣議決定の説明では，「新・3要件」を満たす場合，邦人が乗船
する船舶以外でも，共同の退避計画の下で外国人が乗船する船舶や外国の
チャーター船等の護衛も可能と解釈された。

安保法案はその後，国会審議のプロセスに入り，衆議院安保法制特別委員
会が設置され，安保法制案が提起されたが，掲出の2事例がたたき台として
検討されてきた。

安保特別委員会の審議では，集団的自衛権行使を認める場合のホルムズ海
峡の機雷掃海は「例外的で，限定的である」と安倍首相は繰り返し答弁した。

2015年7月15日，衆議院特別委員会において，現行憲法の解釈を変更し
て集団的自衛権を容認する安保関連法案（一括政府提案）が賛成多数で可決
された。翌16日の衆議院本会議において政府提案は賛成多数で可決され，
参議院に送られ，9月19日未明に可決され，成立した。

15.3　ホルムズ海峡は国際海峡

ホルムズ海峡はイランとオマーンの間に位置し，ペルシャ湾（アラビア湾）
とアラビア海を繋ぐ袋状の半閉鎖海域である。当該海峡の最も狭い部分は幅
33.8km，最浅部の水深は73m。国際海峡（国連海洋法条約第34条）で，世
界主要航路の最大のチョークポイント（隘路）である。

最峡部は，分離通航方式が採用されており，航路帯はそれぞれ2海里（1
海里 =1852m）の幅があり，かつ2海里以上の緩衝帯が設定されている。日
量 1550 〜 1600 万バレルの石油タンカーが海峡を通過する。世界中で取引
された石油のほぼ20%（海上輸送分合計の約35%）が通過し，その積荷の
85% 以上はアジア市場（日本，インド，韓国，中国）向けである。なお，
興味深いことに米国輸入はゼロ実績に近い。

図 15.2 ホルムズ海峡と船舶航路

出典：米コロンビア大学。

　LNG（液化天然ガス）・LPG（液化石油ガス）タンカーに加え，コンテナ船，自動車運搬船や貨物船の航行も輻輳している。

　海峡利益（利用）国は，資源輸入国，沿岸国（産油国），船舶国・海員国や寄港国などを含むので，海峡封鎖になれば，その影響は計り知れない。

　当該海峡をバイパスするパイプラインは，サウジアラビアを横断するものと，ムサンダム半島（オマーン領）をショートカットして，アラビア海を求めて陸上輸送するものも2本ある。前者は紅海側から欧州方面に輸出されるとともに精製センターの原料として使用される。後者はアブダビ産の原油を輸出するためであるが，海峡通過量に比べ10%弱の割合である。

15.4　沿岸国：イランとオマーンの地位

　イランとオマーン両国間では，1974年7月25日に大陸棚境界画定合意が署名され，1975年5月28日に発効した。基本的には等距離中間線に基づく境界画定であるが，上部水域には影響を与えない旨の条項が含まれている。

第 3 部
「これからの」グローバル・サプライチェーンロジスティクス構築上の留意点

なお，署名前に両国は「地域の安定の維持とホルムズ海峡の通航の自由の確保を目指す協定を共に希望する」旨を表明した共同コミュニケを発した。

ただし，イランとオマーン両国による共同パトロールは合意されたが，いままで実施されておらず，またイランは国連海洋法条約に 1982 年 12 月に署名したものの今日まで同条約を批准していない。

なお，ホルムズ海峡は国連海洋法条約第 37 条にいう国際海峡である。すなわち，公海または排他的経済水域の一部分と公海または排他的経済水域の他の部分との間にある国際航行に使用される海峡である。それゆえ，あらゆる外国船舶に対して通過通航権（同第 38 条）が認められ，通過通航は停止してはならない（同第 44 条）[2]。

15.5　ペルシャ湾の紛争事例

15.5.1　4 つの紛争事例

過去 30 年間のペルシャ湾において，4 つの紛争（あるいはそれに準じた）が生起した。いずれも超大国・米国の介入する紛争であることに特徴があり，冷戦崩壊期を境にその性格を変えている。

①　第 1 次石油危機（1973 年）は，イスラエル問題を契機にしたアラブによる日米などを対象にした石油禁輸の発動であって，武力行使のかたちではなかった。米軍による武力報復はなかったが，しかし米国は軍事目標としてのサウジアラビアなど油田奪取作戦を策定して備えた。その真意は，当時まだ優勢だった旧ソ連軍が，石油危機の混乱に乗じて南下し，ペルシャ湾を制圧するのではないかという悪夢を米政府首脳が抱いていたことであった。キッシンジャー特別補佐官（当時）らは軍事作戦の準備と並行して，経済協力開発機構（OECD）の枠内で国際エネルギー機関（IEA）を創設し，緊急時の石油の備蓄や割当計画を立案し，制度化を義務づけ今日にいたっている。

②　イラン・イラク戦争（1980-88 年）はシャトエルアラブ川の領有権をめぐり勃発したが，戦局がイラン側に有利に傾いたころから，米国はイ

392

ラク支援を決め，イランと敵対した。戦火はペルシャ湾に拡大して，無差別的なタンカー攻撃の事態に発展し，船員の死者は300名超を記録した（日本人2人含む）[3]。

1980年9月開始されたイラン・イラク戦争はペルシャ湾に拡大し，1984年以降，米日など中立国を含むタンカーや軍艦が攻撃され，触雷するという「タンカー戦争」にエスカレートした。米軍は自衛権を行使し，触雷事案（のべ13件）を処理したとの記録がある。

しかしペルシャ湾の機雷掃海作戦では予想に反して米海軍は苦戦を強いられた。水深のある航路帯はイラン排他水域に属し，中立国船は外側の湾内中央部の浅瀬を航海せざるを得ない。海底パイプライン切断の危険もある。水深が浅く，塩分濃度が高いため大型艦や潜水艦の展開には不向きであり，とくに空母や原潜は海域が狭すぎて転回に手間取った。

イラン寄りの海域はイランの排他的海域，イラク設定の戦域，中立国船舶の水路，イラン沖合の石油掘削リグ（ファルシ島）などが複雑にからんでいた。

その米軍艦の弱点を突いてイラン革命防衛隊はファルシー島付近などの浅瀬に浮遊機雷を敷設し，海洋石油施設の歩哨はタンカー攻撃の機会を狙った。触雷の被害は，潮流の関係からイラク南部，クウェート，バーレーンばかりか，湾外に及び，また一部はイラン自国の湾外海域において発生した。

③　湾岸戦争（1991年）は，前掲の通りイラク軍によるクウェート侵略をきっかけに，その軍事制裁措置として米国やサウジアラビアを中心に多国籍軍が武力行使してクウェートを解放したが，有志連合軍の集団的自衛権行使による作戦であった。

④　イラク戦争（2003年）は，イラクの大量破壊兵器の保有を理由に，米英軍が中心になって武力行使し，サダム・フセイン政権の崩壊をもたらし，新生のイラク政権の誕生を支援した。なお，2001年の「9・11テロ事件」に際して，米軍はアフガン攻撃を行った。

⑤　日本企業との関係では，イラン・イラク戦争では，三井物産が主導するイラン・ジャパン石油化学（IJPC）の現地プラントが攻撃の対象になった（後にプロジェクト撤退）。湾岸戦争では，アラビア石油カフジ基地がイラク軍に攻撃され損傷を受けた（後にサウジ／クウェートとの利権

契約の失権）。

15.5.2 イラン原油の供給停止

イラン石油供給停止の事例としては，次の3つがあるが，いずれもホルムズ海峡が封鎖される事態にはいたらなかった。その内容は，以下の通りである。

① 1954年に勃発したイランの石油国有化事件に際して，イラン原油の輸出日量（70万バレル）は44か月間停止した。

② 1978年に勃発したイラン革命の結果，6か月間にわたり日量350万バレルの供給停止が生じた。

③ 1980年に前掲のイラン・イラク戦争が勃発し，3か月間にわたり日量330万バレルの供給が途絶した。

15.6 最近の主な海上紛争・テロ事件例

15.6.1 イラク・バスラ沖海上石油施設攻撃

2004年4月，イラク南部バスラ沖のコールアルアマヤ・ターミナルで最初の小型ボートによる自爆テロが発生し，米兵2名，コーストガード1名の計3名が死亡。20分後，バスラターミナルで小型船2による自爆攻撃により，入港中の日本郵船の「TAKASUZU」（15.2万トン，パナマ籍）が被害を受けた。

15.6.2 米艦船「コール」攻撃

2000年10月，イエメン・アデン港に入港中の米海軍のイージス艦「コール」（8350トン）は，小型船の自爆テロの攻撃を受け，乗員17人が死亡，39人が負傷した。米国艦船へのテロは，このときが初めてである。

15.6.3 フランス籍タンカー「ランブール号」攻撃

2002年10月，イエメン南部のアデン湾に入港中のフランス籍の原油タンカー「ランブール号」（15万トン）が，テロ攻撃により突如爆発炎上。この爆発で，乗組員25名のうち1名が行方不明，17名が負傷し，大量の原油が

流出した。

15.6.4 アルカイダ系による邦船タンカー攻撃（2010 年）

商船三井の大型原油タンカー「エムスター号」は 2010 年 7 月 28 日（現地時間），ホルムズ海峡を航行中，爆発物によるテロ攻撃を受けたが，被害は船体外壁 2 か所がへこんだだけなど軽微だった。

アルカイダ系の「アブドゥラ・アザム旅団」はこの攻撃の 1 週間後，ウェブサイト上において声明し，この中で「殉教の英雄が日本のタンカーに自爆攻撃を行った」と宣言した。

殉教声明は「28 日ホルムズ海峡で日本の原油タンカーエムスターに挺身攻撃をかけてタンカーに損害を与えた。グローバル経済と石油価格に対する今回の英雄的行動は多大な成果をあげた」と発表。

日本の国交省の事故調査委員会はこの事案について検証した。

〈エムスター号の概要〉

トン数：16 万 292DWT。全長；333m

船籍（便宜上）；マーシャル諸島。建造年；2008 年

15.6.5 ヤンブーのテロ事件とヒューマンターゲット

「アラビア半島のアルカイダ（AQAP）」の攻撃対象は「石油を略奪する」サウジ王制と西側であると宣言した。サウジ王制と西側が相手で，その象徴であるアブカイクが破壊目的として選ばれた。外国人石油労働者を標的（ヒューマンターゲット）にしたヤンブー事件（2004 年 5 月 1 日）とアルコバル事件（2004 年 5 月 9 日）を処理したサウジアラムコは，安全確保に関し，次のように声明を発表した。

「わが社は石油施設と従業員の安全確保に対する責任を自覚し，常に万全の警戒態勢を維持し，製油所や積出設備はサウジ軍と緊密な連絡のもとに警備兵によって厳重に警備されている。」

アブカイクのみならず，ジュアイマ・ターミナル（300 万 BD 積出能力）やペトロライン（500 万 BD 送油能力 =2006 年当時）の場合でも，空からの神風攻撃は別として，自爆テロ程度ではまず損傷程度は軽い（2, 3 日で修復）。

部品交換も即時措置（1，2週間）され，損傷箇所はすぐ修理される体制（長くても1，2か月）である。

15.6.6 | イラク戦争と戦争保険

イラク戦争開戦（2003年3月20日）を受け，貨物の戦争保険料率はロンドンの戦争リスク格付委員会によりペルシャ湾地域を中心に実施された。

クウェート積みの原油の場合，開戦前は原油価額の0.05%だったが，以後は40倍の2%前後になった例もある。湾岸戦争時には料率は5%に上昇した。

戦争保険の割増金について，船体の場合イラク戦争前は船体価格の0.03%は開戦後に一時12倍になった。80億円の新造大型タンカーの場合，保険料負担は240万円から3000万円に上昇した。

ペルシャ湾周辺には現在でも40隻程度のタンカーが航行している。

15.6.7 | 「日の丸船団」編成（1988年10月）

イラン・イラク戦争の際，リトルコイン島から危険海域が拡大（北緯20度以北，西経57度以西）され，湾外のフジャイラ沖で航路別船団が編成された。

当時，カタール半島沖において機雷原（20-30km四方）が認められたため，船団は右舷航行した。邦船で編成された「日の丸船団」（6隻）は座礁をさけ北寄りコース（イラン寄り）を航行したと船長の記録にある。原油満載の後，海峡出口のリトルコイン島で船団解散が行われた。記録によれば，ペルシャ湾内浮流機雷は1983年7月8日〜9月5日の間に16個発見され，さらに，イラン・イラク戦争による船員の死亡 =300人以上（日本人2人含む）を示した。

2004年イラク戦争後，イラク特別措置法を受け，海自揚陸艦がカタールに向け出発し，揚陸艦と護衛艦がクウェートに到着した。これに先立ち，全日本海員組合は「船員安全の観点から憂慮している」と有事関連法に反対声明を発表した（2003年1月8日）。

15.6.8 | ペルシャ湾の軍事訓練

2014 年 11 月中東のペルシャ湾で，米軍など 44 か国が参加した過去最大規模の海上の軍事訓練が本格的に始まり，イスラム過激派組織「イスラム国」による海上の油田施設などへの攻撃を警戒して不審船を制圧する訓練などが重点的に行われた。

この訓練は，中東全域を管轄する米国海軍第 5 艦隊が主体となって，ペルシャ湾で行われた。日本からは海上自衛隊の掃海母艦「ぶんご」と掃海艦「やえやま」が派遣され，機雷を発見する訓練などに参加した[4]。

15.7 シーレーンをめぐる日米防衛費用負担論

米国側からすれば，米国は戦後日本に代わって中東石油の確保のために血と汗を流してきたのに，日本は平和憲法（個別自衛権の限界）を理由に「貝の殻に閉じこもったままだ」（ワシントンの対日ロビストら）という日本側対応への批判がある。

一方，日本側にしてみれば，日本はずっと「思いやり予算」など沖縄などをはじめとする全国展開の基地提供やシーレーン防衛のためそれなりの予算を措置してきたという主張がある。それでも米国側は，「日本の行動はまだ足りず不公平である」という見解に立っている。

例えば，米国側で日米防衛費比較を石油（ガソリン）価格で試算した結果がある[5]。

ちょっと古いが 2007 年 8 月現在の試算（1 ドル =118.5 円）によれば，日本のガソリン小売価格（リットル当たり 145 円）に対し，米国は 86.4 円（ガロン当たり 2.76 ドル，いずれも税込）と 59 円安い。これは「見かけ」の価格差である。

もし「隠された」米国の安全保障コスト（シーレーンなど直接・間接のペルシャ湾の防衛費を含む）を追加（4.10 ドル）すれば「真のコスト」は，233 円に跳ね上がり日米逆転する，という結果で，差し引き額の 88 円は米側の持ち出しである，という，いわば「安保ただ乗り」批判である。

さらに，アラブ石油禁輸の発動（1973年）以来，2010年まで米国がペルシャ湾防衛に支払った費用は総額8兆ドル（960兆円）に達したが，ペルシャ湾を通る石油のわずか10%未満（当時）が米国に向かうに過ぎないと試算した。

原油輸入のホルムズ依存度が80%を超える日本が軍事貢献するのは当然というのが米国側の一貫した主張である[6]。

15.8　対イラン制裁解除問題

イランの核開発疑惑のため2011年末の時点では，国連安保理決議に基づく対イラン非軍事的強制措置が課されており，また欧米諸国が対イラン経済措置を緩和する動きがみられる。

オバマ米大統領は，2011年12月31日，国防権限法に署名し，イラン中央銀行と金融取引を行う外国金融機関の米国内にある銀行口座の開設・維持を禁止する旨，規定した。イランからの原油輸入を相当量削減したと認定された国家について，適用除外になる。

EU外相理事会は，2012年1月23日，イラン原油の輸入禁止を正式決定した（新規契約は即時禁止，同年7月からは既存契約を含めて完全に禁止）。

これに対してイランは同年2月19日，英国およびフランス向けの原油輸出を禁止した。同年3月20日，米国は，イラン原油の輸入を大幅削減した日本および輸入禁止を決定したEU加盟国中の10か国を同法に基づく制裁の適用対象から除外するとした（同年6月には韓国，中国も適用除外となった。同法は同年6月28日に発効した）。わが国がイラン原油の輸入規制措置をとることについては，イランはGATT/WTOの締約国でなく，また両国間に効力を有する2国間通商条約も存在しないため，国際法上の問題はとくに生じない。

なお，EUが同年7月1日からイラン原油を輸送するタンカーに関する域内の保険会社による再保険の引き受けを禁止することへの対応として，イラン産原油を日本に輸送するタンカーが事故に遭遇した場合に再保険で補償される分を日本政府が肩代わりする仕組みを定めた「特定タンカーに係る特定賠償義務履行担保契約等に関する特別法」が同年6月20日に成立した[7]。

2015年7月14日には，難航した交渉を重ねた結果，イラン核問題解決のための「包括的共同行動計画」に対する米英独仏中ロ6か国とイランの合意が成立した。

15.9 現段階（2015年7月17日）における ペルシャ湾情勢

2015年7月14日，イラン核問題解決のための「包括的共同行動計画」に対する米英独仏中ロ6か国とイランの合意が成立した。この結果，イラン前政権が海峡封鎖を行う可能性は低下したと評価される。

しかし，現代エネルギーの安定供給を脅かす戦争・テロなど紛争リスクが中東世界で著増している。イスラム国（IS）の勢力拡大をはじめイラク，シリア，リビアやイエメン分裂構造がそのまま湾岸情勢に連動する可能性もある。

2014年シェール革命のおかげで米国産原油はサウジアラビアを抜いて首位になった。そのため中東産の輸入依存度は20%に急低下し，米国のホルムズ依存度は実質ゼロレベルに低落した。

米軍のイラク・アフガン撤退とリバランス（アジアシフト）によって米軍のプレゼンスが低下し，「バキューム（力の空白）」が生じるのではないかという疑問が生じている。すなわち，米国は安全保障上の中東関与戦略を緩和・後退させるのではないかという懸念である。

この「力の空白」を埋めるのはどこか……。

米国は中国の進出を警戒し，日本の軍事的関与に期待しているのは事実である。中国はまだ海軍力が脆弱だから，いまがチャンスということもあるだろう。

米国の地政学コンサルタント[8]は，米国の原油輸出解禁案のポントは，①ペルシャ湾における米軍プレゼンスの削減の必要性は適切か，②資源輸出国を弱体化させ，不安定にさらす危険はないか，③同盟関係にある資源輸出国を危険にさらすことにならないか，④他の地域の軍事プレゼンス増大の必要性につながるのではないか，⑤レントを輸出国から米国に移転する，⑥（日

399

本など）同盟国を助ける，⑦米軍の役割が世界に与える影響とはなにか，⑧米軍がますます紛争に巻き込まれる危険が高まるのではないか，⑨米国の対中国関係に与える影響とはなにか……など地政学的課題を列挙した。

アラビア半島南部では「失敗国家」イエメンは「第2のアフガン」になる懸念がある。イエメン・アデン湾はソマリア海賊の活動海域であるが，船舶の紅海・スエズ運河ルートに通じ，世界の原油・貨物船，自動車専用船やコンテナ船などの重要航路でもある。

2014年12月5日，バーレーンと英国は，バーレーンのサルマーン港に恒久の英国海軍基地を新たに設置することで合意したと英政府は発表した。1971年以来，スエズ以東の軍事力を縮小し，掃海艇4隻をペルシャ湾内に恒常的に展開（米軍基地の一部を租借）してきたが，この合意は安全保障政策を転換させたものである。米軍のプレゼンス低下を補完する動きであると理解される。

15.10 結語：日本のとるべき選択肢

戦後70年間，「日本の生命線」は，南西諸島航路〜マラッカ海峡までの「周辺」地域であった。しかし，中国海軍の急速な海洋進出や中東北アフリカ情勢の不安定化のため安倍政権は「周辺」の範囲を変更し，「マラッカ海峡以西」のホルムズ海峡を含み地球規模に拡大する方針に転換を試みている。

「日本の平和と安全に重要な影響がある事態」と認定されれば，ペルシャ湾，紅海からスエズ運河に至るシーレーン（海上交通路）が憲法9条の定める新しい「日本の生命線」である。この戦略転換は日本の安全保障政策の「コペルニクス的大転回」である。

さて，2014年，米国の原油生産量（日量1164万バレル）はサウジアラビア（1150万バレル）を僅差で抜き，39年ぶりに世界最大の産油国となった[9]。

中東産に輸入原油の80%を依存するわが国にとって，将来米国産が原油輸出解禁になれば，調達先の多様化に貢献する。いずれ米国産の輸入になれば，日本と中東を結ぶシーレーン防衛負担（米軍の「肩代わり」）の大幅削減に貢献する。

第 15 章
政治的リスク，地政学的問題

　2015 年国会の安保法制特別委員会では，米国パートナーとの集団的自衛権問題が審議され，9 月に可決されたが，そのような機会こそ，日米包括的エネルギー同盟パッケージ論の是非を検討する良い機会である。

　2015 年 7 月 14 日，イラン核問題解決のための「包括的共同行動計画」に対する米英独仏中ロ 6 か国とイランの合意が成立した。日本は対イラン経済制裁スキームの解除を強く欧米に要求すべきで，集団的自衛権行使を認めた新・安保法制とリンクさせ，外交ツールとして使うべきである。

① 　まずイラン関係の正常化ステップの確認である。日イ両国間では，欧米諸国と異なり敵対せず，2 国間条約，GATT や WTO など現状関係を追認すればよい。

② 　米国の対イラン金融制裁は，イランからの原油輸入を相当量削減した国家について適用除外になるというスキームで，「拡大された制裁」の対象国リストに日本が入るという，友好的な日米関係では考えられない規定だ（現在期間は適用免除）。早急に撤廃を要求すべきであろう。

③ 　EU 外相理事会はイラン原油の輸入禁止を正式決定し，その結果英仏とイランの間で石油制裁（禁輸）の報復にエスカレートした。この事例等を参考として，日本は集団的自衛権の時代にマッチしたエネルギー戦略を構築する必要がある。

参考・引用文献と注

1)　本章は 2015 年 6 月 18 日に開催された早稲田大学ネオ・ロジスティクス共同研究会における渋谷報告をベースに，その後 7 月 16 日までにあった重要関連事項（すなわち安倍政権の提案した安全保障法案の衆議院可決とイラン核問題の合意）を含めグローバル・サプライチェーンロジスティクス構築上の政治リスクとして言及し，加筆したものを掲載した。

2)　中谷和弘「ホルムズ海峡と国際法」『東京大学法科大学院ローレビュー』Vol. 7, 2012 年 9 月号，pp. 177-190。

3)　Crist, D. B., "Gulf of Conflict: A History of U. S. -Iranian Confrontation at Sea," Washington Institute for Near East Policy, *Policy Focus*, #95, June 2009.

4)　2014 年 11 月 5 日，NHK ニュース。

5)　米軍事ロジスティクス専門家のミルトン・コプロス氏の証言記録（2006 年 3 月

401

30 日）米上院外交委員開港長会議事録より（資産一部は筆者）。

6) 「2012 年版アーミテージ・ナイ報告書」。

7) 中谷，前掲論文。

8) Emerson, S., ESAI Energy, LLC,「EIA Conference June 2015」の発表（要旨），2015 年 6 月 15-16 日，ワシントン DC で開催。

9) BP 年次統計，2015 年 6 月。

第**16**章

グローバル・サプライチェーンロジスティクスの効率化を推進する物流政策
―物流システムの海外展開を支援し，わが国物流企業の国際競争力の強化を目指す国際物流政策―

勝山 潔

　第2章，第3章でも述べられているように，わが国製造業・小売業の海外進出にともなって，サプライチェーンのグローバル化が進展している。それにつれて，これらの事業活動を支える物流事業者も海外展開を拡大している。

　第8章，第9章，第10章においては，アジアにおけるグローバル・サプライチェーンロジスティクス構築上の問題点が指摘されているが，アジアにおける輸送インフラの整備のみならず，グローバル・サプライチェーンロジスティクスをより効率化するための「官」の役割も重要であると認識している。

　わが国の中長期的な物流政策の基本的な方向性を定める「総合物流施策大綱（2013-2017）」（平成25年6月閣議決定）においては，「これまでの大綱については，サプライチェーンのグローバル化が年々進むにもかかわらず，物流サービスの国際競争力強化の視点が弱かったとの指摘」に言及しつつ，わが国の物流を取り巻く現状とこれまでの施策の状況について，まず「グローバル・サプライチェーンの深化と物流の構造変化」を取り上げ，「我が国産業の海外展開の一層の進展とアジアにおける物流の状況」を第一に考察している。すなわち，「アジア諸国の経済成長と競争力強化を背景に，我が国企業の海外展開が一層進展し，国内外を一体的に捉え，調達・生産・販売を適地で行うグローバル・サプライチェーンの動きが深化している。海外との熾烈な競争にさらされている中，我が国産業は，付加価値の高い分野を国内に

第 3 部
「これからの」グローバル・サプライチェーンロジスティクス構築上の留意点

残しつつも，海外生産を増大させ，日本を含めたアジア域内の調達・生産・販売網の拡大を進めている。こうした我が国産業のアジア諸国への進出にあわせて，我が国の物流企業の現地法人の設置，物流施設の拡充などの海外展開が進展している。この動きは，平成20年のリーマンショック以降，特に加速している」と現状を認識するとともに，物流関係施策については，「サプライチェーンがグローバル化している現状を踏まえつつ，雇用創出や地域活性化の観点から，我が国に残る産業が国内に製造拠点を引き続き残せるようにしていくことが不可欠であり，このため，事業環境整備の一環として，国際・国内両面から」講じていくことの必要性を説いている。

　つまり，国際面では，海外の生産拠点および物流企業の円滑な事業活動を支え，わが国の産業拠点を軸とする効率性の高いサプライチェーンを構築していく必要性，また国内面では，製造拠点のさらなる海外移転を余儀なくされる事態を防ぐため，立地競争力強化に寄与すると考えられる物流インフラの整備や有効活用に関する取組み等を一層進めていく必要性である。その際，国際面において，「アジアを一つの物流圏（アジア物流圏）と捉え，我が国

図16.1　国際物流をめぐる環境の変化

	1970	1980	1990	2000	2010	現在
社会事象	1973 第1次 オイルショック	1979 第2次 オイルショック 1981 対米自動車輸出 自主規制開始	1985 プラザ合意 1990 湾岸戦争 1990～1991 バブル崩壊	1997 アジア 通貨危機 1998 山一証券破綻	2008 リーマンショック	2011 東日本大震災 タイ洪水	
為替動向 （対ドル）	1973 変動相場制 への移行	急速な円高進行 254.1円 → 202.8円 (85.1) 　　(85.12)	円高 ピーク 79.8円 (95.4.19)	円安 ピーク 144.8円 (98.8)		円高 ピーク 75.3円 (11.10.31)	123.75円 (2015年5月末)
貿易構造	典型的な加工貿易 （原材料を輸入し，完成品を輸出）		海外生産の拡大 （北米での自動車の現地生産の拡大等） 海外生産の拡大 （アジアでの国際分業の進展， 中間財を輸入し，完成品を輸出）	海外生産の拡大 （グローバルな国際分業の深化， 完成品の海外生産も） 海外生産の拡大 （アジア等の新興市場獲得）		
我が国物流 事業者の海 外展開		欧米等を中心に「国際化」の進展	荷主企業における国際分業の進展にあわせたアジア進出の急速な拡大 三国間輸送や現地の物流ニーズに 対応するためのアジアへの進出の拡大			
物流に関わる 経営管理の 視点の変遷	物流効率化の追求 輸送や保管といった個々の活動の効率化	ロジスティクス・マネジメント への視点の拡大 企業内での物流全体の最適化	サプライチェーンマネジメント への関心の高まり サプライチェーン全体での物流の最適化		リダンダンシーやBCP への関心の高まり	

出典：筆者作成。

の質の高い物流システムを展開すること等により，アジア物流圏全体の効率化を進める必要がある」との言及がある。本章では，この論点を中心とする「官」の取組みについて紹介していくことにする（図16.1）。

　なお，先般閣議決定された交通政策基本計画（平成27年2月）においては，わが国の技術とノウハウを活かした交通インフラ・サービスをグローバルに展開するという目標が掲げられ，わが国の高い交通関連技術・ノウハウのシステムとしての一体的な輸出や，自動車，鉄道，海運，航空，物流，港湾等の各交通分野について安全面，環境面，効率面に関するわが国の規格，基準，システム等の国際標準化を推進等していくこととしている。世界各地の交通問題の解決に貢献するとともに，わが国の経済発展や交通産業の成長に寄与する趣旨である。

16.1 グローバル・サプライチェーンの深化とわが国物流業の海外展開

16.1.1 アジア市場の急激な成長と物流需要

　近年，世界経済における大きな変化として，アジア市場の急激な成長があげられる。IMFによる主要先進国・新興国・地域のGDP成長率の推移予測を見ると，今後も，アジア諸国は日米欧諸国に比べて安定的に高い経済成長を維持する見通しとなっており，アジア全域で拡大する市場は，グローバル企業による市場競争の主戦場となっている。日本経済が持続的に成長を遂げていくためには，このアジア諸国における成長を取り込むことが重要である。安倍内閣の成長戦略である「日本再興戦略」（平成25年6月閣議決定，平成26年6月改定）にも「成長を続ける国際マーケットをいかに取り込むかは，今や国と国との競争」との認識が示されている（図16.2）。

　わが国産業のアジア諸国への海外展開は，ここ数年続いた円高基調も相まって活発化しており，とくに製造業におけるアジア域内での国際分業が進展し，調達・生産・販売を適地において行うサプライチェーンのグローバル化が深化している（図16.3）。それにともない，わが国企業による産業活動

第 3 部
「これからの」グローバル・サプライチェーンロジスティクス構築上の留意点

図 16.2　国内・国際貨物量の推移

○国内貨物輸送量は、トンキロベースで概ね横ばいとなっている。
○国際貨物輸送量は、トンベースで、リーマンショック後に減少がみられるものの、長期的には増加傾向。

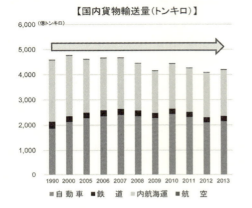

出典：国土交通省海事局資料および航空局資料により作成。

図 16.3　アジアを中心とした貿易額の拡大(A)および国際分業の進展(B)

(A) 世界の貿易額（2013年データと1990年からの伸び）　(B) 東アジア地域におけるサプライチェーンの実態

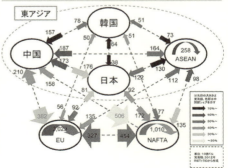

出典：(A)　JETRO 統計「世界貿易マトリクス」から国土交通省国際物流課作成。
　　　(B)　通商白書 2014。

を支えるため、物流事業者による海外展開も加速している。多くの中間財が日本、韓国および ASEAN から中国に輸出され、中国で組み立てられた完

成品が北米・EU 等の大市場国に輸出されており，それにともない世界の貿易額も急激に拡大している状況は数量的にも把握できる。このようなサプライチェーン深化は，経済成長による人件費高騰やいわゆるカントリーリスクなどを背景に，一層進展している。

さらに，アジア諸国においては，近年の経済成長にともなう中間層の増加により消費が急速に拡大しており，生産拠点としての地位のみならず，巨大な消費市場としての地位を確立しつつある。アジア圏の国際物流は，量的な拡大のみならず，コールドチェーン（低温物流）のような新たな物流ニーズが発生するなど，構造的に変化しつつあるとも言える。

加えて，ASEAN 諸国については，格差を是正した経済発展を目指し，物品・資本の移動，サービス貿易，投資の自由化等による単一市場の構築などによる経済的統合を 2015 年末に果たすこととしており，現在各国ごとに異なっている様々な制度について調和が図られることが期待されている。これにより経済活動の更なる活発化，そしてそれにともなっての域内物流の活発化が見込まれている（図 16.4，図 16.5）。

図 16.4 アジア市場の成長―経済成長率の見通し―

○ 日本，欧米と比べて，中国，アセアンでは経済成長率が高い状況が続く見通し。

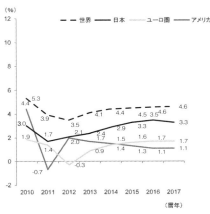

主要先進国・地域の実質GDPの成長率の推移

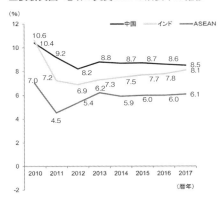

主要新興国・地域の実質GDPの成長率の推移

注：上記における「ASEAN」とは，インドネシア，マレーシア，フィリピン，タイ，ベトナムの 5 か国全体の実質 GDP の成長率である。
出典：国際通貨基金（IMF）「World Economic Outlook Database（2012 年 4 月）」。

図 16.5 アジア市場の成長―人口と購買力の伸び―

○ アセアン各国の人口は高い伸び率と見通しを示している。
○ 中国の購買力は高い伸び率と見通しを示し、アセアン各国も伸び続ける見通し。
○ アジアは、生産拠点としてだけでなく、消費市場としても急成長している。

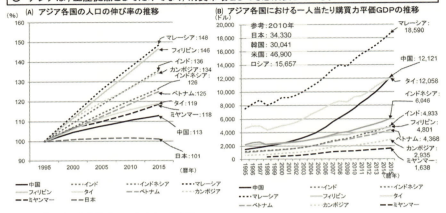

注：1995年の人口を基準（100％）として指数化。
出典：(A) 国連経済社会局「World Population Prospects」。
　　　(B) 国連通貨基金（IMF）「World Economic Outlook Database（2012年4月）」。

16.1.2 わが国物流業のアジア展開の状況と課題

　わが国産業の海外進出に対応して物流事業者も海外展開を行っており、欧米に対する進出が横ばいである一方、アジアへの進出は大きな伸びを示している（図16.6）。これまで製造業や小売業などの荷主側の海外進出に付随する形で海外展開を行っていたが、国内貨物輸送量が縮小傾向にあること、国際貨物輸送量や海外マーケットの拡大などを反映して、まず海外に進出し、現地で物流ニーズを発掘し、物流ニーズを取り込もうとする動きも少なからずあり、現地法人の設置や物流施設の建設に限らず、地場物流企業の買収なども行われている。

　わが国物流事業者が海外へ展開する際や、海外で事業を行う際には、様々な課題に直面していると言われており、とくに、外資規制や兼業規制などの参入障壁、複雑で不透明な通関手続き、物流機材の規格の不統一、そしてインフラの未整備などが指摘されている。

第16章
グローバル・サプライチェーンロジスティクスの効率化を推進する物流政策

図16.6　我が国産業のアジア展開の状況

○ アジアを中心にわが国企業の海外進出が加速。中国に進出している日系企業は12年で3.5倍，ASEAN4に進出している日系企業は12年で1.8倍（2001→2013）
○ わが国の製造業等の海外展開に対応して，わが国の物流企業のアジア進出も急速に拡大

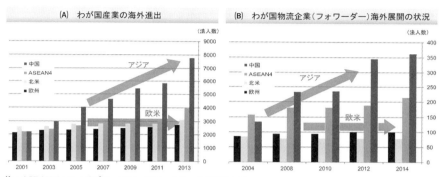

注：ASEAN4：フィリピン，マレーシア，タイ，インドネシア。
出典：(A)　経済産業省「海外事業活動基本調査」より国土交通省国際物流課作成。
　　　(B)　JIFFA「我が国フォワーダーの海外進出状況と外国フォワーダーの日本進出状況」より国土交通省交際物流課作成。

　例えば，ASEAN各国では，運送業，倉庫業，貨物利用運送業などに対して外資規制が導入されており，それらの兼業を禁止しているケースがある。また，メコン地域では陸続きであるにもかかわらず，国境をまたいだトラックの相互通行が限定的である。さらに，通関手続きに関しても，手続きのオンライン化が遅れている国が多く，仮にオンライン化されていても，依然として書類手続きが求められる部分もあり，また法令の解釈・運用が担当官によって異なるなどの不透明な部分がある（図16.7，図16.8，図16.9）。
　これらの課題に対しては，政府としては2国間の経済連携協定（Economic Partnership Agreement：EPA）の締結に向けた交渉や政策対話を通じた参入障壁の低減，NACCS（輸出入・港湾関連情報処理システム）の海外展開による通関手続きの透明化・一元化，物流機材の標準化，道路や港湾などの物流インフラの輸出拡大などに取り組んでいるところである。わが国物流企業の海外進出における障壁を除去・低減することにより，日本の優れた物流システムの展開を推進し，アジア物流圏全体の効率化の促進を図っていくこ

図 16.7　各国横断的な課題①：外資規制等の参入規制

制度
- ASEAN各国では，利用運送（タイ，インドネシア），倉庫（タイ，インドネシア），道路運送（タイ，インドネシア，ベトナム）を中心に外資規制を導入。
- 兼業（輸送業と倉庫業）禁止規制の導入（インドネシア，タイ，ミャンマー），支店の開設への制限が存在（ラオス）。

課題
- 外資規制のため，日系物流事業者は進出の際，現地企業との合弁が必要。その際，有能な現地パートナーがなければ進出が困難。
- また，同一の国で事業分野ごとに異なる外資出資比率の導入や，兼業禁止規制の導入により，国ごとに外資規制の態様が異なる。そのため，数多くの現地法人を設立する，異なる事業分野ごとに現地法人を設立することとなり，管理コストが増大。

＜各国の外資規制の状況（2014年8月現在）＞　　※「%」は出資比率　　※ ☐ 日本において規制の無い業種

	利用運送		倉庫	海運		航空		道路運送	
	国際	国内		外航	内航	国際	国内	国際	国内
タイ	100%	49%	49%	100%	49%	100%	49%	100%	49%
インドネシア	49%	49%	33%	49%	49%	49%	49%	49%	49%
ベトナム	100%	100%	100%	100%	49%	49%	49%	51%	51%

出典：筆者作成。

図 16.8　各国横断的な課題②：国境間の車両相互通行体制の未整備

制度
- メコン地域五国（タイ，ラオス，カンボジア，ベトナム，ミャンマー）は，この地域を横断する道路（経済回廊）の建設を契機に，同地域を横断する道路輸送を促進させるため，多国間・2国間協定を締結し，車両の「相互通行」*の円滑化を目指している。

課題

① **同一の車両の相手国通行の体制の未整備**
- 相互通行可能な車両の車種，認可台数が制限
- ラオスの車両のタイ・ベトナム両国の国内通行は可能だが，タイの車両のベトナム国内通行，ベトナムの車両のタイ国内通行は不可能

② **国境の一箇所，一回の通関・検疫手続を行う体制の未整備**
- 一方の国の職員が相手国で勤務するための法制度が未整備であり，一箇所での通関する体制が整わない箇所が存在（タイ）

注：＊一方の国で登録された車両がそのまま相手国内を通行可能とするとともに，通関，検疫，車両検査について，国境の一箇所で全ての手続を済ませることを可能とすること。
出典：筆者作成。

第 16 章
グローバル・サプライチェーンロジスティクスの効率化を推進する物流政策

図 16. 9　各国横断的な課題③：通関手続

課題

＜通関に時間がかかる＞
■ オンライン手続の導入は徐々に始まるが，書類の手続がまだ残っていたり，オンラインの対象地点が限定的であるケースが多く，同手続の浸透の度合いは国によって様々。

■ 事前に関税を納付してからでないと通関手続に入れなかったり，法令遵守が良好な事業者に対する優遇制度があっても最優良ステータスを得る審査基準が極めて厳しく，多くのケースで貨物検査を余儀なくされる。

■ メコン地域の陸上の国境において，両国で手続が必要であるケース，加えて両国で開庁時間が一致せず，翌日の相手国税関の開庁まで国境で待たされるケースがみられる。

＜通関の許可がでるかどうか不透明で予測困難＞
■ HS コード * の解釈について担当者間で不一致があったり，また，事前教示制度が導入されていない（カンボジア，ラオス，ミャンマー）など通関の透明性が不足。

注：＊ HS コード：国際貿易商品の名称および分類を世界的に統一する目的のために作られた，コード番号
　　（Hermonized Commodity Description and Coding System）
出典：筆者作成。

図 16. 10　わが国物流システムの海外展開に向けた取組み

国際物流をめぐる状況
○ わが国産業のアジア諸国への事業拡大
○ 経済成長を背景としたアジアにおける貨物
　量の増大　　⇒　わが国物流事業者による海外展開

目指すべき方向
○ 海外進出しているわが国産業（製造業，流通業等）の国際競争力の強化
○ アジアにおいて増大する物流需要の取込みによる日系物流事業者の成長を通じた
　わが国経済成長への貢献
○ アジア物流圏の効率化を通じたアジアの経済成長への貢献

施策の方向性
○ わが国物流事業者による海外展開の促進に向けた環境整備
　　　　　　　　　　　　　　　　　　（ハード・ソフト両面からのアプローチ）

具体的取組み

制度改善に向けた働きかけ	先駆的な取組みの支援	現地人材育成事業	物流関連インフラの整備	物流システムの標準化等
・各種経済連携協定における協議 ・物流政策対話の実施	・鉄道コンテナ輸送へのモーダルシフト ・国際RORO船の活用 ・クロスボーダー宅配等	・物流マネジメント、物流技術に関する人材育成	・コールドチェーン（低温流通システム） ・ロジスティックパーク（大規模物流拠点）	・パレット・宅配システム等の標準化 ・NEAL－NET（北東アジア物流情報ネットワークシステム）

出典：筆者作成。

ととしている（図 16. 10）。

16.2　これまでの取組み

　ここまで，アジア全体における物流の構造変化とわが国物流業の海外展開

について概括してきたが，本節においては，わが国物流業の海外展開を促進するための主な具体的取組みとして，北東アジアの物流効率化に向けた日中韓3国間の取組み，東南アジアにおけるASEANとの連携・協力等にかかわる取組みなどについて概説する。

16.2.1 北東アジアの物流効率化に向けた日中韓3国間の取組み

日中韓の3国間における貿易額は過去10年あまりの間に約4倍に増加し，また，日中韓いずれの国においても他の2国が貿易相手国の上位となっているように（中国はわが国の最大の貿易相手国，韓国はわが国の第3位の貿易相手国），日中韓は経済的に深く結びついており，経済を支える物流分野において協力することは，日中韓の経済発展において重要な役割を担うものと考えている（図16.11）。

このため，北東アジアにおけるシームレス物流の実現等に向けた日中韓の連携の枠組みとして，日中韓物流大臣会合（以下，「大臣会合」）を平成18

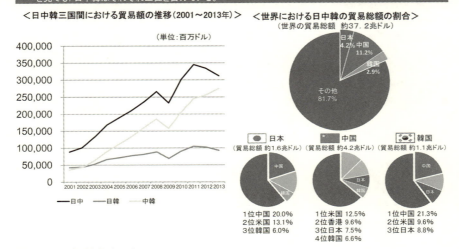

図16.11　日中韓三国における貿易額の総額

出典：JETRO 統計資料（2013）。

年以降1年おきに開催している。これまでの会合による成果として，シャーシの相互通行，物流機材の規格の標準化，NEAL-NET（北東アジア物流情報サービスネットワーク）の構築などが進められてきた。直近では，2014年（平成26年）8月25日に横浜において太田昭宏国土交通大臣を議長として第5回大臣会合が開催された。同会合における共同声明（横浜宣言）においては，これまでの取組みをさらに拡大するとともに，新たな取組みとして北極海航路開拓における協力等に取り組むことについて合意した（図16.12）。

以下，これまで取り組んできているシャーシ相互通行，物流機材（パレット）の標準化およびNEAL-NETの構築と，新たな取組みである北極海航路の開拓についてそれぞれ述べる。

① シャーシの相互通行による立地競争力の強化

シャーシ（トレーラーの被牽引部分）は各国法令に基づく自動車登録が必要であることから，基本的に各国内のみの走行とされており，コンテナ貨物の輸出入に際しては別のシャーシへの積替えが必要となっている。そこで，

図16.12　第5回日中韓物流大臣会合における主な合意内容

これまでの主な具体的取組
○日韓で，シャーシ相互通行のパイロット事業を実施（2012.10）
○物流機材（パレット）のサイズの規格の標準化を実施
○日中韓で港湾におけるコンテナの位置情報を可視化するための体制を整備（NEAL-NET（ニール・ネット））

拡　大
○シャーシ相互通行パイロット事業の拡大
【日韓】
・航路の拡大　【現行：釜山〜下関　→　釜山〜博多の追加】
・韓国側における特例期限の延長
【日中】
・相互通行の実施に向けた共同研究
○標準化された物流機材の普及促進
・パレットの品質（強度）等の規格の標準化
・パレットの繰り返し利用（リターナブルパレット）に向けた実証事業の実施
○NEAL-NETの対象港湾・輸送モードの拡大
・日中韓三カ国における対象港湾の拡大
・ASEAN諸国等への対象港湾の拡大

新　規
○北極海航路開拓に係る協調の枠組み（情報共有）の構築
・三国間の協調の枠組みを構築し，共同セミナーの実施
○海上輸送の安全確保に関する協力
・内航海運における安全確保に係る情報共有
○大気汚染物質の削減に向けた協力
・船舶，自動車から排出される大気汚染物質の削減に向けた協力推進

出典：筆者作成。

2国間で両国の関連法令に適合するシャーシを相互に通行させることで積替えを不要とし，シームレスな物流を実現する取組みを試験的に行っている。本取組みは，第4回物流大臣会合（平成24年7月開催）における共同声明に基づき，2012年（平成24年）10月より日韓間でシャーシの相互通行のパイロット事業として行われている。現在実施中の下関－釜山の取組みでは，主に韓国からの自動車部品の輸入に活用されており，リードタイムの短縮（7日から4日程度）など大きな効果をあげている。

第5回大臣会合においては，対象期間の延長，対象航路の拡大（博多～釜山間の追加）を図るとともに，日中間でも実施に向けた共同研究を進めることについて合意された。シャーシ相互通行の拡大を通じて，中韓からの部品等の輸入をシームレス化することにより，わが国の立地競争力の強化への貢献が期待できる（図16.13）。

② 物流機材（パレット）の標準化による物流の効率化・環境に優しい物流の推進

パレットと呼ばれる物流機材の規格の標準化は，製品等の出荷から搬入まで貨物の積替えを行うことなく輸送することが可能となるため，効率的な物

図16.13 シャーシの相互通行による一貫輸送

【今までの取組み】
✓ 前回の日中韓物流大臣会合（2012年7月韓国・釜山）において，日韓両国で相互通行（※）を実施することで合意。
（※）相互通行の概要：釜山～下関航路を利用。釜山のルノーサムスン自動車の工場から北九州市の日産自動車の工場に向け，自動車部品をシャーシを用いて輸送。
✓ 日本のシャーシの韓国国内通行は2012年10月に開始され（現在20台），韓国のシャーシの日本国内通行は2013年3月に開始された（現在8台）。
✓ 2014年11月対象航路の拡大（釜山～博多航路）

【今後の取組み】
＜日韓＞
　✓ 韓国側における特例期限（※）の延長
　（※）日本ナンバーのみで韓国国内を走行可能にする韓国側の特例
＜日中＞
　✓ シャーシ相互通行の実施に向けた共同研究

出典：筆者作成。

航空に準ずるスピードで，比較的安価な輸送を実現　時間短縮：7日から4日に短縮
（航空は3日）

流の実現に果たす役割が大きい。そのため，過去の大臣会合において，パレットサイズの標準化に向けた議論が行われ，1100mm × 1100mm および 1000mm × 1200mm サイズのパレットの国家規格化などが行われた。今後は，標準化されたパレットの普及促進に加え，パレットの材質，強度など品質面における標準化に対象を広げ，さらに繰り返し利用（リターナブルユース）の円滑化に向けた共同研究に取り組むとされており，北東アジアにおいて効率的かつ環境に優しい物流を推進することとしている（図 16.14）。

③ NEAL-NET の構築によるコンテナ物流の可視化

船舶およびコンテナ貨物の位置情報を日中韓の主要港湾において一元的かつタイムリーに把握するシステムである NEAL-NET は，第5回大臣会合の開催に合わせ，2014 年（平成 26 年）8 月 25 日から供用を開始したところである。コンテナの位置情報をウェブ上で把握可能とすることで，荷主や物流事業者にとってはこれまでのように電話や FAX でコンテナの所在を確認する手間を省くことができ，物流事業者にとっては配車の効率化等を図るこ

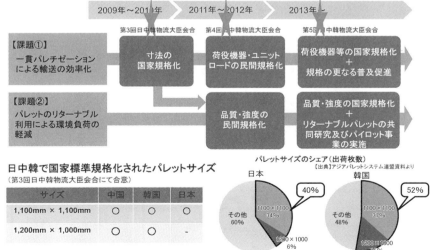

図 16.14　物流機材（パレット）の標準化

出典：アジアパレットシステム連盟資料より。

とができる。

今後，日中韓の主要港におけるシステムへの接続の拡大を図ることにより，貨物情報の集積による効率的な用船なども可能になると考えられ，北東アジアにおける物流の円滑化，可視化に非常に大きな役割を果たすものと期待される。横浜宣言においては，ASEAN諸国への地域的拡大，鉄道等他の輸送モードへの拡大も長期的な目標とされており，北東アジアだけではなくアジア地域におけるシームレス物流の実現に大きな役割を果たすことが期待される（図16.15）。

④　北極海航路の開拓

横浜宣言においては，北東アジアにおける物流を巡る新たな動きとして北極海航路の開拓に関しても述べている。気候変動にともなう海氷面の減少により，北極地域の水深の深い部分の船舶航行が可能となりつつある。日本と欧州を結ぶ航路は，現在，インド洋，スエズ運河を通航する航路で1万1200海里であるが，北極海航路は6500海里で航行距離が3分の2となり，所要日数の減少や燃料削減が可能となるほか，海賊多発海域を回避できる効

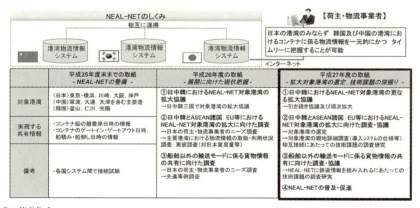

図16.15　物流情報サービスネットワークのASEAN諸国等への拡大

出典：筆者作成。

果がある。

現状では、ロシア政府による規制（砕氷船および水先案内人の必置義務、避難港・救助体制の未整備等）の問題が存在するが、横浜宣言においては同航路の利用拡大に向けて日中韓が関連する情報を共有する仕組みを構築することとされている。

16.2.2 東南アジアにおけるASEANとの連携・協力等に係る取組み

2015年に経済統合を目指しているASEANは、前述の通り高い経済成長を持続すると見込まれていることに加え、人口増加や平均所得の向上により、製造拠点のみならず新たな消費市場としても注目されている。ASEAN諸国に進出しているわが国企業の国際競争力の維持・向上のためには、わが国物流事業者の有する質の高い物流サービスの円滑な提供が喫緊の課題となっている。そのため、物流政策対話などASEANとの連携・協力の枠組みのほか、わが国物流事業者のビジネスモデルの海外への展開に向けたパイロット事業の実施に取り組んでいる（図16.16）。

図 16.16　ASEANとの連携・協力

政府間対話・物流人材育成	現地物流人材育成	グリーン物流の普及・浸透
政策対話・ワークショップ **政策対話** 物流の課題に対する相互理解を目的とした日本とASEAN各国との間の2国間による政府間対話。 **ワークショップ** 対象国の現地物流事業者の技能向上を目的に講義や実演会を実施。 <開催実績> 平成25年度：タイ，インドネシア 平成26年度：ミャンマー，ベトナム	**物流人材育成事業** ASEAN地域の物流市場の将来を担う人材が、日本の質の高い物流システムを効果的に理解できるよう、日本の物流専門家による**実習・実技訓練**を実施。 これにより、日系物流事業者による優秀な**現地人材の確保**を支援。 （具体的な取組み） — 物流マネジメント研修 　　（ホーチミン交通大学） — 物流技術系研修 　　（ハノイ交通技術大学） 	<グリーン物流> 日ASEANグリーン物流専門家会合 ASEAN戦略的交通計画2011-2015（ブルネイ・アクションプラン）におけるグリーン物流の取組みを促進するため、ASEAN側からの支援要請に基づき、日・ASEANグリーン物流専門家会合を開催（クアラルンプール）。 今後も、専門家会合の継続的開催等を通じ、ASEANにおけるグリーン物流の促進を図るため、共通の目標及び取組みについて議論。

出典：筆者作成。

① 物流政策対話

物流における課題に対する相互理解を目的とし，日本とASEAN各国との間で2国間による政府間対話を行っている。わが国物流システムの導入に向けたアピールや，後述する物流パイロット事業により抽出された課題などについて調整を行っている。2013年度（平成25年度）はタイおよびインドネシアと，2014年度（平成26年度）はベトナムおよびミャンマーと実施した（図16.17）。

② 物流人材育成事業

ASEAN諸国において経済成長にともなう域内外の物流が活発化する中，わが国物流事業者は，現地法人におけるマネジャークラスの人材の確保や，質の高い物流サービスを担える人材の育成といった問題に直面している。このような状況を受け，これまで，日本とASEANの連携のもと，物流分野での人材育成事業を実施してきている（図16.18）。

2013年度（平成25年度）は，ベトナム運輸省およびベトナム海事大学と

図 16.17　物流政策対話について

物流政策対話・ワークショップについて
- 物流部門では，物流の課題に対する相互理解を目的とした日ASEAN各国との2国間による政府間対話，および対象国の物流業者の技能向上を目的としたワークショップを毎年開催。
- 2014年度（平成26年度）は，2014年12月にベトナム，本年1月にミャンマーとの間で開催。

日ベトナム物流政策対話概要

(1) 日時： 2014年（平成26年）12月17日（水）

(2) 場所： ベトナム・ハノイ

(3) 出席者：【日本側代表】小瀬 国土交通省国際物流課長
　　　　　　【ベトナム側代表】グェン・バン・コン 運輸省副大臣

(4) 議論の内容
　①両国の物流事情，施策の現況および課題についての情報交換
　②今年度実施予定のASEAN物流パイロットプロジェクトについて
　　1) 東西経済回廊におけるトラックとベトナム鉄道を活用したタイーベトナム間の複合輸送促進に向けた実証事業
　　2) メコン地域におけるクロスボーダー宅配実証事業
　③今年度実施予定の物流人材育成事業について

出典：筆者作成。

図 16.18 ASEAN における物流人材育成支援事業

○ ASEAN において，経済成長にともない域内外のモノの流れが活発化する中，日系物流企業は，幹部候補や質の高い物流サービスを担える優秀な現地人材の確保・育成の問題に直面。
○ これまで，国土交通省は，日 ASEAN 交通連携のもと，物流分野で様々な人材育成支援事業を実施。

2014年度（平成26年度）ASEAN 地域における物流人材育成支援事業

日アセアン交通連携の枠組みのもと，ベトナム・ハノイ交通技術大学において「物流技術系研修」を，ベトナム・ホーチミン交通大学おいて「物流マネジメント研修」を実施

物流技術系研修
ハノイ交通技術大学において，安全管理，車両整備等の物流専門職に関心のある学生のうち選抜された10名を対象に実施
　実施時期：2015年（平成27年）3月9日(月)から12日(木)の4日間
　実施内容：
　【講義】
　　[車両安全管理]　講師：佐川急便㈱
　　[車両整備・運行管理]　講師：SGモータース㈱
　　[車両技術]　講師：いすゞ自動車㈱
　【実習】
　　車両を使った点検・診断の仕方　講師：いすゞ自動車㈱
　【スタディーツアー】
　　王子テックス，佐川急便ベトナム

物流マネジメント研修
ホーチミン交通大学において，将来的な物流事業管理職候補の育成を念頭に，物流学を専攻する学生のうち選抜された20名程度を対象に実施
　実施時期：2015年（平成27年）3月16日(月)から20日(金)の5日間
　実施内容：
　【講義】
　　[物流概論・国際物流の基礎知識]
　　　講師：関西学院大学商学部　伊藤教授
　　[拠点管理・生産管理・物流効率化と情報システム]
　　　講師：佐川グローバルロジスティクス㈱
　【実習】
　　物流管理に関する実習
　　　講師：佐川グローバルロジスティクス㈱
　【スタディーツアー】
　　いすゞベトナム，佐川急便ベトナム

出典：筆者作成。

連携して「メコン地域物流訓練センター支援事業」を実施した。この事業は，同センターの指導者候補等に対しわが国物流実務の知識・ノウハウを提供することにより，同センターの人材育成の取組みに寄与し，ひいてはメコン地域における物流市場への優秀な人材の輩出に資することを目的としたもので，日本の物流専門家を派遣し，倉庫実務とトラック運送実務に係る講義・実習を行った。また，2014 年度（平成 26 年度）は，ベトナムのハノイ交通技術大学において「物流技術系研修」を，ホーチミン交通大学において「物流マネジメント研修」を，それぞれ日本の物流専門家を派遣して実施している。

③　グリーン物流の普及・浸透

ASEAN 戦略的交通計画 2011-2015（ブルネイ・アクションプラン）におけるグリーン物流の取組みを促進するため，ASEAN より日本に対して特に物流に関する先進的取組の紹介等の支援要請があったことを受け，ASEAN10 か国から物流専門家を招集した専門家会合をこれまで 2 回開催している。わが国からは 2015 年以降の ASEAN における共通目標の設定等を提案している。

④ 物流パイロット事業

わが国物流システムの海外展開を図る枠組みとして，わが国物流事業者のノウハウを活用した先駆的な取組みを支援する物流パイロット事業を実施している。具体的には，実証事業を通じて，事業を実施する場合の課題の特定とその解決に向けたフォローアップを行うものである。相手国に対するわが国の優れた物流システムのアピールを行うだけでなく，当該相手国に進出を行っているまたは進出を検討している日系企業のリスクに配慮しながら，新たな輸送モードやサービスを提供するきっかけとなることを期すものである。

2013年（平成25年度）はインドネシア・シンガポール間において，両政府の協力のもと，国際RORO船を活用した海陸一貫輸送に関するパイロット事業を実施した（平成26年2〜3月）（図16.19）。

東南アジアにおける海上貨物輸送は，依然コンテナ船を用いた海上輸送が中心となっており，RORO船による輸送は一般的でなく，国内制度もRORO船による国際海陸一貫輸送を想定しておらず，不明確な部分があった。また，コンテナ輸送に係る積替え作業等によるリードタイムの長さ，積

図16.19　国際高速RORO船を活用したアジア海陸一貫輸送網の構築（平成25年度実施）

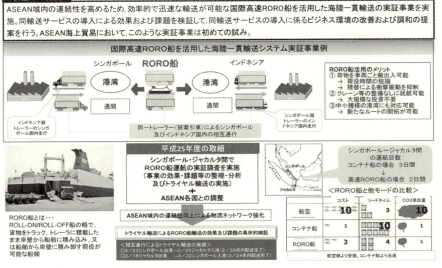

出典：筆者作成。

第 16 章
グローバル・サプライチェーンロジスティクスの効率化を推進する物流政策

図 16.20 ミャンマー（ヤンゴン‐マンダレー間）における鉄道コンテナ輸送の導入に向けた実証事業

取組みの概要

ミャンマーで初の鉄道コンテナ輸送導入に向け，効率的な輸送が可能な鉄道貨物コンテナ輸送の実証事業を実施。同輸送サービスの導入による効果および課題を検証して，同輸送サービスの導入に係るビジネス環境の改善および調和の提案を行う。

貨物輸送の現状

1. トラック輸送
   - トラック輸送への過度な依存
     （国内輸送の約75%（2012年トンベース））
   - 荷物が集約されず非効率 → 多頻度輸送
   - 常態化する過積載による道路へのダメージ
2. 鉄道輸送
   - 海上コンテナではなく，有蓋貨車による輸送
   - 労働集約型の荷役作業

過積載されたトラック

有蓋貨車に対する人力荷役

トライアル輸送
- 効率的な輸送が可能な鉄道貨物コンテナ輸送の実証事業を実施
- 貨物鉄道へのモーダルシフトを促進

トライアル輸送はヤンゴン‐マンダレー間の往復で実施。鉄道は一編成，貨車15両

効果

> （荷役作業）海上コンテナを直接鉄道・トラックに積み替えることによりスムーズな荷役が実現

貨物鉄道に対する荷役

ヤンゴン港（MIP）では，鉄道路線が港出入口まで延伸しており，直接積卸しが可能

トラックに対する荷役

> （輸送品質（振動））振動計測の結果，ミャンマー鉄道が安定した品質で輸送できることを確認
>   →振動加速度は0.5〜1.5Gを推移（一般的には5Gを超える場合，輸送される製品がダメージを受ける可能性）

課題

> （輸送時間）平均速度が遅いうえ（約20km前後），リードタイムにバラつきがあり，定時性に課題
>   →ヤンゴン⇒マンダレー間：33時間，マンダレー⇒ヤンゴン間：26.5時間 Cf.トラック輸送：24時間
> （鉄道施設）鉄道貨車の一部にブレーキの不具合等の安全上の課題やコンテナを積みこめない等の輸送上の課題

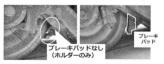
ブレーキパッドなし（ホルダーのみ）／ブレーキパッド

20ftコンテナ2本の積載を予定していたが，設備要件により1本の積載となった貨車

> （輸送契約）輸送時間や運賃，貨物損害補償を含めた輸送契約の必要性
>   →事業化にあたっては，海上コンテナ輸送を対象とした契約が必須

出典：筆者作成。

第3部 「これからの」グローバル・サプライチェーンロジスティクス構築上の留意点

替え荷役による荷痛み等が指摘されている。そのため，RORO船を利用し，同一のシャーシを用いた一貫輸送をパイロット的に実施し，本格運用に向けて障害となる規制や実務上の問題点について検証を行った。その結果，港頭地区アクセス道路の整備，よりスムーズな通関手続き，シャーシ相互通行を許容する制度的措置等の必要性など具体的な課題が明らかになったところである。

また，2014年度（平成26年度）においては，「ミャンマーにおける貨物鉄道へのモーダルシフトの促進のための実証事業」（図16.20），「東西経済回廊におけるトラック輸送とベトナム鉄道を活用した複合一貫輸送実現に向けた実証事業」（図16.21）および「メコン地域におけるクロスボーダー国際宅配輸送実現に向けた実証事業」（図16.24，図16.25）の3件のパイロット事業を実施した。

このうちのひとつ，ミャンマーにおける貨物鉄道へのモーダルシフトの促

図16.21 東西経済回廊におけるトラックとベトナム鉄道を活用したタイ－ベトナム間の複合輸送促進に向けた実証事業

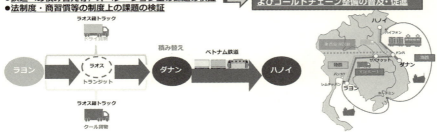

出典：筆者作成。

422

第 16 章
グローバル・サプライチェーンロジスティクスの効率化を推進する物流政策

効果

> (輸送品質(振動)) スムーズな鉄道への積み替えが実現。トラック輸送と比べて安定した品質で輸送が可能
> (輸送品質(温度)) 輸送開始時から終了時まで安定した温度を維持

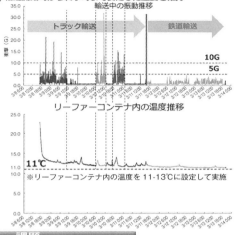

課題

> (輸送時間) ・国境での計4回の通関手続き (cf.海上輸送は2回) およびこれにともなう待機時間(全体の25%)
> ・鉄道輸送の平均速度(トラック輸送の約半分)

輸送モード別リードタイム

	リードタイム
海上	直行便約3日 経由便約10日
トラック＋鉄道	約5日 (約123時間)
トラック	約3.5日

トラック＋鉄道所要時間内訳

	所要時間
移動	85時間10分
通関	8時間00分
待機	30時間20分
合計	123時間30分

トラック及び鉄道の平均速度

輸送手段	区間	距離(km)	平均速度(km/h)
トラック	ラヨン―ダナン	1,256	36.1
鉄道	ダナン―ハノイ	791	15.2

常にコンテナの発電機を回す必要 ➡ コスト高の要因

> (給電施設) 税関や鉄道駅におけるリーファーコンテナの給電施設がない ➡ コスト高の要因

道路・鉄道，給電施設等の物流インフラ整備，及び税関の24時間開庁や
関税手続きのシングルストップ (一部実現)・シングルウィンドウ化等の制度整備が必要

出典：筆者作成。

進のための実証事業について付言すると，これは同国初の鉄道コンテナ輸送の実現に向けたトライアル輸送であったが，その後に行われたミャンマー政府との物流政策対話において，わが国から実証事業によって明らかになった課題を提起すると，鉄道輸送のコンテナ化進展を重要な取組みのひとつと位置づけているミャンマー政府からは，これら課題に対する検討の意向が示された。ミャンマー国内においては，現在，鉄道を利用した貨物輸送はほとんど行われておらず，海上輸送された貨物の内陸部への輸送はトラックに依存しているため，都市部での渋滞，燃油価格高騰にともなうコスト高，人力に頼る荷役による時間的ロス・荷痛みなどの問題が生じている。本実証事業

423

図16.22　メコン地域におけるクロスボーダー宅配輸送の実現に向けた実証事業

取組みの概要
- 現在，ASEAN域内においては，生産拠点の分散化等を背景に域内物流が活発化しているが，メーカー調達から消費者宅配までを網羅したクロスボーダー宅配サービス輸送網の構築は未整備。
- 今後の通販・EC市場の拡大を見据え，タイ－ベトナム間を軸としたメコン地域におけるクロスボーダー宅配実証事業を実施し，域内における宅配サービス事業展開の課題，展望等を検証する。

現状
- ASEAN地域では，経済成長に伴う生活水準の向上等を背景に，消費市場としても拡大しつつあり，**通販事業，eコマース事業が拡大傾向**にある。
- タイにおけるBtoCによるEC市場は，2007年（約1700億円）から2013年（約5400億円）の間に約3倍に拡大。
- ベトナムにおけるBtoCによるEC市場は，2013年で約2400億円であるが，2015年には約4700億円に拡大するとの予想。

＜トライアル輸送ルート＞

トライアル輸送
- ●宅配小口貨物クロスボーダー輸送の効果の検証
- ●宅配小口貨物輸送に係る国境手続き・法制度・インフラ・商習慣等の課題の検証

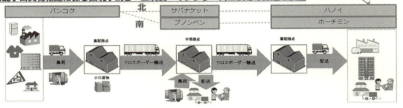

効果
- （輸送）・BtoB，BtoC貨物の小口混載貨物によるクロスボーダー国際宅配輸送を実現
- 　　　　・南ルートにおいて実施したクーラーボックスによる冷凍品輸送では安定した温度を維持

項目	北ルート	南ルート
BtoB貨物	1件（自動車部品）	
BtoC貨物	EC購買商品6件（家具，衣料品，日用品）※うちビエンチャン向け5件，ハノイ向け1件	EC購買商品20件 ・常温品：17件（宝飾品，衣料品，食料品，化粧品，日用品） ・冷凍品：3件（冷凍食品） ※すべてホーチミン向け

課題
- （通関手続き）小口混載国際宅配に対応した，個口単位でなく，一括して手続きが可能な通関制度の必要性

（現状）
一般の商業貨物として1件ごとの通関が必要　➡　・コスト高の要因　・煩雑な手続き　・リードタイムへの悪影響

- （その他法制度）・ベトナムにおいて，個人輸入額の上限額（輸送費等の経費を含めてUS$50まで）が設定等

　　➡　対象貨物に制限

出典：National Statistics Office Thailand（2013）The Survey of e-Commerce Status in Thailand, 2013 VECITA（2014）Vietnam E-Commerce Report 2013.

第 16 章
グローバル・サプライチェーンロジスティクスの効率化を推進する物流政策

図 16.23 海外交通・都市開発事業支援機構（JOIN）

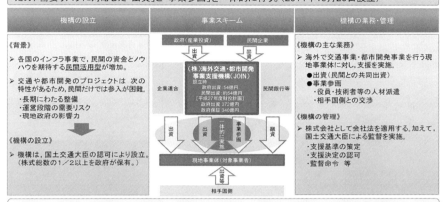

出典：筆者作成。

図 16.24 JOIN による各国における主要プロジェクト

各国で交通インフラシステム・都市開発のプロジェクトが多数存在。
> 新スキームは、民間企業が運営権を得てインフラの整備を行う方式（民間活用型）の海外プロジェクトに対する本邦企業の参入を支援。
> 各プロジェクトのうち、どの部分が民間活用型となるか、順次、具体化中。（下記の例は、全てのプロジェクトを網羅したものではない）

	短期（1～3年後）	中期（3～7年後）	長期
高速鉄道	■インド・高速鉄道 　（ムンバイ～アーメダバード500km） ■マレーシア～シンガポール・高速鉄道（350km） ■ブラジル・高速鉄道（500km）	■インド・高速鉄道（6路線3500km） ■タイ・高速鉄道 ■米国・高速鉄道	■ベトナム・高速鉄道（1700km） ■米国・リニア構想
都市鉄道	■インドネシア・ジャカルタ都市鉄道 ■タイ・バンコク都市鉄道 ■ベトナム・ホーチミン市都市鉄道1号線 ■ブラジル・都市鉄道 ■カタール・都市鉄道	■インド・主要都市メトロ、LRT、モノレール ■ベトナム・ハノイ都市鉄道1号線・2号線 ■ミャンマー・ヤンゴン都市鉄道近代化	
高速道路 幹線道路	■ベトナム・ファッパン～カウゼー高速道路 ■トルコ・ダーダネルス海峡大橋プロジェクト		■インド・高速道路（18000km） ■インドネシア・高速道路（5400km） ■ベトナム・高速道路（5900km） ■インドネシア・チラマヤ新港アクセス道路 ■ミャンマー・幹線道路
バス事業 物流事業	■東南アジア・コールドチェーン対応の物流施設 ■ラオス・ロジスティックパーク	■ベトナム・BRT ■インド・鉄道による完成自動車輸送事業	
船舶 海洋開発	■インドネシア・内航海運 ■ノルウェー・海洋資源開発（PSV／AHTS） ■ブラジル・海洋資源開発（ロジスティックハブ） ■ブラジル・海洋資源開発（FPSO） ■米国・シェールガス輸送		■インドネシア・洋上石炭貯蔵・出荷システム ■タイ・内航タンカー ■ベトナム・洋上国家石油備蓄基地 ■ミャンマー・内陸水運船舶
港湾 ターミナル	■インドネシア・タンジュンプリオク港 ■ベトナム・カイメップ・チーバイ港 ■ベトナム・ラックフェン港 ■ミャンマー・ティラワ港 ■ケニア・モンバサ港		■インドネシア・チラマヤ新港
空港 ターミナル	■インドネシア・ジャカルタ首都圏空港 ■ミャンマー・マンダレー国際空港	■ベトナム・ロンタイン新国際空港	
都市・住宅 開発	■ベトナム・都市開発 ■ミャンマー・都市開発	■中国・都市開発	

注：2014 年時点のプロジェクト
出典：筆者作成。

425

図 16.25 物流関連インフラの整備(コールドチェーン)

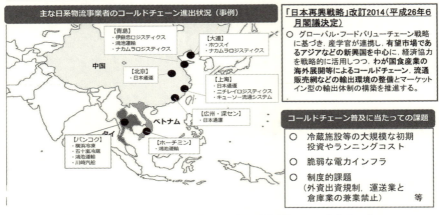

注:事業者からの聞き取り,HP 等により国土交通省総合政策局国際物流課において作成(2014)。

は,このような背景から,ミャンマー政府,ミャンマー国鉄等による協力を得て,ヤンゴン・マンダレー間のトラック輸送を対象に,効率的な輸送が可能となる鉄道貨物コンテナ輸送へのモーダルシフトを図るものとして実施したものである。

16.2.3 海外交通・都市開発事業支援機構の設立

わが国のインフラシステムの海外展開を促進するため,2014 年 10 月に㈱海外交通・都市開発事業支援機構(Japan Overseas Infrastructure Investment Corporation for Transport & Urban Development:JOIN)が設立された。同機構は,日本再興戦略の一環として,交通事業・都市開発事業の海外市場へのわが国事業者の参入促進を図り,新興国等で旺盛な交通インフラの整備需要や都市開発需要を取り込むことを目指すものである(図 16.23,図 16.24)。

物流分野においても,冷蔵・冷凍設備を必要とする食品・食材の輸送を担うコールドチェーンが,ASEAN 諸国における所得の向上にともなって需要

が高まっている。しかし，コールドチェーン事業は，冷蔵施設等の整備・運営に多額の投資を必要とする点，冷蔵等に必要となる電力インフラが脆弱な地域がある点など比較的リスクの高い事業であると言われており，同機構による事業への出資・融資，専門家の派遣等を通じて，官民一体となってリスクを分担することが事業推進にあたって有効ではないかと考えられる。今後は，コールドチェーンに限らず，同機構による海外における物流インフラ整備により，日本企業の海外事業環境の改善に取り組んでいく（図16.25）。

16.3 今後の海外展開戦略を考えるに当たってのポイント

16.3.1 わが国物流事業者の国際競争上の課題

サプライチェーンのグローバル化が深化する中で，わが国産業の国際競争力の維持・向上のためには，成長するアジアマーケットの取り込みは，荷主企業のみならず，そのアジア展開を支えるわが国物流事業者にとっても急務となっている。しかしながら，経済成長の途上にあるアジアマーケットの物流ニーズはコスト面にウェイトが置かれており，高品質のサービス提供を強みとする物流事業者にとって総合力を発揮しにくい状況にあるとの指摘もある。

このような問題意識のもと，2014年度，学識経験者，物流事業者，物流関連団体，国土交通省物流部門等からなる勉強会で行ってきた「国際物流サービスの総合力に関する認証制度のあり方に関する調査」の一環で，（一財）運輸政策研究機構が，日系および外資系の物流事業者，荷主に対し，取引の実態や日系物流事業者に対する評価などについてヒアリングを実施し，その結果をもとに，日系物流事業者が国際競争を勝ち抜くにあたっての「強み」と「課題」を抽出した。「強み」としては，「荷主の要望への対応力・柔軟性」「きめ細やかで丁寧なサービス」「小口の配送までやりきる点」などが挙げられる一方，「課題」としては，「価格競争力」「荷主に対する戦略的な提案力」「外資系荷主からの認知度」「現地人材も含め，マネジメ

ント層をはじめとする優秀な人材の確保・育成」などが挙げられた。

16.3.2 わが国物流事業者の更なる競争力確保

これまで，わが国物流システムの海外展開に当たっては，参入規制や通関手続き，物流インフラ等の観点から克服すべき障壁を除去することを通じて，物流事業者の海外進出を図る上で直面する課題にまずもって向きあってきたが，今後はさらに，物流事業者自身の成長，つまり，国際競争力を確保する視点がより一層重要になってくるものと考えられる。

成長するアジアの国際物流分野は，世界の国や企業がしのぎを削る競争の主戦場であり，わが国物流事業者が競争に勝ち残らなければ，物流事業者の強みを通じた質の高いアジア物流圏の構築はおぼつかないし，成長市場の取り込みによる物流事業者自身の成長を通じたわが国経済の発展にもつながらない（図 16.26，図 16.27）。

図 16.26 世界の物流事業者上位 50 社（2013 年 総収入）

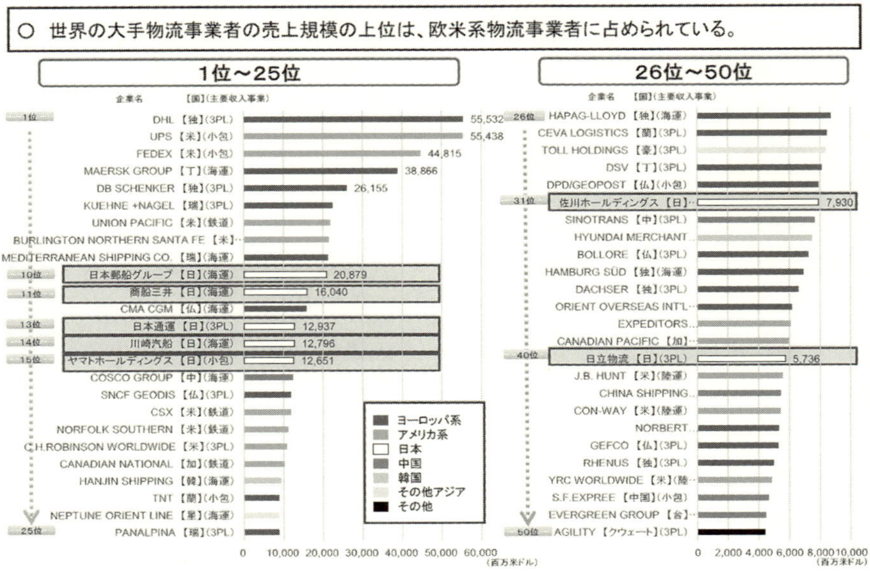

出典：The Journal of Commerce（2014）"Top 50 Global Transportation Providers" より国土交通省総合政策局国際物流課作成。

第 16 章
グローバル・サプライチェーンロジスティクスの効率化を推進する物流政策

図 16. 27　アジアにおける売上高規模

> ○　日系物流事業者の売上高規模は，アジア地域に限定しても欧州系物流事業者に対して劣後している。

大手物流事業者のアジア地域における売上高
（推計）

（単位：百万円）

企業名	本社所在国	2012年度	2013年度
Deutsche Post DHL	ドイツ	441,283	555,854
DB Schenker	ドイツ	282,458	317,390
Kunehne+ Nagel	スイス	180,412	227,659
日本通運	日本	113,103	143,513

注：各社のアニュアル・レポート 2013 年度版から「アジア地域」の売上高を円換算して作成。ただし，アジア地域の範囲は必ずしも同一ではない。
2012 年度：1 ユーロ＝ 102.6 円，1 スイスフラン＝ 85.1 円
2013 年度：1 ユーロ＝ 129.6 円，1 スイスフラン＝ 105.3 円
日系物流事業者とは本社を日本に置き海外展開を計っている業者を表わしている。欧州系物流事業者も同様である。
出典：筆者作成。

　わが国物流事業者の「強み」を維持・向上しつつ，「課題」を克服していくという方向性は，具体的には，欧米系物流事業者といかに伍していくか，地場企業といかに連携していくか，国内外を問わず優秀な人材をどのように確保するかなどといった問題意識として表現できるものと考えられるが，このような問題意識に応えうる効果的な国としての施策を見出して講じていくことが，今後の物流システムの海外展開を促進していく上での行政上の課題と認識している。

16.4　結び

　国際物流を含め「物流」はわが国経済の成長や国民生活を支える基盤であることは論を俟たないが，少子高齢化・人口減少，経済のグローバル化，情報通信技術の発展，災害リスクの高まりなどの中で，物流を取り巻く社会環境は現在も大きく変化している。
　こうした物流をめぐる様々な諸課題を総合的かつ抜本的に検討するため，

図16.28　議論のポイント（まとめ）

Ⅰ　わが国物流システムの国際展開の促進

１．増大する国際物流需要の取込みの拡大

日系物流事業者は，増大する国際物流需要（日系荷主，外資系荷主，現地荷主等）を取り込むため，どのような戦略が取ることが考えられるか。

２．価格競争力の向上

a. 日系物流事業者は何をすべきか。
b. 強みである「きめ細かで丁寧なサービス」を今後どのように維持・展開するか。
c. 弱点であるコスト高を今後どのように克服するか。

３．提案力の向上

a. 欧米系物流事業者と比較し提案力に劣っていることが，外資系荷主からの認知度や受注率の低さにつながっているのではないか。
b. 欧米系のように，提案力が必要なLLP（Lead Logistics Provider）（※）分野をもっと手がける必要はないか。

※LLP： 従来の3PL（Third Party Logistics：最も効率的な物流戦略の企画立案や物流システムの構築の提案を行い，かつ，それを包括的に受託し，実行すること）を越える存在として，複数の3PL事業者を選定・管理する立場にある事業者。顧客（荷主）の複数の地域・拠点におけるロジスティクス機能について責任を負い，輸送・保管など個別の機能を担う事業者を選定・管理することでそれらの機能を統合するとともに，顧客に対してもトータルの物流戦略に関する提案を行う。

４．優秀な人材の育成

a. わが国においても物流の専門知識を持った人材をいかに育成すべきか。
b. 欧米と比較して，物流に関する大学教育が必ずしも普及していない状況を，どう考え，克服していくか。
c. 優秀な現地人材の育成・確保やその定着を図るためには，どのような方策があるか。

５．グローバル物流企業への成長

a. 欧米系物流事業者と伍していくためには，何が必要か。
b. M＆A等事業規模の拡大による競争力強化の取組みが進められていることについて，どう考えるか。

６．海外展開の促進に向けた国際物流施策のあり方

物流政策対話やパイロット事業を中心に進めている国際物流施策について，今後どのような展開を図っていくべきか。

Ⅱ　立地競争力の強化

国際コンテナ戦略港湾施策や沖縄国際物流ハブ等のわが国の立地競争力の強化に向けた取組について，今後どのような展開を図っていくべきか。

出典：筆者作成。

2015年4月より，交通政策審議会交通体系分科会に「物流部会」を新設し，今後の物流政策の基本的な方向性等について議論しているところである。

　国際物流についても，これまで，グローバル・サプライチェーンの深化と物流構造の変化を踏まえ，わが国の質の高い物流システムをアジアに展開す

ることにより，わが国から進出している産業の国際競争力を支え，強化するとともに，アジア物流圏全体の物流の質を高め，アジアの経済成長に貢献するとの観点から，様々な取組みを実施してきた。ここでさらに，上述のように，物流事業者の国際競争力の強化に向けてどのような施策を講じるべきか，すなわち，製造業等の国際競争力の強化の下支えのみならず，成長するマーケット，つまり旺盛な物流需要・ニーズをいかに取り込んでわが国物流事業者自身が成長していくか，そのためにいかに競争力を確保していくがなどをも議論をいただき，関係国との協議のあり方，先駆的取組の支援のあり方，人材育成のあり方などをしっかり議論・検討・整理し，施策として具体化していきたいと考えている（図 16.31）。

物流は民間の経済活動によるものであるが，進出相手国において世界の国や企業がしのぎを削っている現実の中では，民間事業者のみでは解決できない課題や対抗できない競争環境整備にも積極的に関わっていく必要がある。競合国の動向も見逃せない。官民で適切に連携し，わが国物流事業者がビジネスチャンスをフェアにかつ地域に貢献的に獲得することにより，物流事業者による質の高い物流システムの海外展開を図り，効率的なアジア物流の実現を図っていきたいと考えている。

補講 **8**

物流機器最新事情

辻本 方則

　本項では，物流機器の最近の事情を「グローバル・サプライチェーンロジスティクス」の趣旨に従い，アジアの事例と最近の物流機器のマーケットの動きについて述べる。

補講 **8.1** 最近のマーケットの動き

　2013 年，2014 年の「世界の物流機器上位 20 位」を表補講 8. 1 に示す。この中の 15 社が欧州のメーカーである。次いで米国が 3 社，日本は 2 社である。この分野はまだまだ欧州のメーカーが中心になっている。

　この内，アジアでの主なプレイヤーは，DEMATIC, DAIFUKU, SHAFER, Muratec, swisslog の 5 社である。この 5 社の内，2 社が日本，2 社が欧州，1 社が米国である。また現地メーカーも育ちつつあり，今後の一番マーケットが伸びる地域である。

　それでは，次に日本のマーケットの状態について述べていこう。

補講 **8.2** 日本のマーケット

　日本の物流機器のマーケットは，図補講 8. 1 に示すようにリーマンショッ

補講 8
物流機器最新事情

表補講 8.1　物流機器メーカ世界トップ 20

2014順位	2013順位	会社名	ウェブサイト	全世界売上高 2013（100万米ドル）	全世界売上高 2014（100万米ドル）	売上高比較'13-14	売上高比較'12-14	本　社
1	2	Daifuku Co., Ltd.	daihuku.com	2,463	2,536	3%	7%	Osaka, 日本
2	1	Schaefer Holding International GmbH	ssischaefer.us	2,654	2,487	-6.3%	-3.2%	Neunkinchen, ドイツ
3	3	Dematic	dematic.us	1,500	1,600	6.7%	23.1%	Atranta, 米国
4	4	Murata Machinery, Ltd.	muratec-usa.com	960	1,100	14.6%	4.8%	Kyoto, 日本
5	5	Vanderlande Industries B.V.	vanderlande.com	956	1,051	10%	33.9%	veghel, オランダ
6	6	Mecalux, S.A.	mecalux.com	952	952*	0%	0%	Bancelona, スペイン
7	7	Beumer Group GmbH	beumergroup.com	864	902	4.4%	24.9%	Beckum, ドイツ
8	8	Fives Group	fives group.com	721	721*	0%	16.9%	Paris, フランス
9	9	Swisslog AG	swisslog.com	658	712	8.2%	4.7%	Buchs, スイス
10	11	Intelligrated	intelligrated.com	583	627	7.5%	19.7%	Mson, 米国
11	10	Knapp AG	knapp.com	620	620*	0%	26.5%	Hart bei Graz, オーストリア
12	12	Kardex AG	kardex.com	556	556	0%	-11.7%	zurich, スイス
13	13	TGW Logistics Group GmbH	tgw-group.com	525	525*	0%	11%	Wels, オーストリア
14	14	Grenzebach Maschinenbou GmbH	grenzebach.com	477	477*	0%	35.5%	Hamlar, ドイツ
15	15	Witron Logistik + Informatik GmbH	witron.com	340	340	0%	13.3%	Parkstein, ドイツ
16	16	viastore systems	us.viastore.com	207	207*	0%	48.9%	Stuttgart, ドイツ
17	16	System Group	systemlogis-tics.com	157	174	10.8%	-15.9%	Fiorano, MO, イタリア
18	N/A	Egemin Automation	egeminusa.com	N/A	170	N/A	N/A	Zwijndrecht, ベルギー
19	N/A	Bastion Solutions	bastiarisollu-tions.com	N/A	168	N/A	N/A	Indianapolis, 米国
20	19	Savoye	savoyeeinc.com/us	128	138	7.8%	7.8%	Dijon, フランス

*2013 revenues, 2014 revenues were not available by press time. Source Modern Materials Handin

出典：*Modern Materials Handing.*

第3部
「これからの」グローバル・サプライチェーンロジスティクス構築上の留意点

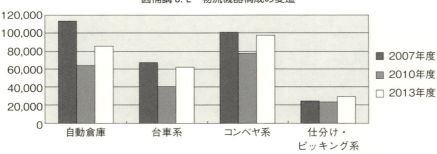

図補講 8.1 日本の物流機器マーケット変遷

出典：物流システム機器生産出荷統計（2008年から2014年）。

図補講 8.2 物流機器構成の変遷

出典：物流システム機器生産出荷統計。

クの時点まで回復してきた。ただし，図補講 8.2 に示すように内容において大きく変化している。下記に物流機種別変化と，その傾向を述べる。

ここで言えることは，次のようなことである。

・各機種増加に転じている。
・メイン 4 機種の構成比が増加傾向である。
・コンベヤ系ピッキング系は，たえまなく増加している。

・自動倉庫の売上げをコンベヤ系が抜いた。

このような傾向は，日本の経済構造を変化を示しており，流通関係，e ビジネス関係が伸びている関係でコンベヤ系が伸びを示している。

補講 **8.3** アジアの事例

　アジアにおける物流の広がりは，めざましいものがあり，発展している国々（例えば，中国，タイ，インドネシア，インド等）に次々に導入され，その国の発展に寄与している。具体例として，現地資本が投資した例について次に述べていく（各事例はダイフクニュースを参照した）。

8.3.1 | PT Indomaguro Tunas Unggul 社の導入例

　取扱・売上高がインドネシア最大級の水産加工会社，PT Indomaguro Tunas Unggul（本社：インドネシア・ジャカルタ，以下：インドマグロ社）は，マグロの輸出企業として 1999 年に創業し発展を続けている。近年では，同国の食生活の多様化を背景に国内向けでも，様々な水産物の流通や，大手ファストフード・食品メーカーの冷凍食品の物流業務を担い，さらなる業容の拡大を図っている。

　インドマグロ社では，従来から−50℃と−30℃の 2 つの温度帯の冷凍庫を設けていた。前者は水揚げされたマグロを，後者は加工されたマグロのほか，甘エビ，サーモンなどを格納して出荷に対応していた。

　両冷凍庫とも保管は重量棚，入出庫作業はフォークリフトで行っていたことから，広いスペースにもかかわらず，格納数は多くなかった。また，入出庫に多くの人手と時間がかかることや，ヒューマンエラーによる出庫ミスが起こるなどの課題があった。さらに，近年の食スタイルの広がりから冷凍食品の需要が急速に拡大したことで，−30℃の冷凍庫の保管能力が大きく不足していた。

　これらを改善するため，−30℃の冷凍庫をスクラップ＆ビルドして冷凍自動倉庫を設置した。格納数を増大させるとともに，さらなる業容拡大のためフライドポテトやアイスクリームの商品も取り扱えるようにした。

自動倉庫の採用により，同冷凍庫の保管能力は従来と比べて約10倍へと大幅にアップした。現在，水産物（100アイテム）のほかフライドポテト（6アイテム），アイスクリーム（11アイテム），牛肉（16アイテム）などを格納している。

加えて，出庫ミスがなくなるとともに，従来20名で対応していた入出庫作業を半分以下の8名で行うことができ，しかもスピーディに処理ができるようになった。さらに，冷凍庫内の作業を無人化することで，外気による庫内温度の上昇を抑えることができ，温度管理を徹底した。

写真補講8.1　インドマグロ社の外観

出典：「ダイフクニュース」より。

写真補講8.2　ピッキング場

出典：「ダイフクニュース」より。

写真補講 8.3　冷蔵庫ドア

出典：「ダイフクニュース」より。

8.3.2　欣和企業食品有限公司（Yantai Shinho Enterprise Food Co., Ltd.）社の導入例

調味料の保管に自動倉庫を導入し，物量増加に対応。完全自動化で出荷までの物流を大幅に効率化した。

中国・山東省に本社を置く欣和企業食品有限公司（所在地：煙台市，以下欣シンホー和）は，醤油，酢，味噌などの調味料や有機食品などを製造する中国有数の調味料メーカーである。中国伝統の味を伝承するとともに，消費者ニーズを志向した商品を提供している。

同社は 2010 年 11 月，需要増加に対応した本社工場の拡張，生産能力の増強に合わせて物流合理化にも着手し，自動倉庫システムをはじめ各種マテハン設備を導入した。これによりパレタイズから自動倉庫への入出庫，ロケーション管理など，物流作業を自動化することで大幅な効率化を実現した。

同工場は 24 時間 365 日稼働，製造棟と倉庫棟はオーバーブリッジでつながっている。建築面積 3000m^2 の倉庫棟は地域の流通センターとしての機能

も備え，周辺にあるグループ会社で製造された商品の保管・出荷も担っている。

　倉庫棟に設置したパレット自動倉庫「コンパクトシステム（CS）」はクレーン8基，格納数9064パレットの規模。荷捌き用に高速搬送台車「ソーティングトランスビークル（STV）」を4台備え，自動倉庫をフリーロケーションで運用できるようにしている。

　マテハン設備の導入により，製造棟2階からオーバーブリッジのコンベヤを経てケース単位で運ばれてきた商品は，倉庫棟2階でパレタイズし，CSに入庫される。外部からの商品はパレットで入荷され，STVで1階の入庫口からCSに格納される。出庫はオーダに応じてクレーンとSTVにより自動で処理。配送先別に荷揃えしてから出荷する。

　CSは，生産能力の増強による取扱アイテム数や物量の増加に対応するため導入した。従来の倉庫と比べて保管能力は約9倍に向上した。さらに，人手に頼っていた倉庫棟内の物流作業を人件費の高騰を受けて，完全自動化することにより大幅な効率化と省人化を実現した。結果として，1日当たり最大2000tの出荷が可能になった。

　「当社では"自然で健康的な調味料を提供する"という企業理念のもと，厳選した原料を使っている。国内で食品汚染や偽装問題が発生する中，自動倉庫の導入により管理が徹底でき，食の安全性がより高まった」と同社の曲沛力氏（Supply Chain Management Center Director）は述べている。

8.3.3 │ Mahindra & Mahindra Ltd. Nashik Plant 社の導入例

　同社は自動倉庫を活用した塗装ボディバッファシステムを導入した。導入によって，組立ラインへの供給能力を高めるなど生産性が向上した。

　インドの自動車メーカー，マヒンドラ＆マヒンドラ社（Mahindra & Mahindra Ltd.）（本社：マハラーシュトラ州ムンバイ市，以下：M&M社）は，SUV（多目的スポーツ車），LCV（小型商用車）などを生産している。

　M&M社は2013年6月，Nashik Plant（同ナシク市，以下：ナシク工場）に，パレット自動倉庫（以下：自動倉庫）を活用した「塗装ボディバッファシステム」を導入した。塗装後のボディを組立てラインへ供給する際の一時保管，および混流生産に応じた順列出庫装置として稼働させた。これにより，

補講 8
物流機器最新事情

図補講 8.1　全体イラスト

出典：写真補講 8.4〜8.7 まで「ダイフクニュース」より。

写真補講 8.4　パレタイズロボット

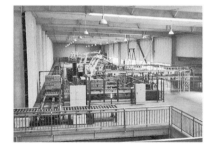

写真補講 8.5　自動倉庫

組立ラインへの供給能力を大幅にアップし，後工程の生産タクトを短縮することに成功した。また，自動倉庫に転換したことによりできた空きスペースに，従来分散していた部品を集約し，組立てラインにより近い場所で保管を行うなど，効率的な生産体制を構築した。

コングロマリット（複合企業），マヒンドラグループの中核企業であるM&M 社は 1945 年に鉄鋼会社，マヒンドラ & モハメッド社として創業。1947 年に現在の社名に変更するとともに，米国の 4 輪駆動車「ジープ」のライセンス生産を開始したのが自動車メーカーとしての始まりである。現在では，インド国内に 6 か所の生産拠点を有している。

その中のひとつであるナシク工場は 1980 年に稼働した。現在，主力車種「Scorpio（スコーピオ）」「Xylo（ザイロ）」など 5 車種を年間 20 万台製造している。

① 2 ラインの生産シフト差を調整し，組み立て順に出庫

同工場では塗装ラインは 3 交代，組立ラインは 2 交代で生産している。従

写真補講8.6 生産ラインと自動倉庫 　　写真補講8.7 自動倉庫部

出典：いずれも「ダイフクニュース」より。

来から，両ラインのシフト差の調整および組み立て順にボディを出庫するため，塗装ボディバッファシステムを構築，運用していた。

　ただ，従来システムはコンベヤを敷き詰めてボディをストレージする方式だったため，出庫指示から組立ラインへの投入まで最長で30分程度かかっていた。また，低層設備で広いスペースを要していたことから，自動倉庫を活用した新システムに刷新することで，効率化を可能とした。

② 投入までのリードタイムを30分から最短2分へと大幅短縮

　新システムにより，出庫指示から投入までの時間を最短2分へ大幅に短縮した。生産タクトを短くさせるとともに，従来とほぼ同じ格納数を保ちつつ，バッファエリアの省スペース化を実現した。さらに，空いたスペースには新たに固定棚を設置し，複数エリアで保管していた部品を集約。組立ラインと近接したことで，ピッキング時の移動距離が短縮され，よりスピーディに供給できるようになった。

補講 8.4　まとめ

　前項においてアジアの事例として3つのシステム導入例の紹介を行った。自動車産業，食品関係など多くの現地資本が，物流設備を導入し始めている。導入の目的は，基本的には生産性向上がキーとなっている。

　今までのように「賃金が安い」とのことで人手を多く利用することは，今後その国の中での競争において必ずしも有利になるとは限らないことが理解

され，投資が始まっている。これ以外にも，品質を一定以上に保つことの重要性がこれらの国でも理解され，物流機器の導入が進んでいる。中国はもう少し前からこの現象が出ており，中国では欧州勢と日本勢と現地勢が競い合っている。これ以外の国は，韓国を除き，これから多くの導入が進むと考えられる。韓国は，少し前までは製造産業に導入が多く見られたが，日本同様に流通，e ビジネスへの物流機器の導入が進んでいっている。これから益々アジアの時代になり，物流機器もアジアを制するものが世界を制すると考えて良い時代と思われる。

補講 9

カンボジア発着
国際海上コンテナの輸送ルートと
政策シミュレーション分析

柴崎 隆一・島田 敬

　第11章「グローバル・サプライチェーンロジスティクス改革を支援する情報技術」を俯瞰するケースとして，この課題を取り上げたい。

補講 9.1　カンボジア発着国際海上コンテナの輸送ルート

　カンボジアにおける産業集積の拠点である首都プノンペンは，メコン川沿いに立地した都市で，海岸線からは離れており（カンボジア最大の海港シアヌークビルから約230kmの道のり），現状においてカンボジアの中心産業である縫製業の主要輸出先である欧米や日本，また原材料の主要輸入先である中国等との間の輸送ルートとしては様々な選択肢が考えられる。

　具体的には，隣国のベトナム・タイを除くその他の世界の国々との間の国際輸送ルートは，大きく分けて図補講9.1に示す4つのルートが考えられる（以下の説明文は輸出の場合である）。

- ・ルートA：メコン川を利用し，バージでベトナムのホーチミン港，またはその沖合にあるカイメップ・チーバイ港まで輸送し，外航コンテナ船に積み替え
- ・ルートB：陸路でベトナムのホーチミン港またはカイメップ・チーバイ港まで輸送

補講 9
カンボジア発着国際海上コンテナの輸送ルートと政策シミュレーション分析

図補講 9.1　カンボジア・プノンペン発着国際貨物における 4 つの輸送ルート

出典：Shibasaki et al.（2014b）.

・ルート C：カンボジアの海港であるシアヌークビル港まで陸送し，外航
　　　　　　コンテナ船に積み込み
・ルート D：タイのレムチャバン港まで陸送し，外航コンテナ船に積み込
　　　　　　み

　陸上輸送距離を比較すると，ルート B がホーチミン港まで約 240km，ルー
ト C がシアヌークビル港まで約 230km とほぼ同程度となっている。これに
対しルート D は約 650km と 3 倍近い距離となっていることもあり，現状に
おいてはルート D はほとんど利用されていないようである。ルート C を除
く 3 つのルートは，途中，陸路または水路で国境を超える。陸路の国境は時
折渋滞することもあるものの，待ち時間は最大でも数時間程度にとどまると
のことである。またメコン川の国境も夜間は閉鎖されているという課題はあ
るものの[1]，バージの運航スケジュールがこれを前提に国境に明け方に到着
するように組まれている。

　2015 年 4 月に，ルート A とルート B が交差する地点に日本の無償援助に
より架けられた，メコン架橋（「つばさ橋」）が開通した（写真補講 9.1）。

443

第 3 部
「これからの」グローバル・サプライチェーンロジスティクス構築上の留意点

写真補講 9.1　左：メコン川に架かるカンボジア国道 1 号線「つばさ橋」全景（2015 年 1 月撮影），右：橋を走行する国際海上コンテナ搭載セミトレーラ（2015 年 5 月，筆者撮影）

写真補講 9.2　カンボジア国道 1 号線におけるメコン川渡河フェリー（2014 年 2 月，筆者撮影）

写真補講 9.3　プノンペン市内で未完成（未舗装）の環状道路を通行する国際海上コンテナ搭載セミトレーラ（2015 年 1 月，筆者撮影）

メコン川をフェリーで横断しなければならなかった以前（写真補講 9.2）と比べ，とくにフェリーには 1 回に 1 台しか積載できなかった大型物流車両にとってはルート B の所要時間が大きく短縮されることとなった。一方で，プノンペン市街地においては 2013 年秋から昼間のトラック走行が禁止となり，迂回路となる予定の環状道路もまだ完成していないことから物流に大きな影響を与えている（写真補講 9.3）。また，ルート A のメコン水運についても，とくに河口付近は水深が浅いため，場合によっては半日近く潮待ちをしなければならず，一方で河口を回避するベトナム国内の運河もクリアランスや河幅の制約が厳しく（写真補講 9.4），容量が 200TEU を超えるような船舶の航行は現状では困難である。

444

写真補講 9.4　左：プノンペン港を出港するバージ
　　　　　　右：ベトナム領内の運河における橋梁下港の状況（クリアランスおよそ
　　　　　　　　50cm）（いずれも 2015 年 1 月，筆者撮影）

図補講 9.2　カンボジア発着国際海上コンテナ貨物の輸送ルート別シェアの実績
（2010 年）

輸出　　　　　　　　　　　　　　輸入

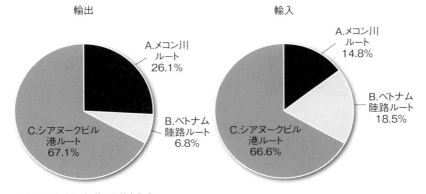

出典：JICA（2013）等より筆者作成。

　カンボジア全国を発着する国際海上コンテナ貨物の，ルート別のシェア
（TEU ベース，2010 年，空コンテナも含む）を図補講 9.2 に示す。ここで，
ルート A とルート C の実績は，それぞれ，プノンペン港（河川港）とシア
ヌークビル港（海港）のコンテナ取扱い実績を表わす。またルート B につ
いては，公式統計は存在しないため，JICA 調査（2013 年）[2]に基づく推計
値である。なお，ルート D については，このような推計値が存在しないため，
残念ながら図には含まれていない[3]。

　図補講 9.2 に示されるように，輸出入とも，シアヌークビル港（ルート C）

第3部
「これからの」グローバル・サプライチェーンロジスティクス構築上の留意点

を利用するコンテナが約2/3を占め最も多く、次いで輸出ではメコン川ルート（ルートA）、輸入ではベトナム陸路ルート（ルートB）が多い。また、図補講9.2には示していないものの、これらルートA、Bの利用シェアは近年増加傾向にあることもわかっている。なお、輸出と輸入で利用の増加しているルートが異なる理由としては、①河川輸送における所要時間の違い（輸出〔下り〕の方が半分程度の所要時間で済む）、②前述のように、輸出については完成品を欧米へ長距離輸送するため、原材料をアジアから輸入する場合に比べてロットサイズの大きい貨物が多い、③輸出は欧米仕向け貨物が多く、とくに米国航路が多く就航するカイメップ港まで（比較的距離が長く、また陸路で行ってもホーチミン港からカイメップ港までバージ輸送となるため）水路が利用されがちである一方で、輸入はアジア（とくに中国）仕出し貨物が多く、アジアと結びつきの強いホーチミン港を経由して（比較的距離が短いため）陸路が多く利用される、等の要因が考えられる。

補講 9.2 カンボジア発着国際海上コンテナのルート選択モデルと政策シミュレーション

　ここでは、すでに中米地域で構築済みの海上・陸上の双方の輸送ネットワークを考慮した国際海上コンテナ貨物の配分モデル[4]をメコン下流域に適用し、前章でみたカンボジア発着国際海上コンテナ貨物の輸送ルート別の分担状況を再現する。

　このモデルは、図補講9.3に概要を示す通り、海上輸送部分（本モデルにおいて追加したメコン川水運を含む）については、各船社の提供するコンテナ定期航路のサービスレベルを所与とし、コンテナ船のキャパシティを制約として、定航サービスネットワーク上におけるコンテナの配分を行う（利用者均衡配分を適用）。陸上輸送部分については、道路ネットワーク上の最短経路探索を行い、これらの結果を統合した仮想的なインターモーダル輸送ネットワーク上において、荷主の観点から、確率的な配分（ダイヤル配分）を行うものである。モデルに入力すべきリンク輸送費用・時間等（海上輸送や港湾のサービスレベルを含む）は、ほとんどの変数については、様々なソー

446

図補講 9.3　モデルの全体構成

地域間OD（2010年）
・World Trade Serviceデータより現状OD（国間，重量ベース）を作成
・地域経済指標（地域別貿易額，GRDP等）により地域ベースに分割

インターモーダル国際物流ネットワークモデル

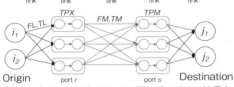

・仮想的なインターモーダルネットワーク上において，両サブモデルの結果（一般化輸送費用＝輸送時間×時間価値＋運賃）を基に配分
・モデル構築者の観測出来ない要因（誤差項）を考慮した，確率的ネットワーク配分モデル（一番安いルート以外のルートにも一定の確率で配分される）

輸送時間・費用　　海上OD　　　　　輸送時間・費用　　陸上OD
　　　　　　　　　　　　　　　　　　　　　　　　（発着ゾーン〜港湾間）

国際海上コンテナ貨物輸送
ネットワークサブモデル

・全世界150港（年間取扱量50万TEU）以上，世界20大船社を含む
・MDSデータより航路サービスごとにネットワークデータ（頻度，寄港地，船舶サイズ等）作成（2010年）＋メコン河川水運
・船舶のキャパシティを考慮した総輸送時間に基づく計算（利用者均衡配分）

陸上（背後圏）貨物輸送
ネットワークサブモデル

・対象とする地域のネットワークのみを考慮
・GISソフト（ADC Worldmap）よりネットワークデータ作成
・最小輸送時間経路へ配分（最短経路探索）

スから情報を収集した結果として先験的にモデルに入力するものの，いくつかの変数（時間価値や確率配分のための分散パラメータなど）については，モデルの現状再現性を高めるという観点から，モデル・キャリブレーションによって求めている。

第 3 部
「これからの」グローバル・サプライチェーンロジスティクス構築上の留意点

図補講 9. 4　カンボジア発着国際海上コンテナ貨物の輸送ルート別シェアのモデル再現結果（2010 年）

輸出

D.タイ陸路ルート
4.3%

A.メコン川
ルート
29.0%

C.シアヌーフビル
港ルート
56.6%

B-1.ベトナム
陸路ルート
（ホーチミン港）
4.4%

B-2.ベトナム陸路ルート
（カイメップ・チーバイ港）
5.8%

輸入

D.タイ陸路ルート
9.8%

A.メコン川
ルート
17.0%

B-1.ベトナム
陸路ルート
（ホーチミン港）
11.9%

C.シアヌーフビル
港ルート
58.7%

B-2.ベトナム
陸路ルート
（カイメップ・
チーバイ港）
2.6%

出典：筆者作成。

　2010 年の国際海上コンテナ貨物需要（OD 貨物量）を入力した際の，カンボジア発着貨物における各輸送ルートのシェアの再現結果を図補講 9. 4 に示す。図補講 9. 2 に示した実績と比較すれば，適用したモデルがルート別シェアの実績をおおむねよく再現しており，かつ実績からは得られない，ルートBにおけるホーチミン港とカイメップ・チーバイ港の内訳や，ルートDのシェアについても，モデルで算出可能なことが示されている。

　またその他のモデル・アウトプットの例として，メコン下流域の陸上（道路）輸送ネットワークにおけるコンテナ貨物フローの推計結果を図補講 9. 5 に示す。この推計結果も，実績値としては得られない内容である。

　以上で構築した国際物流モデルを用いた，今後の物流政策に関連したシミュレーション結果をひとつ示す。今後，カンボジア国内において喫水や船長，船幅の制約の多い現状の航行ルートに代わり，より大型のバージが航行可能なルートが検討されている。ここでは，プノンペン～ベトナム南部港湾間のバージの平均船腹量が現行の平均 85TEU から 300TEU となったケース（シナリオ 1），および 500TEU となったケース（シナリオ 2）を考慮する。このとき，十分な輸送需要のもとでは，船腹量の拡大により搭載された実入りコンテナ 1TEU 当たりの輸送コストが下がるため，内陸水運のシェアが

448

図補講 9.5 カンボジア発着国際海上コンテナ貨物の陸上フローの推計結果（2010 年）

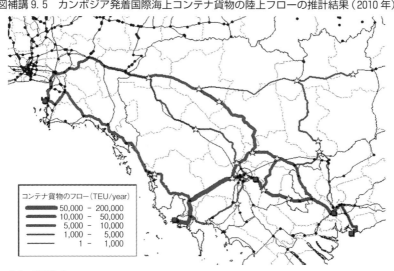

出典：筆者作成。

さらに拡大することが予想される。なお，船舶の大型化により航行速度が増加することも期待されるものの，新ルートは航行距離も延びることが予想されるため，輸送時間は現状ルートと変わらないものと想定する。

図補講 9.6 および図補講 9.7 に，両シナリオにおける利用港湾シェアの推計結果を示す。図補講 9.4 に示した現状再現結果と比較すると，輸出については，平均船舶サイズの増加とともに，ルート A（メコン水運輸送）のシェアが増加する一方で，他のルートのシェア，とくにルート B-2（カイメップ・チーバイ港）やルート C（シアヌークビル港）のシェアが減少する結果となった。一方で，輸入については，平均船舶サイズが増加してもルート A のシェアはほとんど変化せず，他ルートへの影響も一様でない結果となった。これは，上述のように，船舶大型化によるコスト低減効果は，輸送需要が十分に存在するときに期待されるものであることから，もともと輸送需要の多い輸出においては，とくにプラスの影響が観察されたものと思われる。

図補講 9. 6　シナリオ 1（バージ大型化, 300TEU）におけるカンボジア発着国際海上コンテナ貨物の輸送ルート（ゲートウェイ港湾）別シェア推計結果

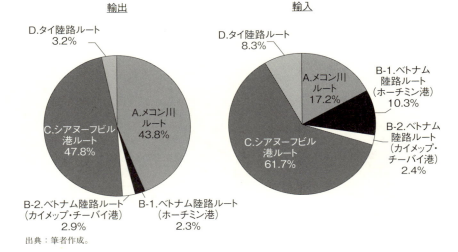

出典：筆者作成。

図補講 9. 7　シナリオ 2（バージ大型化, 500TEU）におけるカンボジア発着国際海上コンテナ貨物の輸送ルート（ゲートウェイ港湾）別シェア推計結果

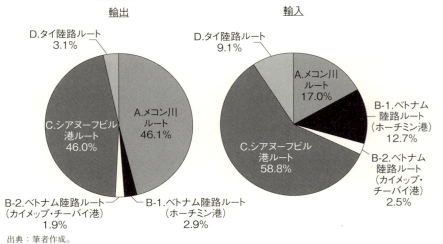

出典：筆者作成。

補講 9.3 おわりに

　本項では，カンボジア発着の国際海上コンテナ貨物を取り上げ，それが様々な輸送ルートや交通手段で輸出入のゲートウェイ港湾まで運ばれる状況を概観し，それを再現するモデルを構築した上で，物流政策によってどのように変化するかについてのシミュレーション例を示した。国境を越えたゲートウェイ港湾競争という観点では，北部欧州（北海沿岸）のハンブルク＝ルアーブル・レンジが有名であるが，アジアでもこのような（国境を越えた）港湾間競争が起こっていること，またその前提として複数の輸送経路や輸出入港湾が選べるようなインフラ環境が整いつつあることを強調して，本項を終えることとしたい。

参考・引用文献と注

1) 現状でも原則として両国とも国境関係機関は 24 時間開庁することとなっているものの，需要があまり多くないこともあり，実際上は夜間の開庁は行われていない。

2) カンボジア国プノンペン新港経済特別区・関連施設建設事業準備調査（PPP インフラ事業）（JICA，2013 年 9 月）。

3) 前述のように，プノンペンからレムチャバン港へ向かう国際貨物はほとんどないと考えられるが，カンボジア全体でみれば，ポイペト SEZ などタイ国境付近からの貨物が多少存在すると推測される。

4) Shibasaki, R. et al., "Integrated Model of Maritime and Hinterland Container Shipping considering both Freight and Shipping Time and Application to Central America," Proceedings of Annual Conference of International Association of Maritime Economists（IAME 2014），15-18 July, 2014, Norfolk, VA（同学会において Martin Sgut Award を受賞）。

補講10

ASEAN における
ムダ・ムリ・ムラの削減

酒井 路朗

　本章においては，主に ASEAN 各国でロジスティクス関連のレクチャーや物流現場改善のコンサルティングを行ってきた経験から，いかにムダ・ムリ・ムラの削減が ASEAN の企業内物流の基盤として重要であるかを，実例を挙げて述べる。ASEAN では国レベルでのロジスティクスの進展段階は様々である。しかしすべての国々で，個々の企業の物流現場でのムダ・ムリ・ムラはほぼ一様に蔓延していると言える。

補講 10.1　ASEAN でのロジスティクス発展状況と必要な現場スキル

　図補講 10.1 は日本ロジスティクスシステム協会（JILS）が 2014 年に実施した，ASEAN6 か国における国レベルのロジスティクス発展状況である（この調査は，ASEAN の物流人材育成のためにどのような支援が効果的かを探るものであった）。図では，インドネシア・タイが総合的に高い発展段階で，ベトナム，カンボジア，ミャンマーと続いている。ミャンマーでは大規模な経済特区が複数開発中で発展のポテンシャルが急速に上がっている。ラオスは発展の緒についたところである。

　図補講 10.2 は前図の JILS 調査の一環で，企業レベルのロジスティクスの

補講 10 ASEANにおけるムダ・ムリ・ムラの削減

図補講 10.1 経済成長にともなう ASEAN6 か国のロジスティクス発展状況

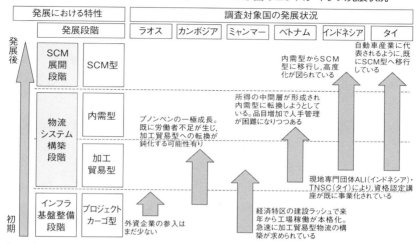

注：調査対象国：ラオス・カンボジア・ミャンマー・ベトナム・インドネシア・タイ。
出典：JILS「アセアン6か国における国レベルのロジスティクス発展状況」2014年度。

図補講 10.2 企業におけるロジスティクスの発展段階と必要なスキル

荷主企業,物流企業のロジスティクス機能の発展には一定のパターンが見受けられる。各発展段階に必要なスキルを提供することで,企業はより早く次のステップに移行することができると想定する。

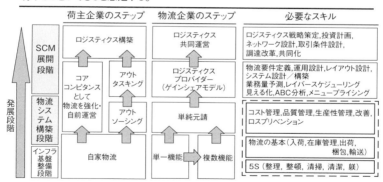

出典：JILS「アセアン6か国における国レベルのロジスティクス発展状況」2014年度。

発展段階である。右側の「必要なスキル」欄は上に行けばより高度になる。図補講10.1で発展段階が様々な6か国であるが，企業の物流現場視点からはそれほどの差異がなく，換言すると，発展している（と思われる）国でも

基礎となる「5S」や「物流の基本」等の基盤が整わないまま次の段階へシフトしている，あるいはシフトしようとしている企業が多数あると言える。このことは6か国以外のASEAN諸国でも同様であり，進出日系企業の日本人管理者ほぼ全員が，現場を管理することの難しさに頭を抱えていることからも類推できる。図補講10.2右下の5Sから上の段階へ向かう破線で囲った3つの部分がASEANでは依然として貧弱であり，今後経済発展にともなう物流量急速増大に対応するために，必要不可欠な基盤スキルである。

補講 10.2　ASEANでの現場の状況と対応例

以下に，実際のASEAN現地企業（非日系企業）の現場における状況を，ムダ・ムリ・ムラの観点から紹介する。なお，国名・企業名は省く。

10.2.1 | 部品棚の保管効率

原油を精製する大企業の例で，消防車も常時待機させている巨大な施設を保有する。巨大設備の維持管理のため多数の補修部品を在庫し，巨大なものからビスのように微小なものまで大小様々である。小物部品保管用の軽量棚で約500坪の床面積を占め，メザニンを含む2階部分と合わせ，総保管面積は1000坪である。棚の1間口は幅30cm×高さ50cmであるが，90%程度は底面にわずかな体積の部品が置かれているだけであった。

改善策として，1間口の高さを半分近い30cmにすること，ピッキングが不便なメザニンを廃止すること，さらに小さな部品は小引出しタイプに変更することを推奨した。これらの対策で現有500坪の床面積は350坪程度になる。メザニン廃止で垂直搬送がなくなり，動線短縮効果により，ピッキング効率が飛躍的に良くなる。空間のムダが大きい例である。

この企業では5Sも実施し，手始めに事務所の机の引出しに眠っている文房具を1カ所で保管することにした。その後，従業員の自宅で不要となっている物を会社に集めて破格の値段で展示即売会（デジカメやビデオカメラなども含まれる）を行い，大盛況となった。その結果，社員の家族まで含めて，全員のムダに対する意識が高揚したそうである。

10.2.2 靴メーカーの包装・出荷作業

　中規模の靴メーカーで，革や生地の裁断から靴の縫製・包装・出荷を行う企業の例。製造工程では椅子に座ってミシンを操作しているが，それ以降の工程では作業机がなく，すべてしゃがんでの作業である。このような作業は日本では劣悪ともいえるし，当然作業効率は悪い。作業台を置けないほどスペースが狭い訳でもなく，また，80坪程度の「倉庫」と呼ばれる部屋が隣にあり，ゴミ屋敷と見まがうガラクタの山であった。捨てても良いと思われるものばかりであるので，整理整頓すれば8割以上のスペースが捻出でき，そこにも作業台を設置すれば効率が上がることは間違いないであろう。ASEAN各国では，基本的に「ものは捨てない，いつの日か使うときが必ず来るはず」と考える風土が根強い。ゴミでも捨てられないDNAが，5Sの定着しにくい体質にしているともいえようか。

　この国では圧倒的なシェアを持つ靴販売企業Aがある。Aに対してその日出荷する包装完了品の一時置き場があるが，同時に他の靴販売卸への一時置き場も白い仕切り線で隣り合っており，合計5か所の出荷先の名前を書いた看板が壁に掲示されている。問題は，他の出荷先の4倍ほどの出荷量があるA社のスペースも他社向けのスペースも同じ間口しかないことだ。そのためA社向けの包装箱が他のスペースに溢れてしまい，誤出荷の危険が十分考えられる。

　これまで継承されてきた包装作業のやり方が正しいという，いわゆる「先入主」となり，劣悪な作業環境について改善しようとする意識が消えてしまっていること，また，看板で分けることまでは気づいたが，スペースの取り方までには考えが及ばなかったということである。看板設置のその先の工夫まで行けなかった，つまり，改善は無限であるという思想が薄いということであろう。

10.2.3 ミシンによる縫製作業

　小規模の縫製工場でハンドバッグや日本向けのコンパクト・デジカメ用ポーチなどをつくっている現場の例。約20人のワーカーが小型ミシンでポー

チを縫っている作業場があるが，よく見ると，細い針金を曲げたものや竹ヒ
ゴ様の小さな自作部品をミシンに取り付け，上糸の操出しなど工夫して，要
は自分に使いやすいミシンに仕立て上げて作業をしている。動作研究の先駆
者と言われるフランク・ギルブレスが，多数の煉瓦職人すべてが異なるやり
方で作業していることに気づき，最も効率的な作業手順を考えついたと言わ
れるが，20人のミシン職人がそれぞれ工夫をしている良い部分を寄せ集め
れば，ミシンへの最も効果的なマイナーチェンジができるのではないだろ
うか。現場監督者がIE的な視点でミシン作業の最適化を考えれば，概略10
〜20%の生産性向上が可能と推定した。また，このような工場では，作業
標準書が用意されていたとしても恐らく全く守られないと想像できる（日本
においてさえ，整備された標準書の手順が守られていない例が非常に多いの
が実態である）。

10.2.4 フォークリフトの追加リース要望

中規模の物流倉庫。その1000坪程度の1階フロアに3段の重量棚と高層
棚がそれぞれ約600坪・400坪のスペースに設置され，商品の入出庫を行っ
ている。重量棚の作業は一般的なリーチフォーク10台，高層棚ではピッキ
ングフォーク2台，合計12台で行っている。フロア監督者の悩みは，高層
棚作業でのピッキングフォーク不足で手待ち時間が長く，入出庫作業が著し
く滞ることであった。そこでフロア監督者は経営者にピッキングフォーク2
台のリース増を要請した。しかし費用増ということで拒否されてしまった。

そこで，通常のリーチフォークの稼働率調査を推奨し，その結果リーチ
フォークは6台で十分であると判明した。リーチフォーク4台のリースを解
約し，ピッキングフォーク2台のリース増はもちろん経営者に認められた。
その結果リーチフォーク6台ピッキングフォーク4台となり，合計フォーク
台数は12台から10台へと2台減ったのである。

フロア監督者の失敗は目先の問題に囚われ，フロア全体を見ていなかった
ことであった。ロジスティクスに求められるいわゆる全体最適という視点が
欠けていたと言えよう。

10.2.5 　トラックの稼働時間

　金属部品を製造する中規模の工場を保有する企業例である。入口付近に出荷部品の一時置き倉庫があり，その前に中型トラックが 10 台程度駐車できるスペースがある。この倉庫の壁に，7 エリアへの出荷先ルート別にトラックの接車・積載・出車の時刻表示版が下がっている（毎日出荷の定期便）。表示板には，積載の 30 分前にトラックが接車し，30 分間の積載時間の後に出車時刻が記載されている。最初の積載終了時刻は 13：30 で最後は 19：00 である。ところが出車時刻は全て翌日で，初便 5：30 最終便が 10：00 となっていた。つまり，積載した翌日に配送に出発するのである。夕刻の駐車スペースには積載中のトラックが 1 台のみ駐車しており，積載完了したトラックは見当たらなかったので，積載済みのトラックはどこに駐車していて運転手は何をしているのか，との質問を管理者にすると，「多分自分の家の近くに止めているのではないか」という曖昧な回答であった。

　トラックは，物を積んで走っていない限り仕事をしていない，という意識が希薄だったのである。また，予備 1 台を含め合計 8 台のトラックはすべて自社資産で，かつその国ではトラックは高価でもある。先ずは積載率を調査し納品時間を調整した上で，現行 7 ルートを減らし，余分のトラックの売却を推奨した。その結果 1 か月後には 6 ルートに圧縮された。トラックの稼働率を考慮すれば，積載を夕方に集中的に実施し，翌日の配達終了後の午後に別の仕事の取り込みが十分可能な，余裕あるトラックダイヤであった。

10.2.6 　レイアウト変更

　この例は，バイク用のガスケットなどを製造する敷地 1000 坪程度の小規模な工場のレイアウト最適化である。敷地の間口 30m の正面右端に工場出入口があり，出入口の左は全て事務所となっている。出入口から 10m 奥へ進むと工場エリア（700 坪）の右端に通じ，工場の左側半分（350 坪）に原材料倉庫，右半分（350 坪）に工作エリアがある。工作エリアにはプレス機が 25 台程度設置されている。倉庫と工作エリアは金網で仕切られ，原材料は倉庫奥の通路から左の工作エリアに供給される。レイアウトの問題は，右

端の入口から搬入された原材料が左側の倉庫に移動されること，また，完成品が出荷前に，包装作業等で出入口と反対側の倉庫エリア方向に逆流するプロセスがあり，動線が複雑になっていることであった。そこで，左側の倉庫と右側の工作エリアを入れ替えることが動線短縮に効果的ということになり，検討を開始した。しかし，非常に重いプレス機や高圧の電力供給設備の移動はかなり難しい課題であり，また，移動工事期間の操業停止も避けたい状況であった。

検討の結果，最終的には倉庫・工作エリアとも全く手を加えず，発想の転換で，それまで正面右端にあった出入口を左端に移し，左にあった事務所を右に移した。その結果，入口から搬入される原材料は倉庫に直進することになり，工場全体の道線は製品出荷まで単純化された。この工場で働く人も現場監督者も経営者も，レイアウトによる動線の複雑さがもたらす時間のムダに長年全く気づいていなかったのである。

10.2.7 │ 生産増対応

オートバイの需要が急速に伸びている国で，バイクの金属部品を製造している小規模な下請け部品工場の例である。30台程度のプレスマシンで原材料の鉄板を打ち抜くなどして，最終的に種々の部品を製造している。あるとき，日系バイク企業から次年の発注量が2割増えるとのうれしい通達があった。対応策を工場長に質問すると，「プレスマシンとプレス加工作業者を2割増やす」と，当然のことのようにさらりと答えた。そこで「現在のプレス作業者のスキルにはどの程度のバラツキがあるのか？」と質問したところ，「トップとラストでは2倍の差がある」と答えた。

日本では生産増対応で即設備と要員増というのはあり得ず，最高スキルの技術者の作業をビデオに録って，その技を全員に修得させて全体のスキルアップを図る，などの改善を先ず考える。プレス機械を増やせばプレス要員も増やさなければならないが，全員のスキルを底上げすれば生産効率がアップしてマシン増は不要となる，というところまでは考えが及ばないのだ。つまりこの企業では「生産効率」向上の概念自体がないということである。一般的にASEANでは労働人口が有り余り，生産量増大には人を増やせばよい，

という風潮が根強く残っていると言えよう。

10.2.8 | 巨大倉庫における過剰在庫の見える化

　非常に広大な敷地（約 2500m × 3000m）を有し，綿花からの製糸とデニム生地を製造しており，製品を ASEAN 諸国のジーパン製造工場に輸出している大企業の例。敷地内には多数の工場や保管倉庫がある。完成品は幅約1.5m のロールに巻き上げた直径 50cm・重さ 60kg 前後のデニム生地が大量に山積保管されている。物流部門の悩みは，管理すべき在庫のアイテム数が増え続けて管理工数が増えたこと，絶対量が多いためスペースが狭隘化し，フォークリフトを使用する出荷作業が困難になってきたことであった。在庫データを確認すると，1 年間全く荷動きのないものが約 30% で，しかも売れ筋商品と混然と保管されていた。30% には，製造都合や予測外れでつくり過ぎた物や中途半端な長さ，売れないわけではないがグレードの低い物などが含まれている。

　そこで 30% の滞留在庫を仕分け，全く別の約 2000 坪の場所にまとめて保管し，経営トップをはじめ企画・営業・経理・製造部門長に視察させることを推奨した。つまり，過剰在庫の「見える化」を実施したのである。効果は劇的で，2 か月後には 100 坪まで保管スペースが驚異的に減少した。何よりも経営トップが数値でのみ知っていた滞留在庫を物理的に目の当たりにして驚愕し，営業部門に強く指示し，物によっては単価を下げるなどして売りまくった結果であった。このイベントの前に，在庫管理部門が過剰となってしまった多数の原因を精査し，企画の甘さ，造り過ぎの甘さ，売れ筋のみ売ろうとする営業体質の甘さなどを指摘して強烈なプレッシャーをかけたことも，効果を増幅させた。この企業では経営陣・企画・経理・製造・営業部門，そして物流部門の連携が薄く，いわば組織間の壁が厚かったということである。過剰在庫の見える化から風通しが良くなった例である。

補講 10.3　ASEAN の企業内物流の課題

　一般的にその国のロジスティクスの進展度合いは，物流インフラ整備・情

報インフラ整備・電力等エネルギー安定供給・輸出入税関手続の簡素化・治安レベルなどで評価される。ロジスティクスがある程度進んでいると評価されている国の大学教授にインタビューする機会があった。彼から上記評価項目についてその国ではまだまだ課題があるとの説明を受けたが，一方「個々の企業にはロジスティクスの課題は全くない」と断言されたのを聞いてたいへん驚いたことがある。いくらインフラが整っていても，実際の現場作業レベルでムダ・ムリ・ムラが蔓延していれば，インフラや法整備などは砂上の楼閣でしかなかろう。

　図補講 10.1 で ASEAN 諸国のロジスティクス進展レベルを紹介しているが，あくまで国レベルである。しかし，国レベルで高評価を受けても，個々の企業レベルとはあまり関連性はなく，ASEAN 全域での企業レベルの現場力は概して低い。すなわち国レベルの評価ほどの差は企業レベルで認められないと言えよう。日本においても企業の現場力には相当のバラつきがあるのと同様である。

　ASEAN では一般的に安い労働力が余っており，雇用確保という政府の思惑も影響しているせいか，効率アップにはあまり興味が持たれず，また，「捨てられない文化」も改善のネックとなっている。しかし，ASEAN の企業が 5S だけでも本気で取り組めば 30 〜 40% もの効率アップが可能である，という意見は，ASEAN 企業の指導経験者から異口同音に聞かれる。ムダ・ムリ・ムラの削減が，ASEAN 企業のレベルアップに極めて重要であることは自明であろう。

編 集 後 記

　本書は，早稲田大学において 1995 年に創設され昨年 20 周年を迎えた「ネオ・ロジスティクス共同研究会」の記念事業として企画されたものである。研究会設立の発起人であった高橋輝男早稲田大学名誉教授はおととし傘寿を迎えられたが，まだまだ矍鑠として現役で活動されている。研究会設立趣旨については先生自らの手により「20 年の歩み」と共に第 1 章で述べられている。先生の書かれた第 1 章を読み返してみると，20 年を経た今でも設立の趣旨は十分に通用することがわかる。この趣旨をどう受け継いで，次の世代に繋いでいくかがこれからの課題となる。

　（ネオ・ロジスティクス共同研究会は 2016 年 3 月末日で閉会となり，6 月より次世代ロジスティクス共同研究会が組織を引継いだ。）

　本書は，サプライチェーンのグローバル展開を念頭に，その中でロジスティクスが果たすべき役割に焦点を置いた。しかし，「グローバル」という言葉を使うと，「「グローバル企業」だけのためのロジスティクス」と取られてしまいがちになり，「「グローバル企業」以外の人には読んでもらえないのではないか」という懸念があった。また，そもそもロジスティクスにおいて「グローバル」とは何かという定義付けにも対応する必要が生じた。更には，これからグローバル展開を図ろうとする中小企業の方にも読んで頂けるようにするための配慮や工夫も必要となった。

　結果として，本書は，

①市場としてのアジア（具体的には東アジアと南アジア）を見据え

②サプライチェーンを支援するロジスティクス責任者は何を考える必要が
　　あるのか

という点に的を絞ることにした。

　そしてその根底に，ネオ・ロジスティクス共同研究会の思想である「常に新しい視点でロジスティクスを思考すること」を置くことにした。読み手の層については「将来 CLO（Chief Logistics Officer）を目指す人」あるいは「CLO をサポートする人」とし，本書がその指針になることを目指すこととした。

こうした方針に従い，大学研究者のみならず，実務経験豊かなロジスティクス各分野の専門家にも執筆者になって頂く方法を選択した。一見すると，ロジスティクスの項目羅列にすぎないのではないかというお叱りを受けるかも知れないが，CLOを目指すのであれば，本書の項目全体に目配りし，自ら「Open your eyes on all」を心掛けて欲しいと思う次第である。

本書の作成を試みるうちに，項目としていれておけばよかったというものも幾つかあった。一つは「陸上輸送論（鉄道・道路輸送）」である。本書では「海上輸送論」「航空輸送論」を取り上げたが，中国のAIIB構想が注目されるなか，ADBが中心になり推進してきたインドシナ半島の道路網整備などにももっと触れておきたかった。これについては8章，10章，16章，補講10で，分散して触れている。もう一つは「ロジスティクスと環境」である。昨今，企業のCSR（Corporate Social Responsibility）は重要な課題となっている。ロジスティクスが「ムリ，ムダ」を省く努力をすることによって，企業のCSRにも貢献を果たすことの説明にもう1章を加えたかった。これは13章，補講1，補講9で多少触れるに留まった。

27名の執筆者が夫々の持ち分を書き進めるうちに，次第に熱がこもり，原稿の枚数も増えつつあった。各執筆者には2度，3度の書き直しをお願いした。紙面分量が限界に達していて，これ以上だと「分冊」になる可能性があった。使い勝手も考慮して何とか一冊の本でまとめるためには，「陸上輸送論（鉄道・道路）」と「ロジスティクスと環境」を省かざるを得なかった。その代りに，海上輸送のリスクを考える意味で15章を設けた。

なんとか，今までにないロジスティクスの味付けを果たしたのではないかと思っている。

ロジスティクスは欧米がリードし，それを日本が模倣したといわれるかも知れない。しかし，日本人の特性は，模倣を更に深化して新しい創造をすることにある。是非，近い将来，欧米に負けない日本人CLOが数多く出現することを望む。そして，本書がその「道しるべ」の役割を果たすことができれば幸いである。

編 集 後 記

　なお本書を企画した際，下記の方々の賛同を得，なおかつご寄付まで頂戴した。本が完成まで辿り着いたのは，ひとえにご支援頂いた皆様のお陰である。ここに，深く御礼申し上げる次第である。

　　高橋輝男先生
　　株式会社豊田自動織機殿
　　パレットレンタル株式会社殿
　　株式会社日立物流殿
　　三井倉庫ホールディングス株式会社殿
　　ユニキャリア株式会社殿

（五十音順）

黒須誠治
岩間正春

索　引

事　項

【英文】

3C ································· 66
3PL ······························ 6, 44
3PL プロバイダー ········· 45
5S ························· 454, 460

【A】

ADB ····························· 23
AEO ···························· 258
AIIB ···························· 36
AILN ··························· 87
Air Way Bill ················ 241
All Risks ····················· 129
ASEAN ························ 13

【B】

B2C ····························· 55
BCP ····················· 309, 330
BI ······························· 144
BIMSTEC ····················· 26
B/L ····························· 126

【C】

C2C ····························· 136
CCC ···························· 329
CCC 目録 ····················· 253
CEFACT ······················ 244
CEM ···························· 133
CFR ···························· 124
CIF ························· 18, 124
CIM ····························· 4
CIP ····························· 123
CLO ···························· 36
Confirmed L/C ·············· 126
Contract Logistics ········· 141
CPFR ·························· 45
CPT ····························· 123
CRM ···························· 133
CSR ····························· 144

【英文】（続き）

C-TPAT ······················ 258

【D】

D/A ····························· 127
DAP ····························· 124
DAT ····························· 124
DDP ····························· 125
Door to Door ··············· 141
D/P ····························· 127

【E】

e コマース ····················· 16
EC ······························· 127
ECR ························· 5, 42
EDIFACT ····················· 242
EPA ······················· 131, 328
ERP ····························· 144
EU ······························· 13
EXPRESS 貨物 ··············· 195
EXW ···························· 123
EX-WORKS ··················· 18

【F】

FAS ····························· 124
FCA ····························· 123
FOB ························ 18, 124
F. P. A. ························ 129
FRAPS ························· 58
FTA ····························· 131

【G】

GATT ···························· 398
GDP ····························· 25
GMS ····························· 68
GMS 回廊ネットワーク ··· 279, 281

【H】

H. S. Code ···················· 131
Human Oriented Manufactur-

ing System ················· 4

【I】

ICC ························· 123, 129
ICC（A）······················ 129
ICC（B）······················ 129
ICC（C）······················ 129
ICT ····························· 78
IMF ····························· 23
IoT ························· 46, 327
IR ······························· 380
Irrevocable L/C ············· 126
IT ······························· 23

【J】

JETRO ·························· 328
JIS ······························ 89
Just-in-time（JIT）········ 42

【K】

KPI ····························· 7

【L】

L/C ····························· 125
L/C 決済 ······················ 125
LCC ····························· 371
Letter of Guarantee ······· 221
L/G ····························· 130
LLP ····························· 141
LNG ····························· 159
LPG ····························· 159
LPI ····························· 38
LSP ····························· 140
LT ······························· 23

【M】

MBF ····························· 238
Meet the 2020 ··············· 30
MICE ···························· 376
MRP ····························· 23

465

索　引

【N】

NACCS ･･････････････････ 128
NEAL-NET ････････････････ 413
NVOCC ････････････････････ 126

【O】

ODA ･･････････････････････ 270
ODM ･･･････････････････････ 78
OECD ･･････････････････････ 164
On Board B/L ････････････ 126
Open L/C ････････････････ 126
Operation Value ･･･････ 132

【P】

PDCA ･･･････････････････ 326
POS ･･････････････････････ 23

【Q】

QOL ･･･････････････････････ 377
QR ･･･････････････････････ 42

【R】

Received B/L ･･･････････ 126
Restricted L/C ･･･････････ 126
RFID ･･･････････････････････ 6
ROA ･･･････････････････････ 133
ROE ･･･････････････････････ 133
RO-RO 船 ････････････････ 36

【S】

SCP ･･･････････････････････ 144
Shipped B/L ･･･････････ 126
SNS ･･･････････････････････ 138
SPA ･･･････････････････････ 134
SPD システム ･･････････ 103
Special Replacement Clause
　〔Air Freight〕または〔Duty〕
　･･･････････････････････ 218
S. R. & C. C. Risks ･･････ 129

【T】

T11 型 ･･････････････････ 20
T12 型 ･･････････････････ 20
TdC ･･･････････････････････ 84
TMS ･･･････････････････････ 23
TPP ･･･････････････････････ 13

【U】

UDP ･･･････････････････････ 92

ULCC ･･･････････････････ 164
ULD ･･･････････････････････ 176
United World Repot ･････ 30
USP ･･･････････････････････ 92

【V】

VLCC ･･･････････････････ 164

【W】

W. A. ･･･････････････････ 129
War Risk ･･･････････････ 129
WMS ･･･････････････････････ 23
WTO ･･･････････････････････ 131

【あ】

アウトリーチ ･･････････ 236
アクセプト ･･･････････ 200
アグロインダストリー ･･ 114
アジアインフラ投資銀行
　（AIIB） ････････････ 36
アジア開発銀行（ADB）･･ 23
アジア物流圏 ･･･････････ 404
厚木ゲートウェイ ･･････ 58
アッパー・ミドル帯 ･･････ 95
アベノミクス ･･･････････ 34
安全在庫量 ･･･････････ 136
安全認証制度 ･･･････････ 253
一貫パレチゼーション ･･ 264
一帯一路 ･･･････････････ 258
委託先のブランドで販売され
　る製品の設計・生産（OD
　M） ････････････････････ 78
1 兆円企業 ･･･････････ 35
医療ロジスティック ･･････ 100
インコタームズ ･･･････ 19, 123
インダストリアル・インター
　ネット ･･････････････ 327
インダストリー 4.0 ･･････ 17
インターモーダル ･･････ 46
インテグレーター ･･････ 38
インボイス ･･････････ 126, 128
ウェイビル（Waybill）･･････ 127
ウェブ型 ･･････････････ 309
受荷主 ･･････････････････ 128
売主の義務 ･･･････････ 19
上屋 ･･････････････････ 195
運送人の輸送責任範囲 ･･ 126
運送人渡し（FCA）･･････ 123
運賃込み（CFR）･･････ 124
運賃保険込み（CIF）･･････ 18

英トン ･･････････････････ 201
エコツーリズム ･･････ 376
越境交通協定（CBTA）･･･ 283
援蔣ルート ･･･････････ 236
オイルショック ･･･････ 67
欧州連合（EU）･･･････ 13
沖縄国際物流ハブ ･･････ 58
オーバー・パナマックス型
　･･･････････････････ 162
オファー ･･･････････････ 200
オープンスカイ協定 ･･･････ 51
オムニチャネル ･･･････ 15
音声認識 ･･･････････････ 6

【か】

海外工業団地 ･･････････ 232
海外交通・都市開発事業支援
　機構 ･･････････････ 426
海技者（船員）･･････････ 159
海上コンテナ ･･･････ 41, 42
海上輸送 ･･･････････････ 20
海上輸送路（シーレーン）
　･･･････････････････ 388
開設銀行 ･･･････････････ 125
外為法 ･･････････････････ 128
買取銀行指定信用状（Re-
　stricted L/C）･･････ 126
買取銀行無指定信用状（Open
　L/C）･･････････････ 126
海難救助 ･･･････････････ 221
買主の義務 ･･･････････ 19
開発経済学 ･･･････････ 22
買い物サポート ･･･････ 143
海陸ブロードバンド通信･･･ 168
確認信用状（Confirmed L/C）
　･･･････････････････ 126
加工貿易 ･･･････････････ 250
家畜伝染病予防法 ･･･････ 130
家電家郷 ･･････････････ 67
貨物船 ･･････････････････ 154
貨物代理店（フォワーダー）
　･･･････････････････ 175
為替手形 ･･････････････ 203
観光サポート ･･･････････ 143
環太平洋経済連携協定（TPP）
　･･･････････････････ 13
ガントリークレーン ･･････ 236
カントリーリスク ･･･････ 407
カンバン ･･･････････････ 42
企業の社会的責任（CSR）

466

索　引

　　　　　　　　　　　　　　144
危険負担の分岐点…………　19
機材オペレーター…………　196
基本税率………………………　131
協会貨物約款（ICC）……　129，
206
共生……………………………　22
共同運航化…………………　157
共同海損制度（GA）………　129
共同海損分担保証状（L/G）
　　　　　　　　　　　　　　221
共同配送……………………　310
業務フロー設計……………　310
共有化…………………………　28
空間経済学……………………　22
クラ運河開発…………………　27
クラスター型………………　309
グリーン・ロジスティクス…　6
クール・ジャパン……………　93
クロスボーダー……………　422
クロスボーダーeコマース
　　　　　　　　　　　　　　136
グローバル化………………　309
グローバル企業………………　34
グローバル港湾オペレーター
　　　　　　　　　　　　　　　50
経済地理学……………………　22
経済連携協定（EPA）……　131
ゲインシェア（効果の分配）
　　　　　　　　　　　　　　141
現金循環化日数（CCC）…　329
現金決済……………………　127
原産地証明書………………　126
原油…………………………　159
原油タンカー（VLCC）……　164
航海保険……………………　208
航空輸送………………………　20
工場渡し（EXW）…………　123
顧客関係マネジメント（CRM）
　　　　　　　　　　　　　　
顧客経験マネジメント（CEM）
　　　　　　　　　　　　　　133
国際 LPI………………………　49
国際海事機関（IMO）……　167
国際商業会議所（ICC）……　123
国際鉄道物品運送条約……　48
国際道路物品運送条約……　48
コールドチェーン…………　110
コンテナ化…………………　154
コンテナ貨物………………　153

コンテナ港湾ランキング…　34
コンテナ積載率……………　317
コンテナリゼーション……　346
コンビニエンスストア……　143
コンピュータやインターネッ
トに関連する情報通信技術
（ICT）………………………　78
梱包技術………………………　20

【さ】

在庫不要論…………………　339
在庫問題………………………　21
最適化技術活用リテラシー
　　　　　　　　　　　　　　321
サプライチェーン……………　5
サプライチェーン・ロジス
ティクス………………………　9
三種の神器……………………　66
暫定税率……………………　131
市街地進入許可証…………　266
仕掛け在庫…………………　340
シカゴ・バミューダ体制…　51
時間軸…………………………　20
事業継続計画（BCP）……　309
自己資本利益率（ROE）…　133
自社のみがもつ独特の強み
（USP）………………………　92
資材所要量計画（MRP）…　23
事前確認および通関時確認品
目……………………………　130
自動化・無人化……………　165
自動車船……………………　156
支払渡し（D/P）…………　127
シミュレーション技術……　315
シームレス物流………………　28
仕向地持込渡し（DAP）…　124
仕向地持込渡し〔関税込み〕
（DDP）……………………　125
社会的ネットワークをイン
ターネット上で構築する
サービス（SNS）…………　138
シャーシの相互通行………　413
重慶モデル…………………　230
集団的自衛権………………　384
自由貿易協定（FTA）……　131
少額貨物……………………　131
小規模・分散生産……………　4
商業送り状…………………　203
消費地生産……………………　22
情報管理……………………　132

情報技術（IT）………………　23
常温輸送……………………　113
食品衛生法…………………　130
植物防疫法…………………　130
所有権の分岐点………………　19
シルクロード経済ベルト…　258
シーレーン（海上輸送路）
　　　　　　　　　　　　　　387
信用状（L/C）……………　125
信用状統一規則（UCC）…　241
数理最適化技術……………　314
数理モデル化………………　314
生活の質（QOL）…………　377
生産システム…………………　2
生産人口………………………　12
生産リードタイム…………　311
成熟社会………………………　12
製造小売業（SPA）………　134
世界の工場…………………　187
世界の燃料庫………………　385
世界貿易機関（WTO）……　131
世界貿易難易度ランキング
　　　　　　　　　　　　　　243
セーフティネット…………　183
セレクトショップ……………　97
ゼロ在庫……………………　339
船舶技術者…………………　159
戦争危険……………………　129
専用器材（ULD）…………　176
専用船………………………　154
総運送費（TdC）……………　84
送金決済……………………　127
総合基幹業務システム
（ERP）……………………　144
総合スーパー（GMS）……　68
総合物流施策大綱…………　358
総資産利益率（ROA）……　133
総ロジスティクスコスト…　135
ソサエティー5.0………………　17
ソーシャル・ロジスティクス
　　　　　　　　　　　　　　　7
損益バランス………………　319

【た】

タイ・プラスワン…………　274
大メコン圏（GMS）………　271
ダウェイ開発…………………　27
宅配便………………………　141
ターミナル持込渡し（DAT）
　　　　　　　　　　　　　　124

467

索　引

タンカー……………………… 154
タンロン工業団地…………… 301
地政学………………………… 399
チャイナ・プラスワン……… 274
チャイナリスク……………… 190
中国製造2025………………… 17
中東の火薬庫………………… 386
超大型貨物（工作機械）… 196
超大型原油タンカー（ULCC）
　………………………………… 164
長寿企業……………………… 35
直営方式……………………… 53
チョークポイント（隘路）
　………………………………… 387
チルドセンター……………… 115
通関業者（海貨業者）……… 128
通知銀行……………………… 125
ツリー型……………………… 309
低温輸送……………………… 112
適正在庫……………………… 21
電子情報製品汚染制御管理弁
　法（中国版RoHS）……… 255
電子商取引…………………… 16
統計品目番号（H.S. Code）
　………………………………… 131
統合データベース…………… 323
統合リゾート（IR）………… 380
東西回廊……………………… 235
東南アジア諸国連合（ASE-
　AN）………………………… 13
独自の「売り」の提案（UDP）
　………………………………… 92
特恵税率……………………… 131
取消不能信用状……………… 126
取立手形……………………… 127
トリレンマ的状況…………… 144
トレードオフ………………… 312

【な】

南北回廊……………………… 235
荷為替手形…………………… 203
荷為替手形の買取…………… 126
21世紀海上シルクロード
　………………………………… 258
荷姿…………………………… 346
日中韓物流大臣会合………… 366
日本再興戦略………………… 405
日本の荷主…………………… 160
日本貿易振興機構（JETRO）
　………………………………… 328

荷役…………………………… 132
荷役機器……………………… 154

【は】

ハイキューブ海上コンテナ
　………………………………… 85
ハイ・スピード・ベッセル
　………………………………… 165
パクス・アメリカーナ……… 149
運ばない物流………………… 82
パッキングリスト…… 126, 128
発行銀行……………………… 125
パナマックス………………… 62
羽田クロノゲート…………… 58
パパママストア……………… 67
ハブ＆スポーク輸送………… 160
ハブ空港…………………… 51, 53
パラダイムシフト…………… 4
ばら積み貨物船（バルカー）
　………………………………… 156
バリアフリー・ツーリズム
　………………………………… 376
パレタイズド貨物…………… 346
パレチゼーション…………… 346
パレット……………………… 346
パレットプールシステム… 346
販売時点情報管理システム
　（POS）……………………… 23
東アジア・アセアン経済研究
　センター（ERIA）…… 275
引受銀行……………………… 125
引受渡し（D/A）…………… 127
ビジネスバリュー…………… 133
非船舶運航輸送業者
　（NVOCC）………………… 126
1人当たりのGDP………… 12
費用負担の分岐点…………… 19
フィジカル・ディストリビュー
　ション……………………… 350
フィーダー航路網…………… 161
フィーダー船………………… 161
フェリー……………………… 36
プッシュ（Push）…………… 335
物的流通…………………… 4, 5
物流機材の規格の標準化… 413
物流標準化懇話会…………… 369
歩留まり……………………… 313
船側渡し（FAS）…………… 124
船積依頼書…………………… 128
船積書類…………………… 126, 203

船荷証券（B/L）…………… 203
部品調達ネットワーク
　（AILN）…………………… 87
プラザ合意…………………… 67
フランチャイズ方式………… 53
ブランド化…………………… 93
プル（Pull）………………… 335
ふるさと納税サポート……… 143
フレキシビリティ…………… 4
分損担保（W.A.）…………… 129
分損不担保（F.P.A.）……… 129
平均在庫量…………………… 136
米トン………………………… 201
ヘーグ・ルール……………… 48
ベリー（下部貨物室）……… 195
ベンガル湾多分野技術・経済
　協力イニシアティブ（BIM-
　STEC）……………………… 26
貿易円滑化と電子ビジネスの
　ための国連センター（CE-
　FACT）……………………… 244
貿易実務……………………… 19
貿易障害……………………… 21
貿易総額……………………… 31
包装…………………………… 132
包装モジュール……………… 346
保管…………………………… 132
北東アジア物流情報サービ
　スネットワーク（NEAL-
　NET）……………………… 413
保険…………………………… 19
保険金の計算方法…………… 215
保険証券…………………… 126, 203
保険条件……………………… 210
保証状（L/G）……………… 130
ポスト・パナマックス型… 162
ボーダレス…………………… 4
北極海航路…………………… 416
仏トン………………………… 201
ボトルネック………………… 38
ホロニック…………………… 147
本船渡し（FOB）…………… 18

【ま】

マテリアルフロー…………… 5
マテリアル・マネジメント… 5
マネジメントバリュー……… 133
マネジメントフィー………… 141
マルチクライアント方式…… 4
マルチチャネル……………… 15

468

索　引

ミニランドブリッジ輸送… 297
見守りサポート………… 143
ミルクラン……………… 310
ムダ・ムリ・ムラ…… 145, 452
滅菌代行サービス……… 102
モータリゼーション…… 287
モデル・キャリブレーション
　……………………… 447
基在庫レベル…………… 136
モノづくり………………… 12
ものづくり白書………… 309
モノのインターネット（IoT）
　……………………… 327

【や】

薬事法…………………… 130
優良通関業者の関税法上の認
　定制度（AEO）……… 258
輸出入・港湾関連情報処理シ
　ステム（NACCS）……… 128

輸送費込み（CPT）……… 123
輸送費保険料込み（CIP）
　……………………… 123
輸送モード………………… 20
ユニットロード………… 344
ユニットロードサイズ… 345
輸入承認品目…………… 130
輸入割当品目…………… 130
輸配送…………………… 132
輸配送管理システム（TMS）
　………………………… 23
用船……………………… 156
ヨーロッパパレット……… 20

【ら】

ライフライン社会システム
　……………………… 358
ラグジュアリー帯………… 95
リスクマネジメント…… 223
立地選定………………… 319

流通加工………………… 132
ルート配送便方式………… 71
冷蔵温度帯……………… 112
レールウェイビル……… 128
ロジスティクス…………… 5
ロジスティクス技術〔技法〕
　（LT）………………… 23
ロジスティクス経営者（CLO）
　………………………… 36
ロジスティクスネットワーク
　設計プロセス………… 316
ロット待ち在庫………… 340
ロードウェイビル……… 127
ローワー・ミドル帯……… 95

【わ】

ワルソー条約……………… 47
ワンモーション化………… 78

人名／企業・団体名／地名・港湾名

【欧文】

ADBI…………………… 228
AEI……………………… 141
Amazon（アマゾン）… 16, 17,
　142
A. P. モラー・マースク … 140
APL……………………… 162
ASG……………………… 141
Ashton, K.………………… 46
BVLGARI………………… 96
China Shipping………… 238
Choate, P.……………… 247
Christopher, M.………… 351
CHRW…………………… 46
CIQ（中国質検総局）…… 254
COSCO………………… 167
DAIFUKU……………… 432
D. B. シェンカー……… 140
DEMATIC……………… 432
DHL……………………40, 50
eBay…………………… 142
E・LAND………………… 96

Evergreen……………… 238
FedEx…………………… 50
FENDI…………………… 96
Flint, D. J.……………… 40
Hero…………………… 117
HUBLOT………………… 96
Junia…………………… 143
Kent, J. L.……………… 40
Konga.Com……………… 143
LVMH グループ………… 96
Maersk Line…………… 238
Mahindra & Mahindra Ltd.
　Nashik Plant 社……… 438
Mckinnon, A. C.………… 44
Mentzer, J. T.…………… 39
MSC…………………… 238
MUJI（無印良品）……… 95
Muratec………………… 432
P&G……………………… 46
PSA……………………… 49
PT Indomaguro Tunas Unggul
　……………………… 435
PT. Sukanda Jaya……… 117

Scott, C.………………… 43
SHAFER………………… 432
Stevens, G. C.…………… 39
swisslog………………… 432
TNT……………………… 50
TNT/CEVA Logistics … 140
Uber…………………… 143
UPS……………………… 50
Vale 社………………… 164
Walter, S.……………… 247
Westbrook, R.…………… 43
ZARA…………………… 96

【あ】

アジアパレットシステム連盟
　（APSF）……………… 368
アリババ（阿里巴巴集団）
　……………………… 53, 142
アルディ………………… 17
イオン…………………… 17
イトーヨーカ堂………… 17
インドシナ半島………… 235
ウォルマート…………… 16

469

エクセル……………………… 141

【か】

カイメップ・チーバイ港… 288, 442
カルフール……………………… 17
北カリバル港……………………… 281
欣和企業食品有限公司（Yantai Shinho Enterprise Food Co., Ltd.）社 ……………………… 437
京津冀エリア……………………… 256
国際商工会議所……………… 19

【さ】

シアヌークビル港………… 443
シルクロード経済ベルトエリア ……………………………… 256
シンガポール郵便………… 141
スパー・インターナショナル ……………………………… 17
セブン－イレブン………… 167

【た】

大宇造船海洋社……………… 236
ダンザス……………………… 141
タンジュンプリオク港…… 281

長江経済ベルトエリア…… 256
チラマヤ新港……………… 234
ティラワ港………………… 288
テマセク・インターナショナル ……………………………… 237
ドイツ郵便………………… 141
東北エリア………………… 256
飛島コンテナ埠頭株式会社 ……………………………… 165

【な】

日通総合研究所…………… 244
日本パレット協会………… 354
日本郵船…………………… 167
日本郵船グループ（NYK） ……………………………… 140
日本郵便…………………… 141
日本ロジスティクスシステム協会……………………………… 9

【は】

ハイアール（海爾集団）… 142
ハチソン・ワンポア……… 49
パワーソクス, D. J. ………… 9
汎珠江エリア……………… 256
ファーストリテイリング… 91

フレーゼル, E. H. …………… 9
ベストバイ…………………… 16
ホーチミン港……………… 442
ホルムズ海峡………… 27, 384

【ま】

マクリーン, M. P. ………… 41
マラッカ海峡……………… 27
メコン川…………………… 443

【や】

ヤマト運輸………………… 167
ユニクロ…………………… 95

【ら】

楽天………………………… 142
ラ・ポスト………………… 141
リー・クアンユー（李光耀） ……………………………… 11
レムチャバン港…………… 443
ロイヤルメール…………… 141

【わ】

早稲田大学ネオ・ロジスティクス共同研究会………… 245
ワレニウス………………… 167

執筆者一覧

［本稿執筆者］

高橋　輝男 （第1章担当）
早稲田大学名誉教授。生産研究所，システム科学研究所，大学院アジア太平洋研究科で教鞭。同研究所長，学術博士。ネオロジスティクス共同研究会を創設。現在，日本物流学会・日本マテリアルフロー研究センター顧問。

岩間　正春 （第2章・第8章担当，編者）
早稲田大学総合研究機構プロジェクト研究所システム競争力研究所招聘研究員。早稲田大学商学部を卒業後，住友商事㈱に勤務。一貫して物流・ロジスティクスを担当。スミトランス欧州副社長，インドネシア・ブカシコンテナターミナル社長，物流保険事業本部参事などを経て，早稲田大学アジア太平洋研究科にて修士（国際関係学）。同博士課程在籍。

知念　肇 （第3章担当）
琉球大学観光産業学部産業経営学科教授。早稲田大学商学研究科博士課程満期修了後，大分大学経済学部専任講師，助教授，琉球大学法文学部助教授などを経て現職。『現代流通論』（中央経済社），『新時代 SCM 論』（白桃書房）など著書多数。

拓海　広志 （第4章担当）
伊藤忠商事，楽天物流社長などを経て海洋&海事ライター。アルバトロス・クラブ代表。人と海の関係性を多面的に探究することをライフワークとしている。本名，恵谷洋。世界の様々な国・地域で SCM とロジスティクス，貿易，EC などの仕事に従事してきた。

合田　浩之 （第5章担当）
東京大学経済学部を卒業後，日本郵船㈱入社。会社勤務の傍ら，筑波大学大学院博士課程ビジネス科学研究科修了，博士（法学）。埼玉大学大学院博士課程経済科学研究科修了博士（経済学）。『コンテナ物流の理論と実践』（石原伸志教授との共著，成山堂書店）にて住田海事奨励賞（2010年），『戦後日本海運における便宜置籍船制度の史的展開』（青山社）にて住田海事史奨励賞（2014年）受賞。駒澤大学経済学部，明治学院大学法学部等で非常勤講師歴任。

山村　毅 （第6章担当）
東京大学法学部を卒業後，日本航空㈱入社。大阪国際空港貨物郵便運送課配属，韓国地区支店長，㈱ジェイエア代表取締役社長を経て，日本航空㈱執行役員　貨物郵便本部長現任。

小幡　毅 （第7章・補講6担当）
慶應義塾大学商学部を卒業後，三井住友海上火災保険㈱へ入社。再保険，商品部を経て，現在の海損部で貨物事故対応や物流リスクマネジメントに従事。2011 ～ 2014 年に欧州駐在。現在は，海損部名古屋海損グループで国内物流事業者を対象に貨物事故防止に向けたサービスを提供している。

陳　麗梅 （第9章担当）
㈱日通総合研究所，Research & Contents　Unit，シニアコンサルタント。主に国際物流システムの構築及び調査に携わっている。著書『中国物流の基礎知識』（大成出版社，共著）など。2014年「緩衝防振海上コンテナの開発と運用」で日本 MH 大賞優秀賞を受賞。

金澤　匡晃　（第 10 章担当）
　㈱日通総合研究所，Consulting Service Unit 所属，Principal Consultant。主に国際物流，港湾物流等の分野で調査研究に携わるとともに，『船の百科事典』（丸善出版，共著）など。近年は ASEAN 地域等を中心とした海外物流事情に関するフィールドワークやマーケットリサーチを手掛ける。著書『ロジスティクス用語辞典』（日経文庫，共著），『船の百科事典』（丸善出版，共著）など。

戒田　元子　（第 11 章担当）
　㈱日立製作所　社会イノベーション事業推進本部所属。主に製造業を対象にロジスティクス・SCM 分野の業務改革エンジニアリングおよびソリューション開発に従事。技術士（経営工学部門）。

黒須　誠治　（第 12 章担当，編者）
　早稲田大学ビジネススクール教授。早稲田大学大学院理工学研究科博士課程修了。弘前大学人文学部講師，早稲田大学システム科学研究所助教授を経て，1998 年より現職。工学博士。専門はシステム設計論。

山崎　純大　（第 13 章担当）
　学習院大学法学部を卒業後，日本パレットレンタル㈱勤務。物流を合理化するパレットの標準化推進策に係る T11 型レンタルパレットの共同利用共同回収システムの普及に取り組み，P 研を立ち上げる。日本パレットレンタル㈱社長，会長，JPA 日本パレット協会会長，アジアパレットシステム連盟（APSF）会長を歴任。国土交通省が主幹する日中韓物流大臣会合や ASEAN 物流ワークショップに多数参加。JPA 会長，APSF 会長として T11 型パレットをアジア標準規格に採択。2015 年より㈱巴商会（ボイラ）社長。

戸崎　肇　（第 14 章担当）
　大妻女子大学教授。京都大学経済学部を卒業後，日本航空に勤務。その後，京都大学にて博士号取得（経済学）。明治大学商学部教授，早稲田大学アジア研究機構（OAS）教授などを経て現職。専攻は公共経済学，公共政策学，交通政策論。

渋谷　祐　（第 15 章担当）
　早稲田大学資源戦略研究所招聘研究員。慶應大学商学部卒業後，石油連盟，外務省，ジェトロに勤務。早稲田大学アジア太平洋研究センター特別研究委員，中国研究所所員を経て現職。エネルギー安全保障論を研究。

勝山　潔　（第 16 章担当）
　早稲田大学法学部卒業後，平成 2 年 4 月運輸省（現・国土交通省）入省。平成 27 年 4 月総合政策局国際物流課長，平成 28 年 6 月より海上保安庁人事課長。

［補講執筆者］

脇田　哲也　（補講 1 担当）
　東芝ロジスティクス㈱物流改革推進部 参与。日本ロジスティクスシステム協会「ロジスティクス基礎講座」講師，「全日本物流改善事例大会」委員，「物流現場改善推進委員会」委員。日本 IE 協会「IE 拡大推進委員会」委員長，「年次大会実行委員会」委員。経産省／国交省「モーダルシフト等推進官民協議会」委員，国交省「貨物鉄道の将来ビジョンに関する懇談会」委員。日本大学商学部の物流論における招聘講師（平成 28 年 6 月）。

大里　修司　（補講 2 担当）
　日産自動車㈱SCM 本部　エキスパートリーダー。ルノー・日産アライアンス包装技術部長。SCM・開発・生産技術・購買との開発段階からの共同活動（調達距離短縮，部品形状の適正化）の

推進。ルノー・日産両社のアジア，北米地域の物流技術統括，並びにグローバル戦略を担当。

鳥羽ひでこ　（補講3担当）

ジョルジオ アルマーニの広報宣伝マネジャーとして活躍後，イタリアの宝飾時計ぶブランドブルガリで，取締役CMOまで務める。その後，LVMH（モエ・ヘネシー・ルイ・ヴィトン）のショーメ副社長を経て，2011年ファーストリテイリンググループに入社。リンク・セオリー・ジャパン株式会社のCMO，日本・アジア地区担当に就任。2014年に独立し，トバ コンサルティング ネットワークを設立し，代表に就任。

天野　実　（補講4担当）

東京商船大学運送工学科卒業後，鴻池運輸㈱に入社。開発部長，医療物流営業部長，メディカル推進部長を歴任後，鴻池運輸㈱ 執行役員 生活関連事業本部副本部長（メディカル担当）兼メディカル業務部長。現在，CEO of CARNA MEDICAL DATABASE PVT. LTD., 鴻池運輸㈱執行役員メディカル事業本部長。

盛合　洋行　（補講5担当）

慶應義塾大学経済学部卒業後，㈱ニチレイに入社。入社後一貫して低温物流に関わる。社業と並行して豪ボンド大学ビジネススクール修了，経営学修士（MBA）。㈱ロジスティクス・プランナー在籍時に自身の関わった冷凍食品メーカーの中四国エリア共同配送プロジェクトで平成21年度物流環境大賞特別賞，平成22年度ロジスティクスシステム大賞奨励賞を受賞。㈱ロジスティクス・プランナー執行役員を経て，現在㈱ニチレイロジグループ本社事業開発部長。

藤林　聡　（補講7担当）

明治大学商学部卒業後，住友商事㈱に入社。財務・経理グループを経て海外工業団地部に所属。当社が出資するフィリピン／ファーストフィリピン工業団地へ出向。現在は，ベトナム／タンロン工業団地・第二タンロン工業団地，ミャンマー／ティラワSEZの主管業務を担当。

辻本　方則　（補講8担当）

㈱ダイフク入社　主に工場，配送センタのマテハンシステム計画実行。現在　社長付き技監ロボット関係,マテハン関係で委員，講師を行っている。アテハンIoTに付き対応する。MH協会技術参与，産業車輛協会顧問，経営工学評議員　他

柴崎　隆一　（補講9担当）

国土交通省国土技術政策総合研究所管理調整部国際業務研究室長。東京大学大学院工学系研究科社会基盤工学専攻修了。博士（工学）。2012～2016年早稲田大学WBS研究センター招聘研究員。2014年より京都大学経営管理大学管理大学院港湾物流高度化寄附講座客員准教授も兼任。専門は国際物流モデリング。

島田　敬　（補講9担当）

国土交通省を退職後，（一財）臨海開発研究センター（OCDI）の首席研究員として，東南アジア，南アジア，アフリカの港湾臨海部の調査研究に従事。フィリピン運輸通信省，カンボジア公共事業運輸省にJICA専門家として勤務経験有。

酒井　路朗　（補講10担当）

上智大学外国語学部仏語科卒業後，オリンパス㈱にてグローバルロジスティクス改革に従事し，グローバル在庫削減・グローバル物流費削減・国内物流拠点統廃合（日本ロジスティクスシステム協会（JILS）によるロジスティクス大賞受賞）・包装改革などを推進。JILS各種資格認定講座講師・選考委員を歴任。ロジスティクス経営士・物流技術管理士・国際物流管理士・物流現場改善士などの資格を有す。経済産業省などの海外派遣専門家としてアセアン諸国にてロジスティクス教育及びコンサルティングを行っている。現在東海大学政治経済学部経営学科非常勤講師LDC研究所所長。

グローバル・サプライチェーンロジスティクス

発行日──2017年1月16日　初版発行　　　　〈検印省略〉

編著者──黒須 誠治・岩間 正春

発行者──大矢栄一郎

発行所──株式会社 白桃書房

〒101-0021　東京都千代田区外神田5-1-15
☎03-3836-4781　℻03-3836-9370　振替00100-4-20192
http://www.hakutou.co.jp/

印刷・製本──藤原印刷
© Seiji Kurosu & Masaharu Iwama　2017　Printed in Japan
ISBN 978-4-561-76213-3 C3063
本書のコピー，スキャン，デジタル化等の無断複製は著作権法上での例外を除き禁じられています。本書を代行業者等の第三者に依頼してスキャンやデジタル化することは，たとえ個人や家庭内の利用であっても著作権法上認められません。
JCOPY 〈㈳出版者著作権管理機構 委託出版物〉
本書の無断複写は著作権法上での例外を除き禁じられています。複写される場合は，そのつど事前に，㈳出版者著作権管理機構（電話03-3513-6969，FAX03-3513-6979，e-mail：info@jcopy.or.jp）の許諾を得てください。
落丁本・乱丁本はおとりかえいたします。

好 評 書

ロジスティクス・イノベーション
高橋輝男編著＋ネオ・ロジスティクス共同研究会

わが国独自の場を踏まえたロジスティクスのデザインを念頭に，その理論体系と実践の諸活動の融合を目指しつつ，人材育成を兼ねて立ち上げた産学協同のネオ・ロジスティクス共同研究会。本書はその9年間に互る活動の研究成果。

本体価格4000円

サプライチェーン・ロジスティクス
E. H. フレーゼル著　高橋輝男監訳　中野雅司訳

本書は，100枚を超える図表と数多くのケーススタディを使って理論を裏づけ，複雑なロジスティクス活動をわかりやすく解説している。体系化された「フレーゼル理論」と整合性をもつ意思決定支援ツールについても多数掲載。

本体価格5600円

サプライチェーン・プロセスの運営と変革
部門間の調整とパフォーマンスの関係
中野幹久著

サプライチェーン・マネジメント（SCM）は多くの企業によって実践されているが，期待した成果を上げてはいない。このような状況を踏まえた上で，サプライチェーンにおける業務プロセスの運営と変革を成功に導く要因を探る。

本体価格4500円

ロジスティクス概論
基礎から学ぶシステムと経営
苦瀬博仁編著

発生地点から到着地点までモノをつなぐ流れであるロジスティクスについて，理系，文系を問わず，その基本を押さえるテキスト。大学教科書を意識した編集で，ロジスティクスを学ぶ初学者，概要を把握したい実務者に推奨。

本体価格2600円

白桃書房

本広告の価格は税抜き価格です。別途消費税がかかります。